111 MENTALITIES
OF THE WEALTHY

부자의
111가지
생각하는 법

AUREO BAE

진정한 나를 알아가는 재밌는 게임을 열어주시고
생명으로 만끽할 수 있는 다채로운 경험을 누리며
0부터 시작해 부자8가 되는 기회를 주신
성산 배가 아버지와 전주 이가 어머니께
I present you my eternal gratitude.

세상의 거의 모든 문제는 무지와 가난이 원인이다.
이 책은 이 근본 문제 해결을 돕기 위해 만들어졌다.

이 책의 구성

이 책은 스스로 부를 만들어 자립하고 싶은 사람과 이미 부자인데 부를 대대로 물려주고 싶은 사람을 위한 책이다. 이 책은 부정한 방법으로 일확천금을 노리거나, 남이 고심해 만든 성공을 착취하거나, 돈만을 벌어 사회에 무용한 존재로 소비만 하며 살고자 하는 사람을 위한 책은 아니다. 《부자의 111가지 생각하는 법》은 가장 정당하고 올바른 방법으로 부와 인정을 동시에 얻는 길을 상세하게 알려주고, 부자로서 행복하고 평화롭게 대대로 살아갈 수 있는 지혜를 주는 책이다. 이 책은 3부로 구성되었다.

1부는 실제로 부자가 된 사람들의 이야기와 그 해설을 다룬다. 부자가 되기 위해 필수적으로 필요한 지식과 지혜를 다채로운 형식으로 익힐 수 있다. 이해가 쉽도록 이야기로 구성했고, 기억하기 쉽도록 "성공의 법칙 3가지"처럼 숫자로 정리했다.

2부는 한국과 한국어라는 우물에서 벗어나 대양으로 나아갈 수 있도록 세계어인 영어와 영어의 생각법에 익숙해질 수 있게 구성했다. 부자의 생각법을 영어와 함께 읽어 영어를 익숙해지는 방법으로 습득할 수 있다. 영어를 소리 내어 읽으면 부자의 생각하는 법과 영어를 동시에 익힐 수 있다.

3부는 큰 부자가 되기 위해 필요한 통찰을 전달한다.

세상엔 다양한 사람들이 있고, 다양한 계층이 있다. 그러나 사람들은 끼리끼리 어울린다. 생각이 닮았기 때문이고, 닮은 사람들과 있으면 편하기 때문이다. 빈자들은 빈자들끼리 말이 통한다. 부자는 부자의 생각을 한다. 부자가 되고 싶으면 부자와 어울리고 부자의 생각법을 당신의 것으로 만들면 부자가 된다. 불편함을 견디면 성장이 온다.

이 책은 부자가 되기 위한 해결책이다.

모든 주인공에겐 에너지를 쓰는 법을 알려주는 멘토가 있다.

Be the energy you want to attract.

차례

1부

프롤로그 : 부를 꿈꾸다 ∞ 16

억만장자 친구 이야기 ∞ 22

부자가 된 ABCDEFG ∞ 24

당신이 부자가 되지 못한 이유 ∞ 36

부자가 되는 것을 방해하는 멍청한 생각 12가지 ∞ 48

생각하는 법이 부자를 만든다 ∞ 58

부자의 길 ∞ 64

부자가 된 HIJK ∞ 72

부자가 되기 전에 반드시 갖춰야 하는 것 ∞ 82

시간을 정확히 들여야 부자가 된다 ∞ 90

물질은 만능이 아니다 ∞ 102

행복한 부자가 되는 단 하나의 길 ∞ 108

성공의 법칙 3가지 : PCD ∞ 116

부자가 되는 기본 원칙 ∞ 122

부자가 되기 필요한 7가지 ∞ 126

빈자와 부자 ∞ 132

부자가 되려면 로또를 사지 말라 ∞ 136

부자가 되는 진리 ∞ 142

업 Life's Work ∞ 143

부자와 빈자의 생각 차이 ∞ 149

부자 5원칙 ∞ 154

부자로 만들어주는 7가지 습관 ∞ 160

부자의 우선순위 ∞ 174

머리가 좋아지는 5가지 방법 ∞ 179

부의 종류 10가지 ∞ 182

부자가 되는 10가지 방법 ∞ 190

스스로 부자가 되는 사람이 꼭 알아야 하는 5가지 ∞ 195

부자의 언어 ∞ 200

사람이 시작이고 끝이다 ∞ 206

시간이 일하게 하라 ∞ 210

2부

천사의 숫자 111 ∞ 220

얼마가 필요한가? ∞ 222

가장 가치 있는 일에 자원을 집중하라 ∞ 224

돈과 돈의 껍데기를 좇지 말라 ∞ 226

선택적 집중과 몰입 ∞ 228

피해자 v 오너십 사고방식 ∞ 230

피해자 v 생존자 의식 ∞ 232

부란 ∞ 234

진정으로 원하는 것을 알 것 ∞ 236

책임을 지라 ∞ 238

관계의 중요성 ∞ 240

마법의 공책 ∞ 241

될놈될의 뜻 ∞ 242

부자가 돈 쓰는 법 ∞ 244

하라 ∞ 246

배움이 벌이 ∞ 247

방법을 찾으라 ∞ 248

생각하라 ∞ 250

직접 판단하라 ∞ 251

진짜가 돼라 ∞ 252

등대 ∞ 253

리더가 필요한 것 ∞ 254

세상은 변한다 ∞ 255

태도가 성공을 결정한다 ∞ 256

돈이 흘러 넘치게 하는 법 ∞ 258

큰 부가 있는 곳 ∞ 259

머리는 물질보다 우월하다 ∞ 260

시간으로 무엇을 하는가? ∞ 261

부의 본질 ∞ 262

사고 싶은 것을 미룰 줄 알 것 ∞ 263

스펀지가 되어라 ∞ 264

멀리 내다보라 ∞ 266

성공의 황금 주화 ∞ 267

오래 존재할 것을 염두하라 ∞ 268

위기를 기회로 바꾸라 ∞ 269

책임을 지라 ∞ 271

감정이 근본이다 ∞ 272

가치를 이해하라 ∞ 273

가난의 이유 ∞ 274

당신에게 맞는 게임을 찾으라 ∞ 275

내 안의 성을 지으라 ∞ 276

콘텐트의 중력 ∞ 277

1분 만에 배우는 경제 ∞ 278

버티고 나아가라 ∞ 279

사람을 1순위에 두라 ∞ 280

누구를 기쁘게 할 것인가 ∞ 281

장벽이 높을수록 좋다 ∞ 282

혼자 있을 용기 ∞ 283

시련은 나를 더 강하게 한다 ∞ 284

존재의 가치를 입증하라 ∞ 286

부자가 안 되는 두 부류의 사람들 ∞ 287

모든 것엔 가격이 있다 ∞ 288

다른 사람들이 다 하는 일로는 부자가 될 수 없다 ∞ 289

기대치를 0으로 조절하라 ∞ 292

유혹하듯 부자가 돼라 ∞ 294

최악의 악행 세 가지 ∞ 295

낙관과 비관의 균형 ∞ 297

명성을 절대 사수하라 ∞ 299

불공평한 강점을 만들라 ∞ 300

돈의 정의 ∞ 302

분산 투자는 중요하다 ∞ 304

부자와 빈자의 차이 ∞ 306

소유의 중요성 ∞ 307

사람들의 시간을 가치 있게 하라 ∞ 309

시간의 중심에 서라 ∞ 310

마케팅 요약 ∞ 311

원하는 것을 얻는 법 ∞ 312

진짜가 되어라 ∞ 313

의미를 찾아 전념하라 ∞ 315

가장 큰 영향을 끼칠 일에 집중하라 ∞ 316

잘하는 일만 하라 ∞ 318

주체성을 지니라 ∞ 320

스스로 판단하라 ∞ 321

여우는 지고, 고슴도치가 이긴다 ∞ 322

단기로 보면 혼란스럽지만 장기로 보면 성장이다 ∞ 324

무엇도 탓하지 말고, 고치라 ∞ 325

신념을 절대 잃지 말 것 ∞ 326

가난은 임금님도 구제할 수 없다 ∞ 327

에너지 흐름을 다스리라 ∞ 328

고정비를 줄이라 ∞ 330

비판을 다루는 법 ∞ 332

숲이 우거지면 호랑이가 오기 마련이다 ∞ 334

개인의 입장에서 크게 성공하는 법 ∞ 336

하나를 최고로 잘하라 ∞ 338

무엇 < 어떻게 < 왜 ∞ 340

이 우주에서 성을 지을 땅은 당신에게 반드시 있다 ∞ 342

지금 가장 가치 있는 기술 ∞ 344

부로 가는 8단계 ∞ 346

훌륭한 리더는 문화를 만든다 ∞ 348

부는 지성에 비례한다 ∞ 350

회복탄력성 ∞ 352

황금비 : 자연의 성장 법칙 ∞ 354

당신의 작품을 최상으로 만드는 데 집중하라 ∞ 356

여러 물길을 만들라 ∞ 357

중심 가치를 알라 ∞ 358

존경하는 사람을 신중히 고르라 ∞ 359

시간이 이긴다 ∞ 360

가슴에 신념을 품으라 ∞ 361

자기의존도를 높이라 ∞ 362

한계에 도전하라 ∞ 363

일관성은 지키기 쉽지 않지만 그래서 가치 있다 ∞ 365

좋은 보좌관들을 두라 ∞ 367

성찰 ∞ 368

당신 앞에 있는 사람이 존중받고 있다고 느끼게 하라 ∞ 369

감정 ∞ 370

협상하라 ∞ 372

부자의 7가지 중심 가치관 ∞ 373

성공의 에너지 ∞ 375

포르쉐를 숨기라 ∞ 376

자만을 주의하라 ∞ 378

더 높은 목표를 꿈꾸라 ∞ 380

3부

시간이 중심이다 ∞ 384

부자가 되는 가장 빠른 길 ∞ 404

의지력이 아니라 이유력 ∞ 406

바닥까지 가본 사람이 위대한 성취를 이룬다 ∞ 409

불멸의 비결 ∞ 416

부를 여러 배로 불리는 방법 ∞ 421

결정적 행동 ∞ 444

나를 아는 것이 중요한 이유 ∞ 456

부의 심리학 ∞ 462

대대로 부자인 가문의 특징 ∞ 489

윤리 ∞ 501

요약 ∞ 504

진수 ∞ 526

에필로그 : 부자를 시현하다 ∞ 528

감사의 글 ∞ 541

참고문헌 ∞ 542

If you can dream it, you can do it.

꿈꿀 수 있으면, 이룰 수 있다.

― Enzo Ferrari & Walt Disney

Life is a result of your mentality.

인생은 생각의 결과다.

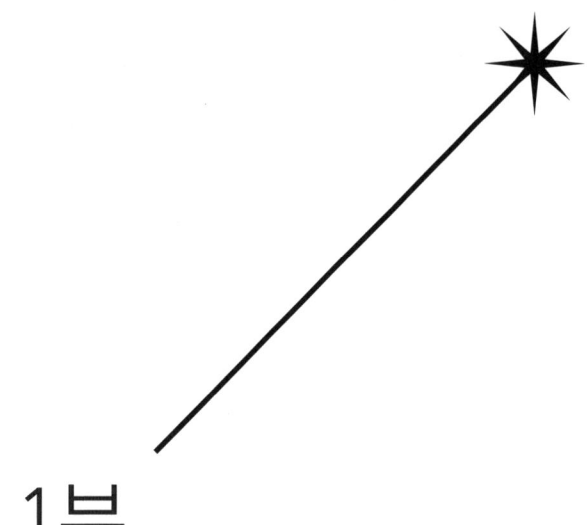

1부

프롤로그 : 부를 꿈꾸다

17살인데 10년째 버크셔 헤서웨이 주주총회에 오고 있는 소년이 물었다. "제가 더 나은 투자가가 되려면 어떻게 하면 될지 궁금합니다. MBA를 취득해야 할까요, 일 경험을 해야 할까요, 찰리 멍거 연감을 더 읽어야 할까요, 아니면 그냥 유전이라서 제가 어찌할 수 없을까요?" 그랬더니 워런 버핏이 대답했다. "읽을 수 있는 건 전부 다 읽는 게 좋겠습니다. 제 경험으로 말할 수 있는데, 10살에 되었을 때 이미 오마하 국립 도서관에 있는 책들을 전부 다 읽었어요. 투자랑 상관없는 분야까지 모든 분야를 다 읽었고, 어떤 책들은 두 번씩 읽었습니다. 세상에 책을 읽는 것보다 좋은 것은 없다고 생각합니다. 그런 다음에는 실전에 뛰어들어야 합니다. 로맨스 소설을 읽는 것과 실제로 사랑을 하는 것은 다르니까요."

나는 그렇게 했다.

인간 본성 중 가장 중요한 것은 자기보존(self-preservation)과 인정(appreciation)이다. 사람은 행복하기 위해 존재하고, 행복하기 위해 행동하며, 자기 존재의 가치를 인정받기 위해 일한다. 부의 생성과 축적은 그러므로 인간 존재의 기본 토대다. 그런데 부자가 되려면 행복을 추구하는 본능에 반하는 생각과 행동을 해야 한다. 이 책의 탄생 목적은 이 생각을 훈련하기 위해서다.

사랑으로 만난 나의 부모님은 부에 있어서는 처음부터 시작해야 했다. 증조할아버지는 큰 부자셨고, 할아버지는 커다란 한옥에서 당신보다 나이가 많은 노비들을 두고 지성인으로서 격조 있는 삶을 사셨다. 할아버지의 두 아들은 한국전쟁에서 전사했다. 그리하여 애써 낳아주신 세 번째 아들이 나의 아버지다. 내 기억의 가장 첫 장은 이 한옥에서 자라던 때로부터 시작된다. 허버트 본 카라얀과 같은 해인 1908년생인 할아버지는 나의 탄생과 함께 자연으로 돌아가셨고, 할머니는 내가 초등학교에 입학할 때 심장에 넣은 기계의 고장으로 돌아가셨다. 맞벌이 부모님 대신 나를 키워주신 할머니는 내게 어머니였다. 할머니가 안 계신 한옥에서 어린 나는 떠나와야 했다.

그때의 부모님은 일 푼 없는 젊은 부부로 지방에서 반지하 단칸방을 구해 날 키워주셨다. 부자인 줄 알았던 나는 가난한 곳에서 다시 시작했다. 아버지와 어머니는 결코 가정을 포기하지 않는 굳건한 책임감으로 차곡차곡 쌓아와 결국 꿈에 그리시던 부잣집의 주인이 되셨다. 내 부는 내가 직접 일궈야 한다는 사실을 어려서부터 직감으로 알았던 나는 학교 공부는 가치가 없다는 사실을 알고 도서관과 서점의 경제와 경영 관련 책을 전부 다 읽었다.

도서관과 서점에 없는 책들을 주문해서 읽을 때쯤인 고등학생 때는 학교를 자퇴하고 미성년에 맥도날드의 시스템을 배우기 위해 크루로 일을 하며 영어를 배워 이듬해 "세계에서 가장 살기 좋은 도시(EIU & Mercer)" 호주 멜번으로 부모님을 설득해 홀로 유학했다. 지구 반대편 나라에서 친척도 가족도 없고 돈도 없어 극히 절실했던 나는 그곳에서 폭발하는 열정을 발산해 내 유일한 기술(expertise)이었던 사진으로 호주의 상류사회에서 인정받고 현지 학교에서 수석에 이어 다섯 곳 이상의 대학에 다니며 더 큰 도약을 준비했다. 우리 가족의 가장 귀한 전통은 공책 기록이다. 난 어릴 때부터 공책에 성공의 원칙과 지혜를 써왔고, 20여 년이 쌓이며 확인한 지혜와 원칙이 이 책이 되었다. 앞으로 다가올 시대에서 인류에게 가장 큰 문제를 찾아 그것을 해결하면 큰 부자가 될 것임을 알았다. 그 발판으로 시작한 사진에 있어 최고가 됨과 더불어 세계적 대학교에 가니 자연히 세계의 부자들과 친구가 되었고 나는 그들의 지혜를 배우고자 항상 탐구하고 질문했다. 대학교에 다니면서도 수억 원에 달하는 등록금과 유학 생활비가 아까워 대학교 도서관의 책들을 다 읽어내겠다는 기세로 정보와 지식과 지혜에 탐닉했다. 인간의 모든 지식을 알려고 애썼더니 인간이 제대로 아는 것은 없다는 깨달음을 얻었다. 인간 생명의 의미는 애초에 없음을 알고는 깊은 허무에 빠졌다. 23살에 발견한 앞으로 다가올 인류의 가장 큰 문제는 기후 변화였고, 이것에 대한 해결책은 인간으로서 찾기 쉽지 않았으며, 개인이 독점해 해결할 수 있는 문제도 아니었다. 내가 할 수 있는 일이 제조업의 혁신이라 생각해 그 일을 제대로 하기 위해 호주 최고의 산업디자인 대학교에 입학했는데, 여전히 환경에 유해한 제조법을 가르치고 내가 알고 싶었던 친환경 제조법과 재료에 대해서는 무지한 강사와 교수들에 실망하고 학교를 나와서 탄소배출을 최소화하는 예술과 집필, 교육 활동만으로 극도로 절제하는 삶을 살며 새로운 친환경 재료의 발견을 기다렸다. 운전도 하지 않았고, 침대와 소파도 사지 않았다.

그때까지 난 세계 도시에서 부자로 성장하여 자기의존하기 위해 하루를 사흘처럼 살기를 지속했다. 그리고 그것을 이루었다. 위만 보고 달리다가 주변으로 눈을 돌리니 호주에서 한인들은 영어를 못해 약자로 살아가는 모습을 보게 되었다. 한국인은 성장 가능성이 크지만, 이는 한국 교육의 실패였다. 난 가슴이 아팠다. 자국민에게 영어와 현지 문화를 알려주고 삶을 더 낫게 만들어주기 위해 2012년부터 OREX를 세워 영어교육을 하며 책을 만들고 있다. 본격적으로 업을 시작하기에 앞서 난 내 인생의 목적을 찾기 위해 미치도록 깊게 탐구했다. 어느 해 11월 8일 지평선을 넘어가는 태양과 함께 번쩍 깨달음이 왔다(그래서 이 책의 표지에 111의 숫자와 꼭짓점이 8개인 별, 그리고 별똥별이 있다). 내 생명의 목적을 깨달았다. 내 존재의 목적은 빛(앎)을 주기 위해서였다. 그리고 그 목적을 다하기 위해 묵묵히 나만의 타임라인에서 내가 할 수 있는 일을 하고 있다. 내가 가는 길에 대해 직관은 이미 알고 있었고, 이성은 후에 그를 설명해 주었다. 그 깨달음 중 부자는 생각하는 법으로 되는 것임에 확신을 얻고 이 책을 써 당신과 부자가 되는 지혜를 나눈다. 생각을 바꾸면 에너지 파장이 바뀌고 따라서 인생이라는 현실이 바뀐다. 부자는 스스로 원하는 삶을 살 힘이 있는 사람이다. 그 힘은 몸이 아니라 머리에서 나온다.

혼자 외딴 나라에서 자유를 얻고자 고군분투한 나의 시작도 과정도 막막했다. 내가 타고난 환경의 사람들은 가난했고, 부에 대한 책들은 모호했다. 호주 최고의 대학교에서 경제학 강의를 들었지만 부자가 되는 법은 배우지 못했다. 내 업에 경쟁력을 갖춘 덕에 많은 큰 부자들을 만나 배워 부자의 생각하는 법에 눈을 뜨고 나니 난 급속도로 부자가 되었다. 사람들이 필요한 것을 생산하면 빠르게 부자가 된다. 부자가 되고 싶은 당신도 이를 익혀 부자가 되길 바라여 이 책을 온 마음을 다해 썼다. 이 책이 애초에 있었더라면 나는 80,000시간이라는 시행착오를 안 할 수 있었을 것이다. 내가 수업을 통해 바꾼 사람들의 인생처럼, 이 책이 당신의 인생을 승화시키길 바란다. 얼마 전 105세의 버지니아 히슬롭이 스탠퍼드 대학교에서 박사 학위를 받았다. 끝을 볼 의지(will)가 있으면 해낼 수 있다.

Repetition is the heart of instruction.

부자의 생각하는 법을 갖추기 위해 중요한 내용은 이 책에서 반복된다. 인생은 선택의 결과다. 당신의 결정에 대한 책임은 당신의 것이다. 인간이 다른 인간을 돕기 위해 할 수 있는 최선은 그 인간이 옳은 선택을 할 수 있도록 생각하는 법을 알려주는 것이다. 나는 여전히 배우는 사람이고, 모든 인간이 그렇다. 인간 지식은 모든 것이 그 사람의 의견이다. 그렇지만 자연에는 모든 것에 공통한 진리가 있다. 이를 지금 시대의 언어로 이 책에 담기 위해 애썼다. 생각을 적용하면 결과를 얻는다.

A great educator is one who can set up simple yet sophisticated guiding principles in which the talented minds can hold to find the right path.

훌륭한 교육자는 세상과 삶을 바라보는 훌륭한 기준을 세워주는 사람이다.

우주의 역사는 당신의 질문에 따라 달라진다.

— 스티븐 호킹

Poor mentality makes poor choices: so they are poor.
Learn the mentality of the wealthy, and you will become wealthy.

가난한 사고방식을 가진 사람은 가난한 선택을 하고, 그래서 가난하다.
부자가 어떻게 생각하는 지를 배우라, 그러면 부자가 될 것이다.

Wealth is not a vague piece of cloud; wealth is a solid building which provides a safe shelter you can create your dream life within. Wealth is independence.

부는 모호한 구름 같은 것이 아니다. 부는 내가 꿈꾸는 삶을 펼칠 수 있는 단단하고 듬직한 건물이자 삶의 터전이다. 부는 자유다.

Wealth enriches your life and the lives of your loved ones.
Wealth is the outcome of wealthy thoughts.

부는 나의 삶을 더 풍요롭게 하고, 내가 사랑하는 모든 이들의 삶을 더 낫게 만든다. 부는 부자다운 생각의 결과다.

 **억만장자 친구 이야기**

My friend is a billionaire. We speak the same language and share the same values in which I never really share with anyone else. This friend has houses that 99.99% of people can't afford, and cars that cost a median house. But my friend and I take a sheet of serviette very carefully. We use just a sheet of napkin to wipe something only if we really have to, and reuse it for cleaning around our homes. I dry it and use it again until it collects too much dirt, because I know it's made of a living tree. Trees have the superpower to turn carbon dioxide into oxygen. Trees possess the power to turn the climate disaster back. Human tech can't. I went to a department store restroom the other day and saw a guy with a white Emis bag using 10 paper hand towels just to wipe his hands. I can tell this guy is dirt poor, because he is ignorant of the resources and the impact his little action causes. Such people spend all they earn on things they don't need. The wealthy understand resources and allocate it wisely. This is why the wealthy have abundant resources that free them to do whatever they want.

Your mentality and decisions make you rich, or poor. Wrong decisions end up costing you. Right decisions enrich and empower you.

내 친구는 억만장자다. 우린 말이 통한다. 다른 사람들과는 공감대를 이룰 수 없던 가치관을 이 친구와는 공유한다. 친구는 99.99%의 사람들은 살 능력이 없는 집들을 갖고 있고, 웬만한 집값만 한 차들을 갖고 있다. 그런데 내 친구와 나는 휴지 한 장을 아주 소중하게 여긴다. 정말 무언가를 닦아야 할 때만 한 장의 휴지를 쓰고, 그 휴지를 집안 곳곳을 청소하는 데 재사용한다. 나는 이 휴지를 말려서 다시 쓰고 너무 많은 먼지가 묻어 더는 쓸 수 없을 때까지 쓴다, 왜냐하면 이 휴지 한 장을 살아있던 나무로 만들었음을 알기 때문이다. 나무는 이산화탄소를 산소로 바꾸는 초능력을 지녔다. 나무는 기후 재앙을 돌이킬 힘을 지닌 존재다. 인간의 기술로는 불가능하다. 며칠 전에 백화점 화장실에 갔는데 흰색 이미스 가방을 멘 남자가 손을 씻고 물기를 닦기 위해 핸드타월을 10장을 뽑아 쓰고 버리는 걸 봤다. 이 사람이 빈자라는 걸 알 수 있었다, 왜냐하면 그는 자원에 대해 무지하고 그의 작은 행동이 미치는 영향에 대해 생각이 없기 때문이다. 이런 사람은 아무리 돈을 벌어도 불필요한 것에 다 써버려 빈자로 산다. 부자는 자원을 이해하고 이를 현명하게 분배한다. 그렇기 때문에 부자는 하고 싶은 일을 무엇이든 자유롭게 할 수 있는 풍부한 자원이 있다.

생각하는 법과 결정이 당신을 부자로 만들거나 빈자로 만든다. 잘못된 결정은 손실이 된다. 옳은 결정은 인생을 더 좋은 것들로 채우고 평화롭게 하며 당신이 인생의 주인으로 살아갈 수 있도록 힘을 준다.

부자가 된 ABCDEFG

실제 이야기다.

A는 오래전부터 집에 있던 유산을 헐값에 정리했다. 미술상들은 그 물건의 진가를 알아보고는 전문가를 수소문해 큰 비용을 들여 그 물건을 복원하고 감정해서 미술품 경매에 그 물건을 위탁했다. 세계는 몇 백 년 만에 나타난 보물에 놀라 열광했고, 그 물건은 $450.3m에 팔렸다. 한화로 6,000억 원이다. 이는 미술품 경매 역사상 가장 큰 금액의 거래로 기록되었다. 이 보물은 레오나르도 다 빈치의 잃어버렸던 작품 <Salvator Mundi>다.

B는 공부를 싫어하고 그림 그리길 좋아하는 아이였다. 시골에서 소소하게 농사를 짓는 부모 아래 자란 그는 도시로 올라와 그래픽 디자이너의 일을 하며 20대를 보냈다. 손재주는 있었지만 그림 말고는 지식이 없어 적은 월급으로 자취하며 소심한 생활을 꾸렸다. 그러다 우연히 문신의 세계를 알게 되었다. 오래전부터 문신이 자리를 잡았던 나라들에서는 관행처럼 3개, 5개 이상의 바늘로 뭉툭하게 피부에 그림을 그리는데, 그림에 있어서는 정성스럽고 집요한 그는 바늘 1개로 극도로 섬세하게 문신을 한다. 평소에 좋아하던 꽃 그림을 문신이라는 미디엄으로 그려 소셜미디어에 올렸고, 세계인은 그의 문신에 감동했다. 이 스타일이 그의 시그니처가 되며 그는 문신이 불법인 나라에서 세계에서 가장 유명한 문신사 중 한 사람이 되었고, 더 이상 생활비를 걱정하지 않아도 될 만큼 부자가 되었다. 그러나 그의 성장 한계는 영어 실력으로 정해졌다. 일에 영어가 항

상 걸림돌이다. 아무리 시각적인 작업이라도 사람이 하는 일은 소통을 할 수 있어야 하기 때문이다. 그림 외에는 다른 배움은 하지 않아 그의 생각도 좁아 그의 성공의 크기는 훌륭한 그림 실력에 못 미치도록 제한이 있다.

C는 노래를 좋아한다. 업을 일찍 찾아 14살에 첫 음반 계약을 했다. 자신의 개인적인 이야기까지 진솔하게 가사에 녹여내어 노래를 부른다. 연애하면 연애를 노래하고, 이별하면 헤어진 연인을 노래한다. 그의 진정성과 세련된 선율이 융합되어 대중을 감동하게 한다. 다른 음악가들이 개인으로서는 헤아리기 어려운 액수의 돈을 벌고 그에 만족하여 방탕한 생활을 할 때, 그는 가진 돈에 만족하지 않고 계속 자신이 좋아하는 일을 한다. 돈으로 살 수 있는 것들을 사기는 했지만 모두 자신의 취향과 안목이 한껏 담긴 아름답고 우아한 물질에만 사용했다. 과하지 않고, 없어 보이지 않게 즐긴다. 그보다 주변 사람들에게 관대하게 베풀며 자신의 성취가 혼자 이룬 것이 아님을 행동으로 보여주었다. 그는 복리의 마법으로 이익이라는 눈 뭉치를 키우기보다, 팬덤이라는 눈 뭉치를 정성스럽게 오랫동안 키워왔다. 그가 탐방하면 지역 경제가 활성화되어, 어느 나라는 그에게 큰돈을 주며 투어를 와 달라고 부탁한다. 그는 34살에 음악 활동으로 억만장자가 되었다. 그의 부의 크기가 남다른 비결은 부자의 생각법 중 하나인 '소유(own)'에 있다. 큰 위기가 왔을 때 이를 기회로 바꿨다. 그의 태도는 처음이나 지금이나 변함없다. 하나의 업을 20년 동안 끈기 있게 했더니 세계 최고가 되었다. 그 과정에서 자연히 부자가 되었다.

D는 가업이 있는 집안에 태어났다. 어머님은 평생을 바쳐 사업체를 경작하셨다. 이 사업체는 겉으로는 수수해 보여도 수많은 동네 사람이 대를 이어 반복 구매를 하는 충성 고객층(loyal clientele)을 보유했다. 겉으로 보이는 껍데기에 자원을 낭비하지 않고, 가장 중요한 제품 본질에 집중하여 한 번 반짝하고 황금알을 낳고는 죽는 거위가 아니라, 달마다 해마다 계속 황금알을 낳는 불사조를 만들었다. 어머님은 그에게 가업을 물려주고 싶어 했지만, 고유의 목적을 타고나는 개별 인격체로서 그

는 자신만의 꿈을 향해 삶의 시간을 쓰고 싶어 했다. 그래서 성인이 되고도 25년이 넘도록 가업을 외면하다가, 결국 그 일을 하기로 마음먹었다. 그냥 죽어버릴지 고민할 정도로 싫어했던 일이었지만, 하기로 마음을 먹고는 그 일에서 최고가 되었다. 사람들이 필요로 하는 일에 최고가 되는 건 부자가 되는 일이다. 그 과정에서 대학교 교수도 되었다. 이 사업체는 여전히 수수한 외관과 작은 규모를 유지하고 있고 광고는 일절 하지도 않으며 너무 많은 주문으로 오히려 고객 후기와 매체 보도를 줄인다. 밖으로 떠드는 일에 에너지를 사용하지 않기로 선택하고, 제품에 들어가는 재료를 연구하고 더 좋은 재료를 써서 제품을 끊임없이 쇄신하며 지킬 전통은 지키되 시대에 맞게 친환경 포장으로 변화한다. 눈에 띄는 껍데기보다, 기본을 잘하는 사업이다. 그는 남에게 거슬리도록 화려한 부자는 아니지만, 계속 끊임없이 풍족하게 들어오는 수입으로 원하는 일은 무엇이든 다 한다. 제품의 마진율이 낮고 사소하고 평범한 것이라도 그것 하나에 최고가 되면 부자가 되는 진리를 그는 풍요로운 생활로 증명한다. 그는 여전히 직접 제품을 제조하는 노동을 하며 정직하게 일해 번다. 그는 남들은 은퇴하는 나이에 이르렀지만, 여전히 꿈을 꾸고 그 꿈을 이루기 위해 행동하는 행복한 부자다.

E는 부잣집에 태어났다. 그는 사람들에게 필요한 일을 해서 부자가 아니라 아버지께 많은 토지와 건물을 물려받았다. 여느 건물주들이 그렇듯 한국에서 월세를 받아 해외에서 생활했다. 아버지는 아들이 군대에 갔다가 다칠까 일찍이 한국 국적을 포기하고 외국 국적을 취득해 주었다. 그는 공부를 잘해서 좋은 대학교에 입학했지만, 세상을 사는 법과 사업에 성공하는 법을 대학교는 가르쳐 주지 않았다. 학교 공부를 잘하는 것보다 중요한 것은 해보겠다는 용기와 될 때까지 배우며 시도하겠다는 끈기였다. 다 된 집에 태어난 그는 둘 다 없다. 그는 아버지 돈을 빌려 크게 사업을 해봤지만, 사업은 돈만 많다고 잘할 수 있는 게 아니었다. 크게 실패하고 돈을 잃었고, 돈보다 중요한 자신감을 잃었다. 바닥부터 일을 해본 적이 없어 사람을 쓸 줄 모르는 그는 리더의 자질은 돈이 많아 사람을

머리로 잡아둘 수 있는 것이 아니라 사람의 감정을 움직이는 능력과 일반인에게는 없는 비전임을 모른다. 아버지는 트로피 와이프로 외모가 출중하고 허영심이 많지만 지혜롭지는 않은 여자와 결혼했다. 그의 어머니다. 어머니는 비싸고 화려한 사치품과 작고 반짝이는 것들에 할머니가 되도록 철들지 않고 탐진한다. 그도 아버지처럼 수려한 미녀와 결혼했다. 아무리 비싼 집에 살고 생활비를 벌 걱정은 하지 않고 살아도 그는 행복하지 않다. 누군가에게도 자신의 가치를 인정받지 못해 불만과 화가 가득한 채로(grumpy) 집구석에 앉아 나이만 들고 있다. 부잣집 도련님이라는 꼭대기에서 인생을 시작해 젊은 시절은 누구보다 화려했지만, 앞으로의 인생은 내리막길밖에 없다. 그는 겉을 봐선 재벌 2세 부자지만 인생에 보람도 없고 삶에 행복도 없다. 벌지는 않고 쓰기만 하는 재산은 고갈되어 세금을 내고 나면 3대까진 못 가고 끊어질 예정이다. 그보다도 그는 삶의 시간을 아무 일도 하지 않으며 낭비한다.

F는 무역 사업으로 돈을 벌었다. 크고 웅장한 아파트도 사고 고급 차도 사고 자신의 투박함을 메꾸어 줄 섬세한 감성의 아내를 얻었다. 그는 같은 원두라도 내리는 방식에 따라 맛이 달라지는 커피에 꽂혀 그간 번 돈으로 카페를 열었다. 조용하고 외딴곳에 최고의 인테리어 전문가를 고용해 가장 비싼 가구와 집기들로 매장을 만들고, 커피에 있어 국내 최고의 전문가를 기용해 커피를 배우고, 가장 비싼 최신의 커피 장비들로 카페를 채웠다. 카페의 이름은 감성이 풍부한 아내가 좋아하는 야생화의 이름에서 데려와 정했다. 일본의 어느 수십 년 된 카페에 온 듯 아주 작은 부분까지 디테일과 정성이 가득한 분위기에 당시로서는 처음 들어보는 최고급 커피들이 한 잔에 만 원, 오만 원, 십만 원을 호가하니 입소문을 타고 이 카페는 오픈 몇 달 만에 소셜미디어가 발달하지 않았던 시절에 명소가 되었다. 안목이 있는 아내는 카페에 어울리는 따뜻한 미소의 손님을 설득해 직원으로 고용했고, 최고의 선생님들을 찾아가 직원의 커피 교육을 맡겼다. 카페는 너무나 잘 되었지만, 그는 그 카페의 따뜻한 감성과는 어울리지 않는 무뚝뚝함과 퉁명함으로 그 공간을 사랑하는 손님들에게 편안함

과 상냥함이 아닌 면박과 불편함을 주었다. 커피 수업도 그가 직접 했는데 아무리 아름다운 하드웨어에서 수업해도 사장의 편협하고 독불장군 같은 소프트웨어는 감출 수 없었다. 그의 가족들은 그가 무역 사업으로 번 돈을 커피에 미쳐 탕진한다고 혀를 찼고, 꽉 막힌 아집과 가부장적인 태도에 아내도 결국 질려 그를 떠났다. 큰돈을 들여 리모델링한 건물은 그러나 그의 소유가 아니었다. 땅 주인은 그를 내쫓고 공들여 만든 아름다운 공간을 다 허물어버리고는 상업용 건물을 지어 통으로 임대를 놓았다. 그는 근처의 카페 거리로 옮겨 이름만 그대로 가져가 카페를 이어서 했다. 그러나 예전의 따스한 분위기는 온데간데없는 휑한 회색빛 사무적인 공간에 칙칙하고 불친절한 그가 카운터에 서서 커피를 내렸다. 커피를 추출하는 방식도 신식으로 변화하지 않고 구식에 머물러 과거의 명성을 듣고 찾아온 신세대 바리스타들에게 커피가 맛없는 곳으로 판단되었다. 카페를 기억하는 손님들이 추억하며 찾아가 주었지만, 그의 군주적인 태도는 손님들을 불편하게 했다. 결국 옮긴 카페도 문을 닫았고, 그의 행적은 알 수 없이 사라졌다.

G는 여러 회사의 직원으로 일하며 기술을 익히고 사업을 배워 작게나마 자기 회사를 만들었다. 작은 회사였지만 남다른 소프트웨어를 만들어 앱스토어의 상위권에 올랐다. 첫 성공으로 상도 받고 1,000억 원대를 벌었지만 이에 만족하지 않고 두 번째 제품도 진지하게 만들어 단기에 스토어 1위에 올랐다. 화려한 광고로 외관만 좋은 그 앱은 많은 초기 유입자를 끌어모았지만, 사용자를 위한 진정성은 결여된 채 돈을 벌기 위해 환장했다는 비평이 주를 이룰 정도로 앱을 상업적으로 만들어 단기 이익으로 돈만 벌고 명성은 잃었다. 그는 재빠르게 회사 지분의 큰 부분을 다른 기업에 팔아 약 1조 2천억 원을 얻었다. 그러나 그는 앱만 만들 줄 알고 다른 건 할 줄 아는 게 없다. 인문학(humanities)적 교양이 부족해 돈도 쓸 줄 몰라 불필요한 사치품에 돈을 펑펑 쓰지만, 최고로 비싼 옷과 시계와 차도 그에게 품위를 입혀주지는 못했다. 경박한 그는 가장 비싸다는 가게에 가 그곳의 모든 물건을 쓸데없이 싹쓸이해 오고, 가장 유명하다는

예술가의 가장 크고 비싼 작품들을 사고, 가장 비싸고 화려한 집들을 사고, 취향과 안목 없이 수많은 슈퍼카를 종류별로 소유해 돈을 탕진한다. 돈으로 살 수 있는 가장 비싼 모든 것들에 돈을 퍼다 준다. 동시에 자식 교육에도 무지해 아이들이 스스로 할 줄 아는 게 아무것도 없이 자라게 하면서 그들이 누리는 혜택을 당연시하며 한도 무제한 신용카드로 또래 친구들에게 거한 금액으로 돈을 탕진하게 내버려둔다. 그가 큰돈을 벌게 한 원동력은 불안과 자격지심이었지만, 아무리 돈이 많아도 학문과 생각의 얕음은 채워지지 않았다. 모든 것을 극도로 이기적이고 경박하게 행동하면서도 소문이 날까 봐 돈으로 협박한다. 오만의 독에 빠진 그는 앱을 만들어 졸부가 되었지만, 이후의 이야기는 뻔하다.

Blind money doesn't make any difference.

돈만 많다고 삶이 나아지지 않는다.

부자와 빈자의 가장 큰 차이는 **얼마나 멀리 내다볼 수 있느냐**다. 가난한 사람일수록 시간을 멀리 내다보지 못하고(short-sighted), 부자일수록 시간을 멀리 내다본다(far-sighted). 그래서 빈자는 경박하고, 부자는 신중하다. 빈자는 한탕을 노리고, 부자는 명성을 쌓는다.

자원에는 세 가지가 있다: 시간, 에너지, 그리고 돈. 이는 중요도의 순서다. 부자는 자원이 풍부한 사람이다. 그러나 부자는 돈만 많아서 되는 상태가 아니다. 빈자는 갖기 위해 일하고, 부자는 되기 위해 일한다. 돈만 많은 사람을 우리는 괜히 졸부라고 부르는 것이 아니다. 신중이 결여된 돈은 오래가지 못하기 때문이다. 자원의 부족함이 없고 인간 사회에 대한 교양도 있으며 동시대 사람들을 위해 이로운 일을 하는 사람을 우리는 귀족(nobility) 또는 왕족(royalty)이라고 부른다. 진정한 부자는 여분의 부로 세상을 더 나은 곳으로 만드는 데 쓴다. 알프레드 노벨은 2,370억 원으로 죽어서 128년이 넘도록 인류의 진보를 후원한다. 그가 남기고 간 문화와 투자 수익만으로. 문화는 행동양식이고, 이는 세상을 바꾸는 힘이다.

부를 뜻하는 영어 단어 wealth는 well being에서 왔다는 설이 대세다. 부자는 잘사는 사람이다. 좋은 삶의 핵심은 균형이다. 돈만 많아도 불행하고, 지식만 많아도 불행하다. 행복과 성숙과 격조는 그 중간 어딘가에 있다. 이 미세한 차이를 알아볼 수 있는 상태에 이른 사람을 성숙(mature)하다고 하고 세련(sophisticated)되다고 말한다. 이런 사람을 사람들은 존중하고, 존중을 통해 자신의 가치를 인정받는 사람이 충만(fulfilled/content)하다. 이런 사람이 살아서도 행복하고 죽을 때도 여한이 없다.

True wealth is being appreciated for their contribution to the people. Such a person is fulfilled. Their reason for being is redeemed.

진정한 부는 주변 사람들과 나아가서 세상에 주는 공헌이다. 그런 사람은 삶의 목적을 달성한다. 그런 사람은 존재의 가치를 인정받는다.

아무리 걱정 없이 돈을 한없이 써도 텅 빈 속은 결코 채워지지 않는다. 지혜가 부족하면 아무리 돈이 많아도 불만족한 인생으로 끝마친다. 지식인이라고 머리가 가득한 것은 아니다. 안다는 착각이 가장 큰 무지다. 돈을 벌기 전에 돈의 의미부터 배워야 한다. 받을 자격이 없는 돈은 금세 사라진다. 돈만 많아도 부자가 아니고, 비싼 물건을 지녔다고 부자가 아니기 때문이다. 부자는 생각하는 법이다.

부자가 되기 위해 필요한 자질은 겉과 속의 일치(integrity), 부자의 생각하는 법(mentality), 실행력(execution/drive), 배우고 성장하는 태도(learning mindset), 가치를 알아보는 판단력(judgement), 그리고 끈기(perseverance)다. 이 모든 것은 훈련으로 갖출 수 있다.

빈자는 보물을 갖고 있으면서도 그게 보물인지 알아보지 못하고 놓쳐버리고, 진정한 부자는 돈 없이 태어났더라도 가치를 알아보는 안목을 갈고닦아 결국 부자로 산다. 돈과 지식이 없어도 안목과 실행력이 있으면 결국 부자가 된다. 돈과 정보가 많아도 안목도 없고 아무것도 하지 않으면 결국 가진 것을 잃는다. 부자와 빈자를 가르는 또 다른 것은 안목이다. 선택이 모여 삶이 되기 때문이다.

돈 없이 태어났기 때문에 부자가 될 수 있다. 세계의 백만장자와 억만장자의 85%는 스스로 부자가 된 사람들이다. 부잣집에 태어나면 노력할 필요가 없어 실행력(drive)과 끈기(perseverance)가 약해 계속 부자로 살기 어렵다. 대대로 부자인 가문들은 특별한 자녀 교육법으로 아이들을 키운다. 부자의 안목을 교육하고, 아이들이 받는 것을 절대 당연히 여기게 키우지 않는다. 이 생각법이 부자를 부자로 만든다.

85%의 부자가 자수성가다. 이는 그만큼의 부자들은 항상 바뀐다는 뜻이다. 기회는 언제나 열려있다. 오랫동안 부자인 가문은 많지 않다. 이들의 비결은 교육과 신중함이다. 부자의 생각법을 물려주는 부자가 진정한 부자다. 매번 물고기를 잡아다 주는 부모는 아이를 결국 굶어 죽는 사람으로 키울 것이다.

어떤 사람은 부모님이 평생 모아온 돈으로 유학을 다녀오고 시험을 공부해서 대기업에 입사하자마자 기업의 신용등급을 이용해 미래에 벌 돈을 끌어다 사치에 소비해 거지가 되고, 어떤 사람은 부모님이 보내주시는 학원도 감사히 여기고 낭비하지 않기 위해 최선을 다해 최고의 결과를 내 성공하고, 어떤 사람은 부모님이 붙여주는 고액 과외도 당연히 여기고 낭비하여 쓸모없고 무능한 어른(entitled person)이 되고, 어떤 사람은 바닥부터 시작해 스스로 책을 읽고 배워 크게 사업해 나라에서 가장 귀한 땅을 얻어 가장 가치 있는 공간에 서점을 만들어 나라의 미래를 위하고, 어떤 사람은 도시에 땅을 사서 건물을 짓지 않고 숲을 만들어 사람들에게 행복과 건강과 휴식을 제공한다. 당신에게 있는 모든 것은 시간과 선택이다. 이것으로 무엇을 하느냐가 당신의 인생을 결정한다.

부는 사람에게서 온다. 부는 사람들과의 가치 교환(trade)으로 얻는다. 많은 사람들의 관심(attention)을 끌면 부유해질 수 있다. 관심은 긍정이든 부정이든 그 자체로 가치다. 그러나 진정한 부는 변하지 않을 것 같은 땅 위의 건물이 아니다. 지속되는 부는 사람들의 삶에 녹아드는 영향력이다. 많은 사람들의 생활에 스며드는 무언가를 만들어 제공하는 자가 거대한 부자다. 부는 시간이다. 많은 사람들의 시간을 점유하는 사람이 그 시대의 부자다. 개인의 부는 자신의 시간을 통제할 수 있는 자유다.

사람에겐 저마다의 그릇이 있다는 옛말은 진리다. 그릇이 작은 사람은 많은 재물을 부어줘도 그 자원을 담아내지 못한다. 아무리 많은 돈을 쥐여줘도 그 재물이 증발하는 일은 시간문제다. 역사에는 그런 사람이 한둘이 아니다. "성공은 똑똑한 사람들이 자신은 잃지 않을 거라고 착각하도록 유혹한다"고 빌 게이츠가 말했다. 돈만 많은 것과 부자가 되는 것은 다른 일이다. 인간과 삶에 대한 이해, 인문학을 수양하면 그릇이 커진다. 1조를 벌었다고 무의미한 소비에 탕진하는 오만한 작은 인간이 있는 하늘 아래 300조의 부와 영향력으로 인류를 구원하고 세상을 더 낫게 만드는 큰 인간이 있다. 이 둘은 선택 차이다.

《해리포터》의 작가 조앤 롤링이 억만장자가 되었을 때도 그 부를 잃을까 여전히 두렵다고 했다. 그 두려움은 지성인이 느껴 마땅한 감정이다. 현명한 그녀는 그 돈을 사회의 이로운 곳에 분별력 있게 쓰며, 자신과 가장 잘 맞는 사람과 취향과 안목이 가득한 에든버러의 성에 살며, 여전히 자신이 가장 사랑하는 일인 글쓰는 일을 지속하며 행복하게 살고 있다. 《해리포터》의 집필과 홀어머니로서의 생계에 찌들었던 그녀의 외모는 안으로부터 꽉 찬 사람답게 그 거대한 부의 주인으로서 지금 부유하게 빛난다. 조앤의 부는 개인의 불필요한 사치에 낭비되지 않고, 전 세계의 어려움이 있는 아이들에게 빛을 주는 자선단체 루모스를 통해 세상의 빛이 되고 있다.

가진 돈의 액수와 무관하게 진정한 부자로 살게 하는 것은 인문학적 교양과 격조다. 스티브 잡스는 인문학 철학가였다. 인문학이란 인간에 대한 이해다. 그는 우리에게 기술(technology)이 있다면 그것을 인간이 어떻게 쓸지 알아보는 눈이 있는 사람이었다. 잡스의 아내 로렌은 세상을 이롭게 하는 사회적 기업가를 지지하는 자선단체 에머슨 콜렉티브의 창립자이자 경영자다. 초월주의 철학자 랄프 왈도 에머슨에서 따온 이 이름은 OREX를 설립해 교육하며 지향하는 목적과 그 방향을 함께 한다. 그것은 self-reliance, 자신에게 의존할 수 있는 개인으로 거듭나는 것이다. 자기 시간을 자유롭게 쓸 수 있는 자는 부자다. 시간의 양은 정해져 있고, 질만 높일 수 있기 때문이다.

경제적 자립은 행복한 인생의 초석이다. 누군가에게 경제적으로 의존하면 당신의 인생도 누군가에게 의존하게 된다. 남에게 휘둘리는 인생은 결코 행복할 수 없다. 자기의존하는 삶을 사려면 부자가 되어야 한다. 당신이 원하는 대로 삶을 살려면 부자가 되어야 한다. 가진 돈의 액수가 크다고, 소유한 물건의 가격이 높다고 부자는 아니다. 부자는 자유와 인정이다. 인정을 비싼 물건 자랑으로 얻으려는 자는 모자란 자다. 물건이나 돈 같은 도구에 자신의 가치를 의존하기 때문이다. 내재적 가치를 품으면 부는 자연히 당신에게 이끌려온다. 그 방법은 생각하는 법을 배우는 것이고, 이 책이 당신에게 제공하는 가치다.

Empty minds don't deserve the riches. So they lose them quickly. Content minds deserve their wealth. So they think and grow rich.

속이 빈 사람은 부자가 될 자격이 없다. 그래서 빨리 잃는다. 내면이 꽉 찬 사람은 부자가 될 자격이 있다. 그래서 생각을 하여 부자로 거듭난다.

자존할 선택이 있는 자는 진정한 부자다. 의존할 수밖에 없는 자는 부족하다. 부족한 사람이 스스로를 채워나갈 수 있게 하는 것이 교육의 힘이다. 교육(education)은 변화(change)의 다른 말이다. 교육과 변화는 동의어다. 교육한다는 건 변화를 일으킬 수 있는 것이다. 변화할 수 있는 능력이야말로 가장 강력한 능력이다. 워런 버핏이 세계 최고의 부자인 이유는 대부분의 사람이 70대가 되어서는 변하지 않을 때 워런은 노년에도 계속 배우고 더 나은 사람으로 거듭나기 때문이다. 당신의 기존 사고방식이 불행한 현실을 만들었으면, 그 생각하는 법을 바꾸어 행복한 현실을 만들면 된다. 뒤를 보고 씁쓸해(resent)하거나 남을 보고 부러워(envy)하는 건 지혜롭지 않은 선택이다. 오늘을 잘 살면 내일이 나아진다.

속이 빈 인간은 아무리 돈지랄을 해도 그 빈 속을 채울 수 없다. 속을 먼저 채운 자는 영원의 부를 얻고 하늘의 별이 될 수 있다.

부자가 되는 원칙은 간단하다. (1) 당신의 업(trade)을 찾아 그 업에 최고가 되고, (2) 노동 수익을 소비하지 않고 자기통제 하면 부자가 된다. 물이 모인 곳에 더 많은 물이 모이듯, 자본이 쌓이고 그를 운용할 지식과 지혜가 쌓이면 중력처럼 자본이 더 큰 자본을 이끌어온다. 소비는 이렇게 지성과 시간으로 얻는 자본으로 행복하게 할 수 있다. 돈만 많으면 삶에 변화가 없다. 100평이 넘는 고급 빌라를 사도 소파에 누워 지낸다. 부자로서의 지혜와 안목을 함께 가져야 부자로 산다. 부자는 명사가 아니라 동사다. 부자는 명함에 쓰인 직함이 아니라, 행동으로 사람들에게 끼치는 영향이다. '사람들'을 어려운 말로 사회라고 하고, 사람들과의 가치 교환이 당신을 부자로 만든다. 당신의 일을 제대로 잘하면 모든 문제가 해결된다. 그래서 부자가 되려면 당신 자신부터 알아야 한다.

인정과 존중은 훌륭한 행동으로 받을 수 있다. 행동은 생각이 제어한다.

Your choices make up your life.
선택이 모여 인생을 만든다.

These will change who you are in 2 years 이 선택들이 2년 뒤의 당신을 바꾼다:

the things you choose to do today 오늘 하기로 선택한 일

the books you read today 오늘 읽는 책

the habits you make today 오늘 만드는 습관

the talks you have today 오늘 나눈 대화

the people you hang out with today 오늘 어울리는 사람들

the challenges you embrace today 오늘의 도전

the lessons you learn today 오늘의 배움

the goals you set today 오늘 세운 목표

the skills you practice today 오늘 갈고닦는 기술

the questions you ask today 오늘 알려고 한 것

the kindness you practice today 오늘 실천한 친절

될 사람은 되고, 안 될 사람은 안 되는데, 그 됨은 선택이 결정한다.

당신이 부자가 되지 못한 이유

There are two primary causes for poverty. One is inability and ineptitude. The other is inefficient spending or mismanagement of money, which usually comes of emotional reactions.

부자가 되지 못하는 일차적 원인은 두 가지다. 하나는 일을 할 능력이 없거나 미숙한 것이다. 다른 하나는 돈을 잘못 다뤄서다. 후자는 주로 감정적인 반응으로 돈을 다루는 것이다.

선택과 행동이 부자를 만든다. 빈자의 특징은 주변 환경을 탓하는 사고방식이다. 아집에 싸여있든 세상을 보는 인식이 좁든, 자신의 사업이 안 되는 이유로 경기를 탓하면 가난하다. 이 우주는 풍부하다(abundant). 인간은 이 작은 지구에서 무엇이든 해낼 수 있고 원하는 것을 얼마든 가질 수 있다. 인간이 존재하는 한 사업 기회는 언제나 얼마든지 있다. 카페를 하는데 손님이 없으면 잘되는 카페에 가보라, 손님이 넘쳐날 것이다. 잘되는 이유를 배우면 당신도 잘될 것이다. 환경을 탓하는 빈자에게 가보면 안 되는 이유가 뻔히 보인다. 본인만 모른다. 치킨집을 하면 망하는 게 아니라, 치킨집을 성공시킬 지식이 없으니까 못한다.

가난한 사람은 돈에 있어 가난한 선택을 한다. 장비(equipments)는 감가되는 소비재(depreciating consumer goods)인데 장비를 "투자"라고 잘못 판단하여 그것에 큰 돈을 소비한다. 투자는 당신에게 돈을 주는 자산(asset)을 사는 것이다. 영상 촬영을 해본 적도 없는 사람이 비싼 촬영 장비를 산다. 고수는 폰과 태양빛, 그리고 손으로 촬영한다. 저렴한 마이크만 산다. 저축해서 예금계좌에 자산 전부를 넣어두는 선택도 가난의 원인이 된다. 평균 인플레이션이 3.5%인데 그 수준의 이자율에 넣어두는 건 돈을 증발시키는 선택이다. 적금은 저축 금액에 한계가 있어, 이는 저축도 못하도록 자기통제력이 없는 사람을 위한 훈련 도구다. 적금으로 부자가 된 사람은 없다. 할부도 가난한 사람이 쓰는 선택이다. 미래에 벌 돈을 끌어다 소비하는 선택은 가장 멍청한 결정이다. 시장 예측은 인간으로서 불가능하므로 레버리지는 위험하다. 빠르게 벌려고 하는 건 빈자의 선택이고, 가진 자산을 보호하는 게 부자의 선택이다. 전세는 사채다. 전세는 가난한 선택이다. 부는 사람들이 원하는 자산과 생산적인 자산을 소유함에서 온다. 빈자는 당장의 표면적인 가격을 보고 감정적으로 결정하는 반면, 부자는 내재적 가치를 알아보고 이성적으로 결정한다. 빈자는 소비자다. 부자는 소유자다.

The poor assume on the surface of things; the rich presume the nature of things.

빈자는 표면적으로 판단하고, 부자는 본질을 이해한다.

부자는 얼마를 버느냐보다, 돈을 어떻게 다루느냐로 결정된다. 무지한 사람은 식당을 하며 월 1억을 벌었다고 "멋지지?"하지만, 재료비에 인건비에 월세에 배달비에 관리비에 리스비에 대출이자를 내고 남는 돈은 없다. 본인의 무지로 열심히 일해 인테리어 업자와 재료상과 가구상과 은행의 수익을 올려준다. 매출과 수익은 다르다. 비용이 적을수록 수익이 크고, 큰 부자는 이것을 정확히 알고 행동한다. 빈자는 몇 억 벌었다고 벤틀리를 사지만(표면적), 제프 베조스는 아마존을 키워 1조 4천억 원 가치의 부자였을 때에도 고장 없이 차로서 제 기능을 잘하는 평범한 혼다를 탔다(본질적). 영어를 못하는 사람은 영어권 사람처럼 발음하는 걸 보지만(표면적), 영어를 잘하는 사람은 영어는 세계어이고 다양한 억양이 있음을 안다(본질적). 가난한 사람은 카페의 성공 비결이 맛과 인테리어라고 판단

하지만(표면적), 큰 부자는 무지한 사람의 눈에 보이지 않는 문화와 시스템이 성공 비결인 것을 알고 그것을 시현한다(본질적). 부자는 수입의 몇 %를 저축했는지를 자랑한다. 빈자는 네 차가 얼마냐고 물어본다. 부자는 생각을 다르게 한다. 부자는 언어도 다르게 말한다. 그것을 이 책으로 알려드리고자 한다. 마스터가 되는 첫 단계는 마스터를 따라 하는 것이다. 미술이든, 언어든, 경제적 자립이든 같은 자연의 법칙이 적용된다.

Sometimes you learn; sometimes you win. Mistakes are there for you to learn from. Make great mistakes. The more you learn, the wiser you become. Wisdom brings success and peace.

때로는 배우고, 때로는 이긴다. 실수는 배우기 위해 있다. 멋진 실수를 하라. 많이 배울수록 더 지혜로워진다. 성공과 평온한 삶은 지혜의 결과다.

부자는 책임을 진다. '책임'의 의미는 실수를 했을 때 그것을 (1) **인정**하고 빠르게 (2) **배워** 더 (3) **나아지는 것**이다. 책임은 포기하지 않고 끝까지 쥐고 성장하는 것이다. 자기 일을 잘한다는 건 큰 말이다. 업무 하나만 잘하는 게 아니라, 더 나아질 가능성을 보고 혁신하고 성장시키는 것이다. 일을 뛰어나게 잘하면 부자가 될 수밖에 없고 그러면 세금을 많이 낼 수밖에 없다. 워런 버핏이 내는 세금 액수는 상식을 초월하고(2024년 애플 주식 판매로 낸 세금은 $5B, 약 7조 원), 그럼에도 그는 세계 최고의 부자다. 그는 21%를 낼 때도 있었고 52%를 낼 때도 있었다. 세금을 전혀 안 내는 건 자랑이 아니라 무능의 증거다. 사람들을 위해 이로운 일을 하라. 수입이 크면 숨길 수 없다. 군대가 운영되어 민간인이 평화와 자유를 누리려면 세금이 필요하다. 좋은 여권으로 해외여행의 자유는 즐기면서 그것을 당연시하는 사고방식은 당신을 부자로 만들지 못한다. 당신의 인생과 당신이 있는 곳의 주인이 돼라.

I'm prosperous because of my society. Stick me down in some poor country and I'll walk around and say "I allocate capital." And they'll say "so what? What we need is a guy with a strong back!"

내가 잘사는 것은 내가 속한 사회 덕분이에요. 가난한 나라에 나를 떨구어 놓으면 돌아다니며 "저는 자본을 운용해요"라고 하겠죠. 그러면 그 나라 사람들은 이럴 거예요. "그래서? 우린 허리가 튼튼한 남자가 필요해!"

— Warren Buffett

경쟁자가 많아 성공하기 어렵다는 생각은 변명이다. 진입 장벽이 낮은 건 그 산업의 단점이지만, 수요가 많다는 증거이니 그 안에서 최고가 되면 잘 살 수 있다. 영어를 잘하는 사람은 아주 많은데 끈기 있게 버텨 창의적으로 문제를 해결하니 최고가 되어 난 부자가 되었다. 이는 독자적인(proprietary) 교수법이 있고, 내가 쓴 《영어책》으로 수업하여 이는 아무나 따라 할 수 없는 강점(unfair advantage)이 되어 나의 부를 보호(hedge)한다. 세무과에서 일을 할 때 업무에 체계적으로 접근하여(systematic approach) 세금 수입을 끌어 올렸다. 나는 일 자체를 잘하고 싶었을 뿐이고, 이 태도는 다른 분야에서도 발현되어 결국 나를 부자로 만들었다. 맥도날드에서 크루로 일할 때도 업무를 체계화해서 누구보다 빠르고 정확하게 일해 점장님의 총애를 받았고 덕분에 짧은 시간에 맥도날드의 시스템을 깊게 배울 수 있었다. 이런 시스템을 디자인한 사람은 천재다. 인간 사회와 시스템에는 문제가 많지만, 이 문제를 알아보고 해결하여 사람들의 삶을 더 낫게 만들어주면 큰 부자가 된다. 지금 우리의 가장 큰 문제는 지구 환경과 한국의 더 좋아질 수 있는 교육과 문화다. 교육과 문화는 사고방식을 결정하고, 사고방식은 행동을 결정하며, 행동이 현실을 결정한다.

This time, like all times, is a very good one, if we but know what to do with it.

지금이라는 때는, 다른 여느 때처럼, 아주 좋은 시간이다, 무엇을 할지만 안다면.

— Ralph Waldo Emerson

위기는 기회다. 나에게도 환경을 탓했었던 무지하고 미성숙했던 때가 있었다. 돈은 사람들의 투표다. 사람들이 당신이 제공하는 제품이나 서비스를 선택하도록 일을 개선하면 표를 받아 인생이 핀다.

사람들이 필요로 하는 기술(skills)과 사람들과 어울려 함께 일할 수 있는 전반적인 기본(work ethic)을 갖추면 부를 얻을 수 있다. 후자에 있어 가장 중요한 것은 다른 사람의 시간을 존중하는 기본이다. 본인의 시간이 귀한 사람은 타인의 시간도 존중한다. 본인의 시간이 하찮은 사람은 타인의 시간도 하찮게 여긴다. 인간에게 가장 귀한 자원인 시간을 하찮게 여기는 사람은 부자가 될 수 없다. 시간이 당신을 위해 일하게 할 수 있으면 부자가 된다(patience).

열심히 일해 1억 원을 모았는데 그 1억 원의 유동(liquid) 자산을 비유동(illiquid) 자산, 예를 들어 부동산과 장비에 사용하거나, 1~5%대의 화폐 가치 하락에 대비하기는커녕 훨씬 더 높은 이자율을 더하는 대출을 통해 크게 감가되는 소비재, 예를 들어 대부분의 자동차와 취미 용품에 사용하는 사람은 부자가 되지 못한다. 이를 빨리 깨닫고 고칠수록 더 큰 부자가 될 수 있다. 이 책을 읽는 당신은 지금부터 부자의 생각하는 법을 갖추면 부자가 될 수 있다. (한국에서 부동산이 부를 불렸던 시기가 있었지만, 지금은 새로운 시기다. 구식은 구시대의 방법이고, 새로운 시대에는 새로운 방법이 필요하다. 무지한 사람은 부동산과 주식을 복권으로 인식한다. 부동산은 땅과 공간이고, 주식은 회사다. 여러 투자재와 수익률 그리고 세금을 비교해 보면 무엇이 지금 우월한지, 그리고 무엇이 당신에게 맞는 투자인지 알게 될 것이다. 당신에게 맞는 투자를 찾아 그 하나를 마스터하면 잘살 수 있다. 지성을 사용해 인류의 삶을 더 낫게 만드는 것이 지성인의 의무라고 여기는 나는 사업에 투자한다.)

It's so clear looking back. It's unknowable looking forward. There is a long way ahead. Save up the water.

뒤를 돌아보면 당연하다. 앞을 보면 그러나 알 수 없다. 갈 길이 멀다. 물을 아끼라.

불완전한 존재인 인간에겐 누구나 미성숙한 시기가 있다. 오마하의 현인 워런 버핏도 실수하고 그로부터 배워 지금의 워런이 되었고, 농구의 전설 마이클 조던과 코비 브라이언트, 배구의 김연경도 미숙하여 배움에 집중했던 때가 있었다. 나도 실수에서 아프게 배워 부자의 생각법을 체득했다. 나이가 어릴수록 잃지 않을 확실히 아는 자산에 잘 투자하여 일정 수익률로 복리(수익 재투자)로 성장하게 내버려두면 시간이 일해 노년에는 넉넉한 백만장자의 숫자를 갖고 원하는 삶을 누릴 수 있다. 배우는 방법을 배운 사람은 그 자산을 알아낼 수 있다.

Given the primary causes being met, two reasons account for your not-so-rich reality. One is your pursuit of money. The other is your limited perceptions.

자기 일을 잘하고 돈도 신중히 쓰려 애써도 여전히 부자는 아닌 사람의 원인은 주로 두 가지다. 하나는 돈을 좇는 것. 다른 하나는 생각을 크게 하지 못하는 것 또는 알아보는 세상이 좁은 것이다.

돈 자체를 좇는 사고방식은 취미를 하기 위해 가장 비싼 장비에 소비하는 것과 같다. 제일 비싼 자전거가 제일 빠르지 않다. 아마추어가 도구를 탓한다. 마라토너 손기정과 이봉주는 자신의 신체와 훈련으로 이긴 것이지, 신발로 이기지 않았다. 김연아는 스케이트장과 선수 대우가 훌륭해서 1등을 한 게 아니다. 해야 할 일을 꾸준히 하는 자기통제력(discipline)과 실수해도 일어나 할 일을 마저 하는 회복탄력성(resilience) 그리고 될 때까지 포기하지 않는 의지(perseverance)로 금메달을 성취했다. 돈은 도구다. 도구를 좇는 생각은 미성숙하다. 사람들이 필요로 하는 **가치**에 집중하라. 큰 부자는 인문학을 중시하는데, 인간의 욕구를 이해하고 이를 누구보다 잘 만족시켜주는 사람이 큰 부자가 되기 때문이다.

리 루(Li Lu)라는 중국인은 나라가 수배를 하여 잡으려고 했지만 탈출에 성공해 일 푼 없이 미국으로 가 장학금으로 대학교를 다녔다. 그곳에서 우연히 워런 버핏의 강의를 들었다. 잠시 입금되었다가 학비로 지출되기 전의 장학금을 투자로 운용해 그는 대학교를 졸업할 때 백만장자가 되었다. 불가능은 없다. 절실하게 집중하면 생존은 물론 부자가 될 수 있다.

이 생을 살며 놀랍고 즐거울 때는 삶이 생각하는 대로 되는 것을 경험할 때다. 어느 목표에 머리를 집중하고 몇 년이고 계속 그 목표를 쥐고 있을 수 있는 사람은 결국 그 목표를 시현한다. 미켈란젤로는 꿈을 너무 작게 갖는 것을 개탄했다. 목표를 너무 일찍 이뤄버리거나 목표가 없으면 인간은 삶의 목적을 잃는다. 목적 없는 삶은 흔들리기 쉽다. 머릿속에 당신만의 목표를 그려두고 그를 위해 일하면 그 목표는 당신의 현실이 된다.

꿈을 이루는 삶이 얼마나 보람찬지 난 설명할 수 없다. 이보다 행복한 삶은 없다. 꿈은 크게 꾸고, 생각을 더 크게 하려고 지성을 확장하며, 항상 약간 만족스럽지 않은 삶을 살라. 과식하는 사람은 빨리 죽고, 소식하는 사람이 오래 사는 것처럼, 채울 여지가 있고 생의 업(ikigai)이 있는 사람은 오래 건강히 행복하게 산다. 살 이유가 있기 때문이다. 이것이 부의 의미다.

제프 베조스의 고등학교 친구가 말했다. 제프가 억만장자가 되고 싶은 이유, 더 큰 목표를 갖는 이유는 순전히 우주 정거장을 짓고 싶어서라고. 그 꿈은 현실이 되었다. 부자의 가장 도드라진 특징은 **멀리 내다보는 시야**다.

Look at the timeless, not the times. 시대를 읽지 말고, 영원을 읽으라.

빈자는 당장 눈앞에 닥친 문제에 집중한다. 부자는 먼 미래의 시간까지 인지한다. 빈자는 월 얼마를 버는가에 집중하지만, 부자는 100년이 지나도 **변하지 않는 가치**에 집중한다. 10년 뒤 나의 모습이 그려지기 때문에 지금 가치 있는 일을 하기를 선택한다. 다음 세대까지 생각할 수 있는 지성이 있기에 자녀를 지혜롭게 교육하고 끝없이 배워 성장한다. 애플에서 쫓겨나고 새로운 회사를 창업한 스티브 잡스가 '애플에서 무엇을 배웠느냐'는 질문에, 사람을 볼 때 먼 시각(long-term)으로 본다고 답했다. 당장 문제를 해결(fix)하고 싶지만 그러지 않고 이 사람과 10년 뒤 이루어 낼 일을 본다고 했다. 회사는 하나의 목적을 가진 사람들의 모임이다. 회사를 꾸리고 이끄는 일은 먼 미래를 내다보고 함께 일할 팀을 꾸리는 일이다.

사람은 강제하면 하기 싫어하듯, 아이에게 공부를 강제하면 어른이 되어 배움을 멈춘다. 그런데 진짜 배움과 성장은 학교 졸업부터다. 인간의 가장 중요한 할 일은 매일 더 나은 사람이 되는 것이라고 레오 톨스토이가 말했다. 레오나르도 다 빈치는 성인이 될 때까지 공부와는 거리가 먼 사생아였다. 더 알고 싶은 호기심과 탐구력은 어려서 마음껏 놀았기 때문에 피어날 수 있다. 정신의 가장 큰 에너지는 **호기심**이다. 공부의 대상도 이해하지 못하고서 아이들에게 공부를 강제하는 것은 자기통제력(discipline) 훈련의 도가 지나친 부모 본인의 불안에서 기한다. 불안과 두려움의 원인은 무지다. 아이가 배워야 할 것은 배움이 즐겁다는 인식이다.

시험 날 응급실은 비상이라고 한다. 시험 점수가 안 나와 죽음을 택한 아이들이 많아서라고 한다. 행복하게 잘 사는 것과 학교 공부는 상관이 없다. 학벌과 능력도 무관하다. 최고의 대학교를 나와도 무능한 사람이 있다. 인생은 학교가 아니라 자신의 책임이다. 행복하게 잘 살기 위해 가치 있는 지식은 자신을 아는 것과 생각하는 법이다. 한국의 우물 속에서 주변 개구리의 행동을 따라 하지 말고, 대양의 고래와 상어는 어떻게 자식을 키우는지 알아보라. 교육열과 교육의 질은 다른 것이다. 해마다 천여 명의 한국의 지성인 부자들은 아이가 어릴 때 일찍이 이민하고 있다. 이 책은 세계 부자의 생각하는 법을 배워 와 한국에 소개하는 목화씨다.

빈부의 격차는 얼마나 먼 시간까지 내다볼 수 있느냐로 결정된다. 코앞만 보기 때문에 그 정도까지밖에 부를 준비하지 못한다.

And those still haven't made it yet have no courage to break out of their comfort zone.

그래도 부자가 되지 못하는 사람은 알을 깰 용기가 없는 사람이다.

부를 이룬 사람들이 자신이 익숙한 환경과 편한 사고방식(comfort zone)에만 머물러 있었으면 그냥 자신이 다니던 학교의 연장선에서 교사가 되어 죽을 때까지 월급과 연금이나 계속 받을 것을 걱정했을 것이다. 그런 사람들을 주변에서 꽤 보았는데 하나같이 자기 일을 더 잘할 의지도 없고 부자와는 거리가 멀다. 영어 선생이 영어로 말도 못한다. 논산 육군 훈련소에서 나는 조교를 자원하여 안전하게 휴가를 자주 나오며 내 의무를 했을 수도 있었다. 그러나 이 훈련소 이후의 세계를 경험하고 싶었다. 그랬더니 한 번도 다뤄본 적 없는 총을 특기로 받고 38선 최선봉 돌파대대로 배치되었다. 아무나 해볼 수 없는 값진 경험을 했다.

사업을 성공시키는 것은 유망 산업이나 시장이 아니라 그 사업을 경영하는 **사람**이다. 인터넷 사업이 유망해서 아마존이 큰 게 아니라, 제프 베조스가 이 일을 해낸 것이다. 천재가 해낸 일을 베끼고 있는 바보가 지금의 한국 기업이다. 진짜 큰 부는 오리지널리티에서 샘물처럼 솟아난다. 가짜는 진짜를 이길 수 없다. 오리지널하려면 익숙한 울타리에서 벗어나 새로운 일에 도전하며 당신이 가장 잘할 수 있는 당신만의 업을 찾아야 한다. 모든 사회문화적 영향을 깎아내고 자신만의 것을 발견해낼 수 있는 자는 큰 부의 주인이 될 자격이 있다.

워런 버핏의 아들 하워드는 아버지가 알아서 자기 일을 찾도록 내버려두어 한 번도 해본 적 없는 농업에 뛰어들었다. 아버지에게 물려받은 지성과 지혜로 그는 잘 해내었다. 자신에게 맞는 일을 찾은 그는 행복하다. 반면 한국의 어느 아버지는 음악에 재능이 있는 아들이 음악을 하겠다고 했을 때 전문직이나 기업가처럼 내세우기 좋은 일을 안 한다고 결코 지원하지 않고 자신이 다닌 일류 대학교에 넣어주었다. 아들은 결국 몰래 자퇴하고 세계 최고의 음대에 붙어 아버지께 입학통지서를 보여주며 지원을 부탁했는데 아버지는 자기 일을 찾은 아들을 지원해 주지 않았다. 결국 그 아들은 다시 시험을 봐 한국의 이름 없는 대학교에 가서 불행하고 쓸쓸한 어른이 되었다. 그 아버지는 딸에게는 안정적인 전문직을 강제로 시켰고, 그 딸은 우울증 약을 먹으며 산다. 당신만의 업을 선택해 해야 그 일을 재밌게 할 수 있고, 일 자체가 재밌어야 잘할 수 있으며, 이를 통해 부와 자유 그리고 행복한 삶을 이룰 수 있다.

자원은 생각하는 자에게 이끌린다. 동물 중에서 호모 사피엔스가 지구를 점령한 이유는 '사피엔스'가 '생각하다'는 뜻이기 때문이다. 호모 사피엔스 중에서도 생각하는 극소수가 생각하지 않는 대다수를 정복한다.

한국의 역사는 고난의 역사다. 그러나 극복의 역사이기도 하다. 우리는 생존자다. 기후는 이미 변했고, 이로 인한 후폭풍이 오고 있다. 빠르게 부자가 되어 끝까지 살아남으라. 그러기 위해서는 (1) 생각하는 법을 배워, (2) 당신만의 업을 찾아, (3) 그 일을 잘하면 된다. 어떤 업이든 그 업의 최고가 되면 부자가 되고, 얼마를 벌든 지성으로 투자하면 부자가 된다. 그런데 한국인은 이미 세계에서 0.64% 이하다. 인구학자 이상림 박사는 합계 출생률 0.72(2023년)는 200명이었던 인구가 한 세대 반 만에 25명으로 줄어드는 것을 의미한다고 한다. 2053년 한국 인구는 지금의 1/8로 줄어 6백만에 불과할 예정이다. 영어로 세계인과 교류해야만 살아남는다. 영어를 못하는 사람은 점점 더 가난해지고, 영어를 잘하는 사람은 점점 더 부자가 될 가능성을 가질 것이다. 이는 첫째로 정보의 불균형 때문이고, 둘째로 해외 문화의 적응력 때문이며, 셋째로 생각의 폭 때문이고, 넷째로 시장의 크기 때문이다. 영어는 지성의 언어다. 한국어만 할 줄 아는 사람은 생각의 폭이 매우 좁다. 카이스트, 서울대, 연세대 출신의 제자에게 영어를 가르치며 느끼는데, 시험 영어는 영어가 아니다. 시험 테크닉은 지식이 아니다. 생활이든 추상적 개념이든 이를 **소통할 수 있는 영어**가 영어다.

정직한 기업의 주가는 단기적으로 투자자들의 기대감과 실망감에 오르내리고, 장기적으로 그 기업의 가치(fundamental value)에 맞춰진다. 사람도 마찬가지다. 단기적으로 당신의 수입에 변동이 있더라도, 당신이라는 사람의 가치를 높이면 장기적으로 당신의 부가 높아진다. 다른 사람들에게 필요한 존재가 되는 것이 가치를 높이는 일이다. 30년이 지나도 세계인이 필요할 것을 찾아 그 일에 최고가 되라.

돈은 허상이고, 허상을 좇으면 결국 불행하다. 돈이라는 허상이 아니라, 가치라는 본질을 추구하고, 잘못된 영어교육법을 바꿔 소통할 수 있는 영어를 빠르게 배워 세계인이 원하는 가치를 제공해야 살아남을 수 있다.

In a world where everything changes so quickly, the biggest risk is not taking any risks.

이렇게 빨리 변하는 세상에서 가장 큰 리스크는 아무 리스크도 짊어지지 않는 것이다.

— Peter Thiel

한국 조경의 대모 정영선이 설계한 서울식물원에는 대기업의 기부금으로 만든 무궁화 정원이 있다. 여름과 가을에 풍성한 무궁화를 피우는 무궁화나무를 겨울이 되면 식물원 관리인이 거의 죽일 것처럼 밑동까지 가지를 잘라낸다. 다음 해가 되면 신기하게도 다시 풍성하게 나무가 자라 화려한 꽃을 피운다. 한국인은 이런 민족이다. 위기에 처하면 불굴의 의지로 이겨내고 이내 평화를 얻어내는 강인한 민족이다. 우리는 변하는 환경에 빠르게 맞춰 적응해 생존할 수 있다. 오랜 생존이 곧 궁극의 성공이다.

부자가 되는 것을 방해하는 멍청한 생각 12가지

착하다고 이용당하는 것은 아니지만, 무지하면 그 대가를 받는다.

1. 노동 수익을 소비에 쓰는 것

부자가 되는 사람은 처음엔 자신의 시간을 돈으로 바꾸는 일을 한다. 그 일을 통해 시간의 가치를 체득한다. 돈만 벌지 않고 그 일을 통해 배운다. 기술을 습득하거나 이해를 넓힌다. 통찰력과 분별력을 계발한다. 그리고 다음 단계의 일로 넘어간다. 그러나 어떻게 해서든 첫 1억 4천만 원($100,000)을 모을 때까지는 시간과 노동으로 번 돈을 쓰지 않는다. 이 숫자를 쥐기까지가 가장 긴 시간이 걸리고, 계속 배우고 더 잘하려고 시간을 들이면 이 숫자가 두 배, 네 배, 여덟 배로 성장해 나가는 데에는 점점 더 적은 시간이 걸린다. 시스템을 구축하라. 유동자산 7억 원($500,000)부터는 투자 지식을 갖추고 검소하게 생활하면 노동에 의존하지 않아도 살 수 있다. 투자 수익으로 충분한 생활비가 되기 때문이다. 마음에 깊은 편안함(content)이 깃든다. 경제적 자립(financial independence)이 이루어진다. 이를 경제적 "자유"라고 말하면 더는 돈을 신경 쓰지 않아도 되는 것이라고 착각할 수 있다. 절대 그렇지 않다. 백만장자가 되어도 하루아침에 다 잃는 사람들이 많다. 노동 수익에 의존하면서 하루살이처럼 사치를 부리는 사람들이 흔하다. 억만장자여도 다 잃고 사라지는 사람들도 꽤 있다. 그래서 돈보다 지혜가 우선이다. 남에게 맡기지 않고 스스로 생각하여 직접 부를 관리해야 부를 유지할 수 있다. 의존은 약한 힘이다. 자존이 강한 힘이다. 애초에 우주에 '안정'이라는 것은 없다. 안정을 추구하는 자는 무능하다. 안주하는 태도로는 부자가 되지 못한다. 세상은 끊임없이 변하고, 그 변화(개발과 성장)의 속도는 점점 빨라지고 있으며, 적응에 실패하는 개체는 소멸한다. 생각하는 사람이 되기를 선택하면 그러나 생각하지 않아 잃는 자의 부를 끌어모을 수 있다. 기회는 준비된 자의 것인데, 그 준비란 이해와 결단이다. 기회가 왔을 때 그 기회를 알아보고 확신을 갖고 대범하게 행동할 수 있어야 한다. 그래서 큰 부자들은 매일 읽는다. 워런 버핏, 찰리 멍거, 이병철이 그랬고, 나는 대학 때 한 주에 영문책 20권을 읽었다. 1년이면 1,000권이 되고, 이를 대학 내내 지속했다. 읽는 책의 질에 따라 다르겠지만, 책을 많이 읽는 사람은 인생의 풍파에도 행복의 평균값을 유지한다.

2. 지금 잘 번다고 나중에도 계속 잘 벌 것처럼 돈을 쓰는 것

역사상 가장 뛰어난 업적을 이룬 투자가들이 입을 모아 말하는 지혜가 있다. 미래는 아무도 모른다. 3차원 세계에 사는 인간은 4차원을 인지할 수 없다. 벌 때 버는 만큼 씀씀이가 커지면 부자가 되지 못한다. 비가 많이 오면 비가 안 올 해를 대비해 물을 저장해 두어야 한다. 경기 침체는 주기적으로 반드시 온다. 현대 사회는 시스템이 효율적이어서 침체가 그리 오래 가지 않는다. 코로나는 단 두 달이었다. 하강은 그저 예측가능한 인간 세상의 기본 환경이다. 투자하는 기업의 사업과 그를 이끄는 사람에 확신이 있으면 단기적으로 주가가 내려가도 주식을 쥐고 있을 확신이 있다. 부채가 없는 회사는 망하기 어렵다. 현금을 충분히 비축해 둔 회사는 망하지 않는다. 개인도 그렇다. 돈을 많이 벌면 빚을 없애는 게 현명하다. 당신의 1년 생활비를 알고, 어느 정도의 유동자산을 비축해 놓으면 몇 년은 일하지 않아도 살 수 있는지 알고 그 기간을 늘리라. 두 가지 방법이 있다. (1) 생활비를 줄이고 (2) 보유 현금 양을 늘리는 것이다. 보험은 가난한 사람들이 사는 서비스라고 찰리 멍거가 말했다. 부자는 스스로 준비한다.

3. 헬스장에서는 시간을 보내면서 도서관에서는 시간을 보내지 않는 것

몸을 만드는 사람은 몸을 쓰는 사람이 된다. 노동자는 부자가 아니다. 부자는 머리를 쓰는 사람이다. 신체의 다른 근육처럼 뇌도 근육이다. 뇌는 크기가 커지는 게 아니라 뇌 안의 연결고리가 촘촘해진다. 머리를 쓰면 쓸수록 좋아진다. 머리를 계발하는 법은 당신보다 영민한 사람에게 배우고, 가만히 앉아 책을 읽고, 생각을 글로 쓰는 것이다. 글을 쓰면 생각이 정확해지고, 정확한 생각은 정확한 언어로 이어져 당신을 부자로 만들 것이다. 워런 버핏은 젊을 때 생각하는 법을 배우기 위해 벤자민 그레이엄을 위해 일했다. 그렇게 배운 기본 원칙을 적용하고 개선해서 최고의 부자가 되었다. 찰리 멍거는 가만히 앉아 생각하여 내린 결정만으로 억만장자가 되었다. 존 록펠러도 여기저기 발품을 팔고 직접 땅을 파서 시대의 부자가 되지 않았다. **생각하는 힘**으로 억만금을 끌어당겼다. 부는 생각에 있다.

4. 10만 원짜리 운동복은 사면서 한 달에 10만 원어치 책은 사지 않는 것과 술 마시는 데 100만 원을 쓰면서 한 달 교육비에 100만 원을 쓰지 않는 것

빈자는 부자가 어떤 차를 타는지에 관심을 둔다. 그런데 부자에게 차는 빈자의 신발이다. 헤지면 다른 신발을 사거나, 기분과 목적에 따라 다른 신발을 신는다. 부의 크기가 커지면 자동찻값은 신발값이 된다. 그러려면 사치스럽고 불필요한 옷보다는 책과 교육에 더 많은 자원을 투자해 보라. 가치에 집중한 시간이 쌓여 부자가 된다. 옷은 닳아 사라지지만 책은 지혜로 남는다. 옷에 아무리 비싼 돈을 써도 당신의 가치를 올리지 않는다. 그러나 책과 교육비는 당신의 가치를 높인다. 교육비에 한 달 300만 원을 쓰면 곧 당신의 월수입은 3,000만 원이 될 것이다. 나는 그랬다.

5. 장비에 쓰는 돈을 투자라고 착각하는 것

비싼 장비를 사서 헛된 자부심을 품는 건 삼류의 특징이다. 최고는 도구를 탓하지 않는다. 최고는 가장 싸구려 도구로도 최고의 결과를 만든다. 실력 있는 산업디자이너는 가장 흔한 BIC 볼펜으로 드로잉한다. 실력 있는 미술가는 차에 쌓인 먼지로도 훌륭한 그림을 그린다. 최고의 가치는 당신 자신이 만든다. 가치는 당신의 **머리**와 **손끝**에 있다. 크게 성장하는 회사는 그 회사를 이루는 사람이 만든다.

매출(revenue) − 비용(expenses) = 수익(profits)

장비는 비용이다. 감가하는 소비재에 노동 수입을 쓰는 생각은 빈자의 선택이다. 얼마를 버는 지보다, 어떻게 쓰는 지가 부자를 결정한다. 부는 당신이 쓰지 않은 돈이다.

6. 자신을 피해자라고 여기는 것

역경은 승자와 패자를 가른다. 인생의 패자는 과거의 불행에 머무르며 현재를 살지 않는 사람이다. 아무리 과거에 불행한 일이 있었더라도, 당신은 **생존자**다. 역경이 클수록 큰 사람이 된다. 단, 당신을 생존자라고 여길 때다. 가난한 부모를 만났으면 그를 탓하지 말고 당신은 부자가 되도록 더 옳은 선택을 하면 부자가 된다. 부잣집에 태어나면 올라갈 길보다 내려갈 길이 길지만, 가난한 집에 태어나면 올라갈 길만 있다. 당신에게 생명의 시간을 주신 것에 감사하라. 아무리 큰 실수를 했더라도 배워서 더 나은 사람이 되면 된다. 어차피 인간은 오래 살지도 않고 죽고 나면 모두 잊힌다고 빌리 아일리시가 말했다. 이 장엄한 우주에서 인간 세상은 원래 보잘 것없다. 고로 당신은 무엇이든 생각을 고쳐 이룰 수 있다. 당신의 인생에 주체성을 갖지 않는 것이 가장 큰 불행이다. 자신의 감정을 주체하지 못하는 사람은 가난하게 산다. 감정을 통제하기로 선택하면 부자가 된다.

7. 할부로 사는 것

현금보다 부채가 많으면 주기적으로 오는 역경에서 파산한다. 살 수 있으면 전액 일시불로 사고, 살 수 없으면 사지 말라. 미래에 벌 소득을 끌어다 쓰는 일은 스스로를 노예로 만드는 선택이다. 노예는 부자가 아니다. 부자는 자유인이다. "필요하다"는 말을 오남용하지 말라. 사람이 진짜 필요한 것은 깨끗한 물, 햇빛, 식물, 적당한 온도, 맑은 공기, 충분한 산소, 날씨를 막아줄 실내 공간, 신발 한 켤레, 계절마다 옷 세 벌, 건강한 음식, 전기, 위대한 책 몇 권이다. 넓은 집도 불필요하다. 청소하는데 인생의 시간을 보내게 된다. 사람을 쓰면 당신의 소중한 물건들을 막 쓴다. 특히 차도 일시불로 사는 게 현명하다. 그 비싼 금액에서 왜 몇 %나 더 비싸게 사는가? 허세를 부리면 알거지가 된다. 그 차를 현금으로 3대를 살 수 없으면 사지 말라. 투자를 정말 잘해야 세금과 비용을 제하고 연 7%를 번다. 부자는 바겐 헌터(bargain hunter)다. 돈을 적게 쓰는 선택이 부자가 되는 핵심이다. 신용카드 할부를 이용하지 않으면 신용점수가 올라가고, 신용점수가 올라가면 대출 이자율이 낮아진다.

8. '나'를 모르는 것

세상에서 가장 가치 있는 지식은 '나'를 앎이다. 내가 무엇을 좋아하고, 무엇을 싫어하며, 내가 무슨 일을 잘하고, 무슨 일을 못하며, 무슨 일에서 큰 만족을 느끼고, 무슨 일을 오래 할 수 있는지 알면 성공할 수밖에 없다. '나'를 모르고 직업을 선택하면 실패하고 불행하다. 그래서 한국에는 멀쩡히 좋아 보이는 직업을 갖고 불행한 사람이 아주 많다. 아이의 인생을 망친 부모의 특징은 자신이 생각하는 좋은 직업을 자식에게 강요한 것이다. '좋은 직업'에 객관적 기준이 있는 것이 아니라, 당신에게 잘 맞는 일이 좋은 업이다. 성공의 핵심은 **그 일에 누구보다 많은 시간을 들일 수 있느냐**다. 그러려면 그 일에 재능이 있고 그 일을 좋아해야 하며 그 일로 돈을 받을 수 있어야 한다. 돈을 받을 수 있는 일은 사람들이 필요로 하는 일이다. 이 세 가지의 교집합에 해당하는 일을 찾아 진득하게 하라. 자연히 행복한 부자가 될 것이다. 당신 자신과 나라와 문화, 그리고 시대를 객관적으로 알아야 성장할 수 있고, 성장이 곧 부자다. 나라와 문화가 맞지 않으면 바꾸면 되고, 지금 세계의 부자는 차선책(Plan B)으로 유럽 여권을 취득하고 있다.

9. 내가 진심인 일을 업으로 삼지 않고, 시험 점수에 맞춰 전공과 직업을 선택하는 것

영어의 passion은 love와 동의어이며, love는 care와 동의어다. Care는 우리말의 성의와 정성이며 당신이 진심으로 관심 있는 것이다. 영어로 "Do what you love"라는 말은 당신이 "진심인 일을 하라"는 한국어와 그 뜻이 같다. 이 말은 스티브 잡스, 젠슨 황을 비롯한 거의 모든 위대한 성취를 이룬 사람들이 하는 하나의 조언이다. 투자도 중도에 하차하면 복리의 마법이 깨져버리듯, 일도 진득하게 오래 해야 성공한다. 오래 할 수 있는 사람이 많지 않기 때문에 오래 하면 아주 크게 성공한다. 엔비디아가 그래서 업계 1위다. 대표도 오래 일하고 직원들도 오래 일한다. 인간이 하는 모든 일은 감정으로 귀결된다. 돈도 감정이다. 주식 시장도 감정으로 좌우된다. 거대한 가치를 만들어내는 사람은 군중의 감정을 이끌 수 있는 사람이다. 당신보다 딱히 뛰어날 것 없는 사람이 직업적으로 만든 시험의 점수에 당신의 인생을 맞추는 멍청한 실수를 하지 말고, 가슴이 이끄는 일을 하라. 내가 만난 부자 중에는 자기 인생의 길을 인정하지 않는 부모와 연을 끊은 사람도 있었다. 사람은 자신이 받을 자격이 있는 인생을 받는다. 당신의 인생은 당신의 인생이다. 당신의 소명은 당신만이 알아낼 수 있다. 진심인 일을 찾으면 오래 열심히 일하는 고통마저 즐겁다.

10. 스무 살이 되기 전까지 천만 원을 저축하지 않은 것

부자는 자유인이다. 독립은 부자의 조건이다. 조건을 갖춰야 부자가 된다. 독립적으로 생각할 수 있는 사람이 부자가 된다. 주변 사람들의 생각에 휘말리는 사람은 인구의 대다수인 빈자에 속한다. '주변에서 주식으로 돈 번 사람을 못 봤다'고 생각한다면, 주식으로 돈을 벌 수 없는 것이 아니라 당신의 주변인 중에 부자가 없는 것이다. 주식 투자를 하는 95% 이상의 사람들이 100만 원도 못 번다. 버는 사람은 5,000만 원 이상을 번다. 5억 원을 주식에 투자해 1년 안에 20억 원으로 만든 투자 4년 차 사람도 있다. 투자로 버는 사람은 감정을 통제할 수 있는 사람이다. **감정적으로 당장 사거나 팔고 싶은 본능을 다스릴 수 있는 사람**이다. 스스로를 통제할 수 없는 자는 그의 부(자유) 또한 통제할 수 없다. 자신의 생계는 스스로 꾸릴 수 있는 사람이 부자가 된다. 빨리 지혜로워질수록 빨리 성공하고 더 큰 성공을 이루듯, 빨리 투자를 시작할수록 시간이 일해 더 큰 부자가 되듯, 독립은 빠를수록 좋다. 자립을 위한 최소 종잣돈이 천만 원이다. 천만 원이면 당신만의 공간을 구할 수 있고 그곳에서부터 삶과 업을 시작해 부를 축적할 수 있기 때문이다. 월세가 아까워 더 정확히 일하면 월세쯤은 잠깐이면 벌 수 있는 사람이 된다. **주체성**을 갖춰야 부자가 된다.

11. 60살 이후에 쓸 돈을 준비하지 않는 것

안 되는 사람은 운에 맡기고, 되는 사람은 알아본다(research). 학교 교육은 할 일을 하는 훈련이다. 유년기의 숙제는 대학교에서 과제가 되고, 본격적으로 일을 시작하면 사전 조사와 절차(due diligence)가 된다. 정확히 알아볼 수 있는 기술이 부자가 되는데 필요한 모든 기술이다. 한국에는 좋은 검색엔진이 없다. 정확한 정보는 구글과 AI에 영어로 물어보아 얻을 수 있다. 분별력이 있으면 투자 정보는 하루면 알아볼 수 있다. 자본을 옳은 곳에 두어야 돈을 걱정하지 않을 수 있다. 미래를 내다보는 지성

(prescience)이 무엇인지 알고 싶다면 구글 의장 에릭 슈미트(Eric Schmidt)의 영상을 찾아보라. 나의 고모는 젊은 시절부터 여러 종류의 연금과 배당금을 준비해 두어 일을 하지 않으시는 지금도 멋지고 당당하게 사신다.

12. 존경하는 사람이 없는 것

방향을 알 수 없는 사막에 북극성이 없다면 당신은 방향을 잃고 모래가 될 것이다. 질 높은 교육가는 자서전을 읽으라고 추천한다. 훌륭한 사람들의 일생을 읽으면 당신의 일생에 대입해 볼 수 있다. 가능함을 보면 확신을 갖기 쉽다. 뛰어난 사람에게 몰입하고 배우면 결국 그런 사람이 된다. 흡수가 가장 빠른 배움이다. 스펀지처럼 배우는 사람은 스승을 뛰어넘는다. 존경하는 사람을 통해 당신에게 맞는 일이 무엇이고 맞지 않는 일이 무엇인지 분별할 수 있다. 매일 더 지혜롭고 더 정확히 아는 사람이 되고자 노력하는 사람은 부자가 된다. 나이와 상관없이 호기심을 갖고 배우는 사람은 그 지혜에 대한 보상으로 평화로운 삶을 선물 받는다. 배우고 성장하는 사람에겐 존경하는 사람이 있다. 무관심한 사람은 인생을 되는대로 산다. 그건 양(sheep)이다. 주변의 양만 따라가면 되니까 생각 없이 산다. 그러나 부자는 자신의 인생을 주도하는 사람이다. 셰퍼드가 돼라.

Born to a humble family, Jay Leno studied speech at college and started his career in stand-up comedy. As his popularity grew, Jay hosted The Tonight Show for nearly two decades and earned up to $30 million per year. But when NBC faced financial difficulties, Jay agreed to take a pay cut to help preserve jobs for his staff, showing loyalty and financial prudence. While hosting The Show, he tirelessly performed comedy shows. Jay lived off comedy gigs and saved The Tonight Show earnings. He kept this discipline and invested his savings. Jay now owns around 300 unique cars and motorbikes in their own purpose-built garage with mechanical staff. He never sells his cars; only buys more. Jay Leno's wealth is a combination of high earnings, a strong work ethic, and prudent financial management. His approach to money—earning from multiple sources and living within his means—has made him one of the wealthiest figures in the entertainment industry. Jay's done 4,631 TV shows.

평범한 집안에 태어난 제이 레노는 대학에서 말하기를 공부하고 스탠드업 코미디 업을 시작했다. 점점 인기를 끌며 〈The Tonight Show〉의 진행자 자리를 20년 가까이 지켰다. 이 프로를 진행하며 가장 많이 벌 때는 한 해에 약 400억 원을 벌었다. 방송국에 재무적 문제가 생겼을 땐 욕심을 부리지 않고 의리를 지키며 직원들이 직업을 잃지 않도록 자신의 급여를 삭감하기도 했다. 이 프로를 진행하면서도 그는 한 주를 쉬면 굶을 것처럼 코미디 쇼를 병행했고, 〈The Tonight Show〉의 진행자로서 받는 급여는 모두 저축하고 건들지 않으며 코미디로 버는 수입으로만 생활했다. 이 원칙을 철저히 지키고 투자했다. 제이는 지금 300대가 넘는 귀한 자동차와 모터바이크를 소유하고 커다란 전용 차고를 지어 이를 관리하는 직원들을 두고 있다. 그는 자기 차를 팔지 않는다. 더 사기만 한다. 제이 레노가 부자가 된 비결은 여러 수입원을 통한 높은 수입과 지나친 사치를 부리지 않는 검소함, 현명한 재무 관리, 그리고 자신의 업을 잘하는 기본기에 더해 다른 사람들과 함께 잘 일할 수 있는 능력이다. 제이는 TV 정규 출연만 4,631번 했다.

Humans behave the way humans behave, and they're going to continue to behave that way in the next 50 years. If you are a young investor and you can sort of stand back and value stocks as businesses and invest when things are very cheap no matter what anybody is saying on television or what you're reading, and perhaps if you wish sell them when people get terribly enthused, it is really not a very tough intellectual game. It's an easy game if you can control your emotions.

인간은 인간이 행동하는 대로 행동할 것이고, 50년 뒤에도 똑같이 행동할 것이다. 젊은 투자자라면 시장을 멀찍이서 관망하며 주식을 기업으로 여기고 가치를 평가해서 TV에서 뭐라고 하든 기사에서 뭐라고 하든 가격이 아주 저렴할 때 투자하고 사람들이 감정에 요동칠 때 팔기를 고려할 수도 있다. 투자는 정말이지 그리 어려운 지적 게임이 아니다. 감정을 통제할 수 있으면 쉬운 게임이다.

— Warren Buffett

 ## 생각하는 법이 부자를 만든다

미성숙했을 때 변호사라는 직업이 나에게 맞을지 안 맞을지는 고려하지 않은 채 막연히 법대에 가야겠다고 생각한 이유는 법을 공부하면 "생각하는 법을 배울 수 있다"는 말 한마디 때문이다. 막상 가보니 로스쿨 학생들은 오만해서 친구가 되기 어려웠고, 변호사의 일은 나의 강점이 아니었다. 그러나 진정한 교육은 생각하는 법을 배우는 것임을 다양한 분야의 대학교에 다녀보고 깨달았다. 어느 분야를 공부하는 것은 그 분야의 사람들이 세상을 바라보는 관점과 문제를 해결하는 생각법을 훈련하는 것이다. 그래서 전공했다는 말을 고급 영어로 "I'm disciplined in ___"이라고 말한다. Discipline은 훈련이다. 훈련을 거치지 않은 인간은 동물과 다르지 않다.

All education is about learning to think.

모든 교육은 생각하는 법을 배우는 것이다.

— Lisa Su, Chair and CEO of AMD

최악의 선생은 외우라고 하는 사람이다. 생각하지 못하도록 훈련하기 때문이다. 설명을 못하는 무능이다. 생각을 안 하는 사람은 소비하는 바보가 된다. 같은 문제라도 어떤 생각법을 훈련받았냐에 따라 다르게 접근한다. 같은 현상이라도 어떤 인식을 교육받았냐에 따라 다르게 바라본다. 같은 인생이라도 어떤 생각법으로 보느냐에 따라 다르게 보인다. 그래서 당신이 자주 대화를 나누는 사람들의 평균이 당신의 인생이 된다. 인생을 바꾸려면 생각법을 바꾸면 된다. 한국인은 인생을 고통으로 보는 경향이 있다. 일반화하기엔 다양한 민족이 함께 살지만, 호주인에게 인생은 즐거움이다. 물리적으로 같은 인간일지라도, 어떤 소프트웨어를 설치하느냐에 따라 다른 삶이 펼쳐진다. 같은 기기에 다른 게임을 설치하면 다른 경험을 하는 것과 같다. 부자의 생각하는 법은 그러므로 따로 있다. 이 다양한 사고방식을 익히는 것이 지성의 지평을 넓히고, 상황과 문제에 따라 가장 효율적이고 효과적으로 생각하는 법을 장착해 사용할 수 있어 더 빠르게 원하는 삶을 살 수 있다.

갓 인간 세상을 배우는 아이를 어머니가 데리고 다니며 세상을 경험하게 한다. 아이가 질문하면, 어머니는 자신의 인식을 아이에게 전달해 준다. 부와 가난은 이렇게 물려진다. 다행히 나의 어머니는 나에게 꿈을 향해 도전하고 실수를 두려워하지 않으며 어려움을 이겨내는 용기를 가르쳐주셨고, 이 생각하는 법은 성공의 원인이 되었다. 마크 주커버그를 비롯한 많은 위대한 성공을 이룬 사람들을 깊이 연구해보고 이 생각하는 법이 성공적인 사람들의 공통점임을 발견해 기뻤다.

한국이라는 우물에만 머물렀더라면 암기를 잘하는 사람이 머리가 좋은 사람이고, 인생은 바꿀 수 없는 세상에서 나의 자리를 찾아가는 것이라고 인식했을 것이다. 이 둘은 협소한 생각이다. 0점에서 100점 중 점수를 준다면 5점짜리 사고방식이다. 틀린 대답인데 배워서 달라질 수 있는 희망이 있기 때문에 0점이 아니다. 지성은 암기와 상관없다(정보는 지식이 아니라고 아인슈타인이 말했다). 인생은 나를 창조하는 것이다. 진리를 깨닫고 이렇게 살아가는 사람들을 보는 순간부터 부자의 여정이 시작된다(스티브 잡스는 이 진리를 일찍 깨닫고 진짜로 세상을 바꾸었다—아이폰이 나오기 전에 지하철에서 폰을 보고 있는 사람은 없었다). 부자는 세상을 만드는 사람이다. 우리가 이용하는 제품과 서비스가 우리의 삶(lifestyle)

을 만든다. 부자는 따라서 돈만 많은 바보가 아니라 사람들의 삶을 정의하는 사람이다.

The cause of failure is misjudgement and bad execution. As you are solely responsible for the life you get, the best thing one can do is to help other people know better. So they can judge well and do better.

실패의 원인은 판단오류와 잘못된 실행이다. 오직 당신만이 당신이 사는 인생에 책임을 지므로, 사람이 할 수 있는 최선은 다른 사람이 더 잘 알도록 도와주는 일이다. 그러면 당신이 판단을 잘 하여 잘 행할 수 있을테니까.

If you behave selfishly by flipping properties and businesses, you make your community an unliveable place. Houses get too expensive. Goods and services get worse. People's quality of life drops. People give up the great value of having their own family. Selfish community goes into irreversible trouble. What we need to survive and prosper together is a mature culture. Love forward. Great wealth is in making people's lives better.

부동산 시세차익으로 돈만 벌거나 사업을 키워 팔면, 당신이 사는 공동체를 살기 안 좋은 곳으로 만든다. 집값이 비싸지고 재화는 나빠진다. 삶의 질이 낮아진다. 자신만의 가족을 만드는 위대한 가치를 사람들은 포기하게 된다. 이기적인 행동은 사회를 돌이킬 수 없는 문제에 빠트린다. 우리가 함께 살아남아 잘 살려면 성숙한 문화를 품어야 한다. 사람을 사랑하라. 거대한 부는 사람들의 삶을 낫게 해주어 얻는다.

인생은 당신의 캔버스다. 어떤 사고방식이 당신에게 영향을 끼칠 것인지 허락하는 선택이 당신의 인생을 결정한다. 이래서 교육이 중요하지만, 교육이라도 다 좋은 교육이 아니다. 당신이 원하는 삶을 사는 사람을 정해,

그 사람의 생각하는 법을 익히면 결국 그 사람처럼 된다. 당신보다 뛰어난 사람을 흡수하며 성장하면 부자가 된다.

가난에는 이유가 있다. 가게를 열었는데 손님이 오지 않는 이유는 당신이 오기 싫은 가게를 만들었기 때문이다. 오십이 되었는데 페라리를 살 여유가 없는 이유는 당신이 그동안 판단과 결정을 잘못 내렸기 때문이다. 의사가 되었는데 불행한 이유는 그동안 공부만 하고 생각하지 않았기 때문이다. 행복한 집의 이유는 한 가지지만, 불행한 집의 이유는 제각각이다. 잘 되는 집에는 이유가 있다. 당신이 식당을 고를 때 수많은 식당 중의 한 곳을 결정하는 이유가 바로 그 이유다. **사람들이 원하는 것을 제공**하는 게 성공의 이유다. 성공은 과학이다. 되는 데엔 이유가 있고, 안 되는 데에도 이유가 있다. 실패를 많이 해봐야 결국 성공하는 이유는 안 되는 이유를 알고 그렇게 하지 않기 때문이다. 많은 사람들이 성숙해진 뒤 부자가 되는 이유도 이 이유다. 부는 생각의 결과다.

한국에 흔한 역설은 이것이다. 불행을 물려주는 부모는 아이들이 '고생을 안 했으면 좋겠다'고 생각한다. 가난한 사람은 좋은 물건을 보고 "이러니까 돈을 많이 벌어야 해"라고 한다. 이게 바로 가난한 이유다. 근시안적이기 때문이다. 고생을 해봐야 반드시 오는 인생의 역경을 이겨낼 힘을 기른다. 돈을 좇으면 부자가 되지 않는다. 부자는 멀리 내다본다. 자기 일을 최고로 잘하면 돈은 따라오기 마련이다. 최고가 되는 건 쉽지 않은데, 어려움을 견뎌낼 힘이 있는 사람이 많지 않기 때문이다. 그래서 힘을 기르면 부자가 된다. 힘은 한계에 부딪쳤을 때 더 나아가며 길러진다. 돈만 많은 사람을 우린 부자라고 하지 않는다. 돈이 있어 선택지도 많고, 좋은 선택을 할 안목도 있고, 사람들에게 이로움을 주어 존중을 받는 사람이 부자다. 당신의 일을 잘하면 이 세 가지 모두를 가질 수 있다. 지금 일에서 성장 가능성이 보이지 않고 보람을 느끼지 않는다면 일을 바꾸라. 지구 역사상 생존하는 종은 가장 몸집이 크고 힘이 센 종이 아니라 변화에 적응하는 종이다. 덩치가 크고 근력이 센 생물은 멸종했다. 화려한 도시 뉴욕에서 가장 부자인 사람은 왜소한 체구에 누구보다 강한 의지가 있는 마이클 블룸버그다. 세계 2위의 칩 회사를 경영하는 사람은 155cm의 의장이자 CEO 리사 수다. 타이완에서 태어나 3살에 미국으로 이민한 그는 물건이 어떻게 작동하는지에 호기심이 많았고, 엔지니어가 되었지만 엔지니어의 한계를 극복하고 인류를 이끄는 리더 중 한 사람이 되었다.

리사의 사촌 젠슨 황은 해낼 수 없는 큰 아이디어를 갖는 것보다, 완벽하게 실행할 수 있는 단순한 아이디어를 갖는 게 더 중요하다고 했다. 하루아침에 사람들의 이목을 끄는 '죽이는 제품(killer product)'을 만들 필요가 없고, 앞으로 50년을 내다보고 잘하는 하나만 집중해서 하면 세상을 바꿀 수 있다고 2003년에 말했다. 결국 2024년 엔비디아는 마이크로소프트도 추월하고 세계에서 가장 가치 있는 기업이 되었다.

돈을 좇지 말고, 당신이 잘할 수 있는 일을 찾아 그 일을 잘하는 데 집중하라. 목표를 성취하는 데에서 기쁨을 느끼면 고통이 즐거워진다.

Money is just a consequence. I always say to my team, don't worry too much about profitability. If you do your job well, profitability will come.

돈은 그저 행동에 따른 결과다. 난 항상 우리 팀에게 수익을 너무 걱정하지 말라고 말한다. 당신의 일을 잘하면 수익은 따라온다.

— Bernard Arnault, Chairman and CEO of LVMH,
2021년, 2024년 5월 세계 1위 부자, 자산 가치 $233B (302조 원)

The safest way to try to get what you want is to try to deserve what you want. It's such a simple idea. It's the golden rule.

원하는 것을 얻을 수 있는 가장 안전한 방법은 그것을 지닐 자격이 있는 사람이 되는 것이다. 이보다 간결한 해결책은 없다. 이것이 황금률이다.

— Charlie Munger

 부자의 길

Be humble, and stay humble.

Start small, and think big.

Care deeply about the people who use your products or services.

Hone your craft and be the best at it.

Don't aim for owning things; think for the lives of the people.

Sooner or later, you will be one of the wealthiest people alive.

But first you need to learn English because Korea is a tiny pond and the world is the ocean.

Learning English is not translating your mother tongue.

It's learning the way of thinking in English.

The silly memorise; the wise mimic it.

You must think in order to be free.

Be optimistic along the way.

수수함을 사랑하고 성공하더라도 겸허하라.

작게 시작하여 차곡차곡 성장하되, 꿈은 크게 꾸라.

당신이 제공하는 것을 사용하는 사람들에게 전심을 다 하라.

당신의 기술을 연마하여 그 분야의 최고가 되어라.

물건을 목표하지 말라. 사람들의 생활을 깊이 생각해 보라.

그러면 머지않아 거대한 부의 주인이 될 것이다.

그러나 먼저 영어부터 배우라, 한국은 우물이고 세계는 바다니까.

영어를 배우는 일은 모국어를 번역하는 게 아니다.

영어의 생각하는 법을 배우는 것이다.

미련하면 암기한다. 현명하면 따라 말한다.

생각해야 자유를 얻는다.

될 수 있다는 신념을 간직하라.

문학 교수님은 호주에서 고군분투하는 나를 '순수를 지키기 위해 싸우는 전사'라고 묘사했다. 우러러보던 선생님의 말씀이어서 순수가 좋은 것인 줄 알았다. 어느 날 수업 중 제자가 나에게 그랬다. "[어른인데] 순수를 지키는 것이 좋은 건가요?" 나는 번개를 맞은 것처럼 띵— 했다. 불과 얼마 전까지만 해도 난 순수한 예술가였다. NFT에 사람들이 난리일 때 그것에 반응하는 갤러리스트가 바보인 걸 알아보는 눈이 나에겐 없었다. 그런데 나에겐 스스로 생존해야만 하는 위기가 왔고, 그 위기에서 살아남기 위해 발버둥치다보니 생각을 하게 되었다. 위기가 클수록 나를 깨웠다. 덕분에 부자의 길을 걷게 되었다.

1800년에는 인간의 평균 기대수명이 30살 언저리였다. 태어난 아이들의 절반 정도가 죽었고, 살아남은 사람들은 50에서 70살까지 살았다. 인간의 생활은 동물과 크게 다르지 않았던 것 같다. 한국인이 얼마 전까지 요강을 썼던 것처럼, 유럽인이 집에서 볼일을 보고 아침에 오물을 집 앞에 부어서 영국 영어에 "loo"라는 말이 화장실을 뜻하는 단어가 되었다. 시드니나 파리같은 부자 동네에 가면 인간 존재를 승화시키는 말끔한 카페와 화려한 옷가게와 밥이라기보다는 의식에 가까운 식사 경험을 할 수 있는 레스토랑과 신전 같은 도서관이 있다. 가난한 동네에 가면 사주팔자 철학관과 점집이 많다. 빈자는 알 수 없는 것을 믿고, 부자는 알 수 있는 것을 한다. 부자에겐 이성(reason)이 중요하다. 결정을 합리적으로 내린다. 고대에 무지했던 문명에서 하늘에게 비를 내려달라고 살아있는 동물을 재물로 바쳤다. 가난한 나라의 다수는 미신이나 신앙을 중시한다. 부자 나라의 다수는 신앙이 없다. 그래서 Merry Christmas 대신 Happy Holidays 라고 말한다. 후진국의 사업가와 정치인은 중요한 결정을 내리기 전에 합리적으로 생각해 원인과 해결책을 파악하기 보다는 본인의 무지로 인한 불안을 해소하기 위해 점을 보러 간다. 점을 보거나 기도해서는 부자가 될 수 없다. 아이가 시험을 잘 보는 일은 본인이 하는 일이지, 아이의 어머니가 절에서 삼천 배를 한다고, 학교 대문에 엿을 붙인다고 아이가 붙지는 않는다. 지금 세계에서 가장 가치 있는 회사들을 이끌고 있는 젠슨 황(Nvidia)과 리사 수(AMD)는 둘 다 타이완에서 어릴 때 미국으로 이민했는데, 둘은 무지나 미신과는 거리가 아주 먼 사람들이다. '인생은 한 방'이라는 착각을 하게 하는 대입 시험을 중시하고 입시 학원 문화가 한국과 비슷한 타이완에서 태어났지만, 이성적으로 생각하는 법을 배워 중대한 기업을 일구었다. 엔비디아와 AMD는 '인생은 축적된 시간'임을 증명했다. 매일 매일 들이는 시간이 비범한 성공을 만들고, 이것이 경제적 자립이다.

인류 지식의 끝을 파고들면 그러나 인류의 궁극적 무지를 깨닫는다. 확실히 알 수 있는 것은 식당을 열어서 부적을 붙인다고 식당이 잘 되는 게 아니라, 그곳을 이용할 사람들이 원하는 것을 잘 제공하면 잘 된다는 자연의 법칙이다. 투자할 회사에 부채가 많지 않고 계속 이익을 내며 그 기업이 제공하는 것에 만족하는 고객이 많으면 그 회사의 기본기는 탄탄하고 따라서 적당한 가격에 주식을 사면 오른다. 그러나 한국 주식 시장은 비이성적인 문화로 인해 비이성적으로 주가가 변동해 주식으로 부자가 되기 어렵다. 한국의 아트페어에 가면 데미안 허스트의 다이아몬드 해골 프린트가 비싼 이유를 두고 그 해골이 "웃고 있다"고 말하는 아주머니가 있다. 빈자는 표면적 사고를 한다. 확실한 부는 이성의 결과다. 이해하지 못하는 회사의 주식을 사지 말라고 피터 린치가 말했다. 합리적인 투자는 가치 투자뿐이고 다른 방법들은 빨리 돈을 벌기 위해 택하는 쉬워 보이는 방법이지만 사실은 성공하기 더 어렵다고 찰리 멍거가 말했다.

인간이 알 수 있는 것(knowable)은 많지 않다. 부의 축적에 확실한 영향을 끼치지만 이성적으로 설명하기 어려운 것이 있다면 '에너지'다. 에너지는 분명히 존재하지만 인간 과학은 아직 이것을 이해하지 못했다. 성공에 영향을 끼치는 에너지는 낙관(optimism)이다. 내가 소꿉 친구에게 "5년 내에 경제적 자립을 이룰 것"이라고 말했더니 친구는 "다들 그렇게 말한다"고 냉소하며 비관했는데, 그 말을 할 때 나는 이미 구체적인 계획을 실행하고 있었고 결국 그 목표를 이루었다. 사람들의 관심을 끄는 일론 머스크도 미숙한 소비자 제품으로 시작했지만 그의 낙관주의가 지금까지 오게 했다. 된다고 깊게 믿고 될 때까지 필요한 행동을 하면 된다. 나도 두꺼운 《영어책》이 베스트셀러가 된 사실이 신기하다. 첫 책이라 실수가 많았지만 고상한 사람들이 도와주어 8번의 개정을 거친 지금 완성도가 올라갔다. 일부러 처음의 미숙함은 초심을 기억하기 위해 일부 남겨두었다.

You just have to realise this simple truth: all that we call reality is only a result of our thoughts and energies.

이 단순한 진리를 깨달으면 된다. 현실이라고 부르는 모든 것들은 그저 생각과 에너지의 결과일 뿐이다.

그런 점에서 성공하는 일과 부자가 되는 원칙은 단순하다. 이 넓은 우주에서 보잘 것 없이 작은 지구 위 미생물에 불과한 인간이 그들이 모여 사는 곳에서 자신이 원하는 것을 얻는 일은 충분히 가능하다. 될 때까지 배우며 시도하면 된다. 인간 현실은 생각의 결과다. 신념은 배우고 생각하는 사람에게만 효과가 있다.

애덤 스미스는 《도덕감정론》에서 **고통이 클수록 그 극복의 기쁨과 자부심도 크다**고 했다. 이것은 큰 성공을 이루는 사람들이 즐기는 건강한 도파민이다. 나는 어려운 일을 즐긴다. 해내기 힘든 일일수록 그 일을 해냈을 때의 성취감은 엄청나다. 이것이 삶의 낙이다. 남들이 못 해내는 일을 해내면 사람들은 그를 존경한다. 이 건강한 쾌감을 한 번 느낀 이후로는 이에 중독되었다. 책을 쓰는 고통을 사랑하는 이유다. 오라클을 창업한 래리 엘리슨도 언젠가 이 말을 했다. 그래서 목숨을 걸고 스피드 요트 경주를 하고, 자신 소유의 섬에서 슈퍼카로 굉장한 속도로 퇴근하다가 경찰에 잡히기도 한다. 속도의 스릴을 즐기기는 빌 게이츠도 마찬가지다. 나도 슈퍼바이크 라이딩을 하는데, 감당 가능한 리스크를 통제해냄에서 얻는 성취감이 나의 긍정 에너지 레벨을 끌어올리기 때문이다. 비행기 조종사가 느끼는 희열과 같다. 우울증이 심각해 자존감이 바닥이었을 때 나는 '이것을 안 하고 죽으면 후회할 것 같다'하는 일들을 했다. 그중 하나는 위험할 것이라고 지레 겁을 먹고 시도조차 하지 않았던 2종소형운전면허를 취득해 세계에서 가장 빠른 모터바이크를 타는 것이었다. 자존감이 최저였을 때 연습 없이 2종소형 시험을 한 번에 합격하고, 1,000cc가 넘는 슈퍼바이크를 다루는 일에 집중하는 과정에서 나는 음(-)의 에너지에서 양(+)의 에너지로 넘어왔다. 나에게 필요했던 것은 건강한 리스크와 주체성임을 깨달았다. 그때부터 성취가의 삶을 새로이 시작하며 순식간에 부자가 되었다. 알고 있음만으로는 부족했고, 실행이 필요했다.

당신은 부자가 될 수 있다. 생각하는 법을 성취가의 것으로 바꾸고, 머리와 마음이 믿도록 부자가 된 당신의 모습을 상상하면 된다. 사고의 확장에 반드시 필요한 일은 언어의 확장이다. 언어가 곧 생각이기 때문이다. 새로운 언어(또는 단어)를 배우면 그만큼 생각의 범위가 커진다. 한국어는 고립어다. 한국의 사고방식은 너무나 협소하다. 한국에서 최고로 공부를 잘해봤자 대단한 인생을 살지 않는다고 카이스트를 나온 뒤 의대를 다녀 의학 교수님이 되신 OREX 멤버께서 말씀하셨다.

영어를 안다는 착각은 굉장한 오만이다. 현지에서 태어난 뛰어난 지성인도 70살이 되어서도 계속 새로운 단어를 배운다. 한국에서 태어난 한국인도 맞춤법과 띄어쓰기를 정확히 모른다. 그러면서 한국어를 할 줄 안다고 착각한다. 한국인의 사고방식과 세계시민의 사고방식은 꽤 다르다. 영어로 지적 대화를 나눌 수 있으면 비로소 영어의 기능을 습득했다고 말할 수 있다. 세계의 언어를 배우면 세계적인 생각을 할 수 있다. 세계 곳곳의 사람들은 같은 인간 생명이라도 다르게 살아간다. 한국인이 살아가는 방식은 한국어로 한정되고, 세계인이 살아가는 방식은 그들의 언어로 정해진다. 다르게 살아가는 방식을 배우면 당신에게 맞는 삶을 선택해 살 수 있다. (그래서 유럽의 중산층은 잘 살기 위해 외국어를 배운다. 외국어를 배우면 생각이 넓어지기 때문이다.) 당신에게 맞는 업과 삶의 방식을 찾으면 그 업을 잘할 수 있고, 자연히 행복한 부자로 산다. 한 나라에서만 살면서 하나의 언어밖에 할 줄 모르고 그 나라의 인생이 인생의 전부인 줄 알고 살아간다면 그보다 불행한 인생은 없을 것이다. 해보지 않고 지레 판단하는 것은 내가 저지른 실수처럼 멍청한 생각이다. 모르는 것을 틀렸다고 말하는 것은 오만이다.

영어에서 taste(맛, 취향, 안목)와 imagination(상상력)은 동의어다. 상상력 또는 안목이 없는 사람은 부자가 되어 존중을 받기 어렵기 때문이기도 하다. 부자가 되어 격조 있게 행동하는 당신을 상상하라. 상상이 어려우면 더 성숙한 나라에 가 상류사회 사람들을 관찰하라. 그러면 곧 그리 될 것이다.

In art, design, language, and investing, mimicking is the first step to learning the craft.

미술에서도, 디자인에서도, 언어에서도, 투자에서도, 따라 하기가 배움의 가장 첫 단계이다.

Don't chase the hot new thing. It's so hard to catch something everyone already knows is hot. Instead, position yourself in something that captures your curiosity and you're missionary about.

Are you a missionary or mercenary?

The missionary is building the product/service because they love the customer, the product, the service.

The mercenary is building the product/service so they can flip the company and make money.

One of the great paradoxes is that the missionaries usually end up making more money than mercenaries anyway.

(1) Pick something you are passionate about

(2) Start with the customer and work backwards.

지금 핫한 산업을 쫓지 말라. 이미 모두가 핫하다고 아는 것을 따라잡기는 힘들다. 대신 당신의 호기심을 자극하는 일, 가장 열정적으로 주변 사람들에게 전파하고자 하는 일을 파고들라.

당신이 하는 일에 있어 당신은 선교사인가 용병인가?

하는 일에 열정적인 사람은 그 이용자와 그 제품, 그 서비스에 진심이다. 용병은 회사를 키워 팔아서 돈을 벌려고 일한다.

커다란 역설 중의 하나는 자신의 일에 진심인 사람들이 결국 용병보다 더 부자가 되는 것이다.

(1) 당신이 진심인 일을 찾아

(2) 그 일을 이용하는 사람의 입장에서 사업을 설계하라.

— Jeff Bezos

부자가 된 HIJK

Wealth is the product of a man's capacity to think.

부는 생각하는 능력의 산물이다.

— Ayn Rand

지금 시대에 부자와 빈자를 가르는 것은 지성이다. 부자를 부자로 만드는 것은 물려받은 재산도 아니고, 부잣집과의 결혼도 아니며, 복권 당첨도 아니다. 부자를 부자로 만드는 것은 부자의 생각하는 법이다. 당신의 생각이 가난하면 부자도 당신과 결혼하지 않을 것이다.

인간 세계는 매트릭스와 같다. 서로 연결된 요소들이 함께 작용해 우리의 현실과 경험을 만들어내는 시스템이다. 코드(code)를 써넣으면 결과가 도출된다. 부자는 겉으로 드러나는 하드웨어가 아니라 속으로부터 발산되는 소프트웨어다. 비싼 차를 타는 사람들 중엔 알거지가 매우 많다. 검소한 차 안에 큰 부자들이 있다. 진짜 부자는 주변 환경에 묻히는(blend in) 카모플라쥬의 가치를 안다.

H는 어머니를 닮은 새하얀 피부와 잘생긴 아버지를 닮은 이목구비로 미모가 뛰어나다. 작은 동네 학원을 하는 어머니와 훤칠하고 잘생겼지만 무능한 아버지 사이에 태어나 자란 H는 공부는 그럭저럭했지만 철이 없어서 비싼 E대 미대에 입학했다. 대학 근처에서 부잣집 도련님의 눈에 든 그는 대학에 다니다가 일 경험 없이 바로 부잣집에 시집을 갔다. 그는 모든 생활비를 시아버지께 받는다. 돈에 있어 전적으로 시댁에

의존하기 때문에 그는 시부모님의 비위를 맞춰드리기 위해 항상 억지로 상기된 목소리로 싹싹하게 시부모를 대한다. 결혼하자마자 낳은 아이들에 관한 큰 결정에서도 H는 의사 결정권이 없다. 때때로 못마땅할 때도 있지만, 그에겐 힘이 없다. 모든 생활비를 시부모에게 의존하기 때문이다. 10년쯤 살아보니 그는 알게 되었다. 남편과 그는 맞지 않음을. 그는 삶이 무의미하고 우울하지만, 그 슬픈 삶을 바꿀 힘이 없다. 왜냐하면 나가서 먹고 살 지식과 기술과 용기가 없기 때문이다. 어떻게 해야 지금 생활 비용을 충당할 수 있을지에 대한 지식이 없어서 H는 자아실현을 하거나 자기 의존할 힘이 없다. 그럼에도 사치품은 넘쳐나서 어머니와 동생에게 비싼 물건을 준다. 가난한 사고방식을 가진 어머니의 학원은 잘 안돼 가난한 생활을 하는데, 철없는 H는 비싼 물건들만 줄 뿐 부모의 생활에 본질적인 도움을 주지는 못한다. 본인도 시댁으로 인해 부자로 보일 뿐 부자의 생각법은 갖고 있지 않기 때문이다.

An uninformed majority always loses a battle of information against an informed minority. Investing is doing what others don't know yet.

정보의 전투에서 무지한 다수는 아는 소수에게 언제나 진다.
투자는 다른 사람들이 아직 모르는 일을 하는 것이다.

돈은 힘이 아니다. 돈을 벌고 관리해서 계속 부를 유지할 수 있는 지성이 힘이다. 크고 화려한 집에 산다고 부자가 되지 않는다. 부자의 생각법이라는 소프트웨어가 없기 때문이다. 부는 하드웨어가 아니라 소프트웨어다. 사치품을 걸치지 않아도 부자는 말과 행동에 여유와 자신감이 있고 눈빛과 피부가 빛나며 마음이 충만(content)하다.

The key to wealth is that it doesn't matter. Once you've had it, you don't think anything of it; you can wear cheap watches.

Success is about honour, feeling morally calibrated, absence of shame, not what some newspaper defines from an external metric.

부자가 되면 무심할 수 있다. 부를 얻으면, 부에 대해 별로 신경쓰지 않는다. 싼 시계를 차도 상관없다.

성공은 영예로운 것이다. 언론이 외부적인 요소로 성공을 정의하는 것과는 다르게, 부끄러움 없이 도덕적으로 균형잡힌 것이 성공이다.

— Nassim Nicholas Taleb

아이는 부모에게 의존한다. 왜냐하면 자립할 지식이 없기 때문이다. 그런데 절실한 아이는 살아낸다. 필요는 발명의 동기이듯, 해야 할 **이유**가 생기면 그것이 동기가 되어 지식과 정보를 갖출 수 있다. 이때 필요한 것은 당신의 삶을 이루고 싶은 의지와 미지의 세계를 모험할 용기다. 영특한 아이는 부모의 재산에 기대지 않는다. 자신의 부와 자유를 얻으러 모험을 떠난다. 빌 게이츠도 래리 엘리슨도 그런 아이였다.

돈은 사람을 당장은 붙잡아둘 수 있겠지만 오래가진 못한다. 사람을 진정 오래 그리고 강력하게 끌어당기는 것은 돈이 아니라 감정이다. 인간의 모든 결정은 이성이 내리는 것 같지만 사실은 감정이 내린다. 사람은 돈에도 감정적이다. 아주, 감정적이다. 돈은 당신의 감정을 북돋기 위한 수단에 불과하다. 돈만 보고 결혼을 한 사람들은 결국 후회하고 외도나 이혼을 하거나 우울증에 이르는 것을 자주 보았다. 한국 부자 중에 우울증이 많은 이유 중 하나가 피상적으로 판단하기 때문이다. 업이라는 목적이 아니라 돈이라는 도구를 좇기에 많은 사람이 꾸역꾸역 슬픈 인생을 살다 죽는다. 그러므로 생각하는 법을 배워 목적과 도구를 구분할 줄 아는 안목을 길러야 한다. 당신의 생명은 당신만의 문제를 해결하는 일에서 성취감과 인정을 얻기 위한 목적을 지녔다. 그 과정에서 물건이나 서비스를 교환하는 수단이자 도구가 돈이다.

사람은 자신만의 존재 이유를 위해 살 때 가장 행복하다. 행복하게 할 수 있는 일을 할 때 최고가 될 수 있고, 부자가 될 수 있다. 시간을 오래 들여야 하기 때문이다. 내 존재의 목적을 내가 스스로 깨닫는 것이 서양 철학과 문화의 근본이다. 나를 슬프게 하는 것과 기쁘게 하는 것을 모두 알아야 나를 아는 것이다. 나의 기능을 다하는 과정에 불확실성은 당연히 수반된다. 모험과 위험(risk) 없이 너무나 평온한 생활은 독이 된다. 인생은 원래 모험이다. 당신이 언제 어떻게 죽을지는 당신도 모른다. 고로 삶은 지금뿐이다. 지금 순간의 행복에 전념하는 인간이 행복하다.

행복은 관계에서 온다. 부 또한 관계를 통해 만들어진다. 좋은 관계를 맺고 유지하는데 결정적인 역할을 하는 의사소통 능력이 고로 부자가 되기 위해 가장 중요한 기술 중 하나다. 부자는 언어를 배운다.

I는 평생 가난하게 자랐다. 그의 아버지는 한탕 노가다를 해 번 돈을 친구들과 술을 마시는 데 썼고, 어머니는 그런데도 낳은 많은 아이를 키우느라 안 해본 일이 없을 정도로 닥치는 대로 일했고 몸이 삭을 정도로 일했다. I는 운이 좋아 안정적인 직장이 있는 남자를 만나 결혼했지만, 그마저도 도박에 빠져 힘든 생활을 했다. I는 버티고 버텼다. 모든 것을 포기하고 싶었지만 포기하지 않았다. 그가 내린 선택에 책임을 지고, 할 수 있는 일을 하며 버텼다. 맞벌이하다 보니 하나 낳은 아이는 함께 있어 줄 시간이 없어 방목했다. 시간이 흐르니 남편도 정신을 차렸고, 부부는 가정을 지키겠다는 책임감으로 끈기를 갖고 생활했다. 버티고 버티다 보니 운이 찾아왔다. 한 길만 팠더니 그 일에서 최고가 되었고, 부족하지 않게 생활할 수 있게 되었다. 포기하지 않고 키운 아이는 본인의 살길을 찾아가다가 성공한다. 경제적으로 불안한 집안에 자란 아이는 스스로 필요를 느끼고 길을 찾아 부자가 된다. 아이는 충분히 성공했음에도 그에 만족하지 않고 계속 더 큰 꿈을 품고 더 크게 성장해 나갔다. 아이는 피보나치 수열처럼 처음엔 아주 더디게 성장하더니 어느 순간 기하급수적으로 커졌다. 자식으로 인해 큰 부자가 되었지만, I는 여전히 가난한 사고방식과 기존의

생각 틀에서 벗어나지 못해 마음이 궁핍한 생활을 했다. 아이는 그런 부모에게 그냥 돈을 주고 돈으로 해결하려고 하기보다, 인내심을 갖고 부자의 생각하는 법을 알려주었다. 가난한 사람의 좁은 인식과 유연하지 못한 사고방식을 열어주고, 부자의 안목이 없어서 하지 못하는 삶을 살도록, 더 큰 파장이 주는 기쁨을 누리게 해주었다.

흙에 파묻힌 원석은 아무 가치가 없다. 이 가치를 알아보는 사람(visionary)이 발견하여, 인내와 끈기 그리고 정성으로 세공(refine)해야 비로소 빛나는 다이아몬드로 거듭난다.

A gem cannot be polished without friction, nor a man perfected without trials.

보석은 마찰 없이 빛나지 않고, 사람 또한 시련 없이 완성되지 않는다.

— Lucius Annaeus Seneca

시련은 부자를 시현하기 위해 필수 요소다. 큰 시련을 이겨낼수록 큰 부자가 된다. 시련으로 넘어지면 다이아몬드 원석을 갖고 일어난다. 실수와 시련은 빈자와 부자를 가른다. 빈자는 시련 앞에 굴복하고, 부자는 시련으로 배워 더 강하게 거듭난다. 시련은 뱀의 허물이다. 작은 껍질을 벗어내면 더 큰 자아가 된다. 허물을 많이 벗은 자가 큰 사람이다.

No trees can grow to heaven unless its roots reach down to hell.

지옥까지 뿌리를 내리지 않은 나무는 천상까지 뻗어나갈 수 없다.

— Carl Jung

J는 공부에 흥미가 없었다. 손이 많이 가는 그는 라면도 혼자 끓일 줄 모르는 데다 방향 감각도 전혀 없어서 혼자 어디도 가질 못한다. 부모님은 그를 업어 키웠다. 그는 스무 살이 되어 전문대에 들어가 회계를 공부했다. 그리고 스물한 살 졸업 전에 첫 직장으로 외국 회계 법인에 들어갔는데, 운이 좋게 회계 4대 회사 중 한 곳에서 입사 제안을 받고 이직해 꽤 오래 일했다. 부모님도 혀를 찰 정도로 칠칠치 못한 그는 신기하게도 자기 일만은 똑 부러지게 잘한다. 큰 회계 회사는 업무 강도가 너무 세서 작은 국내 기업으로 이직했는데, 일을 정확하게 잘해서 각각 다른 회사 대표들이 서로 그를 데려가려고 한다. 그는 성격이 예민해서 툴툴거리기 일쑤지만 사람이 겉과 속이 같고 뒤에서 정치를 하지 않는다. 대표는 그에게 큰 보너스를 매달 챙겨주며 그를 곁에 두려고 애쓴다. 그는 자기 일은 확실하게 잘하고 시간 약속도 항상 정확하게 지키며 인간으로서의 상식을 지키려고 애쓴다. 그는 쇼핑을 좋아해 매달 수없이 많은 물건을 사지만 별다른 돈 걱정은 없다. 자기 일을 잘하기 때문에 얼마든 이직을 할 수 있고, 일을 좀 쉬었다가 언제든 다시 시작할 수도 있다. 가장 현실적인 부자가 되는 길은 **자기 일을 잘하는 것**이다. 여기에 이 책이 다루는 부자의 생각하는 법이 더해지면 얼마든 백만장자가 될 수 있다.

Spending makes you less wealthy. Only the stupid believe debts are assets. More income than liabilities makes you wealthy. Save and invest until you become rich enough that you can live off your interests. The wealthy have a long-term view in life. The wealthy have self-control. The wealthy have empathy. True wealth is noble.

쓰는 만큼 덜 부자다. 멍청이만 빚이 자산이라고 여긴다. 갚아야 할 부채보다 수입이 커야 부자다. 충분히 부자가 되어 이자로 생활할 수 있을 때까지 저축하고 투자하라. 부자는 인생을 멀리 내다본다. 부자는 스스로를 통제할 수 있다. 부자는 타인의 감정을 느낄 수 있다. 진정한 부는 고귀하다.

최고의 선물은 가장 비싼 물건이나 현금이 아니다. 그건 생각이 가난한 선물이다. 돈이 없는 사람에게 돈을 주면, 빈자는 그 돈을 써버리기밖에 더 하는가. 가난한 사람에게 프랑스 가방을 쥐여준다고 그 사람의 삶이 크게 변하진 않는다. 부자의 생각법을 지닌 사람은 돈을 받으면 그 돈을 일하게 해 돈으로 돈을 번다. 부자는 소비를 자본으로 번 돈으로 하고, 노동으로 번 돈은 쓰지 않는다.

최고의 선물은 받는 사람에게 가장 의미 있는 것이다. 그 사람에 대한 깊은 생각이 드러나는 선물이 사람의 마음을 움직이고, 영혼을 감동하게 한다. 마찬가지로 가치를 이해하는 현자와 삶의 시간이 얼마 없는 노인에게 비싼 사치품은 의미가 없다. 어차피 두고 갈 쓰레기에 불과하다. 소비를 절제할 줄 모르는 정신은 부자가 될 자격이 없다. 그래서 감정을 통제할 수 있게 된 뒤에야 부자가 된다.

부자는 은행 계좌의 숫자가 주는 **마음의 평온**이고 당신의 시간으로 원하는 일을 할 수 있는 **자유**다. 삶의 시간이 얼마 남지 않은 사람에게 가장 감동적으로 느껴지는 것은 돈으로는 살 수 없는 것, 가족과 함께하는 행복한 시간과 특별한 경험이다. 이는 아름다운 기억이 되어 죽음으로 넘어가는 문턱에서 필름처럼 재생된다. 겉으로 드러나는 것은 실체가 아닐 때가 많다. 마음과 마음이 통할 때 자연은 기적 같은 현상을 만들어낸다. 이 마법의 코드는 부자의 생각하는 법이다.

K는 호기심이 많은 소년이었다. 1993년생인 그는 2009년 아직 학교에 다니던 16살 때 앳된 얼굴로 노트북에 함께 들어있던 리모컨을 집에서 리뷰하는 2분 50초짜리 영상을 올리면서 전자기기 리뷰 전문 유튜버의 업을 시작했다. 15년이 지난 지금, 그는 세계 최고의 전자제품 비평가가 되어 세상에서 가장 영향력있는 사람들도 인터뷰한다. 그가 자신의 분야에서 최고가 되어 부자가 된 비결은 진정성이다. 그는 진심으로(genuinely) 제품들이 어떻게 작동되고 사용자로서 그 제품들이 어떻게 효용이 있는지 궁금해하며 이를 진실 되게 상식을 갖고 사람들에게 알려준

다. 이 순수한 진심이 그의 태도와 행동으로 느껴진다(integrity). 자신이 진심인 분야를 계속 배우고 개발하여 하나의 일을 더 잘하려고 애썼더니 10년이라는 짧은 시간에 세계 최고가 되었고, 그는 또 다른 최고들과 어깨를 나란히 하며 평안하고 만족스러운 부자로서의 삶을 산다. 30대가 되며 그는 자신에게 포르쉐를 선물했다.

Snakes shed their skin to grow and remove parasites. Growth happens when you break free from old habits and mentalities.

뱀은 성장하고 기생충을 없애기 위해 주기적으로 탈피한다. 옛 습관과 미숙한 사고방식에서 벗어나야 성장한다.

부자가 되어 원하는 인생을 살기 위해서는 알을 깨야 한다. 당신이 익숙하게 살고 있는 알을 깨고 나와야 행복과 부자를 시현할 수 있다. 준비될 때까지 기다리지 말라. 일단 깨고 나와 하면서 배우는 사람이 부자가 된다. 배우며 성장할 수 있는 용기면 무엇이든 이룰 수 있다. 모름에서 오는 불안과 공포와 부끄러움을 견뎌내면 반드시 성장이 일어난다. 더 높은 차원의 당신이 된다. 가난한 사람이 부자가 되는 방법은 부자의 코드를 행동과 생활에 입력하는 것이다. 따라 하기(mimic)에는 큰 힘이 있다. 그 다음 단계인 당신 자신(original self)이 되는 작업이 가장 중대하다. 오리지널하지 않은 사람과 기업은 항상 불안하고 작은 부에 머무른다.

지금의 두려움을 견뎌내는 것—그것이 부자의 **장기적 시각**(long-term view)이다. 일단 시작하고, 계속 시간을 들이며 개발하면 나만의 업에서 최고가 될 수 있다. 고로 부자가 되기 위해 유일하고 가장 가치 있는 지식은 '나를 아는 것'이다. 당신이 오랫동안 시간을 들여 일해도 일 같지 않고, 일을 통해 돈뿐만 아니라 일 자체에서 보람과 기쁨을 느끼는 업을 안다면 당신은 그 일에 몰입함으로써 행복한 부자가 될 수 있다.

You can work tirelessly at your life's work. It doesn't drain you. Any work you do for a cause endlessly energises you. Without work, life stifles. Find a work that enlivens you.

당신에게 맞는 일은 일처럼 느껴지지 않는다. 혹은 더 큰 목적이나 대의를 갖고 하는 일은 열심히 할수록 힘이 솟는다. 일하지 않는 생명은 썩는다. 당신에게 힘을 주는 일을 찾으라.

Find your life's work. This is the Nature's design for humans to be happy and wealthy.

업을 찾으라. 이것이 인간이 행복한 부자가 되는 자연의 설계다.

Being rich is having money, which can be temporary in nature and is often fleeting. Riches are about excess and indulgence, whereas being wealthy is having knowledge, personal relationship success, a sense of humour, and a foundation of principles.

부유함은 일시적이고 덧없다. 돈이 많은 건 과한 탐닉을 의미하는 반면, 부자가 되는 일은 지성을 갖추고, 행복한 관계를 유지하며, 상황을 밝게 하고 사람들을 웃게 하는 유머가 있으며, 반드시 지키는 원칙이 있는 것이다.

— Robert Miles

부자가 되기 전에 반드시 갖춰야 하는 것

인류의 진화는 생존에 유리한 성질이 선택받으며 진행되고 있다. 타고나길 불완전한 인간은 독단적으로 행동해서는 생존할 수 없었다. 생존과 행복은 다른 사람들과의 원만하고 지속적인 관계 속에서 가능하다. 오랜 생존이 곧 부다. 사람들과 오랫동안 좋은 관계를 유지하려면 일단 당신이 믿을 수 있는 사람이 되어야 한다. 미성숙한 문화에서는 찾아보기 힘든 개념이지만, 성숙한 사회에서는 중요하게 여겨지는 단어가 있다. 이것이 없으면 사회는 상위 단계로 승급할 수 없다. 한국은 겉은 그럴싸할지언정 문화적으로는 아직 미성숙하고, 그 주된 이유는 이것이 중요하게 여겨지지 않기 때문이다. 이것이 없으면 부실한 기반에 집을 짓는 것이다. 땅이 꺼지면 그 위에 지은 고급 주택도 폐허가 된다.

--- **Integrity** ---

이 단어의 의미는 "겉과 속이 같음"이다. 상황과 문맥에 따라 각각 다른 한국어로 번역되는데, 주로 세 가지 단어로 정리된다. 정직, 진정성, 그리고 하나 됨(wholeness). 빌 게이츠가 그의 아버지를 기억하며 만든 유튜브 영상에서 가장 많이 언급되는 단어는 integrity다. 빌 게이츠 시니어는 그의 아들이 성공하여 유명해지기 전부터 지역 사회의 존경을 받고 명망이 높은 거물이었다. 그의 키가 2미터에 달하기도 했지만, integrity를 아주 중요한 덕목으로 여기고 이를 평생 지켰기 때문이다.

"자본가들의 우드스탁"이라는 별명이 있는 버크셔 해서웨이 주주총회에는 4만 명의 주주들이 모인다. 이 회의를 이끄는 수장 워런 버핏을 두고 주주들이 하나같이 이르는 단어는 다름 아닌 integrity다. 친절하고 명석한 시골 동네 할아버지 같은 워런은 해마다 주주들에게 편지를 쓰는데, 그의 편지에는 인간적인 따스함과 integrity가 흘러넘친다. 우드스탁 음악 페스티벌에서 따온 이름이지만, 워런은 우드스탁이 따르는 스누피의 옳고 그름에 대한 기준(morals)과 가치관 그리고 친절한 인간미를 닮았다. 이에 지성(intelligence)과 인류 최고의 인내(patience)가 더해져 세계 최고의 부자가 될 수 있었다. 그러나 안목이 미성숙한 군중이 간과하기 쉬운 기본은 워런의 겉과 속이 같고자 애쓰는 태도다. '기본'은 무엇을 하기에 앞서 없어서는 안 되는 것이다. 워런은 어릴 때부터 가족과 친구들에게 자신이 30살이 되기 전까지 백만장자가 되지 않으면 오마하에서 가장 높은 건물에서 뛰어내릴 것이라고 말했다. 30살에 그는 백만장자가 되었다. 그는 한다고 하면 한다. 말을 정직하게 하고 행동에 책임을 지는 것이 부자가 되는 기본이다. Integrity의 반대말은 위선과 양면성이다.

라스베이거스의 교회를 맡게 된 목사 아버지를 따라 1982년에 한국에서 미국으로 18살에 건너간 빌 황은 미국 도착 몇 달 만에 아버지가 돌아가셨지만, 어머니의 교육열로 UCLA에서 경제학 학사와 카네기 멜런 대학교에서 MBA를 취득했다. 뉴욕의 큰 투자은행에서 일하고 싶었지만 기회를 잡기 어려웠던 황 씨는 현대증권에서 증권 세일즈맨의 일을 시작해 지금은 사라진 홍콩의 페레그린으로 이직해 일을 하다가 줄리언 로버트슨이라는 헤지펀드 매니저를 고객으로 맞이했다. 그러다 줄리언의 눈에 들어 $25m(약 280억 원)의 자본금을 받아 사업을 시작했고 잘될 때는 5조 원 이상의 자산을 운용했다. 그런데 내부 지식을 사용한 부정 거래로 2012년 적발되어 $60m(약 675억 원)의 합의금과 추가 벌금을 내고 홍콩에서의 거래를 정지당했다. 그래서 황 씨는 좀 더 법적 규제가 적은 패밀리 오피스로 다시 트레이딩을 시작해 2021년 거대 투자 은행에서 빌린 $10B(약 14조 원)을 포함해 $36B(약 50조 원)의 자산을 운용하는 과정에서 거짓과 조작, 보유 자산의 5배 이상의 지나친 레버리지로 막대한 손실을 내고 결국 2022년 투자자들에게 해를 끼치는 10가지가 넘는 사기죄로 체포되어 2024년 유죄 평결을 받고 거의 모든 재산을 잃고 종신형의 위기에 처하며 몰락했다. 그의 부정한 행동은 168년 역사의 크레딧 스위스가 파산하는 주요 요인으로 작용했다. 블룸버그는 2021년 "2일 만에 $20B(27조 원)을 날린 사람", 2024년 "1주일 만에 $36B(49조 원)을 잃은 사람"이라고 보도했다. 미디어는 또 그를 "현대 금융 역사상 가장 거대한 실패", "역사상 그 누구도 이렇게 많은 돈을 이렇게 빠르게 잃은 적은 없다", 그리고 "무능하고 어리석다(ineptitude)"고 표현했다. 황 씨를 두고 찰리 멍거는 "The world was shouting at them; crook, fool. 세상이 이들에게 소리 질렀다, 사기꾼, 바보"라고 했고, 워런 버핏은 "We learned a long time ago that you can't make a good deal with a bad person. Just forget it. 오래전에 배운 사실인데, 나쁜 사람과는 좋은 거래를 할 수 없다. 그냥 무시하라"라고 말했다.

It's hard for an empty sack to stand upright.

빈 자루가 바르게 서기는 어렵다.

— Benjamin Franklin

쉽고 빠르게 얻을 수 있는 부는 없다. (1) 옳은 판단으로 (2) 큰 에너지를 갖고 (3) 일을 오래 잘하는 게 가장 빠르게 얻을 수 있는 부다. 입맛, 취향의 연장적인 의미를 지닌 안목(taste)이 이래서 중요하다. 안목이 고상한 (classy & noble) 사람은 부정한 일을 하지 않는다.

워런 버핏이 존경받는 이유는 격조(class)가 있기 때문이다. 회사를 사겠다고 "Yes"라고 말하면 다음 날 경제가 어떻든 전쟁이 나든 허리케인이 오든 자금을 입금한다. "Yes"라고 말한 다음 회계사들에게 추가 조사를 시키거나 변호사를 시켜 추가 조항을 덧붙이지 않는다. "Yes"는 최종적이고 종결적인 Yes다. 성공의 제 1 법칙이 오래 버티기(Perseverance)이듯, 이렇게 쌓고 지킨 명성이 워런의 회사를 2024년 8월 $1 trillion 가치의 기업으로 만들었다. 확신이 없는 사람은 확신이 있는 사람에게 기대듯, 주가 변동 폭이 큰(volatile) 테크 기업보다 기댈 수 있는 버크셔 헤서웨이를 결국 찾는다. 큰 성인의 시간이 얼마 남지 않았으니, 당신이 새로운 성인이 될 수 있다. 현명한 사람이 되면 부와 행복과 평화를 동시에 얻는다.

Integrity

정직과 진정성의 기본이 없는 부는 오래가지 않고 무너질 뿐만 아니라 거짓으로 부풀린 부의 크기가 클수록 많은 사람에게 해를 끼친다. 나쁘고 무능한 사람을 알아보고 피하면 당신의 평화를 지킬 수 있다. 그 판단 기준이 integrity다. 학벌이라는 껍데기를 보면 틀릴 수 있다. 그 안의 사람 됨됨이를 보면 대체로 맞다. 페이스북의 마크 주커버그는 검색 기능이 중요한 요소임을 알아보고 그 일을 한 번도 안 해봤지만 해낼 자질이 있는 사람에게 확신을 주며 맡겨 그 일을 해냈다. 서울대 법대를 나와도 멍청할 수 있고, 하버드 숨마 쿰 라우데를 받아도 무능할 수 있다는 증거를 세상은 보았다. 겉으로 보이는 것 그 이상을 알아볼 통찰력을 갖추라. 워런 버핏의 모든 영상을 영어로 찾아보고, 찰리 멍거 연보 《Poor Charlie's Almanack》을 읽기를 추천한다. 이 책은 미국보다 중국에서 더 많은 부수가 읽혔는데 한국에는 있지도 않다가 2024년 11월에야 번역본이 출간됐다. 영어는 지적인 언어다. 영어를 못하면 통찰력을 얻을 수 없다. 수학이라는 언어를 모르면 물리학을 할 수 없는 것과 같다.

돈과 권력만을 좇는 어둠의 길을 걷지 말고, 빛으로 오라. 당신의 일 자체를 사랑하고, 당신 자신에게 솔직하며, 당신과 가치를 나누는 사람들에게 정직한 빛의 세계로 오라. 빛은 앎이다. 어둠은 무지다.

한국 주식 시장에서 실패가 많은 이유가 한국 기업 문화에는 integrity가 부재하기 때문이다. Integrity의 부재는 전체 시스템의 붕괴로 발현된다. 자기와 자기 가족의 욕심만 차리면 당신을 부자로 만들어 주는 이웃들 전체가 몰락하여 당신도 몰락하게 된다. 한국 인구 소멸의 원인도 이것이다.

Prosperity is Nature's way of compensating you for the value you bring to society.

부는 사람들을 이롭게 하여 받는 보상이다.

워런 버핏이 지금까지 자신의 부를 기부하지 않았다면 2024년 7월 $293B(약 403조 원)의 부자일 것이라고 포브스가 발표했다. 이는 세계 1위 부자다. 일론 머스크보다 훨씬 부자고, 제프 베조스보다 훨씬 부자고, 베르나르 아르노보다 훨씬 부자다. 그렇지만 워런에게 1위 부자 타이틀이 중요한 게 아니다. 그는 수익률보다 관계를 더 중요시한다. 그래서 주식을 사고팔기보다는 훌륭한 회사를 경영진까지 함께 소유하는 게 그의 투자 철학이다. 워런에겐 투자가로 성공하기에 필요한 모든 능력이 있지만 특히 하나 뛰어난 능력이 있다. 그것은 진정성(integrity)이다. 워런은 자기 일을 진정으로 사랑한다.

With a million dollars, you can earn 50% a year. But you have to be in love with the subject. You can't just be in love with the money. You've really got to find something exciting to expand their knowledge in a given area.

14억 원으로 연 50%를 벌 수 있어요. 그런데 그 주제와 사랑에 빠져야 해요. 돈만을 좋아해선 안 돼요. 그 주제에 대해서 당신의 지식을 확장하고 싶은 신나는 무언가를 찾아야 해요.

— Warren Buffett (2024)

진심인 일을 찾아 그 분야에 깊이 빠져들면 잘되지 않을 수 없다. 아는 만큼 잘한다. 일 자체를 사랑하면 아무리 그 일에 시간을 들여도 지치지 않고, 그래서 누구보다도 잘할 수밖에 없게 되며, 자연히 돈 걱정을 안 할 수 있게 된다. 이러한 당신의 업을 찾아 진정성과 정직을 다 하면 부자가 될 것이다. 나는 제자들을 진심으로 사랑하고, 그들이 잘되길 진정으로 바라며, 이것은 그들도 본능으로 느끼고, 따라서 우리가 함께 잘된다. 부를 얻는 기술은 시대에 따라 달라지므로 이 책이 얼마나 오래 관련성(relevance)을 유지할지 모르겠지만 시대가 변해도 변하지 않는 부자가 되는 본질적인 자연의 법칙을 탐구해 이 책을 만들었고, 나는 그런 세월을 견딜 좋은 책을 만드는 고통 자체를 사랑한다. 워런처럼 죽는 순간까지 이 일을 하고 싶다. 투자 또한 인류를 이해하여 실질적인 성취까지 이룰 수 있는 훌륭한 탐구다.

아마존은 제프 베조스의 단 하나의 집요한 철학을 시현해 만들어진 기업이다. 그 철학은 소비자의 만족스러운 경험이다. 사람의 감정이다. 처음 하는 일을 하면서 업계 1위가 되겠다고 목표하더라도, 속이 빈 골다공증 환자처럼 말만 오만하게 하는 게 아니라 그 분야의 최고 인재를 고용하여 다 준비되었을 때 공개했다. 많은 사람을 만족시키면 부자가 된다. 소비자 경험에 집요하게 집중해 만들어 낸 서비스가 이 글을 쓰는 2024년 7월 현재 시가 총액 2,793조의 아마존을 만들었고, 이는 온라인쇼핑 분야 세계 1위이며, 2위는 중국 쇼핑몰로 272조다. 2위와 무려 10배 차이다. 아마존은 찾기 힘든 책을 구할 수 있는 온라인 서점으로 시작해 집요하게 '사람'에 집중해 사람들의 경험이 만족스럽도록 그 누구보다도 혁신적으로 사업을 개발(developments)한 결과 세계에서 가장 큰 부의 주인이 되었다. 그러나 어느 이커머스 회사는 철저히 아마존의 따라쟁이(copycat)다. 군중은 서비스의 조악함(vulgarity)을 알아보는 분별력(discernment)이 없다. 참을성이 없는 한국인을 자극하는 광고로 익숙해진 뒤 많은 사람들이 사용하니 그 사용자 숫자에 의해 판단의 오류를 범한다(3부 <부의 심리학> 참조). 진정 크게 성장하려면 (1) 참을성이 있어야 하고, (2) 생각하는 사람이 만든 독창성(originality)을 따라 해서는 안 된다. 그것은 integrity가 부재한 행동이다. 다이슨을 따라 만든다고 다이슨처럼 큰 기업이 되지 않는다. 코카콜라를 수입해 판다고 코카콜라처럼 큰 기업이 되지 않는다. 자기 이익만 챙기려는 근시안적 행동이 한국을 불행한 사회로 만든다. CNBC는 2024년 2월 26일에 현대자동차가 몇 년 전까지 "low quality copycat(저질 따라쟁이)"으로 여겨졌는데 요즘 들어 세계에서 세 번째로 큰 자동차 회사가 되었다고 보도했다. 따라 하여 빠르게 배울 수 있지만, 결국 당신만의 특별한 존재가 되어야 한다. 이를 영어로 character라고 하고, 고유한 개성이 있는 것이 사람들의 기억에 명확히 남아 선택을 받고 그래서 성공한다.

우리의 앞 세대는 외국인이 만든 것을 따라 만들거나 수입하여 내국민에게 판매해 돈을 벌었지만, 우리가 만든 독창적인 것을 수출해야 진정한 자유와 부를 얻을 수 있다. 한국 기업의 주가는 외국인의 구매와 판매에 따라 크게 변동한다. 그러나 한국은 아직 실질적으로 닫힌 문화와 경제다. 영어를 표면적으로 단어만 외우지 말고 그 문화를 이해해 보면 개인적 행복은 물론 사회적 성숙을 이룰 수 있다. 생각의 폭이 넓어지고, 당신에게 맞는 삶의 방식을 알게 되기 때문이다.

자기 일을 잘하여 많은 사람들, 내국민뿐만 아니라 세계인을 이롭게 하면 자연히 큰 부자가 된다. 그러나 모든 부는 이것에 기초(fundamental)해 지어진다.

Integrity

어둠과 빛은 항상 번갈아 오지만, 빛은 항상 어둠을 이긴다. 이것은 자연의 법칙이다. 빛은 당신의 기본 가치(fundamental)다.

살면서 integrity(정직)와 independence(자유) 사이에서 결정해야 할 때가 온다. 전자는 우리 모두의 장기적 생존을 위한 선택이고, 후자는 당장 당신이 혼자 잘 살아보겠다는 근시안적 선택이다. 멀리 내다보지 못하면 미래의 당신은 과거의 당신이 한 선택을 후회할 것이다. 끝까지 잘사는 부자는 멀리 내다보고 행동하는 사람이다. 시간을 들일수록 부자가 될 수 있는 선택을 하라.

Before we acquire great power

we must acquire wisdom to use it well.

위대한 힘을 얻기에 앞서 우린

그 힘을 잘 사용할 지혜를 반드시 먼저 갖춰야 한다.

— Ralph Waldo Emerson

시간을 정확히 들여야 부자가 된다

군생활 2년과 예비군 5년을 통해 배운 지혜는 이것이다: 줄을 잘 서야 된다. 이는 부의 성장에도 적용된다. 교육으로 성장하려면 선생을 잘 선택해야 하고, 커리어로 성장하려면 리더를 잘 선택해야 하며, 투자로 성장하려면 회사를 잘 선택해야 한다. 선택이 곧 부다. 선택을 잘하기 위해 안목과 판단력, 생각하는 법을 갈고 닦는다.

2007년에 아이폰은 약 70만 원이었다. 이 금액으로 애플 주식을 샀으면 지금 4천만 원이다. 그 아이폰을 2023년까지 깨끗이 간직하다 경매에 내놓았다면 약 2억 6천만 원을 벌었다. 이 가치를 몰라보는 사람은 폰이 오래되었다고 버린다. 무지한 다수 덕분에 지성인 소수가 부자가 된다. 가격은 수요와 공급이 정한다. 많은 사람이 원하는 데 희소(scarce)하면 비싸진다. 경제학의 기본인 이것만 이해해도 부자는 된다.

인생은 방향이다. 영어도 방향이다. 잘못된 방향으로 가면 아무리 열심히 달려도 불행하고 가난하다. 의사나 변호사가 되면 잘살 수 있다는 말에 당신이 누군지도 모르고 막무가내로 달려가면 불행할 수 있다. 시간은 돌이킬 수 없다. 당신의 방향을 알고 그 방향에 시간을 들여야 행복과 부를 동시에 지닐 수 있다. 가장 가치 있는 방향으로 시간을 들이면 많은 시간을 쓰지 않더라도 부자가 된다. 일찍 출발하면 좋지만 늦게 시작해도 괜찮다. 중요한 것은 사격의 정확성이기 때문이다. 세계에서 가장 큰 부자가 된 사람 중에 30, 40, 50대에 정확한 사격을 시작한 사람들이 꽤 많다. 한때 세계 1위 부자 베르나르 아르노, 맥도날드를 프랜차이즈화한 레이 크록, 레드불을 세계화한 디트리히 마테슈츠, 다이슨을 창조한 제임스 다이슨 등이 있다. 열심히 하면 된다는 생각은 가난한 사고방식이다. 그건 한국이 극빈국이었을 때에 적절했던 방식이다. 지금은 다른 세상이다. 문법

번역식 영어교육법으로 열심히 공부해 봐야 영어로 간단한 소통도 못 한다. 입시 영어를 아무리 열심히 해도 세계인은 이상하게 말하는 당신을 외면할 것이고 사람과의 교류 없이는 부자가 될 수 없다. 내 제자 중엔 한국 일류 대학교 출신이 많은데 잘못된 영어교육법으로 인해 영어를 힘들어한다. 더 큰 세상을 보라.《영어책》으로 설명한 <언어 습득의 법칙>으로 영어를 따라 말하며 익숙해지면 1년 안에 영어에 능숙해진다. 나에겐 이렇게 성공하고 인생을 바꾼 수많은 제자가 있다.

부잣집에 태어나 계속 부자이기는 어렵다. 부자는 아래에서 올라온다. 85%의 세계의 억만장자는 스스로 된 부자다. 많은 억만장자와 백만장자가 어려웠던 어린 시절을 겪었다. 일을 해야 하는 이유가 그들을 열심히 일하게 했고(discipline), 필요가 그들을 깨어나게 했으며(creativity), 생각을 부를 일구는 데 집중(commitment)해 결국 부자가 되었다. 금수저는 독이다. 생각하지 않게 만들고, 행동하지 않게 만들기 때문이다. 금은 남에게 받으면 그걸로 끝이지만, 금을 만들 능력을 계발하면 금을 얼마든 더 가질 수 있다. 당신의 힘으로 얻은 금은 당당함(dignity)을 준다. 이것이 진정한 자유다. 부자에게 **생각**과 **행동**은 필수 요소다. 당신이 필요한 것은 집중해 일할 **이유**다.

시련은 부를 시현하기 위해 중대한 과정이다. 큰 역경을 극복해 낼수록 큰 부자가 될 수 있다. 시련은 필요하다. 오프라 윈프리는 9살 때부터 지속적으로 친척들과 가족의 친구에게 성적으로 이용당해 임신하고 트라우마를 겪었다. 흑인으로 태어나 미국에서 미디어 거물로 성공하기는 더 힘들었을 것이다. 큰 역경은 오프라를 더 크게 만들었다. 역경에 굴복당해 인생을 어두운 것으로 여기는 선택을 했다면 그녀는 부산의 어느 20대 여자처럼 살인자가 되었을 수도 있다. 그러나 오프라는 극복을 선택했다. 스스로를 사랑하기로 선택했다. 가족이 주지 못한 사랑을 스스로에게 주기로 결정했다. 시련이 클수록 더 큰 사람이 될 수 있다. 이겨내길 선택하라.

The lower the lows, the higher the highs. The right path leads to a high life.

더 아래로 내려갈수록 더 높이 오를 수 있는 법이다. 인생은 길을 잘 선택하면 핀다.

스티브 잡스는 생 조부의 반대로 태어나자마자 버려졌다. 가난한 입양 가정에서 자라며 대학에 입학했지만, 돈이 없어 밥 한 끼를 먹기 위해 몇 시간을 걸어가 무상 밥을 먹었고, 친구들 집을 돌아다니며 남의 집 소파에서 잠을 잤다. 그는 돈이 절실했다. 인문학 비저너리였던 그는 기회를 보았고, 친구를 이용하기는 했지만 결국 위대한 성취를 이른 나이에 이루어내었다. 그러고는 또 자기가 만든 회사에서 쫓겨나며 큰 수모와 실패를 겪었지만, 그에 굴복하지 않았다. 그는 다시 도전하고 또 도전하여 결국 세상을 바꾸었다. 없이도 살았었지만, 이제는 우리가 없이 살 수 없는 스마트폰은 그가 바꾼 세상이다. 한국의 여러 억만장자는 그가 만든 아이폰에 영향을 받아 부를 만들었다. 앱스토어 1등만 해도 억만장자가 될 수 있다. 남이 힘들게 창조한 것에 올라타 이익을 취할 게 아니라(copycat), 내 것(original)을 창조하면 세상을 바꿀 수 있다. 그 부수적 효과로 부자가 된다.

Wealth is not something you can get by running after. Wealth is something you attract.

부는 쫓아서 얻을 수 있는 것이 아니다. 부는 끌어당기는 것이다.

부자가 되기 위해 오랜 시간이 필요한 경로도 있고, 오랜 시간이 불필요한 경로도 있다. 청소 일을 하며 검소한 월급을 받더라도 매달 빠짐없이 저축하고 일정 수익률로 투자하면 누구나 은퇴할 때쯤 그 나라 최고의 부자 중 하나가 될 수 있다. (실제로 그렇게 된 사람이 있다.) 젊어서 5천만 원을 차 사는 데 소비하지 않고 미국 우량기업 500개에 분산투자 해두고 20년 뒤 꺼내면 백만장자가 된다. 지금 아이들에게 특정 회사가 아니라 주식 시장 전체에 투자하는 상품을 사주면 아이들이 어른이 되었을 때 복리의 법칙으로 든든한 부가 되어 있을 것이다. (그런데 자식에게 특정 기업 주식을 사주었다가 20년 뒤 모두 날렸다는 말을 한국에서 여럿 들었다. 지식의 저주보다 무서운 저주는 안다는 착각이다.) 미국 주식 시장은 아무리 큰 불황이 오더라도 20년 이상 길게 보면 항상 우상향 그래프이기 때문이다. 내가 이 지식을 11살 때 알았더라면 장난감과 옷을 살 돈을 전부 S&P500 인덱스 펀드에 투자했을 것이다. (1985년부터 2024년까지 S&P500의 연 평균 수익률은 11.6%다. 어느 회사의 주가가 오를지 알아보는 판단력이 없는 사람이더라도, 열심히 일하는 나라 대표 주가 지수에 20년 이상 투자해 돈을 잃은 사람은 없다. 현금을 그대로 갖고 있는 것은 인플레이션으로 인해 돈을 잃는 선택이다.) 그러나 99.2%의 사람들은 돈에 대해 생각하려 하지 않거나 더 깊이 알아보지 않거나 돈을 소비하고 싶은 욕구를 참지 못하기 때문에 부자가 되지 못한다. 그래서 가난이 대물림되고, 학교 공부를 아무리 잘해도 부자가 되지 못한다.

Until you can manage your emotions, don't expect to manage money.

감정을 다스릴 수 있을 때까지는 돈을 다룰 수 있을 것으로 기대하지 말라.

— Warren Buffett

The most important organ in investing is not the brain, it's the stomach.

투자에 가장 중요한 능력은 지능이 아니라 감정통제력이다.

— Peter Lynch

우매한 군중은 핫하다고 해서 산 주식의 가격이 곤두박질치면 감정에 요동치며 불안해한다. 그 회사의 기본기와 가치를 아는 사람은 태평하게 '기회가 왔구나'하며 한참 떨어진 가격에서 더 구매한다. 기본기가 탄탄하고(3부 참조) 사람들이 앞으로도 필요로 하는 것을 제공하는 기업은 다시 오른다. 빈자는 하루 만에 5%의 수익률을 노리지만, 부자는 시간을 들여 몇 년 뒤 500%의 수익률을 바라본다. 그래서 시간을 정확히 들여야 부자가 된다. 잘 모르고 돈부터 넣으면 당연히 불안하고 그 심리로 인해 떨어질 때 팔게 되어 더 잃게 된다. 투자에 가장 중요한 능력은 **감정통제력**이다. 돈을 다룰 때는 감정을 완전히 배제하고 AI가 되어야 한다. 직감대로 행동하는 사람에게 투자는 그래서 어렵다.

장난감을 사면 잠시 쾌락을 얻을 뿐 그 향락은 오래가지 못하고 사라진다. 남는 건 쓰레기와 줄어든 잔액이다. 사치품을 구매하면 부자로 잠시 보일 뿐 그 금액만큼 가난해지고 그 돈을 받은 사람은 부자가 된다. 베르나르 아르노는 사치품을 사는 허영심과 허세가 많은 대중으로 인해 유럽에서 가장 큰 부자가 되었다. 사람들은 자신에게 없는 것을 돈을 주고 산다. 귀티가 나고 싶다면 자기 일을 잘하라. 사람들의 인정과 넉넉한 부로 인해 자연히 당신에게서 빛이 날 것이다. 행복은 관계에서 얻는다.

Wealth is not looking rich; wealth is being well off.

부는 보이는 것이 아니라 부자가 되는 것이다.

사진작가로 일하며 알게 된 호주 멜번의 큰 부자는 시티에 커다란 클럽을 몇 개나 소유했는데, 직접 만나보니 그가 부자인지 전혀 알아볼 수 없었다. 수수한 옷에 오래되어 낡은 은색 BMW 3시리즈를 탔기 때문이다. 그러나 그는 부자의 빛나는 눈빛과 속이 꽉 차 차분한 태도로 나를 대했다. 사치스러운 옷과 롤렉스를 차고 일하는 사람들은 그의 직원들이었다.

The poor are pushed by others. The rich are pulled by inspiration.

빈자는 타인에게 떠밀려 일하고, 부자는 영감에 이끌려 일한다.

속도는 정확성이다. 부자가 되는 데 짧은 시간을 쓰고 싶다면, 가치 있는 길을 택해 정확하게 행동하면 된다. 무엇이 가치 있고 무엇이 정확한 행동인지 알려면 부자의 사고방식을 배우면 된다. 사람들에게 가치가 없는 일에 시간을 쓰면 부자가 되지 않는다. 더 많은 사람에게 가치가 있는 일에 시간을 분배하면 부자가 된다. 나는 삼청동의 한 카페에 17년째 단골이다. 이 카페를 17년째 가는 이유는 17년 동안 전혀 변하지 않았기 때문이다. 그 17년 동안 그러나 구글(1998~)이 정보를 모두가 이용할 수 있게 했고, 페이스북(2004~)이 생겼으며, 유튜브(2005~)가 생겼고, 아이폰(2007~)이 생겼고, 인스타그램(2010~)이 생겼으며, 중산층 가정에서 자랐지만 14살 때부터 음반 계약을 맺은 테일러 스위프트가 억만장자가 되었고, 해리포터(1997~)의 작가 조앤 롤링이 억만장자가 되었고, 빚으로 생계를 꾸리며 창고에서 혼자 개발하던 제임스 다이슨($13B as of 2024)이 큰 부자가 되었으며, LVMH를 만든 베르나르 아르노가 세계 1위 부자가 되었고, 임대료가 싼 사무실에서 온라인으로 책을 파는 이커머스 사업을 시작하며 불필요한 데 자본을 쓰지 않기 위해 버려지는 문짝을 책상으로 쓰던 제프 베조스도 아마존을 키워 한때 세계 1위 부자가 되었으며, 테슬라(2003~)에 투자해 키운 일론 머스크가 한때 세계 1위 부자가 되었다. 2024년 유튜브 1위 부자 Mr. Beast는 1998년에 태어났다.

변화는 기회다. 위기는 큰 기회다. 세상의 변화에 민감하게 반응해 대응하는 게 부자로 가는 길로 보일 수 있지만, 그것은 팔로워의 사고방식이고 이류의 방법이다. 일류의 생각법은 인류의 변하지 않는 가치에 집중하는 것이다. 이게 더 크고 오래가며 안전한 부로 가는 길이다. 인간은 100년이 지나도 여전히 싸고 편리한 쇼핑을 원할 것이고, 그것에 집중한 아마존이 잘 됐다. 2,000년이 지나도 사람은 다른 사람에게 관심 두고 연결되길 원할 것이고, 그래서 사람과 사람을 이어주는 사회적 매개체(social media) 하드웨어와 소프트웨어가 잘 된다. 애플과 메타가 1,400조 원($1 trillion) 이상 가치의 기업인 이유다. 나는 700년 된 기업이 만든 공책에 250년 된 회사가 만든 연필로 생각을 쓴다. 정직한 노동으로 번 돈으로 몇백 년 된 책과 작품을 수집하는 걸 좋아한다. 변화 속에서 영원을 알아보는 안목에 가치가 있다. 당신의 인생이 번영하려면 널리 보고 지금을 살라.

AI가 인간 직업의 많은 부분을 대체할 것 같지만 꼭 그렇지는 않다. 사람의 가장 큰 관심(attention)은 다른 사람이기 때문이다. 관심은 그 자체로 큰 가치가 있다. 사람은 같은 필멸의 존재인 다른 사람이 한 행동에 기계의 조작보다 더 큰 관심을 둔다. 내 열혈 팬들은 내가 쓴 《영어책》에 감동하고 압도되었기 때문에 나와 이 책을 뜨겁게 사랑하는 것이지, 이 책이 기계의 산물이었다면 이렇게까지 사랑하지 않았을 것이다. 커버 아트도 AI가 생성해 낸 것이 아니라, 나만의 고유한 창의력을 내 손으로 그렸기 때문에 인간에게 감동을 주고 아름답게 여겨진다. 언어 교육도 기계가 사람을 완전히 대체하지 못할 것이다. 기계는 인간의 도구이지 소통의 주체가 아니기 때문이다. 화면을 보고 언어를 연습하겠지만 결국 언어는 인간과의 소통을 위한 것이다. 이것은 성인용품이 결코 사람을 대체할 수 없는 단순한 진리와 같다. 기계는 차갑고 사람은 따스하다. 통역 앱에 의존하는 사람은 다른 언어를 쓰는 사람과 의미 있는 관계를 맺지 못한다. 결국 언어는 당신이 쓸 줄 알아야 한다. 언어는 사람들과의 소통 상황을 보고 들으며 직관으로 습득하는 능력이다.

돈의 속성은 물이다. 내 몸의 물도 계속 빠지고 채워지기를 반복하듯, 물은 돌고 돈다. 돈도 돌고 돈다. 미래 전망이 밝은 산업에 돈이 몰려 가격이 올라가고, 전망이 낮았던 산업도 결국 사람들의 관심이 바뀌며 올라간다. 지금의 부자가 내일도 부자인 통계는 낮다. 아무리 큰 부자라도 3대를 거치면 특별한 가정교육이 없다면 대부분의 부는 증발한다. 쉽게 얻은 돈은 쉽게 쓰기 때문이다. 나의 증조할아버지도 조선의 부자였다. 할아버지와 아버지를 거치고 나에게 온 것은 별로 없다. 나는 절실했고, 잠을 나눠 자며 하루를 사흘처럼 일해 선진국에서 이른 성공을 이룬 뒤 이른 실패도 겪어 부는 영원하지 않을 수 있음을 배웠다. 그러나 난 포기하지 않기를 선택했다. 극복하기로 결정하고 계속 도전하여 다시 더 크게 성공했고 부자가 되었다. 성공의 법칙 1번은 그래서 Perseverance(끈기)고, 될 때까지 시도하면 반드시 된다. 이 성장의 여정에 17년간 집념해 얻은 지식과 지혜를 이 책으로 당신과 공유한다. 내가 일하는 이유는 교육을 통해 한국인의 생존을 돕고, 탄소를 포집해 전 인류적 생존에 기여하는 것이 내 생명의 목적이라고 여기기 때문이다. 나무와 책은 훌륭한 탄소포집체(carbon sink)다. 교보를 만든 신용호는 한국인이 책을 읽고 자신처럼 인생과 세상을 바꿀 수 있길 바라는 대의로 한국에서 가장 좋은 땅에 교보문고 광화문점을 만들었다. 그 또한 없이 시작했다.

부자가 되기 위해 자본은 필요 없다. 설득력이 있으면 자본력은 얻어진다. 고등학생이었던 보얀 슬랫(Boyan Slat)은 다이빙했다가 물고기보다 플라스틱이 더 많은 것을 보고 해류를 이용해 저절로 플라스틱 쓰레기를 수거하는 시스템을 생각해 내 다음 해 동네 TEDx에서 사람들에게 보여주었더니 이 발표가 여러 신문사에 나며 투자를 받아 그다음 해에 The Ocean Cleanup이라는 비영리기관을 설립하고 지구를 청소하고 있다. 그의 나이 열아홉이었다. 지식과 지혜와 정보와 창의력 그리고 실행력은 자본력보다 우월하다. 돈으로 세상을 바꿀 수 있었으면 공무원은 나라를 살기 좋게 만들어야 했다. 돈은 대부분의 경우에 생각(idea)이 없는 사람이 쓰는 것이다. 돈을 벌기 위해 돈은 꼭 필요 없다. 돈은 무슨 일을 해서든 만들 수 있다. 버는 돈보다 쓰는 돈이 적으면 돈이 모인다. 충분히 많이 모인 돈을 '부'라고 부른다. 멋진 일을 해낼 사람의 지성, 창의력, 실행력, 소통 능력과 긴 시간 깊은 탐구를 통해 얻어지는 비전은 돈으로 살 수 없고, 그런 일을 해내면 부는 자연히 따라온다. 한국의 소위 대기업은 더 큰 나라들의 관점에서 그리 큰 기업이 아니다. 한국의 대기업 총수를 모두 모아도 다른 나라 부자 한 명의 부보다 적다. 2대와 3대에 이른 지금 한국의 기업들은 부자의 사고방식을 물려주는 데 실패하면 곧 다음 부자에게 자리를 내어줄 것이다. 이번 시대의 큰 부자가 되기 위해 가장 중요한 능력은 **소통할 수 있는 영어**다. 한국의 다음 1위 부자는 자기가 만든 제품을 영어로 세계인에게 발표할 수 있는 사람일 것이다. 사람들의 관심과 기대를 끌어모을 수 있는 사람, 문화를 창조하는 사람이 큰 부자가 되기 때문이다.

무지한 사람은 투자받았다고 자랑한다. 투자금은 신뢰와 가능성의 증명, 프로젝트를 추진해 나아가기 위한 연료비이기도 하지만 갚아야 할 부채다. 내 회사의 지분을 남에게 주는 만큼 이 회사를 키워도 덜 부자가 된다. 주인의식이 줄어들고 그만큼 덜 절실하게 임하여 창의력이 줄어들 수 있다. 자연의 법칙은 남에게 돈을 빌렸든 자기 돈으로 하든 똑같이 적용된다. 이를 무시하고 자원을 펑펑 쓰는 투자를 받은 기업들은 사라진다. 역대 Fortune 500 기업의 90% 이상이 교체되었다. 한 방울의 물도 아까워하는 사람이 이끄는 회사가 투자의 유무를 떠나 성공한다. 빌 게이츠는 포르쉐를 타면서도 주차비를 아까워했다. 제프 베조스는 아마존 창업 초기에 주문이 많이 들어와 직원들과 바닥에서 택배 포장을 했는데 허리가 너무 아프자 직원들의 건의로 그제야 테이블을 샀다. 내 사촌 중에 잘 된 사람은 샤워하고 나서 수건으로 닦기 전에 몸의 물방울을 손으로 쓸어모아 털어낸다. 그는 카이스트에서 박사 학위를 받고 암 연구의 중요한 인물이 되어 지성인 부자로 산다. 내 사촌 중에 가장 못 된 사람은 기술은 없는데 허영심이 커 강남에서 사치를 선망하는 무능한 빈자로 산다. 여기서 흥미로운 점은, 성공한 사촌은 어려서부터 자신의 생활은 스스로 꾸려야 한다는 것을 알고 자신의 선택과 행동에 책임을 갖고 해야 할 일을 하여 잘 됐고, 실패한 사촌은 부모의 과한 교육열로 부모가 원하는 커리어를 강제 받으며 컸더니 스스로 생각할 줄 모르고 주체성이 없는 어른이 되었다. 주변에 가장 불행하고 무능한 사람은 부모에게 떠밀려 서울대학교를 졸업한 전문직 종사자다. 어느 부동산 부자의 자녀들은 부모의 돈을 빌려 화려한 인테리어로 사업을 했다가 하나같이 실패했다. 자신감을 잃고는 아무 일도 하지 않으며 청춘을 낭비하고 산다. 나는 부잣집에 태어난 사람들이 부럽지 않다. 미성숙한 정신에 돈은 독이다. 돈을 받을 자격을 가르쳐주지 못하는 부모는 무능과 무지를 물려준다. 돈을 믿고 행동하면 멍청한 실수를 하게 된다. 얼마를 운용하든 한 푼도 잃지 않기 위해 신중해야 한다. 버는 것보다 중대한 것이 **잃지 않는 것**이다.

여기서 필요한 지혜는 이것이다. 부자가 되기 위해 하드웨어가 있어 보일 필요는 없다. 중요한 것은 그 안의 것, 눈으로 보이지 않는 소프트웨어다. 이것은 아는 사람에게만 보이고, 그 안목이 부자와 빈자를 가른다. 부자는 머리로 되는 것이다. 돈은 사람을 망가트릴 수 있다.

The wealthy don't look rich. They ARE wealthy.

부자는 부자처럼 보이지 않는다. 그들은 존재가 부자다.

진짜 부자는 겉으로 드러나지 않는다. 진짜 부는 보이지 않는 것이다. 넉넉한 은행 잔액이 주는 마음의 평화와 하기 싫은 일을 하지 않을 수 있는 선택의 자유를 가진 사람이 부자다. 부자는 자신의 가치를 인정받는 사람이다. 속이 빈 사람이 겉으로 자랑한다. 속이 가득 찬 사람은 겉으로 드러나지 않기 위해 애쓴다. 큰 부자는 비싼 시계를 걸치지 않는다. (선물로 받아 의미 있는 시계는 물론 예외다.) 이 마음은 진짜 부자가 되어 보면 알 것이다. 큰 부자는 걸친 옷의 상표가 아니라 눈빛과 태도와 언어와 하는 일로 알 수 있다. 부자는 남을 헐뜯지 않는다. 자기 일을 못 해서 불행하니까 환경을 탓하고 애꿎은 남에게 화를 뿜는 건 빈자다. 부자는 자신이 편한 것 무엇이든 입을 수 있는 자유가 있는 사람이다.

돈은 허상이고, 가치가 진짜다. 가치를 이해해야 행복한 부자가 된다. 당신이 태어난 가족이 있고, 당신이 만드는 가족이 있다. 당신이 만드는 가족으로 얻는 관계와 문화와 결속이 가장 큰 가치이고 이것이 행복이다. 결혼은 비용이 아니라 인간이 누릴 수 있는 가장 귀한 가치다.

We are programs.
우리는 프로그램이다.

You become what you think.
사람은 생각하는 대로 된다.

The reality is what you make of it.
현실은 내가 하기 나름이다.

방향

마음에 분명한 목표를 담아두면 시간이 일해 그 목표를 현실로 만든다. 당신이 바라는 **인생의 방향**을 써보자. 목적지 없이 나는 비행기는 아무데나 떨어진다. 향하여 나아가고자 하는 목표를 알고 여정을 출발하라.

My aspirations ○ _____

Aspire의 a는 방향을, spire는 숨을 쉬다는 말이다. 어느 방향으로 숨을 쉬느냐, 곧 **당신이 원하는 바**를 말한다. 인생이 이렇게 되었으면 하는 당신의 꿈을 쓰자. 종이에 손으로 쓰는 순간 꿈이 현실이 되는 첫 단계가 시작된다. 여행을 떠날 때 목적지를 향해 가야 목적지에 다다르듯, 이 꿈을 매일 생각하고 이루기 위해 해결책을 찾으며 일하면 곧 현실이 된다. 이 꿈에 현실로 만들었다는 체크를 하고 다음 꿈으로 넘어가면 된다. 인간의 생명이 꿈의 체크리스트가 될 때 생물 그 이상의 차원으로 승화한다.

예제 : 한국인을 교육으로 도와 궁극적으로 생존하도록 구원한다.

물질은 만능이 아니다

피츠제럴드가 그랬다. "Let me tell you about the very rich. The rich are different from you and me." 진짜 부자들은 우리 같은 사람들과는 다르다고. 부자는 다르게 생각한다고.

물질은 만능이 아니다. 머리가 만능이다. 부자의 머리를 만들면 물질은 얼마든지 만들어낼 수 있다. 세상을 더 나은 곳으로 만드는 사람이 되고 싶으면, 그런 당신의 모습을 끈기 있게 상상하고, 그런 사람이 되도록 끈기 있게 방법을 찾아내고 그런 여유를 즐길 자격(deserve)이 있는 사람이 되도록 자원을 정확히 분배하면 된다. 부자가 되고 싶으면 머리를 계발하라.

대기업의 자본력은 한 사람의 창의력을 이길 수 없다. 돈보다 강한 힘은 지성이다. 아무리 자원이 많아도 그를 운용할 지성이 없으면 부질없다. 어느 대기업 회장이 하는 일마다 돈을 수천억씩 잃는 이유다. 미래를 준비하지 않은 대기업도 실속 없이 하강하고 있다. 대기업이 얼마든 선글라스 시장을 장악할 수 있었지만, 한 사람의 창의력이 사람들의 관심을 끌고(attention) 선글라스에 대한 인식을 환기하고(juxtaposition) 헤리티지가 필수 요소인 명품 시장에서 역사(pedigree) 없이 명품 브랜드를 만들었다. 젠틀몬스터와 탬버린즈를 만든 김한국의 이야기다. 2023년 매출은 6,082억 원이고, 그중 해외 매출은 2,278억 원이다. 그러나 정반합이다. 다음 성공할 사람은 남이 한 방식과 달라야(differentiate) 한다. 남의 것을 따라 하거나, 남이 만든 것을 가져다 파는 일로는 큰 부자가 될 수 없다. 원조(Original)가 되어야 한다. 이미 작은데 더 작아지고 있는 국내 시장에만 머물면 부자가 될 수 없다. 세계로 가야 한다.

What it takes to be successful is the ability to conceptualise and execute what will be a success.

성공에 필요한 것은 구상과 실행이다.

부자가 되는 것은 영어를 배우는 것과 같다. 영어로 소통도 못 하는 선생이 영어를 제대로 이해하지 못하고 가르쳐서 영어를 어렵게 가르치고, 그런 사람에게 영어를 배운 사람들이 영어를 어렵다고 인식한다. 그 결과로 한국인은 열심히 영어를 공부해도 영어를 못한다. 열심히 일해도 돈 걱정을 면치 못하는 상황과 같다. 영어를 본질까지 이해하는 사람은 쉽다고 하고, 단순하게 알려준다. 영어는 지식이 아니라 사고방식이다. 부도 그렇다. 부자답게 생각하면 부자가 된다.

부자가 되고 싶으면 가난한 사람들의 조언은 듣지 않아야 한다. 왜냐하면 그 사람이 가난한 이유는 그 사람의 가난한 사고방식에서 비롯하기 때문이다. 부는 결정의 결과다. 전세와 할부는 가난한 생각의 산물이다. 현재 한국 인구의 0.8%만이 백만장자의 기준인 14억 원 이상의 자산을 갖고 있다. 99.2%가 이 기준에 못 미치니, 이를 두고 의문이 든다면 당신은 생각하는 법을 부자의 것으로 바꿔야 한다. 당신에게 "월세는 아까우니까 전세로 살라"고 말한 사람은 부자가 아닐 것이다. 부자는 자본을 운용해 이익을 만드는 사람이다. 자면서도 돈을 버는 법이 자본 운용이다. 자본을 운용할 지식이 없으면 노동 수익에 의존해야 하고, 생활비를 노동 수익에 의존하는 사람은 빈자다. 대부분의 백만장자는 평균 7가지의 수입원(income stream)이 있다. 부자는 시간이 일하게 만들어 자신의 시간을 자유롭게 할 수 있다.

나는 한국에서 인문계 국립학교에 갔는데, 그들과 나는 말이 통하지 않는다. (이는 억만장자가 된 내 친구도 똑같이 말한다.) 그들은 가난한 사고방식으로 세상을 보고 인생을 산다. 뭘 하겠다고 말하면 비아냥대고, 실속보다는 허세를 좋아하고, 가치관이 맞는 사람을 만나기보다는 겉으로 보기 좋은 사람을 만난다. 인정과 관용보다는 우월감을 갖고 질투를 한다. 고등학생이 되어 난 이성으로 설명할 수 없는 잘못됨을 직관으로 인지하고 용기를 내어 알을 깨고 나왔다. 돈이 없었지만 편도 비행기로 선진국으로 일단 갔고, 그곳에 정착하려고 열심히 살다 보니 잘 되었고, 비쌌지만 부자 동네의 고급 아파트에 유일하게 있던 현지인 쉐어하우스에 몇십 명의 경쟁을 뚫고 들어갔더니 내가 되고 싶은 사람들과 이웃 친구가 될 수 있었고, 그들로 인해 고급 영어를 배워 상류층에 오를 수 있었다. 이 결정적 행동은 나에게 계층 환승이었다. 친구가 된 그 사람들은 내가 그들처럼 되고 싶다고 하니 나의 진지함을 알아보고, 꼭 필요한 지혜를 알려주었다. 선진국에서 15년 산 한국 학교 동창은 내 유럽과 호주 친구들이 쓰는 영어 단어들을 처음 들어본다고 한다. 부자의 언어이기 때문이다. 내가 스스로 선택한 선진국의 학교 친구들은 각 나라의 부자다. 내 친구들은 오랫동안 부자여 왔고, 우린 돈에 대해서 말하지 않는다. 훌륭한 아티스트가 붓이나 캔버스를 말하는 걸 보았는가? 위대한 포토그래퍼는 카메라를 논하지 않는다. 우린 더 고상한 주제를 이야기한다. 더 높은 차원의 주제를 생각하면 하위 차원의 것들은 자연히 따라온다.

돈에 집중하면 돈만 걱정하다 죽게 된다. 그림을 못 그리는 사람이 연필 타령하며 제일 비싼 연필을 사 모은다. 상위 문제에 집중하라. 당신을 알고 지금 당신의 일을 더 잘하는 데 집중하라(refine your craft). 당신이 수제비를 만드는 업을 하고 있더라도 그 일을 기가 막히게 잘하면 당신은 부자가 된다. 다른 사람들에게 가치가 있는 문제를 해결하는 데 집중하라. 그러면 하위 수단인 돈은 걱정할 필요가 없게 된다. 사람이 가진 세 가지 자원 중에서도 돈은 최하위다.

A man paints with his brains and not with his hands.

그림은 손으로 그리는 것이 아니라 머리로 그리는 것이다.

— Michelangelo

이 성장 과정에서 셀 수 없이 많은 허물을 벗었다. 나를 죽일 것 같았던 힘든 순간을 극복하고 나면 항상 더 성장하고 안정적인 상위 차원의 나로 다시 태어났다. 동갑의 사람들과 당신은 물리적으로는 같은 생명체다. 그러나 그들과 당신을 다른 고도에서 생활하게 하는 것은 다른 생각하는 법이다. 부자는 생각하는 법으로 된다. 어느 한국 학교 동문은 나와 같은 해외 도시에서 생활했는데 얼마 전 우연히 한국 고향에 갔다 마주친 그는 사기꾼이 되어 있었다. 누구와 어울리는지와 교육은 중요하다. 생각하는 법을 결정하기 때문이다. 더 높은 차원으로 인생을 승화하면 주변 친구들이 달라지는 것을 경험한다. 한창 성장이 진행 중일 때는 그들을 돌볼 마음의 여유가 없다. 꽤 성장하여 큰 사람이 되면 그들을 품어줄 여유가 생긴다. 진정한 부자는 그를 도와준 사람도 부자로 만든다.

돈을 목표하지 말고, 당신만의 인생 방향(aspiration)을 목표하라. 업을 더 잘하는 데 집중하고, 얼마나 많은 사람을 품어 좋은 영향을 줄 수 있을지를 생각하고, 어제보다 더 나은 사람이 되도록 매일 배우고 성장하는 데 집중하라. 당신이 가치 있는 사람이 되면 부는 따라온다. 돈의 액수라는 천박한 목표 말고, 더 원대한 목표를 바라보며 시간을 정확히 분배하다 보면 어느 순간 훨씬 더 큰 숫자를 다룰 수 있는 큰 사람이 되어 있다. 물건을 사는 것을 목표하지 말고, 어떤 사람이 되는지를 목표하라. 진정한 부자는 많은 사람의 생활을 책임져 줄 수 있는 사람이다. 진정한 부자는 다른 사람의 인생을 더 낫게 바꿔줄 수 있는 사람이다. 당신이 제공하는 제품이나 서비스가 그를 이용하는 사람들의 삶의 질을 결정한다.

부자는 돈을 걱정하지 않는 마음 상태다. 그러나 모든 사람이 주머니에 돌을 넣고 살아간다. 그럼에도 밝게 살 수 있는 마음가짐이 부다. 조앤 롤링이 《해리포터》로 억만장자가 되었을 때도 돈을 달라는 수많은 사람들 때문에 따로 전담 직원과 사무실을 두어야 했다. 유명한 부자를 무턱대고 찾아가 총살한 사례가 지아니 베르사체에게 있었다. 사람들에게 이로운 일을 하여 높은 명성을 쌓고 존중을 받는 것이 행복한 부자가 되는 길이다. 워런 버핏은 수많은 사람들을 부자로 만들어주었고, 그를 욕하는 사람도 거의 없다고 워런이 말했다. 윤리적으로 행동하여 지성만으로 세계 최고의 부자가 될 수 있음을 워런은 증명했다. 돈을 벌기 위해 나쁘게 행동할 필요가 없다. 오마하라는 자신이 태어난 조용한 동네에 사는 워런에게 그를 만나는 동네 사람들이 반갑게 인사한다고 한다. 워런은 젊어서부터 명석하면서도 명성을 지키기 위해 지혜롭게 사람들과의 관계에 신경 썼다. 이 도덕성이 그의 성공에 큰 도움이 되었다.

당신의 가치를 수치화할 필요는 없다. 인간이라는 존재는 양적(quantitative) 평가로 판단하면 실패할 수 있다. 사람은 질적(qualitative) 평가를 해야 한다. 영어에서 가장 큰 의미를 담은 단어는 LOVE인 것 같다. 사람에게 가장 중요한 가치 또한 사랑이다. Love는 passion과 care와 같은 의미를 품는다. 인생에서 가장 중요시하는 것을 "You care a lot about it"이라고 말한다. 하워드 휴즈는 아버지에게 물려받은 사업으로 버는 돈을 날려 먹는 것을 일로 삼았다. 그러나 사치에 낭비하진 않았다. 그는 세계에서 가장 빠른 비행기를 만들고, 세계에서 가장 큰 비행기와 세계에서 가장 장엄한 항공 영화를 만들었다. He cared a lot about aviation. 그의 강한 열정이 인류의 한계를 밀어붙인 덕분에 지금 우리가 제트기를 당연히 여기며 세계 여행을 하고 있다.

당신의 시간이 다 되어 지금 이 육신에서 숨을 거두어야 할 때 눈물 흘릴 것은 무엇인가?

가진 돈의 양이나, 돈으로 살 수 있는 것들은 아닐 것이다.

위기에 처한 애플을 살릴 방법을 생각하던 스티브 잡스는 친구인 래리 엘리슨에게 좀 걷자고 했다. 자신이 설립한 회사에서 쫓겨난 스티브는 이 생각을 래리에게 말하자 래리는 "그럼 애플을 사자!"고 했다. 그렇지만 스티브의 생각은 더 깊었다. 그는 애플이 그가 창업한 넥스트를 인수해서 자연스럽게 애플의 통제권을 얻게 되는 방법을 꾀했다. 그랬더니 래리가 "그러면 돈을 못 벌잖아?"라고 했다. 스티브는 돌아서서 래리의 양팔을 붙잡고 이렇게 말했다. "이래서 내가 너의 친구인 거야. 넌 더 이상의 돈이 필요 없어(You don't need any more money)." 애플에 스티브가 귀환했고, 잘못된 경영으로 망해가던 애플은 세상을 바꾸는 제품을 내놓고 세계에서 가장 가치 있는 기업이 되었다. 젊을 때 과일만 먹었던 스티브는 췌장암으로 일찍 세상을 떠났고, 그가 못한 자선 사업을 그의 아내가 하고 있으며, 래리 엘리슨은 계속 일해 2024년 세계 2위 부자가 되었다.

행복한 부자가 되는 단 하나의 길

You've got to find a work that you don't feel like working and get paid for it. Human nature is the problem-solver. Work brings satisfaction. Outstanding work brings wealth.

일처럼 느껴지지 않는 일을 찾아 그 일로 돈을 받을 수 있어야 한다. 인간의 천성이 문제를 해결하는 존재다. 일이 행복을 준다. 일을 뛰어나게 잘하면 부를 얻는다.

부산의 유명한 카페에서 일하고 있을 때였다. 빨간 앵두가 그려진 발랄한 티셔츠에 베이비핑크 핸드백과 선글라스를 한 동양인 여자가 혼자 카페에 와 영어로 주문했다. 익숙하게 내가 가 주문을 받았고, 몇 마디 나눠보니 그녀는 호주 시드니에서 카페를 한다고 했다. 한국에 오는 게 처음인데, 서울로 가지 않고 바로 부산으로 왔다고 한다. 그 이유를 물어보니, 바로 L 때문이라고 한다. L의 명성은 익히 전해 들어 알고 있었다. 그런데 14시간의 비행으로 시드니에서 부산으로 여행 온 이유가 이 사람 때문이라니. 도대체 누구길래 한 사람의 영향력이 국력을 키울까?

2007년에 <커피프린스>라는 드라마가 유행하며 한국엔 바리스타 붐이 불었다. 나도 그때 우연히 바리스타가 되어, 월드 바리스타 챔피언십(WBC)에 나가기 위해 매일 많은 커피를 만들며 연습했다. 책날개의 사진은 그때의 사진이다. 나 말고도 많은 사람들이 WBC에 도전했다. 유치원 교사를 꿈꾸며 사회복지학을 공부한 L은 이 시기에 동네 카페에서 아르바이트를 시작했다. 이전까지는 커피에 관심도 없었고, 이 카페에서 맡은 첫 업무도 온라인 판매였다.

L이 일하는 작은 카페의 대표님이 2009년 비행기표를 할부로 구입해 미국에서 열리는 스페셜티 커피 협회(SCA) 박람회에 다녀와서 직원들에게 이 세계를 보여주었다. 이를 통해 L은 WBC를 처음 알게 되었다. 그는 무대 위에선 마이클 잭슨 같은 존재가 되는 바리스타에 감명을 받았다. 그래서 바리스타가 되기로 마음을 먹었는데, 유치원 교사가 되려 했던 그를 주변에서 아무도 응원해 주지 않았다. 가족도 반대했다. 그는 증명하고 싶었다. 그해부터 WBC의 출전권을 얻기 위해 한국 바리스타 국가대표 선발전에 나갔고, 해마다 실패했다. 실패 원인을 분석하다가 그 대회의 심사위원으로 참가했는데, 그동안 자신의 실패 원인을 이 경험으로 알게 되었다. 그는 그동안 대회에 출전하여 정보를 뺕어내기에만 마음을 두었고, 심사위원들과 교감하고 설득하려고 하진 않은 것이다. 그렇게 9년을 끈기 있게 파고들었다. 7번을 실패하고 다시 출전한 2018년에 한국 선발전에서 챔피언이 된 뒤 WBC에 참가한다. 그런데 WBC에서는 영어로 심사위원들에게 15분간 발표를 해야 한다. 대회에서 우승하더라도 세계 챔피언이기 때문에 영어로 세계인들과 소통할 줄 알아야 한다. L은 업을 가다듬음과 더불어 영어도 배웠다.

드디어 출전한 2018년 WBC에서 L은 너무나 긴장한 나머지 커피 추출의 가장 기본 단계인 탬핑을 하지 않는 실수를 하고는 또 실패한다. 그는 너무 속상해 크게 울고 난 뒤, 다음 해 다시 출전해 2019년 세계 바리스타 챔피언이 되었다. 20년 역사의 WBC 챔피언으로 한국인이 되었을 때 세계인들은 놀랐다. 인터넷 커뮤니티에서 어느 외국인의 댓글은 "이런.. 한국 커피를 알아줘야 한다. 2000년도에 내가 목동의 어느 카페에 갔을 때만 해도 미지근한 보리차보다 조금 나은 정도의 커피가 나왔다"라고 한다. 이 영예는 커피 업계에서 아주 커다란 의미가 있다. 해외에서는 큰 카페가 챔피언을 모셔가기 위해 억대 연봉을 주며 멋진 독일 차를 뽑아준다고 한다. 몇 해 전 나는 서울의 아트페어에 갔다가 내 제자가 감독한 카페 부스에서 커피를 샀는데 나에게 커피를 전해주는 사람이 어딘가 눈에 익었다. 바쁜 부스에서 커피를 많이 내리느라 꾀죄죄한 얼굴로 직접 손님에게 전해주는 사람이 다름 아닌 이 챔피언 바리스타였다. 나는 놀라서 L에게 왜 여기서 이러고 계시느냐고 했다. 그는 챔피언이 되었다고 더 대우가 좋은 다른 카페로 옮기지 않았다. 처음 커피를 시작한 바로 그곳에서, 9번의 시도 끝에 자신을 챔피언으로 만든 뒤에도 계속 한 우물만 판다. 이 카페도 처음엔 프랜차이즈 매장 100개를 만들자는 양적인 목표를 가졌었지만, 배움을 통해 잘할 수 있는 것에만 집중하기로 하고 부산에서만 매장을 2024년 현재 세 곳 두고 있다. 덕분에 부산은 세계 일류 커피 도시인 멜번, 도쿄, 시애틀과 나란히 설 수 있게 되었다. 시간제 근무자로 시작한 L은 같은 회사에서 공동대표가 되었다. 4평 남짓한 작은 동네 카페로 시작한 이곳은 지금 100명이 넘는 직원을 둔 기업이 되었고, 돈만 벌려는 목적이 아니라 도전과 모험을 수용하는 사람들이 모여 세계 일류의 커피를 제공하는 카페가 되었다.

부자가 되는 가장 확실한 단 하나의 길은 바로 이것이다. Do your job well. 당신의 일을 잘하는 것이다. 가장 행복한 부자는 죽는 순간까지 좋아하는 일을 하는 사람이다. 존재의 목적이 없는 것은 소멸한다. 당신에게 살 이유를 주는 기쁜 일을 찾아 그 일을 잘하는 데 집중하면 자연히 잘 살게 된다. 나의 어머니는 자수 작품을 만드셔 주변에 선물하신다.

L은 성공의 법칙 3가지를 모두 실천했다.

Perseverance : 될 때까지 시도하기

Consistency : 한 번만 잘하고 그치지 않고, 한결같은 태도로 지속하기

Developments : 어느 정도 되었다고 만족하지 않고 계속 개발하고 배우기

양적인 부풀림이 세상에 끼치는 영향도 있겠지만 그보다는 창업자의 부풀려진 자존심(ego)을 충족시키기 위할 때가 많다. 빈 수레가 요란하다. 여러 람보르기니 차주는 알고 보니 그것밖에 없는 빈자들이었다. 어떤 차주는 빵도 맛없는 작은 빵 가게를 하는데 전 재산을 끌어모아 연비를 투덜

대며 람보르기니를 월 2백만 원에 리스로 타면서 자신의 성공에 자아도취 했다가 결국 정리를 시도하지만 사주는 사람이 없다. Ego라는 단어는 자신을 지나치게 중요시한다는 뜻이다. 자신을 너무 중요하게 여기면 다른 사람의 말을 듣지 않아 배울 수 없고, 자신이 틀리거나 낮은 대우를 받으면 그를 받아들이지 못한다. 부자는 자신의 불완전함을 인정하고 배우고, 판단이 틀리면 빨리 인정하고 고쳐서 목표를 이루는 데 집중하며, 자신보다 더 똑똑하고 더 나은 사람을 고용하고 그런 사람과 어울린다. 부자는 허세스러운 확장이나 있어 보이는 건물 대신 실속과 실질적인 결과를 선택한다. 예를 들어 우리 영어학원은 모든 수업을 온라인으로 하고, 세계 곳곳에 멤버가 있다. 효율적인 커리큘럼을 개발하여 OREX의 멤버가 되면 빠르면 4달에서 느려도 1년 이내에 정제된 영어로 소통할 수 있게 된다. 더불어 생각하는 법을 훈련하여 인생을 장기적으로 보고 진정으로 행복한 개인으로 살아갈 수 있게 한다. 그리하여 질 높은 수업을 할 수 있게 되었고, 한국의 부자와 지성인의 영어를 담당할 수 있게 되었다. 이는 12년간 나만의 교수법을 개발했고, 《영어책》을 썼으며, 1년에 5,000시간을 강의하며 강의력이라는 나의 업을 갈고닦은 덕분이다. 나로 인해 인생을 극적으로 바꾸는 제자들을 보는 보람으로 이 업을 하고 있다. 책을 쓰는 일과 하루 8시간 365일 수업하는 일은 고통이지만, 이 고통은 즐거운 고통이다. 이 일을 사랑하기 때문이다. 좋아하는 일만 할 수 있으면 행복하다. 죽기 직전까지 계속 더 잘하고 싶은 일을 찾으면 부자는 당연히 된다. 진짜 큰 부는 남의 성장에 지분을 갖고 있는 것보다, **생산**에 있다. 사람들이 필요한 것을 가장 잘 제공하는 **일**에 큰 부가 있다.

Success is getting what you want; happiness is wanting what you get.
성공은 원하는 것을 얻는 것이고, 행복은 얻는 것을 원하는 것이다.
— Dale Carnegie

1997년 한국 기업이 스타벅스를 국내에 론칭하기 위해 준비했다. 그런데 때마침 IMF가 터지고, 이를 준비하던 직원들은 때를 기다리게 됐다. 그 직원 중 한 사람은 기다리지 않고 회사를 나와 스타벅스와 비슷한 할리스와 카페베네를 만들고, 그 자신감으로 나아가 망고식스를 만들었다. 그와 공동대표였던 사람은 할리스에서 나와 탐앤탐스를 만들었고, 이 사람의 동생은 이름만 다른 비슷한 카페를 만들었다. 이후로 수많은 저가 체인도 이에 따라 생겨났다. 한국에 할리스가 스타벅스보다 먼저 시장에 나오긴 했지만, 겉으로 드러나는 커피와 공간만 보고, 무지한 자에겐 보이지 않는 문화(a sense of community)와 친밀한 경험(intimate experience), 아는 사람만(in the know) 즐길 수 있는 품격 등에 대한 이해라는 알맹이(content)가 없어 스타벅스가 소비자를 교육하고 난 뒤에야 덩달아 할리스 매출이 성장했다. 매장 수로는 스타벅스보다 훨씬 많았지만, 매출은 더 작았고 실속이 없었다. 연예인의 이미지를 활용하는 실속 없고 미성숙한 광고를 해 인지도를 높였으나 제품 자체가 부실해 사람의 마음을 움직이는 데엔 실패했다. 하워드 슐츠 경영의 스타벅스는 광고를 전혀 하지 않았다. 좋은 제품을 만들면 사람들이 스스로 연결되고(associate) 싶어 한다. 속이 빈 풍선은 터진다. 수십억의 부채를 만들고 부실 경영에 허덕이던 대표는 혼자 살던 10평짜리 오피스텔에서 책임을 회피하며 스스로 49살에 죽음을 택했다. 지성이 뒷받침되지 않는 ego는 사회악이 된다. 생각 없이 카페를 열었다 망하면 산업 쓰레기를 만든다.

Complacency fails you. Learning succeeds you.

자만하면 실패한다. 배우면 성공한다.

부자가 되고 싶다면 끝까지 배우고 성장해야 한다. 배움은 부자의 기본 설정이다. 거만한 사람 중에 오래가는 사람은 없다. 인간은 배울수록 겸손해진다. 인간 지식의 한계를 깨닫기 때문이다. 함께 있을 때 상대의 기분과 자존감을 높여주는 사람들이 진정한 부자고, 상대를 끌어내리는 사람들은 빈자다. 그래서 부는 받을 자격이 있는 사람에게 간다. 타인을 진심으로 위하면 당신의 가치는 올라가는 것이 자연의 진리다. 당신의 가치가 올라가면 자연히 잘산다. 실패해서 불안할 수도 있다. 불안의 원인은 무지다. 알아보면 불안이 해소된다. 실패의 원인을 알고 재도전해야 성공한다. 불안과 두려움은 큰 원동력이자 좋은 선생이 될 수 있다.

양적인 비대함(great)을 택할 것인지, 질적인 훌륭함(fine)을 택할 것인지는 리더의 안목에 달렸다. 선택과 안목이 부자를 만든다. 최대와 최고는 다르다. 최대의 양이 주는 만족감과 최고의 질이 주는 만족감은 다르다. 싸구려 소주 10병을 마시는 것과 고급 위스키 한 모금은 다르다. 싸구려 전문가의 10시간 서비스와 최고급 전문가의 10분 서비스는 다르다. 싸구려 화가가 100시간을 들여 만든 페인팅과 최고급 화가가 단숨에 그린 드로잉 한 점의 가치는 다르다. 이것이 가치다. 머리가 크다고 머리가 좋지 않다. 뇌 안의 섬세한 연결고리들이 촘촘할수록 머리가 좋다. 그런 머리는 태어나는 게 아니라 매일 배우고 생각하여 만드는 것이다. 불행하거나 가치 없는 시간을 끊어내는 과감한 실행력은 부자들의 특징이다.

Time is of the essence. Make people's time worthwhile, and wealth is yours.

시간보다 중요한 것은 없다. 사람들의 시간을 가치 있게 만들면, 부는 당신의 것이 된다.

사람의 삶은 새와 같다. 어떤 새는 닭처럼 날개가 있어도 날지 못하고, 어떤 새는 독수리처럼 힘들이지 않고 높이 난다. 높은 인생은 질 높은 머리가 만든다. 부는 생각하는 법의 결과다. 빈자는 헬스장에 가서 몸을 만들고, 부자는 책을 읽고 생각하며 머리를 만든다. 시간의 선택이 모여 인생이 된다.

이 나라의 투자 교육은 전반적으로 형편없다. 투자 과정에서 정말 알아야 할 것은 사업체의 가치를 어떻게 평가하는지다. 그게 이 게임의 전부다. 사업의 가치를 매길 수 없으면 주식의 가치도 알 수 없다. 그런데 지금 가르쳐지고 있는 것을 보면 사업의 가치를 평가하는 법을 알려주는 수업은 거의 없다. 나머지는 숫자나 그리스 문자 따위를 갖고 노는 것에 불과하다. 아무 쓸데 없는 것들이다. 사업체의 가치가 4천억인지, 6천억인지, 8천억인지를 알아야 그걸 지금 가격과 비교할 수 있다. 그게 투자다. 이게 가르쳐지지 않는 이유는 이걸 아는 선생이 없기 때문이다. 선생 본인들도 모르기 때문에, 아무도 모르는 것을 가르친다. 그게 효율적 시장 이론이다. 내가 만약 물리학을 가르친다면, 아무도 모르는 이론을 갖고 와 가르칠 것이다. 이게 하루하루 업무를 진행할 수 있는 유일한 방법이다. 사람이 재무부서에 들어가는 이유는 지금의 집단이 믿고 있는 것에 동의하기 때문이다. 현재 집단이 지구가 평면이라고 하면, 당신도 지구가 평면이라고 생각해야 한다. 그리고 시험에 그런 문제가 나오면 학생들은 세상이 평면이라고 답해야 한다.

— 워런 버핏

지금 한국의 영어 교육이 그렇다. 문법을 가르치고 영어 단어를 한국어 단어와 1:1 대응해서 외우게 하는 영어 선생들이 외국에 가면 영어로 소통도 못 한다. 영어로 소통하는 현지인에게 영어 문법을 물어보면 한국인만큼 아는 사람이 없다. 그런데 생각하지 않고 암기하는 한국인은 여전히 이 방식을 따르고 어른이 된 뒤에도 계속 영어를 공부하며 영어는 평생 해도 말을 못 하는 것으로 생각한다. 언어는 소리다. 소리와 문맥으로 소통한다.

(ABCDEFGHIJKL는 실존 인물이지만, 알파벳이 그들의 이름과는 관련이 없다. 당신의 상황을 대입해 볼 수 있도록 이름을 비워두었다. 당신도 부자의 생각법을 배우면 부자가 될 수 있다.)

How to get wealthy 부자가 되는 법 :

Do your job well 자기 일을 잘하라.

오늘의 부자는 내일의 부자가 아니다. 지금의 부자를 부러워할 것 없고, 당신의 일을 잘하면 된다. 당신이 최고로 잘할 수 있는 일을 찾아 그 일을 잘하는 데 마음을 집중하자. 세계에서 가장 가치 있는 회사도 성공의 원칙을 잃으면 다른 회사에 그 자리를 넘겨준다. 학문의 절대적인 책도 가고 새로운 책에 자리를 내어준다. 인류 전체가 믿고 있던 사실도 새로운 이론의 발견으로 거짓이 된다. 부는 물이다. 돌고 도는 것이다. 물이 찾아오는 자가 되어라. 그러면 부자가 될 것이다. 가치의 제공자가 되면 된다.

성공의 법칙 3가지 : PCD

1. Perseverance 될 때까지 시도하라

Success means achieving what you want. This takes one thing. You persevere until you get it.

'성공'이라는 단어의 의미는 '원하는 바를 성취하는 것'이다. 성공을 위해 필요한 것은 딱 한 가지다. 끈기. 될 때까지 시도하면 얻는다.

하나의 지역 카페였던 스타벅스의 가치를 알아본 하워드 슐츠는 인수할 돈이 없었다. 밀라노의 한 카페에서 받은 영감을 스타벅스를 통해 시현하고 싶어 243명의 투자가를 찾아갔고, 242명에게 거절당했다. 될 때까지 시도해 지금의 스타벅스를 만들었다. 성공은 단순히 끈기로 이룰 수 있다. 그래서 이 책을 끈기를 연습할 수 있게 구성했다. 끈기는 길러지는 능력이다. 재능도 없고 좋은 학교도 안 나온 사람들이 성공하는 이유는 진짜 이루고 싶은 일을 끈기 있게 시도하기 때문이다. 실수는 필요한 선생이다. 배워서 더 나은 사람이 돼라. 시도마다 점점 더 잘하게 되면 결국 성공적인 사람이 된다. '성공한 사람'을 영어로는 successful person이라고 하는데, success는 연속이라는 뜻이고 성공은 계속 이어지는 행동을 통해 일어나기 때문이다. 한 번의 성공은 아무것도 아니다. 반복되는 성공이 당신의 삶을 바꾼다. 지속성이 열쇠다. 2장부터 이어지는 《부자의 111

가지 생각하는 법》을 영어로 필사하거나 소리 내어 읽자. 시간 자원을 잘 분배하면 부자가 된다. 부자가 되기 위해 필요한 생각하는 법, 영어, 끈기를 이 작업으로 동시에 얻을 수 있다. 111개의 글을 읽고 생각에 변화가 생겼을 때 당신은 부자가 될 준비가 되어 있을 것이다. 이 책을 끝까지 읽는 것만으로도 첫 성공이다. 나는 어릴 때 항상 여자친구가 있었지만, 고등학생 때 좋아하는 아이에게 차인 후로 서점에서 사랑과 심리에 관한 662쪽의 커다란 책을 사서 수십 번을 반복해 외울 정도로 읽었다. 그 후로 내가 진정 원하는 대상을 얻지 못한 일은 없다. 실패는 필요한 과정이다.

2. Consistency 일관성을 지키라

Consistency wins. It's not what you do once in a while. It's what you do everyday. All great human feats are achieved through disciplined consistency. Put time in. Everyday. For one purpose. Don't stop until you make it. Don't stop when you've made it.

일관성이 이긴다. 어쩌다 한 번 해서는 이길 수 없다. 매일 해야 무엇이든 이룬다. 인간이 이룬 위대한 업적은 원칙을 세우고 그를 따르는 일관성으로 이루어졌다. 시간을 들이라. 매일. 하나의 목표를 위해서. 이룰 때까지 멈추지 말라. 이루고 나서도 멈추지 말라.

하루는 빠르게 달리고, 다음 날은 앉아서 놀면, 그냥 매일 꾸준히 걷는 사람이 앞서나갈 것이다. 돈만을 벌기 위해 전혀 다른 분야를 옮겨 다니면 쌓이는 게 없을 것이다. 인류의 모든 분야를 정복해 하나로 융합하는 천재의 업적을 이룰 것이 아니라면, 하나만 파자. 식당을 열었는데 무슨 일이 생겨 갑자기 가게 문을 닫고 쉬어버리면 그 식당을 기억하고 찾아온 손님에게 실망을 줄 것이다. 카페를 하는데 커피 맛이 그때그때 다르다면, 손님은 실망할 것이다. 하루 반짝 열심히 하고 다음 날은 녹초가 되면 부자가 될 만한 업적을 이룰 수 없다. 일관성은 성공의 법칙이다. 10년 동안 50% 수익률을 올린 투자가보다, 60년 동안 20%의 수익률을 올린 투자가가 훨씬 큰 부자인 이유는 자연의 법칙 황금률이 일관성을 통해 지속되기 때문이다. 오래 일관적으로 성취할수록 피보나치 수열의 큰 숫자에 이르게 된다. 최고의 학교는 (1) 생각하는 법을 가르치고, (2) 일관성을 훈련하며, (3) 유능한 사람들의 만남의 장이 되어 함께 뭉쳐 위대한 일을 할 수 있게 한다.

3. Developments 계속 배우고 계속 개발하라

Keep learning and refining. Make progress over perfection. Just get started and keep building up. Learn on the go. Every lasting success is original. Originality is born of developments far more than anyone else in one direction. It's like the Porsche 911. They refine the design over the period of forever. Original is timeless. Mickey Mouse was born in 1928. It still attracts the young and old. Timeless. The most optimum time period to hold onto a great business's share is forever. No one can beat someone who learns forever.

계속 배우고 더 낫게 만들라. 완벽을 추구하기보다는, 점진적 성장을 추구하라. 일단 시작하고 계속 쌓아가라. 하면서 배우라. 오래가는 성공은 오리지널하다. 시초가 되고 원조가 되는 것은 하나의 방향으로 누구보다도 깊이 개발하여 탄생한다. 포르쉐 911이 그 예다. 하나의 디자인을 영원히 다듬는다. 원조는 유행을 타지 않는다. 미키마우스는 1928년에 태어났지만 여전히 아이와 노인 모두의 사랑을 받는다. 시간이 흘러도 아름답다. 위대한 기업의 주식을 쥐고 있을 가장 적절한 시간은 영원이다. 영원히 배우는 사람을 이길 수 있는 사람은 없다.

부자는 배움을 멈추지 않는다. 배움은 생각과 행동을 바꾼다는 뜻이다. 워런 버핏은 더 이상 나은 사람이 될 수 없을 것 같았는데도 70대가 되어서도 계속 배우고 더 나은 사람이 된다고 그의 동료 찰리 멍거가 증언했다. 한국의 성장이 둔화한 이유는 예전 시대에 효과 있었던 방식을 바꾸지 않고 고집하기 때문이다. 현재 상태에 자만하고 미래를 준비하지 않았기 때문이기도 하다. 배움은 변화다. 변하는 환경에 맞춰 스스로 변하는 것이다. 매일 조금 더 나은 사람이 되도록 노력하면, 그 하루하루가 쌓여 위대한 사람이 된다. 30년의 나이 차이를 뛰어넘어 더 지혜롭고 유능한 사람이 될 수 있다. 모든 위대한 산물은 긴 시간을 들여 많은 개발로 만들어진다. 개발을 많이 할수록 더 나은 결과가 된다. 《영어책》은 "이 책만 보면 영어를 할 수 있겠다"고 영어 선생님들이 말한다. 이 책도 처음에는 그냥 더 나은 단어장을 만들어보자고 시작했다. 다른 사람들은 '이만하면 되었다'고 만족하고 개발을 멈출 때, 나는 만족하지 않고 더 깊게 파고들어 더 멀리 개발하여 다른 책들과는 완전 다른 책을 만들었다. 그 과정에서 언어 습득의 본질을 이해했고 문법 번역식 교육법보다 월등히 효율적이고 효과적인 영어 교수법을 발견했다.

당신 자신과 당신의 제품을 계속 개발하라. 포르쉐는 같은 디자인을 70년 넘게 계속 개발하여 시간이 흘러도 아름답고 완성도가 훌륭한 걸작을 만든다. 반면 다른 회사는 주기적으로 기존의 개발을 버리고 새로 시작해 시간이 흐를수록 저급한 차를 만든다. 인간이 만든 새로운 기술은 오류가 있기 마련이다. 새로 만들수록 고장 나는 지점(points of failure)이 많아진다. 그 때문에 포르쉐는 중고가 되어도 가격이 크게 떨어지지 않지만, 다른 독일 차는 감가상각이 증발 수준이다. 대대로 물려줄 수 있는 훌륭한 제품을 만들면 궁극적인 성공을 이룬다. 당신 개인의 성공뿐만 아니라 지구 환경에 좋아 다음 세대의 인류와 다른 종에게까지 좋기 때문이다. 죽어도 기억에 남을 훌륭한 사람으로 거듭나면 성공이 아니라 영원의 별이 될 수 있다. 장기적 시각은 큰 성공을 이루는 사람들의 공통적인 원칙이다.

레오나르도 다 빈치의 <모나리자>는 1503년부터 시작해 4년간 큰 틀을 작업하고, 그가 죽기 2년 전인 1517년까지 더 섬세하게 가다듬는 작업(refine)을 계속했다. 14년 동안 만든 하나의 작품이라고 가늠할 수 있다. 신이 아닌 불완전한 존재인 인간이 만드는 모든 것은 이렇게 끝없는 개선을 통해 훌륭하게 거듭난다. 《영어책》도 쇄마다 진화하고 있다. 처음부터 완벽할 수는 없다. 큰 틀은 변하지 않았지만 미세한 실수는 독자님들이 제보해 고쳐주었다. 덜 쓰는 표현을 제하고 더 쓰는 표현을 더하고 있다. 매일 가다듬으며 오랜 시간을 들이면 완벽에 가까워진다. 안주하는 인간은 머잖아 몰락한다. 최고를 제공하고자 애쓰는 자가 그들에게 갈 자원을 차지하기 때문이다. 큰 나무가 태양에너지를 더 많이 차지하는 자연의 원칙과 같다. 최고가 되어 받는 보상이 견고한 부다. 매년 100억 명이 루브르를 방문하는데 이 중 80%가 <모나리자>를 보기 위해 방문한다. 입장권 가격으로 환산하면 한 해 매출 $100m 중 80%인 1,063억 원이다. 레오나르도가 죽은 지 500년이 지났다. 그가 영원의 별이 된 비결은 끝없는 배움과 끝없는 개발이다. 그는 학벌도 없고 성도 없다. 그게 중요하지 않다.

인간 생명은 존재할 목적이 있을 때 만족한다. 노년에도 행복한 사람은 해야 할 일이 있는 사람이다. 사람들이 필요로 하고 당신도 하고 싶은 업을 찾아 그 일에 정진하면 행복한 부자가 된다.

The iron rule of life is everybody struggles. If you soldier through, you can get through almost anything.

인생의 불변의 진리는 모두가 힘듦을 겪는다는 사실이다. 끈기 있게 버텨내면 이겨내지 못할 고난은 거의 없다.

— Charlie Munger

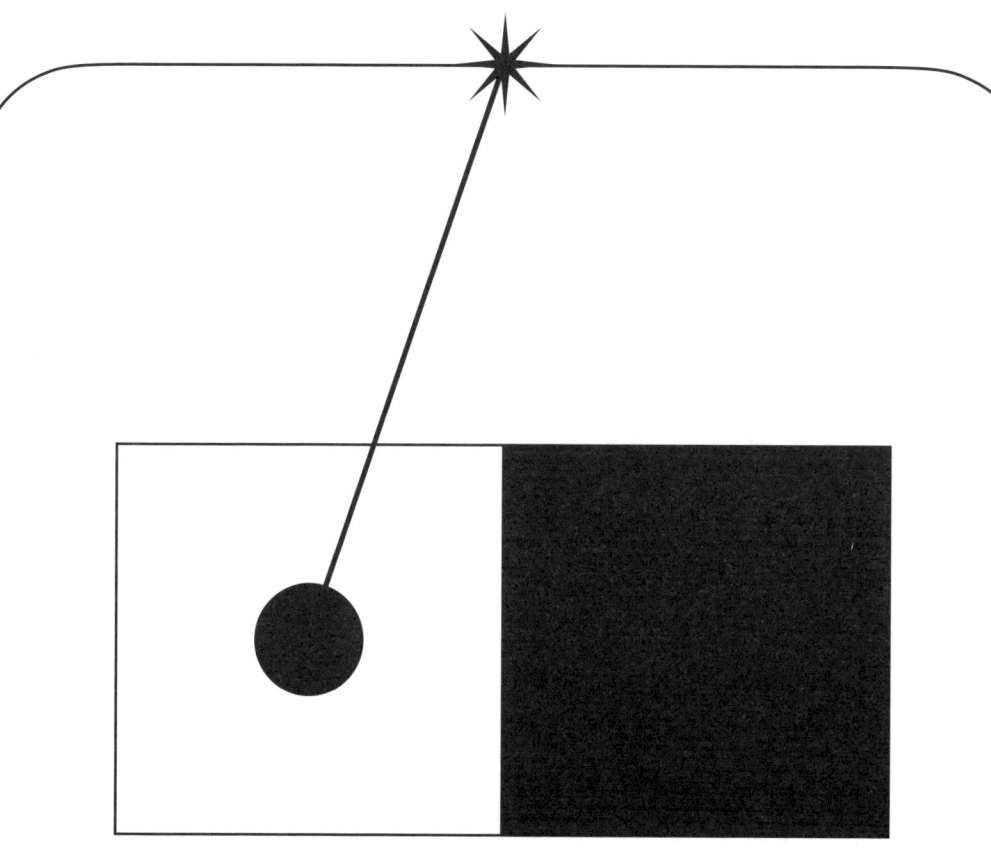

Pendulum

성공은 진자다. 세상은 진자처럼 움직인다. 부정한 리더에서 옳은 리더로, 버려졌던 땅에서 개발된 땅으로, 무관심을 받던 산업에서 관심을 받는 산업으로, 무지에서 지성으로, 실패에서 성공으로, 주식의 파란색에서 빨간색으로. 밤이 오고 낮이 오듯 세상은 음과 양을 번갈아 오간다. 당신에게도 기회는 온다. 기회를 잡아 성공할 수 있는 최선은 그때 준비되어 있는 것이다.

부자가 되는 기본 원칙

Provide what people need 사람들이 필요한 것을 제공하기

Take action 행동을 취하기

Focus on impact 큰 문제에 집중하기

부자가 되는 가장 근본 원리는 다른 사람들이 필요한 것을 제공하기다. 다른 사람이 필요로 하는 것을 가치라고 한다. 가치는 제품이 될 수도 있고, 서비스가 될 수도 있고, 자본이 될 수도 있고, 해결책이 될 수도 있고, 공간이 될 수도 있다. 부자가 되기 위해 부동산이 정답은 아니다. 저평가된 자산을 사는 것이 문제가 아니라, 되파는 일도 생각해야 한다. 살 사람이 있느냐(수요)는 부의 중대한 근원이다. 땅은 너무 뻔하다. 너무 눈에 보이는 자산은 공무원도 알고, 큰 세금을 떼간다. 진짜 큰 부자는 사람들의 생활에 스며드는 기여를 한 사람이다.

한국어의 '업'에 근접한 영어 단어는 trade 그리고 craft다. Trade는 교환을 뜻한다. 당신이 가진 것을 다른 사람이 원할 때 trade가 일어난다. 당신이 가진 것을 많은 사람이 원할 때 부가 흘러들어 온다. Craft는 일생을 걸쳐 계속 가다듬는 기술이다. 자신만의 craft가 있는 사람이 행복한 부자로 산다. 아무 일도 하지 않고 돈만 많은 사람은 어딘가 부족한 삶을 산다. 그래서 호주와 유럽인의 직업 선택 기준 1위는 '이 일이 나에게 보람을 주느냐'다. 오래 지속할 수 있는 일이 행복은 물론 부도 준다. 사랑을 짧게 하는 게 좋은가, 오래 나누는 게 좋은가? 행복은 오랜 관계에서 온다.

부자의 특징은 실행력이 빠른 것이다. 어제 이야기를 나눈 걸 오늘 바로 실행한다. 빌 게이츠의 1999년 책 제목은 《Business @ the Speed of Thought 생각의 속도로 가는 사업》이다. 이해가 빠른 사람이 앞서 나가고, 실행이 빠른 사람이 성공한다. 얼마 전 난 초등학교 동창을 24년 만에 만났다. 좋은 친구인 그도 나처럼 해외로 이민 가 생활했다. 그러나 그는 10대 때에 머물러 있었다. 여전히 그때와 같은 감성과 취향과 생각 그리고 기술과 지식을 갖고 있었다. 그도 똑같이 영어권 선진국에서 오래 살았지만, 부자의 영어 단어들을 그는 모른다고 했다. 난 그를 당장 교보문고로 데리고 가《영어책》을 쥐여줬다. 책은 그가 샀다. 지난 24년 동안 나는 허물을 수없이 벗고 더 큰 존재로 여러 번 다시 태어났다. 날 죽일 듯했던 시련들은 나를 더 강하게 만들었다. 익숙한 사고방식을 벗어나고 더 성숙한 사고방식을 받아들였다. 우린 똑같은 시간을 썼지만, 전혀 다른 에너지 파장의 개인이 되었다. 많은 도전만큼 많은 실패도 있었다. 실패 덕에 더 나은 사람이 되었다. 한계를 밀어붙인 덕에 성장했다. 행동을 취하지 않아서 놓친다면 죽을 때 후회할 것이다. Take action. 원하는 게 있으면 미루지 말고 즉시 행동하자. Now or never. 우린 언제 이 시간이 끝날지 모른다. 지금이 아니면 영원히 없다. 오늘을 제대로 사는 것이 부다.

인터넷이 있는 이 시대에 영어로 스스로 소통할 줄 알아야 큰 부자가 될 수 있는 이유는 이 실행력 때문이기도 하다. 도구는 인간의 활동을 증폭시켜 준다. AI와 인터넷이라는 도구 사용에 커다란 날개를 달아주는 것이 영어다. 정보를 알아야 부자가 되고, 인류의 모든 정보는 영어로 정리되어 있으며, 정확한 영어로 말할 줄 알아야 AI에게 영어로 물어보아 필요한 정보를 누구보다 빠른 속도로 얻어내 즉시 행동할 수 있다. 이것을 할 줄 알면 대학교를 나올 필요도 없다. 영어를 할 줄 알고 영어로 검색할 줄 알면 대학교 강사보다 더 많은 지식과 정보를 가질 수 있다. 난 내가 관심 있는 각 분야 최고의 대학교 강의들을 수강해 보았고 강사들과 논쟁해 봤기 때문에 이렇게 말할 수 있다. 내가 조사해 얻은 최신 정보들을 강사들이 모를 때가 있었다. 몇억 원을 쓰고 그 대학교를 더 다닐 이유가 없었다.

거의 모든 세계인이 쓰는 소셜미디어 본사에 가면 마우스와 USB 등이 있는 자판기가 있는데, 직원들은 이 모든 것을 무료로 이용할 수 있다. 그 자판기 위에는 이렇게 적혀 있다.

"Focus on impact."

사무용품 같은 자잘한 것에 신경 쓰지 말고, 세상에 미칠 영향에 집중하라는 메시지를 한배를 탄 사람들에게 행동으로 보여준다. 이 회사는 진짜로 세계에 커다란 임팩트를 주었다. 이 회사의 제품에 매일 시간을 쓰지 않는 사람은 드물다. 사람들이 시간을 보내고 싶어 하는 것을 만드는 자가 거대한 부자다. 이 회사는 사업 초기에 다른 기업으로부터 1조 3천억 원에 기업을 팔 제안을 받았는데, 창립자는 팔지 않았다. 이 회사는 세계에서 가장 가치 있는 기업이 되었다.

기업을 키워놓고 고작 몇천억에 팔 생각을 할 수도 있다. 몇천억에 만족한다면 그건 개인과 가족이 일생에 누릴 사치스러운 생활 밖에 보지 못하기 때문이다. 우린 이보다 더 나은 존재가 될 수 있다. 소비자가 아니라 창조자가 될 수 있다. 이웃과 인류와 다른 개체 그리고 후대에 끼칠 영향을 당신의 선택과 부로 만들 수 있다. 생각이 큰 사람은 부자가 되지 않고는 못 배긴다. 생각이 큰 사람은 인류의 큰 문제를 해결하여 세상을 진보시킨다.

Have a long-term view.

멀리 보라.

Wealth can better the lives of yours, your families, friends, and neighbours. Great wealth can be passed onto future generations for the betterment of society.

부는 당신과 가족과 친척과 친구와 이웃의 삶을 낫게 만들 힘이 있다. 큰 부는 사회를 더 낫게 만들 힘이 있다.

Wealth comes from value. Create a value that moves you.

부는 가치에서 온다. 당신을 감동시킬 가치를 만들라.

부자가 되기 위한 7가지

부자가 되려면 세 가지가 필요하다.

1. 해낼 원동력 Drive

All the resources are wasted if you have no will to do anything with it. You don't have to be intelligent to get rich. You just need the energy to go through it.

당신의 시간과 능력 그리고 재능은 그것으로 무언가를 할 이유가 없다면 낭비되고 만다. 부자가 되기 위해 지적 능력이 뛰어날 필요는 없다. 역경을 뚫고 갈 에너지가 필요할 뿐이다.

2. 시련을 버텨낼 끈기 Perseverance

James Dyson made 5,127 prototypes and failed 5,126 times. Yet he persevered until he made it. Anything can be achieved if you try it until you get it.

제임스 다이슨은 5,127개의 시제품을 만들었고 그중 5,126개는 실패했다. 그럼에도 그는 될 때까지 끈기 있게 시도하여 결국 이루었다. 얻을 때까지 시도하면 얻지 못할 것은 없다.

3. 배우는 마음가짐 Learning Mindset

Sam Walton grew up poor. When he started managing his first variety store at 26, he knew nothing about management. He learned by doing it. Sam was keen on learning even from his competitors. He built up Walmart and became the biggest employer in the world, while being the richest in the U.S. Wealth is a product of your mentality. Work on yourself. Develop your mind. Refine your ability to think. Enhance your attitude. Magnify your perceptions. Motivate your time and energy to make a difference with your life.

샘 월튼은 가난하게 자랐다. 27살에 처음으로 다양한 물건을 함께 파는 상점을 경영하기 시작했을 때 그는 경영을 몰랐다. 하면서 배웠다. 그는 경쟁자에게서도 배울 만큼 배움에 진심이었다. 샘은 월마트를 빠르게 성장시켰고, 세계에서 가장 많은 사람을 고용하는 사람이 되었으며, 미국에서 가장 부자가 되었다. 부는 생각하는 법의 결과다. 더 나은 사람이 돼라. 머리를 개발하라. 생각하는 능력을 가다듬으라. 더 멋진 태도를 만들라. 세상을 알아보는 눈을 키우라. 시간과 에너지가 움직이게 하여 상황을 더 낫게 만드는 데 생명을 쓰라.

끝까지 부자로 살려면 네 가지가 더 필요하다.

1. 안목 Taste

Taste affects your choices. People with poor tastes make bad choices which keep them poor. The rich however make valuable choices which enrich and enhance their life. When the masses have poor tastes, they put wrong people in the office and make their life and country difficult.

안목은 선택에 영향을 준다. 안목이 저급한 사람들은 나쁜 선택을 하고 그 선택이 그들을 가난하게 한다. 부자는 그러나 가치 있는 선택을 하고 그 선택이 그들의 삶을 더 풍족하고 더 낫게 한다. 대중의 안목이 저급하면 잘못된 사람을 중요한 자리에 앉히고 그들의 인생과 나라를 살기 힘들게 한다.

2. 안주하지 않는 자세 Staying hungry

Satisfaction is a reflection of the breadth of your perceptions. Complacency leads to setbacks. The measure of a person is in the dissatisfaction of their achievements.

만족은 그 사람의 인식의 너비를 보여준다. 안주하면 후퇴하게 된다. 비범한 성취는 웬만한 성공에도 만족하지 않음에 있다.

3. 성숙함 Noble, Sophisticated, Refined

All refinements and sophistication lie in the delicate balance and harmony. Extremes are vulgar. Vulgarity loses, because people don't want to spend their time with things and people that degrade them. Sophistication ranges from taking care of people's feelings to taking responsibilities in their community and society.

모든 우아함과 성숙함은 극단에 있지 않고 섬세한 중도에 있다. 극단은 천박하다. 천박한 사람은 아무리 돈과 권력이 많아도 결국 잃게 된다. 우아함이란 작게는 다른 사람들의 감정을 배려하는 행동이며 크게는 사회에서 당신의 역할에 책임을 지는 일이다.

4. 감사의 태도 Gratitude

This one is important. Including tutoring, I've taught English for 17 years. I've had countless men and women, young and old students. I can tell you this. The ones who made it are grateful. They know how to thank people who have helped them achieve their goals. They are grateful for everything they have. One who became a billionaire is grateful for even the trivial things like the tea they had in the morning. But for those who take things for granted, they all failed. Even if they were bright and talented, they became losers. I believe that it has to do with the positive energy. It's Newton's Law of Universal Gravitation. Masses attract each other, and the force of attraction is directly proportional to the product of the masses of the two objects. Which means that larger masses exert a stronger gravitational pull. Of course people are attracted to one another. But the grateful ones attract stronger and keep good people in their circle, which then continue to benefit them.

감사의 태도는 중요하다. 과외를 포함해 난 17년 동안 영어를 가르쳤다. 성별과 나이를 크게 아우르며 셀 수 없이 많은 사람을 겪었다. 이를 통해 확실히 알게 된 진실은 이것이다. 성공한 사람은 감사할 줄 안다. 성공을 이루는 데 도움을 준 사람에게 감사하는 법을 성공하는 사람은 안다. 성공한 사람들은 자신이 가진 모든 자질과 환경을 감사할 줄 안다. 그중 억만장자가 된 사람은 아침에 마신 차 한 잔처럼 아주 사소한 것까지도 감사하게 여긴다. 그런데 자신이 받은 것들을 당연시하는 사람들은 모두 실패했다. 아무리 머리가 좋고 재능이 있더라도, 그들은 인생에서 실패했다. 성공의 원인은 긍정의 에너지 덕분인 것 같다. 이것은 뉴턴이 발견한 만유인력의 법칙이다. 질량은 서로를 끌어당기는데, 끌리는 힘의 크기는 질량의 크기에 비례한다. 질량이 클수록 당기는 힘이 더 세다. 물론 사람도 서로에게 끌린다. 그러나 감사할 줄 아는 사람은 끌림의 세기가 더 크고 좋은 사람을 계속 붙들고 있으며 이는 장기적으로 그 사람에게 이롭다.

Those who take things for granted are idiots. They don't know what good they hold and throw it away. Idiots are poor. The truly rich are grateful. The wealthy are grateful for what they have and what they can enjoy. So they are content. More resources gravitate towards the content. They see the value in even the little things like being able to drink coffee in the morning in the comfort of their home, because they know how hard it is to grow coffee trees and pick so many coffee cherries and process them to make a cup of coffee. It's the breadth of their understanding which makes their life rich.

당연히 여기는 사람은 멍청이다. 좋은 것을 쥐고도 버려버린다. 그래서 멍청이는 가난하다. 부자는 감사할 줄 안다. 부자는 가진 것에 감사하고 누릴 수 있는 것에 감사하다. 그래서 마음이 충만하다. 질량을 많이 가진 큰 별이 더 많은 행성을 끌어당기듯, 충만한 사람에게 더 많은 자원이 이끌려 온다. 부자는 아주 작은 것에서도 그 가치를 알아본다. 편안한 집에서 아침에 마시는 커피 한 잔처럼. 부자는 그 한 잔의 커피를 만들기 위해 커피나무를 길러 아주 많은 커피 체리를 수확해 씨앗을 걸러내 말려서 바다를 건너 운반한 다음 볶아서 추출하는 노고에 감사하다. 이해의 폭이 부자의 삶을 풍요롭게 만든다.

You are a

SURVIVOR

당신은 생존자다.

Try to leave the world a little bit better than how it was when you got here. That's it. Nature will reward you with wealth.

당신이 이 세상에 왔을 때보다 조금 더 괜찮은 곳으로 만들고 떠나보라. 이것이 성공이다. 자연이 당신에게 부라는 상을 줄 것이다.

ACCEPT IT

And do what you have control over

인정하고
할 수 있는 일을 하라.

빈자와 부자

빈자는 열심히 하면 잘될 거라고 막연히 믿고 행동한다. 빈자는 그냥 열심히 앞만 보고 달린다. 옆에 있는 무리가 가는 대로 똑같이 열심히 한다. 빈자의 무리가 어디로 가고 있는지 질문하지 않은 채 그냥 그게 맞다고 여기고 열심히 간다. 무엇이 '돈이 되더라' 하면 제대로 알아보지 않고 우르르 몰려 모두가 돈을 잃는다. 그 돈은 생각하고 행동을 통제하는 사람, 부자에게 간다. 생명의 자원인 시간과 에너지와 돈을 모두 소진했을 때 후회한다. 잘못된 방향으로 자신의 모든 자원을 다 써버렸음에.

부자는 빈자의 무리 속에 섞여 있더라도 이상함을 감지한다. 빈자들이 바로 코앞만 보고 달리고 있을 때, 지대가 높은 곳으로 물러서서 고개를 들어 멀리 내다보며 이렇게 달려가면 어디에 다다르는지 살펴본다. 빈자들이 달리고 있는 방향이 벼랑을 향하고 있음을 혼자 알아보고는 빈자들에게 그 방향이 아니라고 소리친다. 빈자들은 알아보는 안목이 없어서 부자를 보고 '미친놈이네' 하고는 지금 하는 달리기의 행동에 전념한다. 부자는 빈자들의 무리와 다른 방향으로 혼자 나아갈 용기가 있다. 그 방향이 맞다는 신념이 있으니까. 그렇게 부자는 무지한 군중 덕에 부자가 된다.

인생의 큰 문제들은 방향의 문제다. 주어진 내 삶을 후회 없이 사는 문제도 그러하지만, 부족하게 살거나 넉넉하게 사는 문제도 방향의 문제다. 빈자는 돈이라는 방향을 좇아 빈자가 된다. 부자는 가치라는 방향을 좇아 부자로 산다. 빈자는 근시안적이라 눈앞의 것밖에 보지 못한다. 부자는 더 멀리 내다볼 수 있는 사람이다.

판단력이 미숙한 빈자이더라도, 좋은 안목의 끌림대로 행동할 수 있는 용기가 있는 사람은 벼랑이 아니라 초원으로 달려갈 수 있다. 성장주를 알아보고 동반자가 되기 때문이다. 초원의 탁 트인 지평은 야비한 하이에나와 굶주린 포식자가 잘 보여 위험 요소에 빠르게 대처할 수 있어 안전하고, 열린 하늘에서 우주를 볼 수 있어 이 행성에서 당신의 시간의 가치를 탐구할 여유가 있어 행복하다. 초원에는 음식과 햇살이 풍부해, 풍족한 삶과 여유를 즐기며 살 수 있다. 부자의 삶은 초원에서의 삶이다.

막무가내로 달리다가 초원을 발견할 확률은 희박하다. 이건 열심히 월급을 받으며 일을 하면서 로또를 사는 것과 같다. 로또 당첨금으로 자유를 얻을 수 있을 거라는 막연한 바람이 있지만, 그 바람을 이루는 확률은 850만의 1 수준이다. 8,574,197개의 로또 중에 1등 숫자를 갖게 되는 한 사람이 되더라도 그 당첨 금액은 평균 20억 원밖에 안 된다. 세금 내고 작은 집 하나 사면 끝이다. 자유라고 하기엔 부족한 금액이다. 당장 스트레스를 주는 일을 그만둘 수는 있겠지만, 부자의 생각하는 법을 갖고 있지 않은 사람에게 쥐어진 돈은 금방 증발할 것이고 그는 가난의 속박에서 벗어나지 못할 것이다. 로또를 사는 자원을 막연한 바람에 소진하지 않고, 당신의 업을 찾아 그 업에 마음을 다하면 부자가 될 수 있다. 로또를 사려고 줄 선 사람들은 하나같이 가난한 사람들이다. 헛된 바람을 품으니까 가난하다. 모든 부에는 이유가 있다. 어떻게 해야 원하는 결과를 얻을 수 있는지 알아내 적용하면 그 결과를 얻는다. 운은 끈기로 만들 수 있다.

부를 담을 그릇이 없는 사람에겐 재물이 흘러도 빠져나간다. 1대 부자가 밥값을 아껴 이룬 부를 3대 부자는 다이아몬드를 사는 데 탕진한다. 그릇은 인문학 수양으로 넓힐 수 있다. 인문학이란 인간 문화에 대한 전반적인 이해다. 인간 세상의 모든 위대한 성취는 인류에 대한 이해를 수반한다. 변하지 않는 인간의 본성을 알고, 사람들이 원하는 것을 만들어 제공해 큰 부가 자신에게 이끌려 오도록 설계한다. 이 책이 담은 부자들의 이야기는 당신에게 배움의 자료이자 당신만의 것을 만들 영감이 될 것이다.

부자는 풍요로운 삶을 이룰 초원을 찾아내거나 만들어낸다. 빈자와 부자의 생물학적인 차이는 크게 없다. 차이가 하나 있다면 그것은 위험 부담을 짊어지고 역경을 견뎌낼 수 있느냐다. 힘듦을 오래 견디고 또 그 과정에서 좌절하지 않을 수 있는 사람이 그다음 단계로 성장한다. 직업도 그렇고 사업도 그러하며 투자도 그렇다. 부자는 타고나는 자질도 있겠지만 그보다는 본인의 선택과 의지로 만들어지는 것이다. 오랜 시간을 들여 되지 않는 일은 거의 없다.

부자가 되는 일은 누구든 가능하다. 장애가 있어도 가능하다. 지능이 낮아도 가능하다. 할 수 있는 일에 집중하여 힘듦을 감내하고 될 때까지 다시 도전할 의지만 있다면 부자가 될 수 있다. 당장의 쾌감을 늦출 수 있는 인내심이 있다면 끝까지 부자로 살 수 있다. 부자는 책을 읽는다. 좋은 책은 생각하는 법을 훈련한다. 이 책은 부자로 가는 여정의 방향을 바로 잡아주고 빠르고 쉽게 가도록 도와주는 등대다. 등대는 초원의 땅에서 이따금 빛을 발산할 뿐이다. 그곳으로 항해해 내는 일은 당신의 몫이다.

어려움을 알아챘다면 그로 인해 그 일을 하지 않기로 선택하지 말고, 그로 인해 하기로 선택하면 큰 보상을 얻을 수 있다. 쉽고 편한 일은 누구나 할 수 있어서 경쟁이 치열하고, 누구든 하려고 하므로 보상이 적다. (그래서 좋은 영어 선생과 집사를 구하는 일이 어렵다.) 어렵고 복잡한 일은 아무나 할 수 없기 때문에 도전하여 최고가 되면 그 시장을 독식할 수 있다. 아무리 사소해 보이는 일이라도 그 분야에서 최고가 되면 부자가 된다. 남이 돈을 많이 버는(lucrative) 일 같다고 그 일을 따라가는 건 정보가 부족한 선택이고 정보가 부족하면 가난하다. 알아보라. 깊게 알아볼수록 부자가 될 것이다. 생각의 너비와 깊이가 부를 창조한다.

사업을 정확히 알고 투자한 주식의 가격이 떨어지는 것은 걱정하지 않는다고 피터 린치와 워런 버핏이 말한다. 투자한 회사의 기본기(fundamentals)가 튼튼함을 알면 불안하지 않다. 할인하면 더 산다. 앎이 곧 부다. 인간 세상에서의 성공에는 형태가 달라 보이더라도 같은 원칙이 적용된다.

Causality

There are reasons for every effect.
모든 현상에는 이유가 있다.

There are reasons for poverty, as well as wealth.
가난에는 반드시 그렇게 된 이유가 있다.
부에도 반드시 그렇게 된 이유가 있다.

The poor don't deserve positive things in life.
The wealthy deserve it.
빈자는 인생의 좋은 것을 받을 자격이 없는 행동을 한다.
부자는 누릴 자격이 있는 행동을 한다.

Deserve your wealth

부자가 되려면 로또를 사지 말라

In order to get wealthy, you don't do things that have little value.

부자가 되려면, 가치 없는 일을 하지 말라.

부자가 되려면 자원을 알고 쓰라. 로또 1등에 당첨되어 받는 돈은 하루에도 다 쓴다. 자본을 운용할 지식이 없으면 삶은 바뀌지 않는다. 로또를 살 돈으로 좋은 책을 사 읽는다면 더 빨리 부자가 될 것이고 더 오래 부자로 남을 것이다. 쉽게 얻은 것은 쉽게 떠나간다. 사랑하는 사람도 너무 쉽게 얻으면 언젠가 그 사람의 장점보다 단점이 더 크게 보이고 그 사람의 존재를 당연시하게 되어 더 이상 함께 하는 시간이 행복하지 않을 것이다. 돈과 사랑의 공통점은 둘 다 사람에게서 오는 점이다. 돈이든 사랑이든 그 가치를 받을 자격이 있는 사람에게 그것이 오래 머문다. 인생을 바꾸는 가치는 이 지속성이다. 지속성이 마음에 평온을 주기 때문에 목소리와 태도에서 여유가 느껴지고, 타인에게 친절할 수 있다. 이게 진짜 부자다. 초원에 가면 마음이 편안한 이유는 멀리까지 내다볼 수 있기 때문이다. 이 마음이 부자의 마음이다.

부자는 자원을 확실한 가치에 쓴다. 될지 안 될지 모르는 불확실한 곳에 쓰는 자원은 천 원도 아까워하는 게 부자의 사고방식이다. '10만 원쯤이야 새도록 내버려둘 수 있지'라고 생각하는 사람 중에 부자가 되는 사람은 없다. 자원을 가볍게 여기기 때문에 자원도 그 사람과 머무르고 싶지 않아 한다. 부자가 될 수밖에 없는 사람은 10만 원을 투자했다면 그 자원이 아까워 얼른 벌기 위해 더 열심히 일한다. 부자와 빈자의 사고방식 차이는 이런 것이다. 부자는 잃지 않기 위해 행동한다. 그래서 돈을 자랑하는 소비가 최악의 소비이고, 빈자들의 행동이다. 자신에게 너무 이른 보상을 주면 무른(blunt) 사람이 된다. 무른 칼로는 부를 얻을 수 없다. 지성과 에너지라는 칼은 더 날카로워야(sharp) 한다.

운에 당신의 인생을 맡기는 생각이 당신을 가난하게 한다. 부자는 운에 운명을 맡기지 않는다. 운에 맡겨야 하는 일을 하고 있다면 당신은 길을 잘못 선택한 것이다. 부자는 원인을 분석해서 목적을 얻도록 설계(design)한다. 무언가가 되는 데엔 이유가 있다. 당신이 물건을 살 때는 그 물건이 당신에게 이득이 된다는 확신이 있기 때문에 당신의 돈을 주고 그 물건을 산다. 경북 구미에는 소문난 한분식이라는 김밥 장인의 집이 있다. 주변에 김밥 체인점이 생겨도 다들 사라지고 이곳만 51년째 잘 되고 있다. 이 집은 광고도 하지 않고 눈에 띄는 간판도 안 쓴다. 다만 이 집은 가장 좋은 쌀과 재료로 김밥을 제대로 만들고, 밥집으로서의 기본기를 아주 훌륭하게 해낸다. 시간이 진가를 밝힌다. 항상 잘되는 집에는 이유가 있다. 잘 될 이유를 갖추면 성공한다.

부자가 되려면 당신이 제공할 수 있는 가치에 마음을 두라. 가치란 다른 사람들이 얻는 이익이다. 기분이 안 좋았던 사람도 떡볶이를 먹으면 행복해진다. 간편하고 저렴하고 만족스러운 식사로서 김밥이 국민 음식으로 가치 있다. 햄버거는 몸과 환경에 나쁜 복합 식품이라면, 김밥은 몸과 환경에 좋은 복합 식품이다. 아무리 사소한 일이라도 그것을 필요로 하는 사람에게 최고의 가치를 제공하면 당신은 성공할 수 있다. 영어가 절실한 사람은 서울대학교보다 비싼 등록금을 주고서도 OREX에서 영어를 배워 인생을 바꾼다. OREX의 대안책이 없기 때문이다. 사소한 일로 떠났던 여자친구도 돌아온다. 그 사람에게 더 괜찮은 사람이 없기 때문이다. 다른 사람에게 진심을 다하면(care) 당신의 가치도 올라간다. 사랑받는 강사는 학생에게 진심을 다하는 사람이다. 자기 일을 찾아 그 하나만 제대로 잘 해도 부자가 될 수 있다. 그러나 돈만 좇아서는 부자가 될 수 없다. 로또가 그런 것이다. 돈을 버는 것과 부자가 되는 일은 다르다. 인문학적 교양을 갖추고 자기 일도 훌륭하게 하는 사람이 부자다. 마음에 만족(contentment)을 주는 일이 당신을 진정한 부자로 만든다.

다른 사람에게 유용한 사람이 되는 것, 당신의 일을 잘하는 것이 부자가 되는 가장 빠르고 확실한 길이다. 당신이 직접 일해야 현금흐름이 들어오면 성공한 사람이고, 직접 일하지 않아도 현금흐름이 들어오게 시스템을 구축하면 부자이며, 많은 사람들을 위한 가치를 창조한 사람은 큰 부자다.

넓은 세상에서 한국 시장은 작고, 급속도로 더 작아지고 있다. 영어를 배워 세계로 가면 당신은 무엇을 제대로 하더라도 큰 부자가 될 수 있다. 우리의 대운을 막고 있는 댐은 영어다. 그런데 영어는 아주 배우기 쉬운 세계어다. 가르치는 사람들이 이해를 못 해서 배우는 사람도 어렵게 느낀다. 기존에 잘못 배운 사고방식을 고칠 수 있으면 빠르게 습득한다. (이 판단오류는 3부 <부의 심리학>에서 다룬다.)

성장하기 위해서는 진실을 직시해야 한다. 영어를 습득하기 위해선 영어에 대해 당신이 '안다'고 생각하는 인식이 잘못되었음을 깨달아야 한다. 당신이 한국에서 공부한 영어는 영어가 아닐 수 있다. 영한사전의 번역 상당수가 틀렸다. 영어는 한국어로 전부 번역할 수 있는 지식이 아니다. 영어의 사고방식은 한국어의 사고방식과 다르다. 같은 의미를 다른 방식으로 전달한다. 영어에 있는 단어가 한국어에 없고, 그 반대도 많다. 영어를 제대로 배우는 일은 영어의 사고방식을 배우는 것이다. 진정한 영어를 배우면 영어로 소통할 수 있을 뿐만 아니라, 세상을 보는 눈이 넓어진다. 진정한 영어를 배우면 행복하지 않을 수 없고, 부자가 되지 않을 수 없다.

한국에서 10억 원을 벌 수 있는 일을 세계에서 영어로 하면 1,000억 원 이상을 벌 수 있다. 그런 한국인들이 있다. 100배 더 똑똑하거나 더 열심히 하지 않아도 된다. 시장의 크기가 달라서다. 다른 나라에 가 살아볼 용기와 영어를 공부가 아니라 운동하듯 익숙해지는 방향으로 배울 수 있다는 사고의 전환이면 당신도 이룰 수 있다. "영어 공부"라고 여기면 진전이 없다. "영어 그냥 따라 말하면 되지"라고 생각하면 영어가 쉬워진다.

안 되는 일은 없다. 배워서 해내면 된다.

부자가 되려면,
사람들이 원하는 것을 최고로 제공하면 된다.

거대한 부자가 되려면,
영어를 배워 최고의 재화를 세계인에게 제공하면 된다.

Cash is lifeblood. Don't give your lifeblood to chance. Invest your brainpower and lifeblood in a certain value you are confident to double every once in a while.

현금은 생명의 피다. 당신의 피를 운에 맡기지 말라. 뇌력과 피를 주기적으로 두 배로 불어날 거라 확신하는 가치에 투자하라.

DO
BETTER

GET

BETTER

더 잘 행동하면
더 잘 얻는다

Don't have a lot of envy. 질투하지 말라.

Stay cheerful in spite of your troubles. 힘든 일이 있더라도 밝게 행동하라.

Deal with reliable people. 신뢰할 수 있는 사람들과 교류하라.

Do what you are supposed to do. 당신이 해야 할 일을 하라.

Spend less than you earn. 번 것보다 적게 쓰라.

Invest shrewdly. 확실히 아는 것에만 투자하라.

Don't put your money in things you don't understand. 제대로 이해하지 못하는 것에 자본을 두지 말라.

Avoid toxic people and toxic activities. 당신을 끌어내리는 사람과 활동을 피하라.

Keep learning all your life. 평생 배우고 성장하라.

Do a lot of deferred gratification. 소비를 절제하라.

Don't do idiotic things. 멍청한 행동을 삼가라.

You don't want to need a lot of luck. You want to go into a game where you are very likely to win without having any unusual luck. 큰 운이 따라야 하는 일은 하지 말라. 특별한 운이 따르지 않아도 당신이 이길 수 있는 게임을 하라.

— Charlie Munger

부자가 되는 진리

당신의 일을 잘하면 모든 문제가 해결된다.

This axiom has three parts; **do** + **your job** + **well**.

이 자명한 이치에는 세 부분이 있다. **당신의 일을** + **잘** + **하기**.

당신만의 업을 찾으라 Find your life's work.

그 일에 최고가 돼라 Be the best at it.

더 많은 사람들을 이롭게 하면 부자가 된다 Scale it up and you are rich.

일을 못 하는 사람이 남을 끌어내린다.

결국 잘되는 사람은 남을 끌어올린다.

업 Life's Work

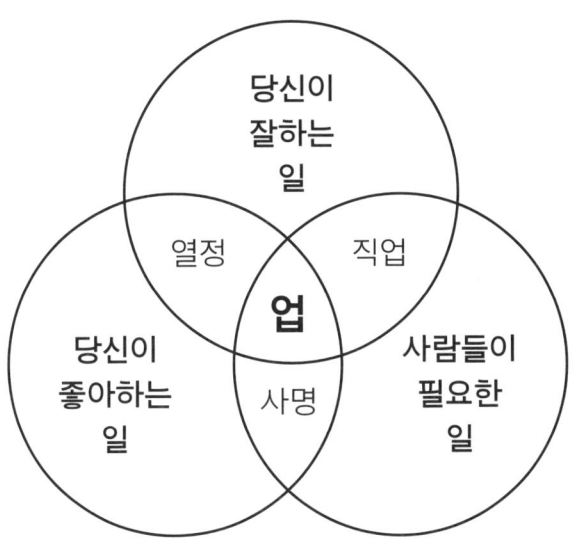

《Ikigai》, Garcia and Miralles에서 단순화함

Coming from poverty with debts, Howard Schultz worked hard at a reputable company and achieved a success or two. He could make a living and form his own family like everyone else. But he felt something was missing. His intuition told him that what he was doing was not his life's work. One day he walked into a cafe and saw the romance of Italian espresso and a sense of community. It clicked something in him. He had no money to acquire the successful cafe and the three founders wouldn't give him a green light. But he persevered. And an opportunity came to him. The cafe owners wanted to sell off, and told Howard that he was the guy to take it over. Howard still had no money. The founders gave him 90 days to raise funds. Anxious Howard knocked on the doors of many investors and got a no. He persevered. And a titan came up to him. He was a 6-feet-7-inches tall Bill Gates Sr. He enabled Howard to acquire the original Starbucks and grow it to be what it is today.

빚에 시달리는 가난한 집안에서 자란 하워드 슐츠는 이름있는 회사에서 열심히 일해 평범한 성공을 이루었다. 충분한 생활비를 벌며 평범한 가정을 꾸릴 수 있었다. 그런데 인생에 무언가 빠진 것 같은 느낌을 느꼈다. 누구보다 열심히 일해도 회사는 자신의 능력을 인정해 주지 않았고, 지금 하고 있는 일이 그의 '업'이 아님을 직관으로 알았다. 어느 날 한 카페에 들어갔다가 이탈리안 커피의 낭만으로 한데 연결된 모르는 사람들 간의 미묘한 관계를 알아보았다. 그는 가슴에서 이상한 감정을 느꼈다. 그 카페를 인수하려고 했지만 그럴 돈이 없었고, 그 카페의 세 창업자도 그의 제안을 거절했다. 그래도 하워드는 끈기 있게 버텼다. 그랬더니 기회가 찾아왔다. 카페 주인들이 사업을 정리하고 싶어 했고, 열정적인 하워드가 이 카페를 인수할 적임자라고 생각했다. 하워드에겐 여전히 돈이 없었다. 카페 주인들은 그에게 돈을 구할 시간을 90일 주었다. 하워드는 불안에 떨며 많은 투자자를 찾아갔지만 거절당했다. 그래도 포기하지 않았다. 그러고는 한 거인이 그를 불렀다. 그 거물은 키가 2미터나 되는 빌 게이츠 시니어였다. 거인은 하워드가 초창기 스타벅스를 인수해 지금의 회사로 키울 수 있도록 도와주었다.

Brian Armstrong worked for Deloitte as a consultant and a developer for IBM, and later was a software engineer at Airbnb and left it which was successful, in order to start something new that he believes to be his life's work. That company, Coinbase became a great success. He is now the chairman and CEO of the company he built and a billionaire. He was born in 1983.

브라이언 암스트롱은 딜로이트 컨설턴트와 IBM의 개발자로 일하고, 에어비앤비의 소프트웨어 엔지니어로 일했는데 이것만으로도 성공했다고 여겨질 때 회사를 나왔다. 그의 인생에 중요한 업이라고 여겨지는 새로운 일을 시작하기 위해서였다. 이 새로운 회사 코인베이스는 크게 성공했다. 그는 자신이 만든 회사의 의장이자 CEO가 되었고, 억만장자가 되었다. 그는 1983년에 태어났다.

James Cameron made his living working as a truck driver, until he wrote the Terminator and sold the copyrights to the production company in order to work as the director for the film he wrote. The Terminator became a great success and it gave James the key to build his life's work. James wanted to explore the Titanic and needed the resources. So he wrote the movie Titanic and earned enough means to do what he loved to do: deep sea exploration. And the Titanic happened to be the most successful film in history. He went on writing other movies including Avatar, and the rest is history.

제임스 카메론은 트럭 운전사로 일하며 생활비를 벌었다. 그러면서 <터미네이터>를 써서 그 판권을 제작사에 넘기는 조건으로 그가 쓴 영화의 감독이 되었다. 이 영화는 큰 성공을 이루었고, 제임스가 인생의 업을 쌓을 초석이 되었다. 탐험을 좋아하는 그는 바닷속의 타이타닉호를 탐험하고 싶었고, 그에 필요한 천문학적인 비용이 필요했다. 그래서 <타이타닉> 영화를 썼고, 자연히 심해 속 타이타닉을 탐험할 수 있게 되었다. 어쩌다 보니 이 영화는 영화 역사상 가장 대중적으로 성공한 영화가 되었다. 그는 다들 아는 <아바타>를 비롯한 여러 영화를 창작했다.

James Dyson didn't have a job for years raising three kids on a loan and worked in his backyard shed developing the finest vacuum cleaner that works properly. When he finished the first product and was ready to put it into mass production, no existing big manufacturers would give him a yes. James persevered and went to Japan and found a company that would manufacture James's design. It gradually has become Dyson as we know it. James owns a Harrier jet and an original Mini which he displays in his company campus. Now all the other manufacturers copy Dyson's original design, yet they don't work as well as Dyson.

제임스 다이슨은 수년 동안 돈을 벌지 않고 대출받은 돈으로 아이를 셋 키우며 매일 집 뒷마당의 창고로 가 제대로 작동하는 진공청소기를 개발하는 데 몰입했다. 몇천 번의 시제품 끝에 대량 생산에 들어갈 수 있는 첫 제품을 완성했을 때 큰 제조사들은 다들 그의 제품 생산을 거절했다. 제임스는 끈기를 갖고 버티며 일본으로 가 그의 디자인을 생산해 줄 회사를 찾았다. 이것이 점차 우리가 아는 다이슨이 되었다. 그는 해리어 전투기를 실제로 소유하고, 오리지널 미니도 소유하여 그의 회사 캠퍼스에 직원들의 영감이 되도록 전시해 두었다. 이젠 다른 회사들이 다이슨의 오리지널 디자인을 베끼지만, 그 무엇도 다이슨처럼 제대로 작동하지는 않는다.

When you are given a life, you can choose to waste this opportunity or to find your life's work and leave a legacy that propels humanity forward. Wealth is nothing but a dignified exchange for the value you create for the people.

우리에게는 삶의 시간이 주어졌다. 이 기회를 낭비하기로 선택하던지, 일생의 업을 찾아 인류를 한 발짝 진보시킬 업적을 남기기로 선택하던지는 당신의 선택이다. 부는 사람들의 삶을 더 낫게 해주어 받는다. 부는 존중받아 마땅한 것이다.

You don't have to pitch on the greatness I have introduced above. Becoming financially independent can just mean being able to do what you want to do (including buying an actual fighter jet) living your life as fulfilling and content as it can be. You have a purpose in this life you were given. At the same time, the universe is indifferent to you. The meaning of your life is entirely up to you. Meaningless wealth is wasteful and egotistic. Don't go in that wrong direction. It's no good for anyone including you. See the right direction and walk the right path to light. This wealth has a meaning and you can do better than spending your money on luxuries you don't need.

앞서 이야기한 위대함을 목표하지 않아도 된다. 경제적 자립은 그저 당신이 하고 싶은 일을 할 수 있는 것(실제로 전투기를 산다던가)을 하며 만족스러운 삶을 의미할 수도 있다. 당신에게 주어진 생명에는 존재의 목적이 있다. 동시에, 우주는 당신에게 무관심하기도 하다. 인생의 의미는 전적으로 당신에게 달려있다. 무의미한 부는 낭비스럽고 이기적이다. 그런 잘못된 방향으로 가지 말라. 당신 자신에게도, 그 누구에게도 이런 방향은 좋지 않다. 올바른 방향을 보고 빛을 향해 걸어가라. 이런 부에는 의미가 있다. 당신은 쓸데없는 사치품에 돈을 허비하는 것보다 더 나은 행동을 할 자질이 있다.

While natural laws govern physics, psychology dictates money. People seem to be rational when it comes to money, but in the end we are highly emotional about it. Anyone can make money. But not everyone can cultivate the money they earn. The rich and the poor are separated by this mentality. The premature spend it as soon as they earn. The mature hold onto it and build a forest with whatever seeds they have and enrich themselves. Monetary wealth is more to do with delaying gratification than making more money.

All the goodies of being wealthy come together on the way you learn to live wealthy.

자연의 법칙이 물리적 현상을 다스리듯, 인간의 심리가 돈을 다스린다. 사람들은 돈에 있어 이성적인 것으로 보이지만, 실은 돈에 굉장히 감정적이다. 누구나 돈은 벌 수 있다. 그러나 모든 사람이 번 돈을 경작해 더 큰 부를 만들지는 못한다. 부자와 빈자는 이 사고방식에서 갈린다. 아직 덜 성숙한 머리는 버는 즉시 쓴다. 성숙한 머리는 손에 쥔 씨앗이 얼마나 되었든 그것으로 숲을 만들고 스스로를 풍요롭게 한다. 금전적 부는 돈을 많이 버는 것보다는 당장의 욕구를 절제하는 능력의 영향을 더 받는다. 부유하게 사는 법을 배우면 부자가 누릴 수 있는 좋은 것들이 당신의 삶을 풍족하게 할 것이다.

Money alone doesn't make you wealthy. Wealth comes as you educate yourself about the psychology and mentality that go with money.

돈이 부자를 만들지 않는다. 돈에 대한 심리와 생각하는 법을 배우고 이를 실행하면 자연히 부자가 된다.

부자와 빈자의 생각 차이

빈자에게 돈은 사고 싶은 것을 살 수 있는 것이고, 중산층에게 돈은 신용 등급을 높여 더 좋은 집과 차를 살 수 있는 것이며, 부자에게 돈은 살고 싶은 인생을 살 수 있는 자유이자 더 큰 돈을 벌 수 있는 자본이다. 돈에 대한 생각을 바꾸면 빈자도 부자가 된다.

	부자	빈자
Money 돈	Invest 투자	Spend 소비
Buy 사는 이유	To keep 계속 갖고 있으려고	To consume & dispose 소비하고 버리려고
Be 되는 사람	Employer 고용주	Employee 고용자
Seek 찾는 것	Values 가치	Employments 일
Make 만드는 것	Assets 자산	Hobbies 취미
Love 열정적인 것	Office & home 사무실과 집	Traveling destinations 여행지
When wrong 잘못했을 때	Admit & learn 인정하고 배움	Never admit nor think it's their fault 인정하지도 않고 자기 잘못이라 생각하지도 않음
Work because 일하는 이유	Love the work 그 일을 좋아하니까	Have to 해야만 하니까

Focus on 집중하는 것	What they love 좋아하는 것	What they have to 해야만 하는 것
Financial literacy 경제 지식	Fairly good 꽤 배움	None or wrong 못 받았거나 잘못 배움
Spend big money on 큰 돈을 쓰는 곳	Investments 투자	Fun 재미
Blame 탓하는 것	No one 누구의 탓도 하지 않음	The surroundings 주변 환경
Read 읽는 것	A lot of books all the time everyday 매일 항상 많은 책	Text messages, social media content 문자, SNS 콘텐트
Sell 파는 것	Own products 자신의 제품	What they bought previously 이전에 산 물건들
Know 아는 것	One thing deeply 하나를 깊게 앎	A lot of stuff but none for sure 많은 걸 알지만 아무 것도 확실히 아는 건 없음
Easily get 쉽게 되는 것	Passionate 열정적	Angry 화
Learn from 배우는 사람	Everyone else 모두에게	Him/herself or none 그 자신 혹은 없음
Hold onto 계속 쥐고 있는 것	Dream & vision 꿈과 비전	Body parts 신체 부위
Regularly drink 자주 마시는 것	Coffee or tea 커피나 차	Alcohol 술

Most prominent thing at home 집에서 가장 큰 것	Collection of books/trophies/valuables 책, 상패, 가치 있는 물건들	TV
Choose words 고르는 단어	that are meaningful 깊은 의미가 있는 단어들	that sound cool 멋지게 들리는 단어들
Work out for 운동하는 이유	Balancing mental & physical 마음과 몸의 균형을 위해	Cool muscles 멋져 보이는 근육을 위해
Make 하는 것	Presumptions 근거 있는 판단	Assumptions 근거 없는 추측
Habitually do 습관적으로 하는 것	Research 알아보기	Leave it to chance 운에 맡기기
Listen to 듣는 것	Words' meanings 단어의 뜻	Words' sounds 단어가 주는 느낌
With money 돈으로 하는 것	Hedge 자산을 보호	Save 저축
Judge 판단	People smart 사람을 똑똑하게	People by cover 사람을 겉만 보고
Level of satisfaction 상황에 대한 만족도	0-49%	50-100%
Level of contentment 삶에 대한 만족도	80-100%	0-10%

In current life think of 현재의 삶에서 생각하는 것	What they want to do better 더 잘하고 싶은 것	What they want to do more 더 많이 하고 싶은 것
To people they spend time with 함께 하는 사람들에게	Ask for feedback, and always aware of that one can be wrong 자신이 잘 하고 있는지, 무엇이 괜찮은지, 누구나 틀릴 수 있음을 항상 염두함	Don't want feedback, and fall into self-righteousness 물어보고 싶지 않음, 자기가 다 맞다는 아집에 빠짐
Pay attention to 주의를 기울이는 이유	Never lose 잃지 않기 위해	Give money to feel rich and show off their spendings 돈이 많은 것처럼 느끼고 소비를 자랑하기 위해

부는 마음의 평온이다. 여유로운 태도와 너그러운 마음 그리고 친절한 마음은 넉넉한 부에서 온다. 돈에 대한 생각과 행동이 부를 결정한다.

You are not what happened to you. You are what you choose to be. This is why you need to refine your taste and judgement.

당신에게 일어난 일이 당신이 아니다. 어떤 사람이 될 것인지의 선택이 당신이다. 이것이 안목과 판단력을 길러야 하는 이유다.

Wealth is independence and recognition.

부는 자유와 인정이다.

 **부자 5원칙**

부자 1원칙 : 원동력 Drive

행동을 오랜 시간 주도할 원동력이 있어야만 무엇이든 이룬다.

부자는 당신보다 더 똑똑한 사람도 아니고, 학교에서 공부를 잘한 사람도 아니다. 하나 차이가 있다면 에너지의 크기와 그 에너지의 집중도다. 꿈이라는 목표를 끝장을 볼 때까지 끌고 갈 수 있는 강한 에너지가 부자를 만든다. 그런데 그 에너지가 이곳저곳으로 분산되면 뛰어난 업적이 이루어지지 않는다. 에너지를 하나에 집중해야 한다.

당신을 움직이게 하는 것을 motivation이라고 하는데, 이 단어는 '움직이다'는 move와 '활성화하다'는 activate이 합쳐 만들어졌다. 당신을 한 번 움직이게 하는 것이 motivation(동기)이라면, drive는 오랜 시간에 걸쳐 당신을 이끄는 장기적 원동력이다. 어떤 사람의 원동력은 결핍과 질투고, 어떤 사람에게는 지기 싫은 것이, 어떤 사람에게는 가족이 동기이며, 어떤 사람에게는 추한 세상을 더 아름답게 만드는 것이 원동력이고, 어떤 사람에게는 다음 세대에게 더 나은 세상을 남겨주고 가는 것이 몸을 움직여 일을 하는 동기다. 빠른 행동이 빠른 결과를 만든다. 남들이 4년 걸려 만드는 슈퍼컴퓨터를 일론 머스크는 xAI 팀과 19일 만에 만들었다.

사람은 어떤 현실이든 만들어낼 수 있는데, 꿈을 시현하는 것이 에너지다. 이 정신적 에너지가 원동력(drive)이다.

부자 2원칙 : 쾌감 지연 Delay Gratification

당장의 만족을 늦출 수 있는 사람이 부자가 된다.

기반이 채 다져지지도 않았는데 적게 번 돈을 써버리는 사람은 부자로 살지 못한다. '월급이 통장을 스쳐 지나간다'고 말하는 사람은 그러니까 빈자다. 당장의 욕구를 자제하라. 얼마를 벌든 절반 이상을 투자할 수 있다. 내가 20살에 포토그래퍼로 활동할 때는 500만 원을 벌면 500만 원을 썼다. 순수 예술가로 활동할 때의 한 달 총 지출은 30만 원이었다. 이는 충분한 훈련이 되어 지금도 이렇게 살곤 한다. 부는 버는 양보다 안 쓰는 양에 있다. 자제력은 훈련으로 기를 수 있다. 차에 진심인 산업디자이너인 나는 드림카를 미래 수입을 끌어다 살 수도 있었지만, 그 차를 현금으로 네 대를 살 수 있을 때까지 기다렸다. 차값을 한 달 안에 회수할 수 있을 것이라는 확신이 들 때 샀다. 패션디자인을 배우기도 한 나에게 감성과 느낌은 생명만큼 중요하다. 이성적인 사람이 부자가 되기 쉽지만, 감성적인 사람도 충분히 훈련으로 부자가 될 수 있다. 돈은 기계처럼 다루라.

부자 3원칙 : 원칙성 Discipline

당장의 쾌락보다 진정 원하는 것을 위해 필요한 일을 먼저 하는 사람이 부자가 된다.

훈련(training)을 뜻하는 discipline은 욕구에 따라 행동하고 싶어 하는 인간이 욕구를 자제하고 인간만이 이룰 수 있는 업적을 이루는 일을 하도록 스스로를 훈련하는 것을 말할 때 쓴다. 대학교에서 어떤 분야를 공부하는 것은 그 분야에서 일하는 사람들의 문제 해결 방식을 배우는 것이고, 그것을 discipline이라고 말하기도 한다. 훈련이다. 욕구대로 행동하는 건 동물이다. 부자가 되게 하는 능력은 자제력이다. 자기 행동을 통제할 수 있는 자가 부자가 되고 부자로 살며 부자로 남는다. 역사상 가장 위대한 수영 올림피안 마이클 펠프스는 생일이든 휴일이든 설날이든 단 하루도 빠지지 않고 몇 년 동안 매일 수영장에 가 연습했다. 진짜 원하는 것을 위해 당장의 욕구를 참는 것, 이것이 discipline이다.

부자 4원칙 : 개발 Perpetual Developments

끝없는 개발이 부자를 만들고 유지한다.

인간의 조건은 불완전함이고, 인간이 만드는 모든 것은 불완벽하다. 고로 인간이 무언가를 만들기로 결정하면, 그것을 끝없이 개발해야 그나마 완벽에 조금은 가까워질 수 있고 따라서 생존할 수 있다. 오래 살아남는 사업이 곧 진정 성공하는 사업이다. 성공은 성공"했다"고 완료로 말하지 않고 성공"적이다"(successful)라고 현재이자 형용사로 말한다. 빈자는 변화가 불가능한 사람이다. 부자는 변화하는 사람이다. 더 나은 사람이 될 수 있는 사람이 부자가 된다. 당신 자신을 계발하듯, 당신의 일도 더 잘하려고 개발하면 부자가 된다. 데니스(Danny's)라는 미국의 24시 식당 프랜차이즈에서 홀서빙하던 석사생 젠슨 황은 그곳에서 두 명의 친구들과 GPU 사업을 하기로 결정했다. 컴퓨팅에 필수인 부품을 31년째 한결같이 개발한 결과 그의 회사 제품은 세계 최고가 되었고 시가 총액 1,000조 원($1trillion)이 넘는 다섯 개 남짓한 회사 중 하나가 되었다. Nvidia의 그래픽 카드 덕분에 게임과 영상이 극적으로 사실적이 되었고, 컴퓨팅 속도를 높여주어 AI도 이 칩 덕분에 가능하다. 많은 사람들의 삶에 스며드는 일에 최고가 되는 것이 진정한 부자가 되는 길이다.

부자 5원칙 : 겸허 Humility

부자는 돈 자랑하지 않는다. 겸허한 태도가 부를 유지한다.

1987년 빌 게이츠 시니어는 돈은 없지만 비전과 그 일에 적합한 능력이 있던 하워드 슐츠가 스타벅스의 모태를 $3.8m에 인수해 지금의 스타벅스가 될 수 있도록 가장 결정적인 투자를 한 사람인데, 스타벅스가 크게 성공했을 때 어디에 가서도 자신이 이렇게 중요한 역할을 했다고 말하지 않았다. 당시에 시애틀에서 그의 아들이 만든 마이크로소프트는 작은 스타트업에 불과했고, 그는 거물이었다. 훗날 빌 게이츠 주니어는 세계 최고의 부자가 되었고 18년이나 세계 1위 부자 타이틀을 유지했다. 2020년 94세의 나이로 별세할 때 빌은 그를 기리며 "지혜, 관대함, 공감 능력, 그리고 겸허가 세계 곳곳의 사람들에게 큰 영향력을 끼쳤다"고 존경을 표했다. 게이츠 가문은 대대로 부자이고 이럴 수 있는 이유는 바로 겸허다. 빌은 배우고 생각하기 위해 '생각 주간'을 갖고 시골에 책만 갖고 들어가 생각한다. 자신과 완전히 다른 방법으로 세계 2위 부자가 된 워런 버핏에게 배우기 위해 그와 친구가 되었다.

지금의 성공과 부가 영원할 것이라고 자기만족에 빠지면 공들여 쌓은 성도 무너진다. 부는 물이다. 물은 흐르고, 부자는 물길을 잘 닦아 막히지 않게 관리하는 사람이다. 잘 되었다고 오만하지 말고, 잘 안되었다고 상심하지 않는 평정심을 가지라. 인간은 미물에 불과하여 항상 옳을 수 없는데 (self-righteousness) 그 법칙이 당신 자신에게도 적용됨을 기억하라. 그러나 배움의 마음가짐은 이 인간성을 극복할 수 있게 한다. 항상 변화하는 세상에 맞춰 변하는 유연한 태도로 다른 사람들을 위해 이로워지고자 애쓰면 계속 부자로 살 수 있다. 가장 성공한 억만장자 투자가들은 하나같이 가장 빠르게 실수를 인정하고 배우는 사람이다. 상식이 부재한 인간은 부자가 될 자격이 없다.

Stay humble. Stay calm. Keep learning.

항상 겸허하라.

잘 되었을 때도, 잘 안 되었을 때도, 차분하라.

항상 배우라.

(영어의 '배우다learn'는 말은 새로운 사실을 알게 되고, 새로이 무언가를 깨달으며, 더 나은 사람이 되는 걸 의미한다.)

OWN

something valuable

The rich owns; the poor consumes.

부자는 소유하고, 빈자는 소비한다.

The poor consume the appearance of wealth.
The rich own the values.

빈자는 부의 허상을 소비하고, 부자는 가치를 소유한다.

The poor work to buy what they want.
The rich own and provide what the masses want.

빈자는 갖고 싶은 것을 사기 위해 일하고,
부자는 사람들이 원하는 것을 소유하고 제공한다.

부자로 만들어주는 7가지 습관

1. Financial Discipline 절제적 소비

2. Principles & Refusals 원칙과 거절

3. Execution 실행력

4. Energy Management 에너지 관리

5. Learning Mindset 배우는 마음가짐

6. Consistency 꾸준함

7. Humility 겸허

인간이 해내는 모든 가치 있는 일은 **습관**의 결과다. 큰 부자는 그 부를 생성하는 시스템을 설계하고 소유한 자다. 언어를 배우는 작은 일이든, 스스로 부자가 되어 원하는 삶을 사는 일이든, 세상에 영향을 끼쳐 인류를 진보하게 하는 일이든, 모두 하루라는 시간을 쓰는 습관의 결과다. 오늘의 시간이 축적되어 위대한 결과를 이룬다. 작아 보이는 습관이 500일, 1,000일, 3,000일, 40년이 쌓이면 인간은 세상을 바꿀 수 있다. 그 과정에서 부자는 당연히 된다. 돈을 좇는 자는 무지한 자다. 더 상위 가치를 위해 시간을 분배하는 자가 지성인이다. 습관을 절제하고 스스로를 바꿀 수 있는 자가 세상을 움직일 수 있다. 개인에게 습관은 기업에게 시스템과 문화다. 문화는 집단의 행동 방식이다.

1. 절제적 소비 Financial Discipline : Delaying Gratification

강남의 부동산 부자는 집 앞 블루클럽에서 머리를 한다. 난 지난 14년 내 머리는 내가 이발기로 했다. 빌 게이츠의 아버지는 스스로 부를 일궈 아들을 부자로 교육하는 데까지 성공한 거물이었다. 워런 버핏과 찰리 멍거는 두 사람 다 스스로 부를 일궜는데, 찰리는 비싼 법대를 나와 변호사로 일하며 젊을 때 항상 더 적게 쓰고(underspend) 수입의 대부분을 투자하여 부를 키웠다. 두 사람을 부자로 만든 비결은 모두가 알지만 모두가 실천할 수는 없는 것이다. 안전하고 느리게 성장하는 선택이다. 대부분의 사람이 빨리 돈을 벌고 싶어 해서 못 번다. 당장의 쾌감을 미루고 자신의 욕망을 절제하는 **인내**가 필요하다. 나도 워런에 영향을 받아 일찍 일과 투자를 시작했는데, 욕망을 절제하지 못하고 어린 나이에 이동 수단을 사는 데 부를 키울 자본금을 소비해 부자가 늦게 됐다. 낭만을 얻었지만 그 자본을 계속 투자했다면 나는 훨씬 빨리 경제적 자립과 마음의 평온을 얻었을 것이다. 나의 실수를 후대는 번복하지 않길 바라여 나는 어린 제자들에게 discipline을 강조한다. 부자가 됨에 가장 중요한 습관이 이것이다. 부자가 되면 자유롭고 평온(content)하며 만족스러운(satisfying) 삶을 즐길 수 있다. 하고 싶은 일을 하며 살 수 있는 자유보다 귀한 가치는 없다.

부는 나무를 씨앗부터 키우는 것과 같다. 씨앗을 발아할 때는 씨앗만큼 작은 화분에 과하지 않지만 충분한 물(관심과 양분)을 주어야 한다. 새싹이 커서 유년기에 이르면 조금 더 큰 화분으로 옮겨준다. 그 화분이 가득 차도록 뿌리가 무성해지면 조금 더 큰 화분으로 옮겨준다. 그러면 한 번에 한 쌍씩 피어나던 잎이 피보나치 수열(Fibonacci sequence : 1, 2, 3, 5, 8, 13, 21, 34, 55, 89, 144, 233, 377, 610, 987, 1597, 2584, 4181, 6765, ...)처럼 처음엔 더디다가 어느 순간 폭발적으로 성장한다. 부가 이렇다. 인류의 발전도 이렇다. 자연의 법칙은 모든 것에 적용된다.

버텨야 한다. 부자가 더 부자가 되고 빈자가 더 빈자가 되는 이유는 부자는 부의 성장에 관심과 양분을 지속적으로 주는 반면 빈자는 아무 생각이 없기 때문이다. 지구에 물의 양이 정해져 있듯 부의 양도 정해져 있다. 사람들이 필요로 하는 일을 더 잘하는 사람에게 부가 흐른다. 그러므로 사람들이 필요로 하는 일을 찾아 그 일을 더 잘하면 부가 끌려온다. 물이 저지대로 흐르듯, 가장 깊게 자신의 분야를 판 사람에게 많은 물이 흘러 모인다. 가난의 이유는 사람들이 필요하지 않은 일을 하고 있거나, 일을 못하기 때문이다. 일만을 잘해선 안 되고 다른 사람들과 소통하고 협력해 일할 줄 알아야 하는데, 이것을 영어로 work ethic이라고 한다. 기술이 뛰어나고 성실해도 소통이 안 되는 사람은 가난하다. 학교 공부를 잘하면 대체로 잘 사는 이유는 문제를 이해하고 출제자(고용주/소비자)가 원하는 답변을 줄 줄 알기 때문이다. 그러나 거대한 부자 중에 자퇴생(drop-outs)이 많은 이유는 그들은 머리가 비상하기(bright) 때문이다.

어렵게 처음 물길을 닦아(노동/기술) 당신에게 흘러들어온 돈(물)이라는 자원을 다 소진(소비)하지 말고 저평가된 자산에 투자하면 부자가 되는 일은 시간문제다. 그 시간을 **인내**할 줄 알면 부자는 반드시 된다.

Underspend and grow wealth.

Wealth는 써도 써도 계속 물이 차오르는 샘물이다. 양동이에 물을 받으려면 마중물이 먼저 있어야 한다. 적게 쓰고 보유한 물의 양을 늘리라.

2. 원칙과 거절 Principles & Refusals

메가스터디를 만든 손주은 선생님이 부자가 된 이유는 자기 일을 뛰어나게 잘했고, 학생들에 진심이었으며(care), 자식을 잃는 슬픈 상황에서도 일관성(consistency)을 갖고 일을 했고, 돈에서도 원칙을 정하고 그것을 지켰기 때문이다. 그는 자본의 운용에 줏대를 세워두고 그에 합당하지 않으면 행동하지 않았다.

It takes character to sit there with all that cash and do nothing. I didn't get to where I am by going after mediocre opportunities.

많은 현금을 쌓아두고 아무 행동도 취하지 않기를 선택하는 일은 아무나 할 수 없는 일이다. 작은 기회를 잡으려 애써왔다면 지금의 내가(억만장자) 되지 않았을 것이다.

— Charlie Munger

졸부는 경박하지만, 부자는 격조가 있다. 하지 않아야 할 행동과 말을 하지 않을 절제력이 있다. 코코 샤넬은 "우아함은 거절이다(Elegance is refusal)"라고 했다. 배움이 얕은 사람은 자신에 대한 이해가 모자라다. 당신이 무엇을 원하는 지를 정확히 알고, 그게 아닌 것을 거절할 줄 아는 태도는 자신에 대한 깊은 이해와 확신이 있을 때 가능하다. 부도 마찬가지다. 브루클린의 공공주택에서 극빈한 부모 아래 자란 하워드 슐츠는 끊임없이 자신을 개발하여 정제된 지성인의 언어로 말한다. 자신의 가난을 부모 탓하는 사람은 부자가 될 자격이 없다. 금수저 흙수저 하는 사람은 가난한 사고방식을 가졌고 그러니까 가난하다. 당신의 부는 전적으로 당신의 책임이다. 책임을 질 줄 아는 사람이 성공한다. 스타벅스 점장이 화장실을 이용하려던 흑인을 차별하여 사회적 물의를 빚었을 때 하워드 슐츠는 이 책임을 지고 그 실수에서 배워 큰 비용($50m)을 들여 전 직원을 교육했고 덕분에 더 나은 세상을 만들도록 선한 영향을 끼칠 수 있었다. 스타벅스가 '커피를 파는 곳'이라고 가치를 정의했다면 일어날 수 없었던 성장이었다. 고등학교를 중퇴한 부모가 누리지 못한 혜택을 새로운 시대의 사람들은 누릴 수 있도록 더 나은 문화를 만드는 데 가치를 둔 하워드의 원칙이 이룬 결과다.

모든 자본금에는 그 자본금으로 할 수 있는 일이 있다. 100만 원으로는 감가된 노트북을 중고로 사서 온라인 사업을 할 수 있다. 1,000만 원으로는 맛있는 간식을 개발해 노상에서 장사할 수 있다. 1억 원으로는 법인을 설립할 수 있다. 할 수 있는 일은 언제나 있는데 뭘 할지 모른다면 당신의 인식이 협소한 것이다. 배우라. 사고를 확장하라. 더 많은 기회를 볼 수 있는 사람이 더 부자가 될 수 있다. 좋은 기회를 잡아 잘 실행해야 부가 온다. 그 과정에서 사업, 투자, 행동 원칙을 정해 그를 지키라.

Set clear boundaries and stick to them.

Principle은 핀이다. 기준에 핀을 꽂아두고 그 기준을 통과하면 Yes, 기준에 미치지 못하면 No로 행동하면 된다. AI가 돈을 벌 수 있다면 인간보다 훨씬 빠르게 큰 부자가 될 것이다. 원칙대로 행동하지 못하는 감정적인 인간이 가난하게 산다.

3. 실행력 Execution : Stop Overthinking & Procrastination

밖에서 공부나 일을 하고 집에 와서 소파에 늘어져 스마트폰으로 쓸데없는 콘텐트를 소비하면 가장 소중한 자원인 시간을 가장 가치 없는 일에 쓰게 된다. 힘들게 들어간 대기업에서 일이 힘들다고 불평하면(overthink) 더 쉽고 편해 보이는 일을 하려고 눈을 돌리게 된다. 그러나 모든 일은 밖에서 보면 쉬워 보인다. 그 일을 하는 당사자가 되어 보면 많은 문제들이 크게 와닿는다. 무슨 일을 하든 그 일을 관두지 않고 계속하는 것이 성공의 첫 번째 법칙 Perseverance다.

스스로 부자가 된 사람들의 특징은 해결하기에 가치 있는 문제를 발견했을 때 즉각 실행(execute)하는 점이다. 가난하게 사는 대부분의 사람들은 '아직 준비가 안 되어서,' '내가 전문가가 아니어서,' '그 일을 해본 적이 없어서,' '다른 사람들이 먼저 생각했지 않을까'라고 변명하며 실행을 미룬다(procrastinate). 일단 저지르고 하면서 배우는 게 스스로 부자가 되는 태도다. 왜냐하면 성공은 무슨 일을 하느냐보다 무슨 일이든 어떻게 언제까지 하느냐가 결정하기 때문이다. 리차드 브랜슨이 푸에르토 리코에 가다가 비행기가 갑자기 결항되자 발이 묶인 그는 남은 여정을 전세기로 이동하기로 결정하고 함께 탔던 승객들에게 비용을 받으면서 그의 항공사 사업을 시작했다. 그렇게 된 버진 그룹의 이름은 사업이 처음이라는 뜻으로 처녀라고 지었다.

CEO의 E는 executive로, 행동을 실행할 권한이 있는 사람을 말한다.

사람은 생각하는 대로 된다. 사람은 습관의 산물이다. 스스로 생각해 실행할 능력이 있기 때문에 그런 역할을 수행(serve)한다. 부자는 그런 사람이다. 그러나 이 능력은 연습으로 기를 수 있는 능력이다.

내가 겪어본 많은 부자들은 크게 두 가지로 나뉜다. 이를 보면 그들이 계속 부자일지, 부의 대가 끊길지 알 수 있다. 한 부류는 놀라울 정도로 행동과 일의 진행이 빠르다. 결정을 하고 나면 즉각 결과를 낸다. 자수성가한 사람이 특히 그렇고, 부자의 사고방식을 물려주는 대대로 부자인 친구들도 그렇다. 다른 부류는 행동이 아주 느리다. 부를 물려받고 그를 당연시 하며 자신이 누리는 호화에 대해 평가하는 눈은 매우 높은데 정작 자신은 기술도 없고 의지도 없고 쓸모도 없다(entitled person). 이렇게 부자의 사고방식을 물려주는 데 실패한 부자들은 여기서 부의 대가 끊긴다.

Wealth = authentic idea for humanity + perfect execution

부 = 아이디어 + 실행

바보도 부자는 될 수 있다. 왜냐하면 부의 생성에 **실행**이 전부이기 때문이다. 많은 지식인이 부자가 되지 못하는 이유는 생각이 너무 많아 행동하지 않기 때문이다. 샌님이 가난한 이유는 멍청해서가 아니라 실행력이 없어서다. 변명하지 않고 그냥 하는 사람, 이룰 때까지 관두지 않고 계속하는 사람이 자유를 얻는다.

실행(Execution)의 내면에는 목표한 바를 반드시 이루겠다는 확고한 마음(determination)이 있다. 전쟁이 나서 나라가 공격을 받자 군에 자원해 세계 2차 대전에서 싸우고 돌아온 잭 테일러는 대학교를 중퇴하고 별다른 기술이 없어 중고차 딜러의 일을 시작했다. 서른다섯에 그는 상사에게 자동차 리스 사업 동업을 제안하고 $25,000를 빌려 7대의 차로 사업을 시작했다. 그런데 진전이 없었다. 마흔이 되어 그는 17대의 차로 자동차 렌탈 사업을 시작했는데, 그때는 수백만 대의 차를 보유한 자동차 렌탈 3대 대기업이 시장을 장악하고 있어 그들과 경쟁하기에는 막막했다. 그러나 잭은 손님을 진심으로 대했고(care) 그들과 거래를 너머 친구가 될 정도로 마음을 다했다. 그리고 잭은 반드시 목표를 이루겠다는 확고한 마음(determination)이 있었다. 하드웨어로는 보잘 것 없었지만, 소프트웨어로 사람들의 마음을 움직일 수 있었다. 잭 테일러가 세상을 떠날 때 그의 회사는 모든 자동차 렌탈 회사를 합친 것보다 더 큰 회사가 되었다. 워런 버핏이 그의 회사를 사겠다고 제안했지만 이를 거절했다. 그는 2대, 3대, 4대에게 가업을 물려주는 데 성공했다.

Don't overthink. Don't overplan. Don't overanalyse.

Just execute it. Learn as you go. Pefectly executed, you earn wealth and admiration.

실행력은 김연아다. "뭔 생각을 해. 그냥 하면 되지."

Execution은 엑스칼리버(Excalibur)다. 선택받은 자의 전설의 검을 갖고 있어도 그 검으로 아무 행동도 취하지 않으면 아무 일도 일어나지 않는다. 정확한 검술로 전쟁에서 이길 때까지 싸워야 최강의 제국을 건설할 수 있다. 전설이 되면 적들은 감히 평화를 깨지 못한다.

4. 에너지 관리 Energy Management

스스로 큰 부자가 된 사람들이 하지 않는 행동이 밤늦게까지 술을 진탕 마시고 잔뜩 취해 집에 오는 것이다. 다음 날 맑은 정신과 최고의 에너지로 일을 할 수 없게 되기 때문이다. 행동에 대한 결과를 알고 스스로를 절제하는 사람이 부자가 된다.

A chunk of what we do is getting things done with our own energy. It's energy management. A quality energy produces a quality output. Wealth is built from the quality of your work, not the quantity. More energy gets more things done. Wildly successful people often have wild energy. Even if you don't have a lot of energy, you can still manage it, direct it to the most valuable task each day, and see a great result that changes the world. Einstein did so.

인간이 하는 대부분의 일은 자신의 에너지로 해내어야 하는 일이다. 그래서 당신의 에너지를 관리해야 한다. 질 높은 에너지는 질 높은 결과를 낸다. 부는 일의 양이 만드는 게 아니라, 일의 질이 만든다. 에너지가 많으면 더 많은 일을 해낸다. 위대하리만치 성공적인 사람은 위대하리만큼 큰 에너지의 소유자다. 그런 에너지가 없더라도, 이를 관리하여 하루의 에너지를 가장 가치 있는 일에 써서 훌륭한 결과를 만들 수 있다. 그 결과가 세상을 바꿀 수도 있고, 잠이 많았던 아인슈타인도 그렇게 했다.

에너지를 관리하기 위해서는 영양과 햇빛, 운동도 있겠지만 무엇보다도 중요한 것은 잠이다. 잠을 조절하면 에너지를 항상 최대치로 쓸 수 있다. 레오나르도 다 빈치, 벤자민 프랭클린을 비롯한 인류의 천재는 잠을 나눠서 자는 우버 슬립(uber sleep)을 했다고 알려졌다. 이는 하루 8시간 자는 잠을 두세 번으로 나누어서 자는 삶의 방식이다. 하나의 업무에 깊게 몰입해 몇 시간을 작업하고 나면 뇌의 능률이 떨어짐을 느낀다. 그럴 때 20~30분 파워냅(power nap)을 하면 뇌의 피로물질이 줄어들어 다시 높은 에너지 상태로 돌아온다. 잠에는 90~120분 주기의 사이클이 있다고 알려졌는데, 고로 3~4시간 씩 나누어 자고 파워냅을 더하면 24시간을 모두 최대 효율로 쓸 수 있다. 대부분의 사람은 하루에 몰입해 일하는 시간이 길어야 서너 시간에 불과하다. 잠을 통해 에너지를 관리하면 하루 16시간을 몰입하는 게 가능하다. 천재적 업적은 이 시스템에서 나온다. 잠을 안 자는 건 멍청하고, 잠을 잘 자서 맑은 정신을 유지하는 게 중요하다.

Take sleep seriously. Prime the battery for high performance.

Energy는 전기차의 배터리다. 공기와 마찰 저항을 최소로 하여 나아가되, 브레이킹할 때는 회생제동을 하여 관성으로 얻은 에너지를 다시 앞으로 나아가는 데 쓰도록 저장할 수 있다. 최상의 업무능력(performance)은 같은 한 시간에 더 나은 질의 일을 더 빨리해 내게 하고, 최상의 업무능력은 배터리의 상태가 최상일 때 나온다.

5. 배우는 마음가짐 Learning Mindset

인간은 불완전한 존재다. 인간이 만드는 모든 것은 완벽할 수 없다. 배워서 더 나은 사람이 될 수 있는 사람만이 부자가 되고 부자로 남는다. 실수와 실패는 인간으로서의 당연함이다. 과정에서 배운다는 마음가짐이 계속 나아갈 수 있는 힘이 된다.

The greatest athlete of all time, Michael Jordan has become so by trying way more than anyone else did, and failing way more than anyone else did. It's scary to do things that you don't know. But you have to throw yourself at important things, so you get something out of it. Fear of failure is necessary to any success. It's okay to make mistakes. The critical thing is that you learn from the mistakes, and do better next time. You persevere. You know what doesn't work. The next step is succeeding, because you know what will work.

역사상 가장 위대한 운동선수 마이클 조던이 이런 명예를 얻은 비결은 그 누구보다도 더 많이 시도하고 그 누구보다도 더 많이 실패했기 때문이다. 모르는 일을 하는 건 두렵다. 그래도 중요한 일에 당신을 던져야 무언가를 얻을 수 있다. 실패의 두려움은 성공에 필요하다. 실수해도 괜찮다. 중요한 것은 실패로부터 배워서 다음에 더 잘하는 것이다. 버티라. 실패하면 무엇이 안 되는지 배울 수 있다. 무엇이 되는지 알게 되어 그다음 남은 것은 성공뿐이다.

계속 시도할 에너지가 있는 사람이 성공한다. 실패해도 다시 일어날 에너지가 있는 사람이 성공한다. 그 에너지는 반드시 해내야만 하는 이유다.

매일 배워 나날이 지혜로워지는 사람이 결국 크게 성공한다. 당신이 투자로 성공하고 싶으면 워런 버핏의 머리를 빌리고 싶을 것이다. 성공은 생각의 결과다. 배워서 당신의 머리를 그런 머리로 만들라.

Make constructive mistakes fast.

Learning mindset은 AI다. 학습 능력이 있는 기계는 세계를 지배할 수 있다. 이것을 당신에게 적용하라. 세상에서 가장 무서운 존재가 될 것이다.

6. 꾸준함 Consistency

인간의 한계는 신체의 성장에 20년이나 걸리는데, 젊음은 20년밖에 되지 않고, 곧 죽는다는 조건이다. 시간보다 귀한 자원은 없다. 이 시간으로 이룰 수 있는 업적은 그리 많지 한다. 당신이 어떤 사람인지를 빨리 알고, 당신이 진정 원하는 단 하나를 위해 시간을 전념해야 그 일을 누구보다도 뛰어나게 이룰 수 있다.

Any fool can do a simple task once. Anyone can read 10 pages of a book for a day. But what makes a difference is doing it consistently over a prolonged period of time. When you can do this, you can move mountains. But it doesn't apply to any task. When you find what you truly love or what you are very good at, you can do it for days on end.

어리석은 자도 간단한 일을 한 번은 할 수 있다. 아무나 하루에 책을 5장은 읽을 수 있다. 그런데 성공하는 극소수를 만드는 습관은 무슨 일이든 그것을 며칠이고 몇 년이고 계속하는 것이다. 이것을 할 수 있으면 불가능도 가능으로 만들 수 있다. 그렇지만 모든 일을 다 그렇게 할 수 있는 능력이 필요한 건 아니다. 당신이 며칠이고 계속할 수 있는 열정적인 일이나 진짜 잘하는 일을 찾으면 가능하다.

자동차 산업과는 전혀 관련 없는 크로아티아에서 태어난 1988년생 마테 리막은 19살에 오래된 BMW 3시리즈를 집에서 전기차로 바꿨다. 이것이 미디어를 타고 엔젤 투자자들을 끌어모았고, 이어서 23살에 아예 처음부터 순수 전기로 가는 슈퍼카를 만들었다. 그리고 회사를 만들어 포르쉐(폭스바겐 그룹)와 현대를 비롯한 회사에서 투자를 받아 포르쉐, 현대, 기아, 애스턴 마틴, 코닉세그 등에 배터리를 제공하며 세계에서 가장 빠른 전기 슈퍼카를 생산한다. 나아가 그는 폭스바겐 그룹 산하의 부가티와 합병하여 포르쉐와 지분을 공유하고 부가티를 디자인하고 제작하며 마케팅한다. 마테는 전기에 대한 기술과 차에 대한 열정을 결합해 이 하나만 팠다. 그리고 최고가 되었다.

Be consistent on one thing.

Consistency는 금광이다. 파도 파도 더 이상 금이 보이지 않아 포기한 금광을 다른 사람이 와서 조금 더 파고들어 갔더니 굉장한 금덩어리를 발견해 큰 부자가 되었다. 사람들에게 가치가 있는 일을 오랜 시간을 들여 파고들라. 여기저기 얕게 파는 것보다 당신에게 상대적 경쟁력이 있는 분야를 깊게 파면 거대한 금맥을 발견할 수 있다. 오래 할 수 있는 일을 해야 한다. 오래 하려면 과정을 좋아해야 한다. 나는 책을 쓰는 고통 그 자체를 가장 좋아한다. 대학교 시험을 준비하는 고통이 난 좋았나 보다.

7. 겸허 Humility

다른 사업으로 돈을 벌어 성공적인 카페를 만든 F는 그 카페를 사랑하는 많은 사람들의 지지로 하워드 슐츠가 해냈듯 세계에서 가장 큰 커피 회사를 만들 수도 있었다. 그 카페는 공간이 주는 위로가 있었다. 그러나 F는 자기 생각이 무조건 맞다고 믿는(self-righteous) 전형적인 한국 꼰대였다. 그는 조언을 듣지 않았고, 유연하게 배워 변화하고 성장하지 못했다. 그는 중년이 되도록 이룬 성공이 영원할 것처럼 행동했고, 중년에 비참하게 실패했다.

반면 같은 시간 동안 4평짜리 작은 공간에서 시작한 모모스는 끊임없이 배우고 성장하여 한국 최초로 월드 바리스타 챔피언을 배출하고 한국을 대표하는 카페가 되었다.

We all are vulnerable to criticisms directed to ourselves or what we did. But these feedbacks are precisely the seeds that allow us to grow bigger and stronger. Feedbacks help us to become better. The work we do takes learning. A lot of learning. AI seems remarkable because the speed of learning is way faster than humans. Take advantage of this learning speed. This is the only way to make your wealth come true faster. When you learn fast, you can get rich faster than winning a lottery. The poor can't see beyond some amount of money. But wealth is more than that.

자기가 한 일에 대해 비판을 처음 받으면 누구나 기분이 좋지 않다. 그러나 이런 피드백이 더 크고 강하게 클 수 있는 성장의 씨앗이다. 피드백은 당신이 더 나은 사람이 될 수 있게 돕는다. 인간이 하는 모든 일은 끊임없이 배워 개선해야 한다. AI가 놀라운 이유는 배움의 속도가 인간보다 훨씬 빠르기 때문이다. 이 배움의 속도를 이용하라. 이것이 빠르게 부자가 되는 유일한 길이다. 빠르게 배우면 로또에 당첨되는 것보다 빠르고 확실하게 부자가 될 수 있다. 빈자는 돈의 액수 그 너머를 보지 못한다. 그런데 부는 그 이상의 것이다.

Accept your imperfections. Seek feedback. Never fall into self-righteousness.

Humility는 만년 학생증이다. 졸업했다고 안주하는 사람은 성장하지 않는다. 구글은 회사를 대학교처럼 '캠퍼스'라고 부른다. 학교를 졸업하면 배움은 끝이라고 생각하면 부자가 될 기회도 끝이다. 성공 비법은 학교도 모른다. 평생 배우고 성장할 수 있다고 생각하면 영원한 부자가 될 수 있다. 벌었다고 자만하지 말고, 잃었다고 슬퍼하지 말라. 그리고 누구에게도 나쁘게 행동하지 말라. 오늘의 적이 내일의 조력자가 될 수 있다. 애플은 마이크로소프트의 지원으로 살아났지만, 삼성은 엔비디아의 지원을 받지 못했다. 언제나 겸허하라. 우리는 인간이다.

There is a 1,000-year-old ginkgo tree in Wonju. A 400-year-old ginkgo tree resides in Jongro. Someone's sitting in the shade today because someone planted a tree a long time ago. Do something for the future generations, and your life will transcend a mere mortal in the perspective of the universe. Make your life count.

원주에는 1,000년이 된 은행나무가 있다. 종로에도 400년 된 은행나무가 있다. 지금 누군가가 그늘에 앉아 있을 수 있는 이유는 다른 누군가가 아주 오래전에 나무를 심었기 때문이다. 다음 세대가 필요할 무언가를 하라. 그러면 우주의 관점에서 미물에 불과했을 당신의 인생은 더 높은 차원으로 승화한다. 당신의 시간을 헛되이 쓰지 말라.

부자의 우선순위

The Poor 빈자	The Wealthy 부자
1. Wants 욕구	1. Needs 필요
2. Needs 필요	2. Savings & Investments 저축과 투자
3. Savings & Investments 저축과 투자	3. Wants 욕구

인간 조건 중 하나는 자원의 한정이다. 가장 한정적인 자원은 나와 남의 시간이다. 시간을 가장 가치 있는 일에 쓰는 사람이 부자가 되고, 남의 시간을 아껴주는 일이 돈을 벌어준다. 의학을 공부해서 스스로를 치료하는 것보다 의사에게 가는 게 시간을 아낀다. 훌륭한 제품이 시간을 벌어주며 시간의 질을 높여주고, 효과적인 교수법이 시간을 벌어주며, 사람들이 가고자 하는 곳에 위치해 입지가 좋은 부동산이 사람들의 시간을 벌어주어 가치가 올라간다. 빈자는 자신의 시간을 고려하지 않고, 남의 시간도 고려하지 않는다. 그래서 가난하다.

자원을 가치 있게 쓰기 위해서는 우선순위를 정한 뒤(set your priorities right) 그에 맞춰 행동해야 한다. 빈자는 욕구대로 행동한다. 그래서 욕구를 채우는 소비가 먼저고, 필요는 그다음이다. 부자는 생각하고 행동한다. 필요를 먼저 충족한 다음, 욕구는 가장 나중이다. 부자는 열심히 일해 번 돈으로 아이스크림을 사 먹기에 앞서 사업에 재투자한다. 부자는 저축과 투자 금액을 미리 정해놓고 그 돈을 확실하게 안전한 자산에 배분해놓은 다음에 남은 돈으로 욕구의 손을 들어준다. 빈자는 수입이 생기면 치킨부터 사 먹는다. 감정을 통제하지 못해 빈자는 빈자로 남는다.

This is the reason for the wealthy having money that works for them, while the poor work for money.

부자는 일해주는 돈이 있는 반면, 빈자는 돈을 벌기 위해 일한다.

100 years ago, working hard was the way to get rich. Some years ago, having more information was the way to get rich. Now though, it's the vision to see what to do with the information available at our fingertips.

100년 전에는 열심히 일하는 것이 부를 이루는 방법이었다. 얼마 전까지는 더 많은 정보를 가진 사람이 부자가 되었다. 지금은 그러나 손안에 쥐어진 정보로 무엇을 할 수 있을지 아는 비전이 부자를 만든다.

This is why you need to learn English now. So you can ask an AI in English and understand what it tells you. The Korean language is superficial. English explores profound concepts and reaches into the heart of truth. To grow rich, you need to understand a fundamental truth and reverse-engineer it, so that you provide something better than anything that existed before in the human world. Early on, Warren Buffett made the mistake of buying into the wrong industry, the American textile business Berkshire Hathaway. From this he learned the importance of having a durable competitive advantage the hard way. This deep understanding lets you earn it. This is how Elon Musk makes cheaper rockets.

지금 영어를 배워야 하는 이유가 이것이다. 그래야 AI에게 영어로 물어볼 수 있고, 이게 무슨 말을 하는지 이해할 수 있다. 언어는 사고방식이다. 한국어는 표면적이다. 영어는 개념의 본질을 탐구하고 근본적인 진리에 이를 수 있게 돕는다. 부를 키우기 위해서는 근원적인 진리 하나를 **이해**한 다음 이를 역으로 **설계**하고 정확하게 **실행**해야 지금까지 인간 사회에 존재했던 무엇보다도 더 뛰어난 무언가를 만들 수 있다. 투자를 처음 시작할 때 워런 버핏은 지고 있는 미국 섬유 산업의 버크셔 헤서웨이에 잘못 투자한 실수로 배웠다. 오래 지속되는 경쟁력을 갖추는 것이 중요함을. 진리에 대한 이해가 강한 경쟁력이 된다. 이것이 일론 머스크가 로켓을 낮은 비용으로 만드는 방법이다(first principle 제일 원리).

The poor take a gamble with their hard-earned money. The rich take calculated risks and make informed decisions.

빈자는 힘들게 일해 번 돈을 불확실한 곳에 헛된 희망으로 쓴다. 부자는 위험 요소를 계산하고 충분한 정보를 얻은 다음 결정을 내린다.

The distance between dreams and reality is called discipline.

꿈과 현실 사이의 거리를 '해야할 일을 하는 것'이라고 부른다.

— Paulo Coelho

Spending on swag is a poor mentality. The vulgar spend on fancy houses, cars, and outfits. Focusing on your craft is a wealthy mentality. Steve Jobs watched Toy Story over and over again to refine the minute details like the shadows of a character. When he's finally satisfied, he moved on to the next problem to perfect. He meticulously examined the specifics of the iPhone box and gave serious thought to the elegant gestures to interact with a machine. And then he moved on to the next. One man's serious thinking has changed the lives of the people for the better. By dedicating yourself to your work, wealth effortlessly accumulates. Make the people happy through your work, and Nature blesses you with wealth.

허세에 자원을 쓰는 건 빈자의 사고방식이다. 빈자는 화려한 집과 차, 옷부터 산다. 빈자는 급하게 자랑한다. 부자는 업에 집중한다. 스티브 잡스는 토이스토리 속 캐릭터의 그림자까지 수없이 돌려보며 완벽하게 만들고서야 만족의 한숨을 쉬고 다음 문제로 넘어갔다. 아이폰 상자의 작은 디테일과 손가락 제스쳐의 우아함까지 완벽하게 만들고는 다음 일로 넘어갔다. 한 사람의 몰입이 인류 전체의 삶을 증진했다. 자기 일을 완벽하게 만드는 데 집중하면 부는 자연히 쌓인다. 당신의 일로 사람들을 행복하게 하면 자연은 당신을 부로 축복한다.

With the courage to venture out

and the discipline to persevere

victory becomes a matter of time.

모험을 떠날 용기와

시련을 견뎌낼 절제력이면

성공은 시간문제가 된다.

 **머리가 좋아지는 5가지 방법**

생명은 사랑의 결과이고, 부는 머리의 결과다. 머리를 좋게 하면 더 부자가 된다. 당신의 지성을 계발하는 투자는 당신의 가치를 높인다. 부자는 돈이 많은 사람이 아니라, 가치가 높은 사람이다. 사람들이 당신을 필요로 하는 것을 가치라고 한다. 이것이 CEO의 연봉이 높은 이유다. 그의 머리를 대체할 사람이 희소하기 때문이다. 배우는 사람이 성장하고, 성장은 성공보다 더 좋은 것이다. 배운다는 말은 자기 생각과 행동을 바꿀 수 있다는 뜻이다. 생각을 유연하게 할 수 있는 사람이 부자가 되고, 부자는 생각을 유연하게 한다. 틀렸으면 빠르게 인정하고 배워서 더 나은 사람이 되는 게 부자로 성장하는 선택이다.

1. 배움 Learning

뇌는 근육이다. 운동과 자극으로 더 좋게 만들 수 있는 근육이다. 뇌를 계발하는 것은 교육과 훈련이다. 가장 좋은 배움은 좋은 선생님을 만나는 것과 스스로 생각하는 능력을 계발하는 것이다. 좋은 대학교가 좋은 선생님을 보장하지는 않는다. 좋은 선생님이 무슨 학교든 그곳을 좋은 곳으로 만든다. 스스로 생각하는 능력은 독서에서 온다. 콘텐트를 소비하는 것과 책을 읽는 것은 다르다. 빠른 정보 습득은 콘텐트를 통하면 고통이 덜하지만, 생각하는 능력을 계발하는 것은 독서다. 학교보다 빠른 정보 습득은 영어 인터넷 검색으로 할 수 있다. 여기서 당신의 안목과 선택이 행복/부자이냐, 불행/빈자이냐의 인생의 방향을 결정할 것이다.

2. 호기심과 배우려는 마음가짐 Curiosity and Learning Mindset

"I am still learning 나는 여전히 배운다"고 미켈란젤로가 말했다. 자신이 모른다는 사실을 알고 이 무지를 앎으로 채우기 위해 노력하는 자의 성장을 그 누구도 막을 수 없다. 많은 부자의 공통점이 엔지니어인 점이 아니라, 모든 것이 어떻게 작동하는지 궁금해하는 점이다. 호기심이 당신을 똑똑하게 한다. 질문이 없는 사람은 생각하지 않는 사람이다. 닥치고 불필요한 정보를 외우게 만드는 교육이 바보와 빈자와 불행한 사람을 낳는 이유다. 질문도 연습하면 는다. 당장의 무지를 들킬 것을 부끄러워하지 않으면 된다. 결국 정확히 이해한 사람이 의도한 결과를 시현한다. 부끄러움에는 가치가 없다. 가치는 용기에 있다.

3. 지적 활동 Mental Stimulation

특정한 활동들은 두뇌력(brainpower)을 향상한다. 배움은 머리를 자극한다. 게임을 하는 것, 책을 읽는 것, 언어를 배우는 것, 악기를 배우는 것, 무엇에 대해 깊이 생각해 보는 것, 다른 사람들과 어떤 개념에 대해 토의해 보는 것, 어떤 문제의 참신한 해결책을 찾아보는 것 등이 머리를 자극한다. 근력 운동에 중독이 될 수 있는 것처럼, 뇌 운동에 중독이 되기도 한다. 나는 뇌를 자극하는 느낌이 세상에서 가장 좋다. 그래서 계속 새로운 분야를 파고든다. 둘 다 백지를 작품으로 만드는 창작 활동이다. 워런 버핏은 나이가 지긋해도 지난 수십 년간 그랬듯 똑같이 출근하는 이유로 자신에게 경영은 창작 활동과 같다고 했다. 회사는 캔버스고, 그를 믿고 전 재산을 맡기는 수많은 사람들의 신뢰를 책임감을 갖고 운용하며, 어떻게 작품을 만들든 아무도 뭐라고 하지 않아 좋다고 한다. 그런 워런도 예전엔 책을 많이 읽었지만 나이 들어서는 뇌를 자극하는 인터넷 게임을 12시간씩 한다고 한다.

4. 건강한 생활 습관 Healthy Lifestyle

좋은 수면과 좋은 음식 그리고 햇빛과 자연에서 적당한 운동이 뇌의 운동을 돕는다. 당신을 차분하고 평온한 상태로 유지하는 환경과 습관에 당신을 두라. 당신부터 당신을 사랑하면 타인도 당신을 사랑할 수 있다. 자기 관리를 하는 사람이 더 매력적이고 더 잘 사는 이유가 이 긍정적 에너지의 이끌림 덕분이다(attraction of the positive energy).

5. 사람들과 함께하는 활동 Social Interactions

의미 있는 토론과 의논은 당신을 더 똑똑하게 한다. 질이 낮은 수업은 정보의 전달에 그친다. 질이 높은 수업은 함께 의미 있는 주제에 대해 각자의 생각을 말해보아 그 참여자가 이 시간을 통해 더 나은 사람으로 거듭나 더 나은 삶을 살도록 돕는다. 더 나은 삶은 더 나은 머리가 만든다. 더 똑똑한 사람이 더 부자가 된다. 이 당연한 진리는 머리를 써서 겉으로 보이지 않는 뇌를 계발하는 습관으로 당신의 현실이 될 수 있다.

단단한 휴대전화를 딱딱한 바닥에 떨어트리면 깨진다. 충격에 유연하게 휘어지는 범퍼 쿠션이 있는 케이스에 담긴 휴대전화는 깨지지 않는다. 머리가 좋아지는 일은 머리의 **유연성**을 높이는 일이다. 생각이 변하는 일을 배움이라고 한다. 실수를 하여 충격을 받으면 빠르게 생각을 유연하게 바꾸고 그 상황에서 배워 생각과 행동을 조정하면 성장할 수 있다. 불완전한 존재인 인간은 틀릴 수밖에 없다. 부자로 성장하는 사람은 틀렸을 때 자신의 오류를 인정하고 배워서 더 나은 사람이 되고, 실패해도 포기하지 않고 실패의 원인을 파악하고 계속 시도하여 결국 성공을 이룬다.

# 부의 종류 10가지

부에는 10가지 종류가 있다. 그중 가장 귀한 부는 시간이다. 시간은 당신의 생명과 동일하다. 당신이 살아있지 않으면 아무리 귀한 것도 의미가 없다. 옷과 음식은 얼마든 구할 수 있지만, 아무리 물질이 많아도 시간은 더 구할 수 없다. 시간을 정확하게 쓰는 사람이 부자가 되고, 부자는 자신의 시간을 통제할 수 있는 사람이다. 부는 선택의 풍요다.

그러나 시간을 돈으로 바꾸는 단계는 부자로 가는 단계의 가장 기본 단계다. 시급을 받는 파트타이머 일을 해보면 시간의 가치를 깨달을 수 있다. 똑같은 한 시간에 누구보다 큰 가치를 생산해 제공할 수 있는 사람이 부자가 된다. 오래 산다고 만족스러운 인생을 사는 게 아니듯, 한 시간을 살더라도 잊을 수 없이 만족스러운 한 시간을 만든다면 곧바로 죽어도 여한이 없을 것이다. 그런 선택을 하고, 그런 사랑을 하라.

사업은 사용자의 시간을 두고 경쟁하는 전투다. 사람들이 기꺼이 시간을 쓰고 싶어 하는 제품이나 서비스를 만드는 사람이 성공한다.

모든 비즈니스의 근본은 **시간**이다. 부동산값이 오르는 이유는 입지가 좋기 때문이고, 입지가 좋다는 말은 많은 사람들이 그곳에서 시간을 보내고 싶다는 뜻이다. 사람들이 시간을 보내고 싶은 것을 만들면 부자가 된다. 같은 문제를 해결해 주더라도 서비스는 제공자마다 가격이 다른 이유는 어떤 서비스는 시간을 갉아먹고 어떤 서비스는 시간을 벌어주기 때문이다. 좋은 학교, 좋은 학원, 좋은 선생님에게 배우는 이유가 바로 이것이다. 무능한 선생에게 배우면 못 배우니 못한 인생의 마이너스가 된다. 최고를 고집하면 돈값을 한다. 가격에는 반드시 이유가 있다. 가치의 격이 다르다. 불필요한 지출은 하지 않되, 싸구려는 되지 말자.

시간의 가치를 이해하는 경험을 하지 않고서는, 이 기본을 다지지 않고서는 더 높은 차원에 이를 수 없다. 시간의 가치를 이해하지 못하는 자는 아무리 돈이 많아도 가난하다. 그런 인생에는 의미가 없기 때문이다.

시간의 가치를 체득하는 이 기본 과정에서 부자와 빈자를 가르는 것은 태도다. 이 과정에서 돈만 버는 사람은 부자가 되다 만다. 앞으로 다시 얻을 수 없는 경험과 통찰력을 이 실질적인 현장 업무를 통해 얻을 수 있다. 뇌를 계발하는 관찰력과 호기심은 이때 연습할 수 있다. 각각의 일에는 때가 있다. 다양한 경험은 인생을 살아가며 두고두고 꺼내보며 지혜를 얻을 수 있는 서랍 속 고전 같은 것이다.

진정한 부는 가진 것에 만족하는 마음 상태다. 돈의 양은 결코 빈 마음을 채워주지 않는다. 돈이 얼마가 있든 그 돈으로 무엇을 하느냐가 진정한 부자를 정의한다. 나의 마음은 내가 나를 알고, 내가 무엇을 할 때 가장 만족하는지 알며, 내가 태어난 이유를 알아 그 일을 할 때 채워진다. 그래서 '나를 아는 것'이 모든 지식의 첫 번째가 되어야 한다. 돈이 목적이 되면 돈이 없을 때도 불행하고 돈을 벌고 나서도 불행하다. 돈의 본질이 수단이기 때문이다. 돈을 어떻게 버느냐, 돈으로 무엇을 하느냐가 만족과 행복을 당신의 삶에 들인다. 진정한 부자가 되는 방법이다.

돈은 머리를 쓰면 벌 수 있다. 돈은 진득하게 일하면 벌 수 있다. 돈은 바보도 번다. 그러나 제대로 쓸 줄 모르는 돈은 무지하고 의미 없는 돈이다. 돈은 수단이고, 좋은 목적을 실현하기 위해 쓰일 때 빛난다. 다른 사람들을 끌어올리는 목적을 위해 쓰는 돈이 좋은 돈이고, 다른 사람들을 기분 나쁘게 하고 끌어내리는 돈은 나쁜 돈이다.

돈은 수단(means)이다. 도구에 불과하다. 위대한 예술가는 도구를 탓하지 않는다. 도구가 많다고 존중받아 마땅한 게 아니라, 무슨 도구든 그걸로 비범한 효과를 만들어내는 사람이 존중받아 마땅하다. 고로 도구를 끌어모으는 데 열중인 사람은 무지하다. 존중받아 마땅한 사람은 도구를 잘 쓰는 사람이다. 존중받는 사람은 진정으로 행복한 사람이다. 타인에게 인정을 받는 사람은 이생에서 여한이 없는 사람이다.

10가지 부

Time 시간

Health 건강

Security 안전

Quality sleep 숙면

Inner peace 마음의 평화

Financial stability 경제적 안정

Unconditional love 무조건적인 사랑

Appreciation of your existence 내 존재에 대한 인정과 존중

Freedom of choice 선택의 자유

Meaningful relationships 의미 있는 관계

시간

시간은 당신의 생명이다. 시간에 대한 통제(control)를 가진 사람이 부자다. 시간의 가치를 이해하고, 시간 자원을 잘 쓰면 부자가 된다.

건강

당신이 원하는 일을 하기 위해 움직일 수 있음은 그 자체로 부다. 건강한 신체를 타고났다면 그것이 타고난 부다.

안전

당신의 활동을 안전하게 할 수 있는 상태는 중요한 부다. 자산을 안전하게 키워나가는 것, 전쟁으로부터 안전한 것, 기상현상으로부터 안전한 것도 부다. 그래서 부자는 안전한 나라를 먼저 선택하고, 안전한 동네를 선택하며, 안전한 집을 선택한다. 밤에 나가도 안전한 나라에 이미 태어났다면 그것도 부다.

숙면

정신적으로 불안하거나 물리적으로 불편하면 잠을 깊이 잘 수 없다. 부는 맑은 정신에서 오고, 맑은 정신은 숙면에서 온다.

마음의 평화

당신의 경제를 남에게 의존하면 그에게 휘둘리게 된다. 그래서 자기의존(self-reliance)이 부의 초석이다. 부자는 지혜롭다. 지혜로운 선택이 마음의 평화를 들이기 때문이다. 지혜는 직간접적 배움을 통해 얻으며, 나이가 어려도 지혜로울 수 있는 이유는 간접 경험을 할 수 있는 책 덕분이다. 그래서 부자는 책을 읽는다. 책은 평화를 준다.

경제적 안정

은행 계좌의 넉넉한 잔고는 마음에 안정감(contentment)을 준다. 이를 확실하게 안전한 자산에 넣어두고 해마다 있는 인플레이션과 물가 상승에 대비해 꾸준히 가치를 불리면 부자가 되고 계속 부자로 산다. 꾸준히 들어오는 생활비는 부가 아니다. 넉넉한 곡식 창고와 해마다 곡식을 수확할 수 있는 논과 밭이 부다.

무조건적인 사랑

타고난 가족과 당신이 만드는 가족이 있다. 이 중의 한 곳, 혹은 둘 모두에서 무조건인 사랑을 주고받고 있다면 이보다 큰 부는 없다. 사랑이라는 단어는 영어에서도 가장 큰 의미를 품은 단어이기도 하다. 사랑은 열정이고, 열정은 강한 에너지이며, 강한 에너지가 있으면 무엇이든 해낼 수 있고, 에너지가 큰 존재에게 더 많은 자원이 이끌려온다. 무조건적인 사랑을 받고 자란 아이는 큰 시련도 이겨낼 수 있고, 시련을 이겨내는 것이 곧 자유로 가는 길이다.

내 존재에 대한 인정과 존중

인간 심리의 가장 근원적인 욕구인 이것은 삶의 질을 근본적으로 바꾸는 것이기도 하다. 당신이 한 일을 다른 사람이 인정해 주고 이를 높게 평가해 주면 행복이라는 단어 그 이상의 감정을 느낄 수 있다. 돈만을 좇아서는 이것을 얻을 수 없다. 당신의 일을 최고로 잘하려고 끈기를 갖고 오랜 시간 애쓰면 그 몰입의 행위에서 기쁨을 느끼고, 당신만의 강력한 기술이 있음에 만족을 느끼며, 더불어 부와 명예가 이끌려온다. 당신이 사람들을 위해 하는 일을 사람들이 인정해 줄 때 가장 큰 만족감을 느끼게 된다. 존재의 가치를 인정받기 때문이다. 당신은 돈을 벌기 위해 존재하는 게 아니라, 당신의 가치를 인정받기 위해 존재한다.

선택의 자유

부자의 기본적인 정의는 선택의 자유다. 부자는 아침에 일어나 자신을 가장 기쁘게 하는 일을 선택해 할 수 있다. 자신이 만든 회사를 성장시키는 일에서 가장 큰 만족을 느낀다면 그 일을 하고, 고요한 섬이나 바다에 가 햇볕을 쬐며 선베드에 누웠다가 물에 몸을 담갔다가 미식을 하는 게 가장 만족스럽다면 그렇게 할 수 있다. 물질적 풍요를 다 경험해 보고 나면 이것의 부질없음을 깨닫는다. 없음과 비움, 가벼움과 간소함을 선택할 수 있는 것은 고상한(sophisticated) 부자의 자유다. 애매한 부자나 졸부 혹은 빈자가 화려하고 사치스러운(ostentatious) 소비를 하는 연유를 부자가 되어보면 알 것이다. 돈이 있다고 인생의 문제가 사라지지 않는다. 문제는 모든 인간에게 있다. 생각의 성숙이 문제를 없앤다.

의미 있는 관계

행복이라는 감정은 관계 속에서만 느낄 수 있다. 혼자서는 평화로울 수는 있으나 행복할 수는 없다. 의미 있는 관계는 당신의 존재를 격상하고 감정을 승화시켜 삶을 풍요롭게 한다. 부자가 되어 가장 좋은 혜택도 우아하고 고상하며 자기 일을 최고로 잘하는 데다 타인을 존중할 줄 아는 사람들과 삶의 시간을 나눌 수 있는 것이다. 부자가 되면 친구의 질이 높아진다. 좋은 관계가 당신의 삶의 질을 가장 높인다.

《부자의 111가지 생각하는 법》은 부자가 되는 원칙을 한 권에 담아 전달하는 동시에 영어에 익숙해지도록 함께 도와준다. 영어의 고급 단어들을 배우면 인식의 확장을 느낄 수 있다. 새로운 단어를 배우면, 그 단어만큼 생각할 수 있고 세상과 인생을 널리 그리고 깊게 볼 수 있다. 이 10가지 부를 이루는 단어들에 대해 생각해 보면 당신이 품은 부를 인지할 수 있을 것이다.

한국엔 코너마다 있는 스타벅스가 총 1,870곳 있다. 미국엔 17,068곳이나 있다. (2023년 12월 기준) 한국 인구는 5천만 명에서 줄어들고 있지만, 미국 인구는 3억 3천3백만 명에서 늘어나고 있다.

자유를 얻으려면 다양성(diversity)을 인정해야 한다. 부를 얻으려면 변동성(volatility)을 견뎌야 한다.

한국인의 머리는 비상하다. 우리만큼 생존력이 강하고 적응력이 비상하며 배움과 성장의 속도가 빠른 민족은 많지 않다. 우리의 걸림돌은 한국어라는 고립어와 사고방식뿐이다. 우리의 비상한 뇌가 제대로 비행하려면 영어라는 사고방식에 익숙해져야 한다. 세상과 인생을 바라보는 사고를 확장하는 경험을 진정한 영어를 배움으로 하게 될 것이다.

I constantly see people rise in life who are not the smartest, sometimes not even the most diligent. But they are learning machines. They go to bed every night a little wiser than they were when they got up. And boy, does that habit help particularly when you have a long run ahead of you.

끊임없이 보는 특이한 현상은, 똑똑하지도 않고 성실하지도 않은 사람들이 성공하는 것이다. 이런 사람들은 배우는 괴물이다. 아침에 일어났을 때보다 자러 갈 때 조금 더 현명한 사람이 되는 사람들이다. 놀랍게도 이 습관이 긴 경주를 해내는 데 특히 도움이 된다.

— Charlie Munger

부자가 되는 10가지 방법

0. 정직 Integrity

아시아에서 가장 큰 헤지펀드 회사는 17년간 열심히 일해 5조 원이상의 자산을 관리하는 기업으로 성장했는데, 단 한 번의 내부 지식을 활용한 부정한 거래로 회사 문을 닫게 되었다. 아카데미 어워드를 비롯한 큰 상을 받고 영국 기사 작위까지 받은 미국 배우는 자기 일은 뛰어나게 잘했지만 젊을 때부터 남성 아이들을 성추행하고 그 습관을 못 고쳐 피해보상을 하느라 파산에 이르렀다. 정직은 기본이다. 기본이 안 된 모든 성취는 무너진다. Integrity는 '겉과 속이 같다'는 뜻이다. 부자가 되고 싶다면 부자답게 행동하라.

1. 경제에 대한 이해 Financial Literacy

기계가 어떻게 작동하는지를 이해하면 기계를 만들고 관리할 수 있듯이, 돈이 어떻게 작동하는지를 이해하면 돈을 만들고 관리할 수 있다. 돈의 본질은 도구이며, 돈의 속성은 물이다. 돈은 가치의 교환 수단이다. 다른 사람이 필요한 것을 제공해 주고 그 대가로 주고받는 수단이다. 저축, 예산, 투자, 자산 관리, 인플레이션, 금리, 리스크 관리, 노후 관리, 세금 관리 등을 통틀어 금융 지식(financial literacy)이라고 말할 수 있다. Literacy는 읽고 쓸 수 있는 능력을 말한다. 이 책의 3장에서 다룬다.

2. 수입 만들기 Income Generation

부를 축적하기 위해 든든한 수입의 원천을 여러 가지 갖춰야 한다. 다른 사람을 위해 일해주고 벌 수도 있고(employment), 기업가 정신을 발휘해 모험할 수도 있고(entrepreneurship), 돈을 일하게 해 수입을 버는 투자를 할 수도 있고(investment), 스스로에게 일을 시켜 수입을 직접 벌 수도 있다(self-employment). 무슨 일을 하든, 다른 사람에게 **가치**를 제공하는 일이 수입을 만드는 일이다. 가치를 더 잘 제공할수록 더 큰 수입을 받는 일은 진리다. 그러므로 당신이 잘할 수 있는 업을 찾아 그 일을 누구보다 잘하는 데 집중하는 게 부의 기초다.

3. 저축과 투자 Savings and Investment

아무리 많은 돈을 벌어도 그 돈을 다 소비하면 부자가 되지 않는다. 돈을 벌기 위해 계속 노동하는 결과를 초래하고, 그런 사람을 빈자라고 부른다. 부자는 돈을 일하게 해 돈을 벌고, 그 돈으로 소비하는 사람이다. 노동 수입이 아닌 투자 수입을 소비한다. 그러므로 부자가 되고 싶다면 반드시 수입의 일정 퍼센트를 저축하고, 일정 수익률로 꾸준히 투자하여 복리의 마법을 누릴 수 있어야 한다. 현금은 공기에 노출된 물이다. 현금 가치는 매년 증발하니 일정 수익률로 계속 자산 가치를 올려야 한다.

4. 절제적 소비 Financial Discipline

부자는 자원에 통제력을 가진 사람이다. 당장의 욕구를 참고 해야 하는 행동을 하여 시간에 통제하는 규율처럼, 당장 하고 싶은 소비를 절제하여 돈을 통제하는 규율도 부자가 되기 위한 필수 사고방식이다. 모든 문제엔 해결책이 있다. 창의적으로 생각하면 불필요한 부채를 떠안지 않을 수 있다. 돈에서도 장기적 안목을 갖으라.

5. 리스크 관리 Risk Management

리스크 없이 부자가 되는 일은 매우 어렵다. 변동성은 부자의 친구다. 안정적인 직장을 추구하는 사람 중에 부자는 매우 찾기 어렵다. 부를 형성하는 데 리스크는 다뤄야 하는 요소다. 그러나 이 리스크는 불확실성을 의미하진 않는다. 리스크도 정확히 파악할 수 있고, 계산할 수 있다. 당신이 알고 다룰 수 있는 리스크를 짊어지라. 리스크는 나쁜 것이 아니라, 사람마다 다른 의견이다. 운에 맡기는 것은 빈자의 사고방식이고, 리스크를 알고 관리하는 것은 부자의 생각법이다. 영어 단어 management의 의미는 '예상치 못한 일에 대비하고 대처하는 일'이다. 결국 어떻게 될 것이라는 확신이 있으면 단기적 변동성에서 불안하지 않고 버틸 수 있다. 큰 부는 이 기다림으로 만들어진다. 이해와 인내가 성공의 주축이다.

6. 끊임없는 배움과 적응 Ceaseless Learning and Adaptation

우주는 변한다. 경제 환경은 항상 변하고 진화한다. 유연하고 배우는 사람이 성공하는 이유다. 시장이 어떻게 변하고 있고 어떤 투자 기회가 있는지 항상 배우는 행동을 습관화하면 힘이 들지 않고 기회가 왔을 때 즉시 행동할 수 있다. 배우지 않거나 움직이지 않으면 퇴화한다. 금은 19세기 가치의 저장고(store of value)였고, 앞으로의 세계에서는 비트코인이 가치의 저장고 역할을 할 것으로 예견된다. 패러다임이 바뀌고 있다. 이미 우리는 실물 화폐를 쓰지 않고 전자 거래를 하고 있다. 자신이 이해하지 못하는 것을 감정적으로 싫어하거나 틀렸다고 판단하는 것은 오만하다.

It's easier to hate what you don't understand. When you understand, everything is beautiful.

이해하지 못하는 것을 싫어하긴 쉽다. 그런데 이해하면, 모든 것이 아름답다.

7. 장기적 시각 Long-Term Perspective

빠르게 돈만 벌려 하면 빠르게 망한다. 급하게 올라간 가격은 급하게 내려간다. 못 배운 인간은 오만하고, 오만한 인간의 자연의 법칙이 자신에게는 적용되지 않을 거라 오판하고는 결국 다음 부자에게 자리를 준다. 부를 쌓아 올리는 일은 **인내**와 **끈기**를 수반한다. 왜냐하면 진짜 큰 부는 단타 수익이 아니라 긴 시간에 걸쳐 큰 가치를 사람들에게 제공함으로 얻기 때문이다. 부의 수준을 결정하는 가장 큰 요인은 장기적 시각이다. 시간을 길게 보라. 업을 결정할 땐 90살이 된 당신의 모습을 상상해 보고, 투자를 결정할 땐 적어도 2~3년 후를 보며, 사업을 결정할 땐 50년 후를 보라. 시간을 길게 보면 당장의 고통도 희극이 된다.

8. 부의 분산 Diversification

인간은 미래를 알 수 없고 과거로 돌아갈 수 없다. 미래를 결정하는 수많은 변수를 인간으로서 모두 알 수는 없다. 아주 현명하고 명석한 투자가라도 잘 알아보고 결정한 투자의 절반 이상은 실패하고, 갓 시작한 회사에 투자하여 큰 수익을 노리는 벤처투자자도 90% 이상의 투자는 실패하며, 수많은 성공적인 영화를 만든 할리우드 제작자도 무슨 영화가 성공할지는 알지 못한다고 고백한다. 이것이 분산 투자의 이유다. 그러나 지나친 분산은 무지한 자의 선택이라고 워런 버핏과 찰리 멍거가 말했다. 제대로 모르기 때문에 분산한다. 지성인에게는 확실하게 아는 훌륭한 투자처 3곳이면 충분한 분산이다. 찰리 멍거는 그의 손주들을 위해 버크셔 헤서웨이, 코스트코, 리 루(Li Lu)의 히말라야 캐피탈에 투자했다. 나는 첫 시작을 잘 아는 맥도날드와 S&P500으로 시작했다. 예측할 수 있고 당신이 잘 아는 것에 투자해야 잃지 않고 부를 키울 수 있다. 모르는 것에 자본을 두는 실수를 절대 하지 말라. 높은 확률로 잃게 된다. 아는 것만 하라.

9. 인맥과 관계 Networking and Relationships

빈자는 자신보다 못한 사람들과 어울리고, 부자는 자신보다 나은 사람들과 어울린다. 멘토와 조언자, 당신보다 뛰어난 사람들과 서로에게 도움이 되는 관계를 만들고 유지하는 일은 가치 있는 혜안과 통찰력, 어려운 상황을 해결할 지혜, 생각지 못한 새로운 관점과 기회, 부자의 생각법과 자원 사용법을 배우기 위해 필요하다. 부는 머리와 행동에서 나온다. 머리를 계발하는 일이 교육이고, 최고로 효율적인 교육은 훌륭한 사람을 따라하는 것이다. 가장 빠르게 배우는 사람은 스펀지처럼 흡수한다. 배움의 속도가 부의 크기를 결정한다. 당신이 부자가 될 수 있는 시간은 많지 않다. 당신보다 뛰어난 사람들과 어울리라. 성공적인 사람들의 생각하는 법이 당신의 생각하는 법이 되고, 그렇게 당신이 부자가 된다.

10. 삶의 목적과 가치관 Purpose and Values

자신을 모르는 사람 중에 부자는 없다. 모든 지식의 초석이 자신을 앎이기 때문이다(know thyself). 무엇이 당신을 행복하게 하고, 무엇이 당신을 불행하게 하며, 당신이 무슨 목적을 위해 사는지 앎이 시간과 에너지, 돈 자원을 정확하게 쓰도록 돕는다. 예를 들어, 바다가 보이는 넓은 집에 살아보았더니 그것은 내가 추구하는 가치관이 아님을 알았다. 2천만 원짜리 수동 카메라를 사는 것보다 생리대를 살 돈이 없는 취약층 소녀들 500명에게 생리대를 사주는 일이 더 뿌듯함을 알았다. 바닷가에 누워 아무 일도 하지 않는 것보다 뇌를 자극하는 집필이나 수업이 나를 더 행복하게 함을 알았다. 당신의 가치와 존재의 목적을 깨달으면 당신의 부와 일치시킬 수 있어 더 빠르게 부자가 될 수 있고, 부자가 되어서도 진정 만족할 수 있다. 당신은 무엇을 원하고 무엇이 당신을 만족하게 하는가? 100살이 된 당신이 후회할 것은 무엇인가?

스스로 부자가 되는 사람이 알아야 하는 5가지

1. Know how to ask 질문과 부탁을 할 줄 알 것

12살 소년 스티브 잡스는 HP의 공동창립자 빌 휴렛에게 전화 걸어 자신이 주파수 계수기를 만들고 있는데 남는 부품을 받을 수 있는지 물어봤다. 빌은 크게 웃으며 스티브를 도와주었고, 그해 여름에 주파수 계수기 조립 라인에서 파트타임 일자리도 주었다. 동양이건 서양이건 사람들은 물어보는 것을 어려워한다. 그러나 세계 어디든 사람들은 다른 사람을 도와주고 싶어 하는 내재적인 본능을 타고났다. 내가 호주로 간 첫해에 랭귀지 스쿨을 다니며 매일같이 큰 카메라를 들고 가 내가 사진작가라는 사실을 모든 학생들에게 각인시켰다. 그곳엔 이민을 오는 유럽인이 많았다. 그중 러시아인 친구 마리아나는 자신의 우크라이나인 친구 타트야나가 결혼할 때 사진작가로 나를 소개해 주었고, 그게 내 첫 프로페셔널 작업이 되어 덕분에 현지에서 성공하고 자리 잡을 수 있었다. 그 소개를 받음과 동시에 사업자등록을 하고 계약서를 작성해 적당한 금액을 제안했고 나는 혼신을 다해 영원히 남을 멋진 사진을 만들어주었다. 우린 지금까지도 좋은 친구다. 그녀의 남편은 성공한 프랑스인이고, 이들 덕분에 나는 많은 유럽 부자들과 친구가 될 수 있었다.

성공에 가장 중요한 것은 어떤 질문을 하느냐다. 질문의 질이 질문자의 삶의 질을 결정한다. '대학은 왜 가는 걸까?' '내가 공부하는 정보가 내 인생에 가치 있는 것인가?' '부자는 어떻게 될까?' '내가 일처럼 느끼지 않고 평생 할 수 있는 일이 무엇일까?' '사람들은 이런 것을 원하는데 이렇게 만들어보면 어떨까?' '저 잘되는 집은 왜 잘될까?' '이 제품은 왜 좋다고 여겨질까?' '기후가 달라지면 인간은 생존하기 어려워질 텐데 어떻게 이를 막을까?' 알려고 하는 자가 잘 된다. 가치 있는 질문을 하고 그에 답하기 위해 끈기 있게 매달린 사람들이 부자가 되었다.

2. Know how to tell a story 이야기를 들려줄 줄 알 것

인류의 지식과 정보를 열람할 수 있는 인터넷과 그것을 더 잘 쓸 수 있게 도와주는 AI가 있는 이 세상에서 자신의 삶을 스스로 더 낫게 만드는 인간에게 가치 있는 능력은 스토리텔링이다. 천재적 부는 이 능력으로 만든다. 이야기는 문화를 만들고, 문화는 군중을 움직여 거대한 성취를 이룬다.

부자는 사람의 마음을 움직일 줄 아는 사람이다. '마음을 움직인다'는 영어는 move이고 이는 다른 말로 '감동시키다'이다. 다른 사람의 마음을 움직여 행동하게 하는 것, 이보다 강력한 힘이 또 있을까? 이를 가능하게 하는 능력이 이야기를 들려줄 줄 아는 것(storytelling)이다. 스토리텔링은 목적과 청자에 따라 달라지지만, 그 구조에는 원형(archetype)이 있다. 나는 이것을 제자들에게 <글쓰기의 기본 : 5문장>이라고 가르치고 훈련하는데, 모든 스토리텔링에는 5가지의 단계가 있고 이를 5개의 문장만으로 연습하면 효율적이고 효과적으로 스토리텔링을 습득할 수 있기 때문이다. 원형을 익힌 뒤 변형할 수 있다. 먼저 이 구조로 이야기해보라.

1 Intro 들어가는 말 : 주의(attention)를 끌어당기는 소개

2-3 Develop 전개 : 문제와 주인공을 소개하고 이야기를 전개

4 Major Point or Climax 주지 또는 절정 : 이 이야기를 하는 주된 목적이 담긴 말 또는 이야기의 최고조

5 Outro 마무리하는 말 : 기억에 남을 결말이나 정리

스토리텔링의 목적은 감정을 사로잡기(engaging)다. 청자가 깊게 빠져들게 할수록 성공적인 스토리텔링이다.

인류가 언어 체계를 만들기 이전부터 인간은 생각이나 경험, 지식이나 지혜를 다른 인간에게 전달하고 싶어 했다. 그 방법에는 구전도 있었고 예술도 있었으며 비언어적 소통과 상징도 있었다. 스토리텔링에는 정답이 없다. 마음을 움직이는 스토리텔링이 효과적인 스토리텔링이다.

3. Know how to learn 배우는 방법을 알 것

배우는 건 학교에 가는 게 아니다. 배우는 건 생각하는 법을 배워 당신의 행동을 바꾸는 것이다. 저급 학교는 정보를 전달하고, 고급 학교는 생각하는 법을 훈련한다. 생각하는 법을 훈련하는 가장 가성비가 좋은 도구는 책이다. 그래서 부자가 책을 읽는다. 배우는 방법을 아는 자에겐 두려움이 없다. 무슨 일이 닥치든 배워서 해결할 수 있기 때문이다. 부는 자기의존(self-reliance)이다. 스스로 생존할 수 있음은 배우고 유연하게 대처해 스스로를 지켜낼 수 있음이다.

될 사람은 된다. 그런데 되는 사람은 '배우는 괴물'이다. 수업을 받으면 스펀지처럼 흡수하고, 선생이 알려준 도구로 스스로 배워 수업 이상의 결과를 훨씬 빠른 시간에 이뤄낸다.

빈자는 소비재를 사고, 부자는 자산(assets)을 산다. 가장 큰 가치를 주는 자산은 당신의 뇌다. 여러 분야의 대학을 다니고 배운 가장 가치 있는 배움 중 하나는 **배우는 법**을 배운 것이다. 인터넷을 정확한 영어를 써서 영어로 검색하고 영어로 나온 내용을 번역 수준이 아니라 현지인의 이해로 깊게 이해하고 그중 핵심 정보와 지식과 지혜를 알아보고 그것을 내 업에 적용하는 법을 훈련했다. 배울 줄 알면 무슨 일이든 할 수 있고, 무슨 일이든 이뤄낼 수 있다.

4. Know how to react to mistakes, failures, and rejections
실수와 실패와 거절에 대처하는 방법을 알 것

영어에는 멋진 표현이 있다.

We are human beings. We are mere mortals.

우리는 불완전한 존재이고, 미물에 불과하니, 실수하는 건 당연하고, 실패하는 것 또한 당연하다는 의미를 품은 말이다. 업무에서 실수할 수도 있고, 인간관계에서 실수할 수도 있다. 실수했을 때 중요한 것은 포기하지 않는 것이다. 실수했다고 그만두지 않고, 실수했다고 죽지 않는 것이다. 속이 빈 껍데기가 포기한다. 그래서 스스로 부자가 될 사람은 속을 채워야 한다. 《영어책》으로 소개한 contentment는 이런 것이다.

하나 더 있다.

Where there is a will, there is a way.

해내고자 하는 의지가 있다면, 해낼 방법을 찾아낼 수 있다. 의지는 이유다. 어떤 일을 시작하고 끝을 볼 이유다.

페이스북이 존재한 시간 동안 큰 사건사고들이 있었다. 그럴 때마다 마크 주커버그의 반응은 이런 것이다. '그래 실수했지. 실수하는 것 자체는 아무 것도 아니야. 그냥 빠르게 배우고 고치면 돼.' 페이스북은 프라이버시 문제로 큰 역경을 겪었고, 인스타그램은 피상적인 삶의 공유로 비난을 받는다. 그럼에도 이 매체는 사라지지 않는다. 인간의 큰 욕구 중 하나는 다른 사람들과의 연결(sense of connection)이기 때문이고, 리더가 배우고 변화하며 포기하지 않기 때문이다.

그러므로 성공의 법칙 1번이 Perseverance, 역경이 와도 포기하지 않는 것이다.

5. Know what people need (visions & humanities)
인간의 기본 욕구를 알 것 (남들은 보지 못하는 가치를 보는 눈과 인간에 대한 이해)

부자가 되고 싶었던 유럽인 M은 뉴욕으로 건너가 부동산 사업을 했다. 그는 꽤 성공했지만 이 길로는 그의 야망을 채울 수 없음을 깨닫고 사업을 접었다. 조용한 사자로 통하는 그는 인간의 욕망(desire)에 집중하고, 이 욕망을 채워주는 사업을 소유하면 머지않아 거물이 될 수 있을 것이라고 알아보았다. 스티브 잡스와의 만남에서 스티브가 그에게 말하길, 10년 뒤에 자신의 전자기기를 사람들이 여전히 쓰고 있을지는 모르겠지만 당신의 샴페인은 100년이 지나도 여전히 사람들이 즐기고 있을 것이라고 했다. 그랬다. 이민자의 나라로서 빠르게 개척하고 가난에서 시작한 사람들이 열심히 일해 부자가 되는 일(rags to riches)을 사회적으로 높이 사는 변혁과 기회의 땅 미국에서는 미처 생각하기 어려운 가치를 유럽인 M은 알고 있었다. 진짜 가치 있는 것은 변하는 것이 아니라 변하지 않는 것임을.

인간 본성은 변하지 않는다. 그것을 충족시키는 것의 형태만 바뀔 뿐이다.

부자의 언어

Everything is energy and that's all there is to it. Match the frequency of the reality you want and you cannot help but get that reality. It can be no other way. This is not philosophy. This is physics.

모든 것은 에너지다. 원하는 현실의 주파수에 맞추면 그 현실을 갖지 않을 수 없다. 다른 방법이 없다. 이건 철학이 아니다. 이건 물리의 법칙이다.

— Albert Einstein

부자의 언어는 긍정(+)이고, 빈자의 언어는 부정(-)이다.

높은 에너지를 품으면 당신의 현실은 높은 에너지의 것으로 이루어지고, 낮은 에너지를 품으면 당신의 현실은 낮은 것으로 둘러싸인다.

사람은 생각하는 대로 된다. 생각은 언어에 지배를 받는다. 당신이 쓰는 언어가 곧 당신의 생각이 되며, 당신의 생각이 곧 당신의 현실이 된다. 아는 만큼 언어로 말할 수 있고, 언어로 옮길 수 없는 것은 안다고 말할 수 없다. 언어에 그 사람이 앎의 깊이가 드러난다.

빈자의 언어 습관은 부정적이다. 지난 일을 얘기하며 그 일 "때문에" 지금 이렇게 되었다고 탓한다. 영어로는 그 일 "덕분에" 배워서 지금은 더 현명한 사람이 되었다고 감사한다. 투자에서도 본인의 판단 오류로 주식을 비싸게 샀다가 그 주식 가격이 내려가면 "물렸다"고 부정적으로 말한다. 그런데 투자는 남들이 모르는 것을 먼저 알아보는 눈과 "patience(인내)"가 필요하다. 시간을 들여야 부자가 되기 때문이다. 빈자는 상황이 안 좋아지면 "힘들다"고 하고 힘을 뺀다. 부자는 상황이 어려울수록 "도전적이네(challenging)!"하고는 힘을 낸다. 어느 책에서는 고대하던 순간이 지나가고 나면 "허무함"이 온다고 하는데, 그것은 목표와 생각이 작기 때문이다. 생각을 크게 하라. 인생을 '성공'으로 여기면 그 성공을 이루고 나면 허무하다. 그러나 인생을 '성장'으로 여기면 언제나 즐거운 과정에 있다. 과정을 즐기는 법을 배우면 고통도 즐겁고 계속 성장할 수 있다. 그래서 새로운 언어를 배우는 것은 그 언어의 생각하는 법을 배우는 것이다. 긍정의 문화를 배우면 긍정의 삶을 산다. 동물이 성교 후에 우울한 이유는 절정을 목표해서다. 상대를 대상화(sexual objectification)해서다. 그런데 그 사람과의 여정을 사랑하면 언제나 만족스럽다. 사랑하는 사람과 함께 함 자체를 사랑하면 함께 손잡고 걷기만 해도 행복 호르몬 세로토닌이 나온다. 동반자를 그 사람으로서 사랑하면 열정적인 성교를 통해 승화(ecstasy)를 경험하고 힘이 더 솟는다.

성공은 점이고, 성장은 선이다.

성공을 목표하면 점을 찍고 나면 끝이라 허무하지만, 인생을 하나의 선이라고 여기면 무한한 성장이고 지금 어디에 있든 즐겁다(joy). 욕하며 일을 시작하느니 그 일을 안 하는 게 낫다. 감사한 마음으로 시작할 수 있는 일을 하거나 생각을 바꿔 지금 일에 감사하라. 사람들과 세상과 우주는 당신의 에너지 주파수를 감지하고 그 주파수에 맞는 사람들과 현실이 당신의 삶의 시간을 이룰 것이다.

영어권 문화에서 사진을 업으로 삼고 소셜미디어에 사진과 영상을 올리면 댓글은 칭찬(Great work!)과 격려(Keep up the good work!)와 감사(Thank you for sharing!) 일색이었다. 한국에서 영어에 갈피를 못 잡는 한국인을 돕고자 영상을 만들어 올리면 한 번씩 올라오는 댓글은 부정적인 말이다. 주식 커뮤니티도 마찬가지다. 누가 벌면 질투하고, 누가 잃으면 조롱한다. 가난과 실패의 원인은 언어에 있다.

다른 사람의 좋은 점을 칭찬하면 당신의 가치가 올라간다. 감사를 표현하면 긍정 에너지가 돌아온다. 친절은 세상을 밝게 하고, 밝은 세상은 당신의 삶을 낫게 한다. 성숙한 문화를 알려주는 영어 수업을 운영하며 나는 정말 감사하다. 여름에 한 달간 여행을 떠났던 멤버가 일상으로 돌아와 수업을 재개하고, 서로의 가치를 이해하는 따뜻한 정으로 삶을 끌어올린다. 이 감사의 마음은 긍정의 에너지가 되어 좋은 현실을 끌어당긴다.

부자는 모든 사람에게서 좋은 점을 발견할 안목이 있고 그를 칭찬할 긍정의 마음이 있다. 부자는 다른 사람을 끌어내리느니 말을 안 하기로 선택한다. 그 사람을 위하는 진심어린 마음(care)이 있다면 건설적인 비판을 하는데, 그런 비판도 항상 긍정의 단어에 'not'을 붙여 말한다. "훌륭하진 않군(Not great)." "더 잘할 수 있을 것 같은데(Could be better)." "섬세하지 못하군(Indelicate)." "사려 깊지 못하네(Insensitive)." 이것이 부자의 언어이며, 오랫동안 부자인 문화와 계층에선 이런 언어를 쓴다.

빈자는 다른 사람을 배려하지 않고 자기 생각과 감정을 직설적으로 말한다. 솔직함이 미덕이라고 생각할 수 있고, 직설적인 표현이 시원하다고 생각할 수 있지만, 그런 언어는 장기적 안목에서 마이너스다. 솔직함이 상위 덕목이면 우린 벗고 다녀야 맞다. 언어에 고운 옷을 입히라. 오랫동안 부자였던 사람과 어렵게 친구가 되었는데 직설적으로 말하면 그 부자 친구는 당신과 시간을 더는 같이 보내지 않기를 선택한다. 부자는 언어로 사람들의 출신을 알아본다. 한국어에도 부자의 언어와 빈자의 언어가 있듯이, 영어에도 질이 다른 언어들이 있다. 고급 언어를 쓰면 고급 사람들이 끌려오고, 저급 언어를 쓰면 저급 사람들이 꼬인다. 여기서 관점의 차이도 알 수 있는데, 빈자는 "꼬인다"고 표현하는 것을 부자는 "이끌린다"고 표현한다. 같은 현상을 보더라도 부자는 긍정적으로 인식하고, 빈자는 부정적으로 인식한다. 부자와 빈자의 언어 습관은 이렇게 다르고, 언어는 당신의 인생을 결정한다. 당신의 생각을 결정하고, 당신의 주변인을 결정하며, 당신에게 모이는 그 사람들의 감정적 에너지를 결정하기 때문이다.

꿈을 이야기할 때 '안 될 것이다', '아직 준비가 안 되었다'고 말하는 사람은 빈자고, '방법을 찾아보자, 하는 법을 배워보자, 해보지 않았으니 모른다, 일단 한번 해보자'고 말하는 사람은 부자다. 빈자는 겁쟁이고, 부자는 용기 있는 자다. 사물을 보는 관점을 바꿔보고, 부자의 언어를 배워보자. 현 애플 CEO 팀 쿡도 가난한 집안 출신이다. 큰 부자가 된 사람들은 다들 이렇게 **스스로 변화**하며 부자가 되었다.

It's very counter-productive to feel like being a victim. If you just flip the perspective, you are a survivor. You have every chance to survive again and thrive. What makes a big difference is how you think of any given situation. You are a winner. You are fit and can be fitter.

자신을 피해자라고 생각하는 것은 굉장히 힘 빠지는 선택이다. 관점을 바꿔보면, 우린 생존자다. 우린 얼마든 살아남을 수 있고 잘 살 수 있다. 상황을 확실하게 낫게 만드는 것은 무슨 상황에서건 그것을 어떻게 여기느냐다. 나는 잘 되게 할 수 있는 사람이다. 나는 강하고, 더 강해질 수 있는 사람이다.

Language permeates your thoughts.

언어는 사고에 전반적인 영향을 끼친다.

Speak the language of the wealthy, and you will be one.

부자의 언어를 쓰라, 그러면 부자가 될 것이다.

부자와 빈자를 판단하는 간단한 방법은 그들의 언어와 행동을 보는 것이다. 빈자는 극단적인 단어로 말한다. 부자는 완곡하게 말하거나 스스로를 절제해 말을 아낄 수 있다.

빈자는 불평한다. 언어라는 효과적인 수단으로 자신과 시간을 보내는 사람의 기분을 불쾌하게 만든다. 그런 사람은 자기 일을 잘해도 부자가 될 수 없다. 그가 부자의 혜택을 누리게 도와줄 사람들이 그와 시간을 보내고 싶지 않아 하기 때문이다.

부자는 불쾌한 상황을 겪더라도 한번 생각한 뒤 비유하여 우아하게 말하거나, 말하지 않기를 선택한다. 말하지 않기를 선택한 뒤 사람을 바꿀 가능성이 없어 보이면 조용히 그 사람과 멀어지는 사람들이 내가 겪어온 유럽과 호주의 오랜 부자들이다. 음극의 사람과 어울리면 당신도 음극이 되기 때문이다. 부자는 에너지를 받는 양극이다.

Aim for money, you're a slave to your work. Aim at aspirations, all the falls and rises are part of the complete journey you can take joy in.

돈을 목표하면 일에 지친다. 어떤 사람이 되어 어떤 삶을 살 것인지를 목표하면, 이 모든 것은 그 과정이 되고 당신은 이 항해를 즐길 수 있다.

부자는 자신의 돈을 자랑하는 거만한 애송이나 어둡고 느끼한 아저씨가 아니다. 부자는 세상에 빛을 비추고 인류의 진보를 돕고자 지성과 지혜와 자본력을 사용하고 친절의 가치를 아는 신사와 숙녀다. 부를 받을 자격이 있는 사람이 되면 자연히 부자가 된다.

컴퓨터 코딩이 한창 뜨거웠을 때, 인간의 마음을 움직이는 코드가 언어임을 깨달았다. 언어는 먼저 당신의 인생을 바꾸고, 이어서 당신의 언어를 듣는 사람들의 인생에 영향을 끼친다. 인간의 마음을 언어로 움직이는 자는 사랑과 힘을 얻고, 그 힘의 하나의 표현이 부다. 진심인 말을 하고, 성숙하게 표현하되, 무엇보다도 상대의 **감정**과 **경험**을 중히 여기라. 자연히 부자가 될 것이다. 장기적 관계 속에서 무한한 부가 창출된다.

생각을 조심하라, 생각이 언어가 된다.

언어를 조심하라, 언어가 행동이 된다.

행동을 조심하라, 행동이 습관이 된다.

습관을 조심하라, 습관이 개성(character)이 된다.

개성을 조심하라, 이것이 당신의 운명이 된다.

— Lao Tzu 노자

사람이 시작이고 끝이다

돈은 교환의 수단이고, 부는 사회적 존중이다. 사람들에게 도움이 되는 일을 하고, 사람들이 기분 좋도록 행동하면 부자가 된다. 그 사람들의 숫자가 많을수록, 더 오랜 시간 사람들을 이롭게 할수록 큰 부자가 된다. 사람이 있는 한 부자가 될 기회는 얼마든 있다. 그 기회를 알아보는 눈을 기르는 것이 교육의 한 기능이다. 나쁘게 생각해야 돈을 벌 수 있고, 성공하면 나쁜 행동도 정당화된다는 믿음은 한국에 일반적인 착각이다. 부는 지성과 행동의 결과다. 질 높은 교육을 통해 극소수 민족인 우리도 부자가 될 수 있다.

It doesn't matter to me whether we're a pure Internet player. What matters to me is to provide the best customer service. Internet, some Internet.

우리가 인터넷 사업이건 아니건은 중요하지 않다. 진짜 중요한 것은 이용하는 사람들에게 최고의 경험을 제공하느냐다. 인터넷은 그냥 인터넷일 뿐이다.

— Jeff Bezos (1999년 닷컴버블의 중심에서)

일을 하다보면 이런 진리를 깨달을 것이다. 중요한 사람의 마음에 들면 일이 일사천리로 진행된다.

Be liked by the important person.

중요한 사람이 당신을 좋아하게 만들라.

그 중요한 사람은 회사의 높은 지위의 사람일수도 있고, 중요한 고객일수도 있고, 당신이 가치를 제공하는 고객일수도 있다. 나는 성인이 되기 전에 일을 시작하며 가장 먼저 한 일은 맥도날드와 영어 과외였다. 이 두 일은 나에게 아주 중요한 가르침을 주었다.

시스템이 세계적으로 철저한 맥도날드에서는 일관적인 우리의 모습으로 고객을 만족하게 만드는 것이 중요하다고 배웠다. 불시에 방문하는 본사 직원이 내가 내어드리는 제품의 질과 시간을 평가했고 이를 점장님은 아주 중요하게 여겼다. 나는 손이 가장 빠르고 정확해서 주로 버거를 대량으로 만드는 업무에 투입되었지만, 밝은 미소로 사람을 친절하게 대하는 일도 좋아해 카운터 주문에도 투입되었다. 식사를 하는 손님이 쾌적하게 식사할 수 있도록 매장의 창문과 바닥 구석까지 깨끗하게 만들고 전구를 제때 갈아주는 일에도 투입되었다. 모두 이용하는 사람에게 최고의 경험을 제공하기 위한 노력이다.

영어 과외는 아주 다양한 사람들을 대하며 해보았는데, 이로 인해 수많은 실패를 하여 고객을 잃는 상황의 불안함을 잘 안다. 고객을 잃는 최악의 상황의 원인은 내가 얼마나 이 분야의 대가이고 현지 영어를 쓰는 현지인인지는 그리 중요하지 않았다. 가장 중요한 것은 수업을 받는 사람이 이 수업에서 **어떤 느낌을 받느냐**다. 몰라서 배우러 왔지만, 그로 인해 자존감이 낮아지는 느낌을 받으면 하기 싫어진다. 인간의 가장 근본 욕구는 **인정**이다. 당신의 가치를 타인에게 인정받고 당신이 더 높은 사람이 되는 느낌을 우리 모두는 원한다. 그래서 부와 명예를 추구하는 것이다. 내가 영어교육을 한국에서 시작하던 때에 《영어책》을 도서관에서 발견하고 자신의 소중한 작은 딸을 맡겨 주신 입시 영어 선생님이 있다. 나를 좋아했던 어리고 순수한 아이가 처음 영어를 배우는데 어려운 한자어로 문법을 설명했다가 바로 아이가 좌절하고 중요한 수업을 잃었던 경험은 나로 하여금 절대 한자어로 문법을 설명하지 않게 했다. 한국인도 한국어를 문법을 공부해 익히지 않았는데, 언어를 문법을 공부해 익히려고 하는 일은 생각 없이 일을 하는 무지한 행동이다. 세상에서 가장 무지한 사람은 본인이 안다고 착각하는 사람이듯, 그렇게 영어를 잘못 배운 한국인이 현지인에게 영어 문법을 지적한다. 원어민들의 영어를 들으며 문법이 틀린 걸 목격할 때가 매일 있다. 문법이 중요한 게 아니라 소통이 중요하다. 애초에 언어에 법이란 것은 없다. 언어는 감각이고, 감각적으로 편리하도록 진화한다. 발음도 그렇고 단어의 의미도 그렇다. 문법은 여러 문장을 익히면 직감으로 습득된다. '그래도 문법을 공부해야 하지 않을까요?'라고 말하는 사람은 정작 본인은 영어로 소통을 못 하고 현지 문화에 적응을 어려워 한다. 할 줄 모르는 사람에게 배우는 일만큼 잘못된 선택은 없다.

서비스업의 대가가 된 사람들은 고객 만족의 중대성을 이해한다. 헤어드레서 차홍도 서비스를 받는 사람의 입장에서 생각하고 그들이 원하는 것을 고민하여 실행한 결과로 지금의 성공을 이루었다. 그랬던 그도 공부를 못해 미술을 할까 했지만 그림에도 재능이 없어 돈이 드는 학원에 가느니 부산 바다에서 목숨을 끊을까 고민했다고 한다. 그가 무서운 행동을 할까봐 그의 이모가 헤어드레서가 되길 추천했고, 자신의 업을 찾은 그는 한국에서 가장 성공한 헤어드레서 중 하나가 되었다.

부의 원천은 **사람**이다. 사람들이 원하고 필요로 하며 만족하는 일을 잘하면 부자가 된다. 훌륭한 회사도, 행복한 가족도, 삶의 질을 높이는 모임도, 그를 구성하는 사람이 만든다. 사람이 많으면 시장이 크고, 큰 시장에 큰 부가 있다.

If there is one thing Amazon.com is about, it's obsessive attention to customer experience, end to end.

아마존의 중심 가치가 하나 있다면 그것은 강박적일 정도로 꼼꼼하게 이용자의 경험에 집중하는 것이다. 처음부터 끝까지 그게 전부다.

― Jeff Bezos

The hardest thing is how does that fit into a cohesive larger vision that is going to allow you to sell $8 or 10 billion of products a year. You can't start with a technology and try to figure out where you are going to sell it. You've got to start with customer experience and work backwards to technology.

진짜 어려운 일은 모든 요소를 하나의 통합적인 비전으로 융합하여 연 10조 원어치 팔리는 제품을 만드는 일이다. 하나의 기술을 갖고서 그걸 어디에 팔지를 찾아내려고 해서는 이를 이룰 수 없다. 사용하는 사람의 경험부터 시작해서 그 기술을 어떻게 활용할 것인지를 생각해야 한다.

― Steve Jobs

시간이 일하게 하라

Time is of the essence.

존재의 본질은 시간이다.

시간이 일하게 하라. 시간을 아끼는 편리는 빈자가 하는 선택이다. 부자는 시간을 들인다.

열심히 하는 게 잘되는 길이 아니다. 지혜롭게 하는 게 잘되는 길이다. 도착지가 무엇인지 알고 최적의 길로 가는 게 잘되는 길이다. 경주는 초반에 앞서나간다고 이기지 않는다. 승패 여부는 결승선을 통과할 때 결정된다. 잘 산 삶은 죽을 때 결정된다. 독수리는 자식을 평생 떠먹여주지 않듯, 아이는 스스로 자기 일을 하도록 키울 때 진정 강하고 행복한 사람으로 성장한다. 강한 동물은 자식에게 생존법을 알려준다. 부자는 강한 사람이다. 자신의 감정을 통제(discipline)하고 역경을 감내(persevere)하면 강한 사람이 된다.

사업을 예로 들면, 그냥 가게를 열면 월세 내고 비용 내고 세금 내고 나면 남는 게 없을 것이다. 시간과 에너지를 들인 결과가 무엇인지 알고, 갈 것인지 말 것인지를 결정하는 게 부자의 생각하는 법이다. 어떤 사람은 해결하기 어려운 큰 문제를 해결할수록 그에 비례하는 성공을 이룬다고 말하고(일론 머스크), 어떤 사람은 넘기 어려운 장대를 피하고 그냥 폴짝 걸어서 넘을 수 있는 낮은 장대만 골라 넘는다고 한다(워런 버핏). '내'가 어떤 사람인지를 정확히 알고 '나'에게 맞는 일을 골라 그 일에 시간을 들이면 부자가 된다. 싫어하는 일을 하지 않고 좋아하는 일만 할 수 있도록 인생을 만드는 것은 지성의 힘이다.

투자를 예로 들면, 제대로 이해하지 못하는 기업 수십 곳의 주식을 매일 바쁘게 사고파는 사람은 지불하는 수수료만큼 벌지 못하고 따라서 복리가 이루어지는 것을 방해해 결국 돈도 벌지 못한다. 20:80의 법칙은 자연의 법칙이다. 약 80%의 투자자들이 잃는다. 전문 투자기관 펀드매니저들이 매일 열심히 일해도 기준치인 시장 지표 성장에 못 미친다. 기술도 없고 지혜도 없는 걸 본인들도 알아서 옷이라도 말끔하게 입는다. 직접 투자 대상을 선택할 약간의 지성과 정성이 있으면 수수료를 아끼고, 수익률을 높일 수 있다. 1조 원을 운용하는 사람은 1% 수수료를 받아 대대손손 돈 걱정 없이 산다고 워런 버핏이 말했다. 약 80%의 미국인이 월급에 의존해 생활한다. 큰 성공을 이루는 소수는 생각 없이 결정하고 행동하는 대다수 덕분이다. '80%가 실패하니까 안 해야지'가 아니라, 성공하는 20%가 되는 생각법을 갖추면 된다. 통찰(insight)을 갖추면 최상위 0.8%가 된다. 이 책의 존재 이유다. 성공하는 소수의 투자자는 확실하게 알기 위해 넓고 깊은 탐구와 조사 후에 투자하기로 결단을 내리고 나면 크게 투자하고 몇 년의 시간을 들인다. 찰리 멍거는 "깔고 앉는다(sit on your ass)"라고 표현했다. 피터 린치도 대부분의 수익은 투자 2~3년 뒤에 온다고 했다. 아직 기관과 외국인이 못 알아본 회사에 투자해야 크게 성장하는데, 한국의 어느 증권사는 이미 그들이 알아본 주식을 모아 보여준다. 하루이틀을 못 기다리도록 참을성도 없고 확신도 없는 사람은 투자로 부자가 되지 못하는 게 당연하다. 모니터를 보고 있는 사람은 부자가 아니다. 부자는 (영어로 출간된) 책을 보고 있다.

인류의 수재 레오나르도 다 빈치는 어린 시절 학업에 관심이 없었다. 사생아여서 아버지의 성을 따를 수 없었던 그는 초등학생 선행학습도 하지 않고, 자연에서 그림을 그리며 놀길 좋아하는 소년이었다. 그에겐 자연의 아름다움을 보여준 멘토 같은 존재가 있었다. 그런 그에게 직업이라도 쥐여주고자 아버지는 그를 아티스트 스튜디오에 넣어주었고, 더 나은 그림을 그리기 위한 순수한 탐구 속에서 그의 호기심은 꽃피었다. 스스로의 의지가 주도하는 지속적인 탐구는 인류의 가장 위대한 천재 중 하나라는 결과를 만들었다. 그 결과는 그의 죽음 500년 후에 더 확실하게 빛난다. 훌륭한 사람은 자신이 뛰어나다고 윽박지르지 않는다. 훌륭함은 시간으로 서서히 드러내는 것이다. 시간이 진실을 밝힌다. 고로 조용한 가치를 먼저 알아보는 사람이 자신의 삶을 윤택하게 하는 부자가 된다.

지금 똑똑하게 행동하는 것 같은 사람이 시간이 흐르면 사라지거나 꾼이 되어 있다. 자기 일을 더 잘하려 일에 몰입하는 사람은 시간이 도와 높은 곳에서 빛난다. 불가능이라는 것은 없다. 지금은 불가능해보이는 꿈을 시현하는 것은 당신의 마음이다. 될 때까지 시도할 에너지가 있다면 무엇이든 해낼 수 있다. 사람은 마음먹은 대로 된다. 마음을 깊게 먹으면 시간이 그 꿈을 현실로 만들어낸다. 에너지를 하나의 업에 집중할 습관(discipline)을 지키며 시간을 들이면 부, 존중, 평온함(serenity)을 모두 얻을 수 있다.

사람을 움직이는 것은 마음이다. 마음을 움직이면 결과는 따른다. 어떤 사람의 마음을 움직이지 못했다고 상실할 이유가 없다. 사람은 많다. 당신과 마음이 동할 사람은 꼭 있다. 그저 내 일을 더 잘하는 데 집중하면 자연히 끼리끼리 이끌리게 된다. 많은 돈과 편한 복지를 준다고 사람이 일을 더 잘하는 게 아니라, 일을 할 분명한 목적을 마음으로 느끼게 해주면 자연히 열심히 일하고 훌륭한 결과를 낸다. 더 큰 목표, 대의를 품으라. 돈을 좇는 자는 거지가 된다. 스티브 잡스는 펩시 CEO를 애플로 데리고 올 때 돈을 더 주겠다고 하지 않았다. "평생 설탕물이나 팔 건지, 나와 세상을 바꿀 일을 할 것인지"라고 물어보며 마음을 움직였다. 마음을 움직인다는 단어는 motivate이다. '움직이다'는 move와 '활성화하다'는 activate이 합쳐 만들어진 단어다. 동기가 이것이다. 긴 시간 당신의 행동을 이끄는 동기는 drive라고 하고 원동력이 적절한 번역이다.

나의 인생을 개척하고 경작하는 것은 나의 마음이다. 자신이 원하는 것을 스스로 깨달은 자가 본인이 원하는 결과를 시현하고 그걸 타인들이 '성공' 이라고 부른다. 주변인들 심지어 부모의 바람을 역행하는 강인한 마음의 소유자들이 성공을 이루곤 한다. 엔비디아 창업자 젠슨 황이 컴퓨터도 없던 시절 그래픽 카드를 만드는 사업을 시작했다고 어머니께 말했더니 어머니는 "가서 취직이나 해라"라고 했다. 그는 무지한 말을 무시하고 자신이 아는 것에 집중하고 커다란 고난을 이겨내고 버텼더니 시간이 도와 딥러닝(deep learning)을 가속하는데 GPU가 도움이 됨이 알려져 지금 굉장한 수익을 내고 있고, 그간 들인 시간으로 인해 경쟁자가 없어 앞으로도 GPU 1위 자리는 유지될 전망이다(숲이 우거지면 호랑이가 오기 마련이다). 배움의 속도가 성장의 속도를 결정한다. 리더는 가장 빠르게 배우는 사람/기업이다. 배움이 더딘 자(laggards)는 성장도 느리고 짧은 인간의 생명에서 별다른 성과를 못 이루고 게임을 끝낸다. 당신이 해야 할 일을 할 필요와 몸을 움직일 이유를 마음에 불어넣으라.

Speed up your learning to speed up your growth.

생각이 당신을 부자로 만든다. 부자는 당신의 업을 찾아 그 하나를 제대로 하면 될 수 있다. 내가 공부한 여러 분야 중 하나는 상경대에서 이루어졌고, 경제는 나에게 중대한 주제여왔기에 이 부분에 대해 꽤 깊이 생각해보았고 가치 있는 책은 모두 읽었으며 관찰해왔고 여러 가설을 세워두고 실행해보고 대입해보며 진리 여부를 19년에 걸쳐 확인했다. 내 삶의 낙은 자연의 법칙을 탐구하는 것이다. 그리고 부자는 생각하는 법으로 될 수 있는 것임을 깨달았다. 영어를 교육하는 내 업에서 최고의 효과를 내는 덕분에, 각자의 분야에서 최고가 된 개인들과 지속적으로 만나고 깊은 대화를 나누며 성공한 사람들의 생각을 배울 수 있기도 했다. 다양한 직업을 수행하며 만난 사람들을 관찰하며 그들의 실패에서 배우기도 했다. 되는 사람은 정해져 있고, 안 되는 사람도 그 이유가 분명하다. 될 이유를 지니면 된다.

개인마다 타고난 에너지와 존재의 목적이 있을 것이다. 그러나 부자가 되는 일은 스스로 만들 수 있는 인간적인 영역이다. 부자가 되기 위해선 기본적으로 integrity가 있어야 하고(부정적인 방법으로 얻은 돈은 누구의 삶도 더 낫게 만들지 못한다), 많은 사람에게 이득을 주고 그 이득의 대가로 가치를 교환 받아야 한다. 부자는 물질뿐만이 아니라 정신적이다. 이 책의 2부 초고를 서울에서 부산으로 가는 KTX 안에서 다 썼는데, 다 씀과 동시에 평화롭게 자연으로 승화하신 나의 외할머니는 과거 조선의 여왕이 받았던 장례와 같은 아름다운 예우를 당신이 낳아 키우신 자식들의 사랑으로 받고 다음 생으로 나아가셨다. 당신의 젊음은 비록 빈자로 사셨지만, 최후는 부자 그 이상이셨다. 돈만을 좇은 악한 인간은 최후가 비참하다. 성숙한 사람은 자식을 낳아 사회에 도움이 되는 성인으로 자라나도록 돕는 일을 돈이 많은 것보다 더 의미 있는 일이라고 여긴다. 생각의 차이는 이렇게 인생의 질을 달리한다. 고통을 보면 고통이고, 아름다움으로 보면 아름다움이다(The beauty is in the eye of the beholder). 자연의 관점에서 돈이라는 교환 수단을 많이 갖는 것보다 자식을 낳아 내 유전자를 남기는 데 성공하는 일이 진정한 성공일지도 모르겠다. 결국 우리 같은 생명체의 궁극적인 목적은 자기생존과 내 유전자의 생존이기 때문이다.

In the end, what matters is what you've done. Your actions count. It adds up to a meaningful while that we call life.

결국 가장 중요한 것은 당신이 해낸 일들이다. 당신의 행동이 중요하다. 이것이 쌓여 생명의 시간이 의미 있는 순간으로 드러나기 때문이다.

Courage is not just taking an action and having the strength to go on. It is going on when you don't have strength.

용기란 행동을 하고 계속 앞으로 나아갈 힘만을 뜻하는 말이 아니다. 용기는 그럴 힘조차 없을 때 포기하지 않고 계속 나아가는 에너지다.

Success is simply acquired through perseverance. To persevere means to try until you make it. You can learn everything while doing it. Bright minds need no teachers, once they learn how to learn.

성공은 단순히 끈기로 이루어진다. 될 때까지 시도하는 것이 끈기다. 하면서 모든 것을 배울 수 있다. 배우는 법을 배우고 난 명민한 사람은 선생이 필요없다.

Don't pursue money. You will never be content. Money is merely a tool. Aim for something greater; building the best product or service, making certain people very happy, or moving the people so that you can change the world to be better than what you found it. The greatest value is in the production of something people desire.

돈을 좇지 말라. 결코 만족하지 못할 것이다. 돈은 도구에 불과하다. 그보다 훌륭한 목표를 지니라. 최고의 제품이나 서비스를 만든다던가, 특정한 사람들을 아주 기쁘게 해준다던가, 사람들의 마음을 움직여 당신이 태어날 때의 세상보다 더 나은 세상으로 만들고 간다던가. 가장 커다란 가치는 사람들이 열망하는 것을 **생산**하는 일에 있다.

Dream, and believe in the dream. If you can imagine it, you can make it too.

꿈을 꾸고, 그 꿈에 신념을 갖고 행동하면 그 꿈은 어느새 이루어진다. 무엇을 상상할 수 있으면, 그걸 시현할 능력도 있다. 이 자연의 원리에 확신이 생겨 나는 이 책을 자신 있게 낸다. 물론 나 또한 불완전한 인간이다. 실수를 할 수도 있고 읽는 사람의 인식에 따라 의미 전달이 달리 될 수도 있다. 그러나 이 책의 핵심 메시지가 진리라는 것을 시간이 밝힐 것이다.

Do your job well.

당신의 일을 잘하면 모든 문제가 해결된다. 돈 문제, 인간관계 문제, 결혼과 출산 문제, 부모님의 인정, 주변 사람들의 인정, 당신의 자존감, 자아실현, 장기적 행복, 안정감, 정신적 문제, 모든 것이. 우리 사회에 대부분의 사람들이 자기 일을 더 잘하면 세상이 더 살기 좋은 곳이 된다.

부의 본질은 시간이다. 부의 기본 원리는 사람들이 당신 혹은 당신이 제공하는 것과 시간을 보내고 싶느냐다. 관심을 오래 두고 싶은 것을 만들라. 타인의 시간을 가치 있게 해주면 당신은 자연히 부자가 된다.

He who works all day has no time to make money.

하루종일 일만 하는 사람은 돈을 벌 시간이 없다.

― John D. Rockefeller

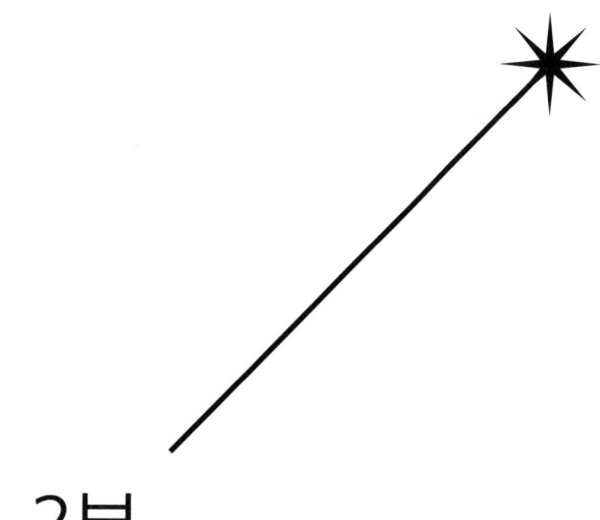

2부

부자가 될 수 있는 기회는 아주 많다.
작은 하나를 깊게 알아 그 분야의 최고가 되면 부자가 될 수 있다.
당신이 잘 알고 잘할 수 있는 분야에 집중하라.
이는 직업, 사업, 투자 공통의 원칙이다.

부자가 되려면 사람들이 원하는 것을 잘 제공하면 된다.
가격은 사는 사람이 더 많으면 올라가고, 파는 사람이 더 많으면 내려간다.
사람이 모이면 돈이 모인다.
얼마를 버느냐보다 부자가 되는 데 중요한 행동은 어떻게 쓰느냐다.

You can be rich upon the **understanding** and **execution** of Chapter 1. To become greatly wealthy, Chapter 2 will help you. Courageous Koreans can go out to the world with English and make their fortune, because the market size is on another level. You don't have to be particularly smart to get super rich if your market is large.

지금까지 1부에서의 배움을 실행하면 부자가 될 수 있다. 큰 부자가 되기 위해서는 2부가 도와줄 것이다. 용기 있는 한국인은 영어를 익히고 세계로 나가 큰 부를 만들 수 있다, 왜냐하면 세계 시장은 규모가 차원이 다르기 때문이다. 시장이 크면 딱히 똑똑하지 않아도 큰 부자가 될 수 있다.

English enables you to tap into world knowledge. If you only speak one language spoken by a minority, you are missing out. You can create greater wealth from the broader world.

영어는 인류의 지식을 열람할 수 있는 특권 카드다. 소수만 쓰는 언어 하나만 할 줄 안다면, 기회를 저버리는 것이다. 더 큰 시장에서 더 큰 부를 만들 수 있다.

You don't study a language. You get used to it. You mimic it. That's how you learn a language. It's like love. You don't study how to love. You just know it, using intuition.

언어는 공부하는 게 아니다. 언어는 익숙해지는 것이다. 언어는 그 소리를 따라 말하며 익히는 것이다. 이것이 언어를 배우는 방법이다. 언어는 사랑과 같다. 사랑을 공부하진 않는다. 직감으로 안다.

(직감 : 설명이나 증명을 거치지 않고 바로 느껴 앎)

1

Angel number 111 천사의 숫자 111

The symbolism of 111 is that you experience a new beginning and see the opportunity to achieve a goal and make good fortune. The meaning of 1 is determination, creation, and self-improvement. Wealth creation is a thrilling journey. You will love each phase, enjoy the learning curve, and find beauty in the setbacks. Perfection is boring. Having a mountain to climb is a more galvanising life than having nothing to do. To begin this wonderful journey, you just need the courage to step out of your comfort zone. Facing difficulties drives inventive thinking. Hard choices build character. Persevering it strengthens you. Keep developing your fundamentals like integrity and work ethic ensures your success. Overcoming difficult tasks boosts your dopamine levels. This is how you get to love your work itself. See these are all the positive circuits? Doing nothing gives you no satisfaction so you end up consuming the negative circuits like nicotine, alcohol, drug, gambling, shopping, and all that shit. Take the bright path. You are the choices you make. Get out of your tiny egg, learn how to fly, and fly to wherever you want to go.

숫자 111은 당신에게 새로운 시작이 열렸음을 상징한다. 목표를 이루어 부를 만들 기회가 왔다는 천사의 신호가 숫자 111이다. 숫자 1은 굳은 결심과 새로운 현실을 만들어내는 창조, 그리고 더 나은 사람이 되는 성장을 상징한다. 부를 만드는 일은 재밌는 여정이다. 각각의 단계와 배움의 과정을 즐기고 실패에서도 의미를 찾게 될 것이다. 완벽은 지루하다. 아무것도 할 게 없는 인생보다, 오를 산이 있는 인생이 훨씬 더 짜릿한 인생이다. 이 멋진 여정을 시작하기에 앞서, 당신이 지닐 것은 단 하나다. 그것은 익숙한 일상을 깨고 나올 용기다. 역경을 직면하면 창의성이 발동된다. 힘든 결정들이 당신만의 개성을 만든다. 당신을 죽일 것 같은 고통을 이겨내면 더 강한 사람으로 다시 태어난다. 당신의 겉과 속을 일치하는 일과 다른 사람들과 함께 오래 일하기 위한 기본기를 계속 다지면 성공은 보장된다. 진짜 힘든 일을 해내고 나면 도파민이 나와 일하는 고통 자체를 사랑하게 된다. 이 과정이 긍정 회로인 게 보이는가? 아무 일도 하지 않으면 아무 만족도 얻지 못하고 따라서 부정 회로를 소비하는 나락으로 빠지게 된다. 담배, 술, 마약, 도박, 쇼핑, 그딴 것들 말이다. 빛의 길을 택하라. 당신의 선택이 당신을 만든다. 작은 우물을 박차고 나와 나는 법을 배워 당신이 원하는 것은 무엇이든 이룰 수 있는 날개를 펼쳐라.

2

How much do you need? 얼마가 필요한가?

To lead a thoroughly good life, how much do you need? To answer this question, you first need to know who you are:

What are you passionate about & hate about? (Feelings are a clue to discover your Purpose.)

What are your strengths & weaknesses? (These are talents and skills, not traits.)

What motivates you? What do you aspire to? (It can be a past experience that has shaped who you are.)

When you die, is there something that you would regret for not having done? (This reveals your innate desire.)

Provided that you cannot do so many things with your lifetime, what will you devote your time on?

Knowing your destination is critical for your life's success. When you fly, not having a destination will result in drifting away, losing all your fuel(time), and crash(miserable death). To be wealthy, you ought to know your journey's end and what kind of aircraft you are flying(who you are), take responsibility, and gain autonomy of your flight called life. As you know who you are, you can save and earn a great deal of resources which you employ to get what you want. Past a certain level of wealth, it wouldn't change your life nor happiness much. You will realise that money doesn't make you happy. So it's important to find a meaning and take in each moment in your journey, even the inevitable challenges. Switching your perspective turns a pain into a pleasure.

영혼까지 만족스러운 삶을 이끌기 위해 얼마가 필요한가? 이 질문에 답하기 위해서는 먼저 당신 자신이 어떤 사람인지를 알아야 한다.

당신의 가슴을 들뜨게 하는 것과 거부하고 싶은 것은 무엇인가? (당신만의 삶의 목적을 찾는 일에 당신의 감정이 힌트가 된다.)
당신이 잘하는 일과 못하는 일이 무엇인가? (성격이 아니라, 타고난 능력과 기술을 생각해 보라.)
당신을 일하게 만드는 원동력이 무엇인가? 무엇을 이루고 싶은가? (당신이라는 사람을 만든 과거의 강렬한 경험일 수도 있다.)
죽는 순간에, 살아있는 동안 안 하여 후회할 것이 무엇인가? (진정 원하는 것이 무엇인지 알 수 있는 질문이다.)
살아있는 시간으로 할 수 있는 일이 그리 많지 않음을 직시할 때, 당신의 시간으로 전념할 일은 무엇인가?

삶의 성공을 위해 목적지를 정확히 아는 것은 절대적으로 중요하다. 목적지 없이 비행한다면, 바람에 휩쓸려 다니다가 연료(시간)를 다 쓰고는 추락(죽음)할 것이다. 부자가 되고자 한다면, 당신의 여정 끝을 알아야 하고, 어떤 항공기를 조종하는지 알아야 하며(당신이 어떤 사람인지), 당신의 인생에 책임을 지고 인생이라 불리는 비행에 주체성을 갖고 날아야 한다. 당신이 어떤 사람인지 알고 무엇을 진정 원하며 불필요한 것은 무엇인지 알면 굉장한 시간을 아끼고 또 벌 수 있다. 이 자원은 당신이 가고자 하는 목적지에 다다르기 위해 쓸 연료다. 일정한 부의 수준을 이루면 그 이후부터는 당신의 행복도가 크게 바뀌지 않을 것이다. 돈이 행복을 주지 않는다는 진리를 깨닫게 될 것이다. 그러니 당신의 인생과 당신이 하는 일에 의미를 찾고, 여정의 과정을 음미하며, 여정의 필수 과정인 난항을 겪더라도 그를 기쁘게 받아들일 줄 알아야 한다. 관점을 전환하면 고통도 쾌감이 된다.

3
Focus your resources on the most valuable 가장 가치 있는 일에 집중하라

Resources are time, energy, and money. You employ your available resources to achieve your intention. This is the meaning of success. A by-product is wealth. Your time is only so much. Your energy per day is limited. There is so much information you can take in. Focus your resources on what matters the most to you. Poor mentality focuses their attention on consumption. Rich mentality does on what matters the most to them. Don't try to do everything. Do one thing very well. Wealth means that your time is well off. Wealth means you have the wealth of choices and richness of experiences. Wealth is everything but having large monthly expenses. Fancy and expensive offices are for the poor and little businessmen. The truly wealthy go for low-cost ones, until they get really big. If you can't help yourself spending your money on luxuries, you make yourself poorer. You just want to appear rich. You are empty inside. But wealth is the water reserved. It's in your bank account. Wealth is the numbers you hold. Wealth is the freedom that you don't have to do what you hate. The wealthiest people are okay living in a tiny place sleeping on the floor. It's the essence they can see; not the fancy covers they run after.

자원이란 시간, 에너지, 돈이다. 지금 당신에게 주어진 자원을 잘 써서 원하는 바를 이루라. 이것이 '성공'의 의미다. 자연히 따라오는 것이 부다. 당신이 가진 시간엔 끝이 있다. 하루에 쓸 수 있는 에너지도 정해져 있다. 받아들일 수 있는 정보의 양에도 한계가 있다. 당신에게 가장 가치 있는 일에 이 모든 자원을 집중하라. 빈자의 사고방식은 소비에 집중하는 것이다. 부자의 사고방식은 나에게 가장 가치 있는 무언가에 집중하는 것이다. 이것저것 다 하려고 하지 말라. 하나를 아주 잘하라. 부의 의미는 살아 있는 시간을 잘사는 것이다. 선택과 경험의 풍족이 부다. 달마다 나가는 고정비가 많은 것은 부의 반대 방향으로 가는 길이다. 화려하고 비싼 사무실은 작고 가난한 사업가들이 선택하는 곳이다. 진짜 부자는 아주 커지기 전까진 실속 있는 곳을 고른다. 사치를 참지 못하는 사람은 부자가 되지 못한다. 돈이 많은 것처럼 보이고 싶은 것이기 때문이다. 속이 비었기 때문에 그렇다. 부는 저장해 둔 물이다. 부는 은행 계좌에 있다. 부는 당신이 품은 숫자다. 부는 싫어하는 일을 하지 않아도 되는 자유다. 가장 부자가 되는 사람들은 작은 공간의 바닥에서 자도 괜찮은 사람들이다. 가장 중요한 가치를 알아보는 눈이 부이고, 화려한 껍데기를 좇는 건 부가 아니다.

4

Don't run after money and the appearance of money 돈과 돈의 껍데기를 좇지 말라

It's counter-intuitive but in order for you to be wealthy, you should look away from money. Money shall not be your goal. Chasing money will bring you down to a sticky end. Rather, your focus shall be on the truth in which the people will need or want the value you offer. You provide that specific value so well, you are on your way to wealth. When the value you provide is universal and no one can compete with you, you will be made a billionaire. Create a market, if you will. And everyone who wants what you have has no other choice but to use your product. Look at the value you can provide. Focus on making it the absolute best. Refine your craft. And you don't have to worry about money again. Your ability not to spend money early on becomes a potent discipline for your later wealth thanks to the law of compounding interests.

바로 이해가 되지 않겠지만 부자가 되기 위해서는 돈을 보지 않아야 한다. 돈이 목표가 되어선 안 된다. 돈을 좇으면 비굴한 결말에 이른다. 그보다는 사람들이 원하고 필요로 하는 가치를 제공하는 진리에 집중해야 한다. 그 가치를 아주 잘 제공하면 부자의 길에 오른다. 당신이 제공하는 가치가 인류 보편적이고 누구도 당신과 경쟁할 수 없다면 당신은 억만장자가 된다. 필요하면 새로운 시장을 만들 수도 있다. 그러면 당신이 제공하는 가치를 원하는 사람들이 당신의 것을 이용하지 않을 수 없다. 당신이 제공하는 가치를 자세히 보라. 그것을 절대적 최고로 만드는 일에 집중하라. 당신의 작품을 갈고닦으라. 그러면 다시는 돈 걱정을 하지 않아도 된다. 젊을 때 돈을 쓰지 않을 수 있는 절제력은 복리의 법칙으로 나중에 거대한 부자가 되는 데 막강한 힘이 된다.

5
Focus and concentrate 선택적 집중과 몰입

Time is the one thing you cannot buy. You can pay people to save you time. You cannot however increase the amount of time you have. You can always make more money, but can never get your time back. To make your trade the best in the market, you have to focus on one thing. To refine your craft, you have to put in a lot of time. The earlier you start, the wealthier you will be. The way to make more time is to focus on your life's work. Find the one thing you can concentrate your time and energy on. If you feel like you are working, you won't be able to do it for the rest of your life. You must love doing it. You must even enjoy the pain that comes with the labour you put into it. The more time you put in, the more developments you can build up. Others can't just copy what you have built. It becomes your unfair advantage, which keeps you wealthy.

시간은 살 수 없는 것이다. 사람들에게 돈을 주고 시간을 아낄 수는 있다. 그러나 가진 시간을 늘릴 수는 없다. 돈은 얼마든 더 벌 수 있지만, 시간은 돌이킬 수 없다. 당신의 업을 시장에서 최고로 만들기 위해선 그 하나에 집중해야 한다. 작품을 더 좋게 만들기 위해선 많은 시간을 들여야 한다. 빨리 시작할수록 더 큰 부자가 된다. 시간을 만드는 법은 업에 집중하는 것이다. 당신의 시간과 에너지를 몰아넣을 하나의 업을 찾으라. 그 일을 하며 일하는 것처럼 느껴진다면 평생 하긴 힘들 것이다. 업 자체에서 기쁨을 느껴야 한다. 일에서 오는 고통조차 좋아해야 한다. 더 많은 시간을 들일수록 더 많은 개발을 쌓을 수 있다. 시간이 쌓인 작품은 누구도 그냥 베낄 수 없다. 이것이 당신의 절대적 경쟁력이 되고, 당신의 부를 지켜준다.

6

Victim v Ownership Mentality
피해자 v 오너십 사고방식

What separates the rich from the poor is this mentality of theirs. The poor have a victim mentality. Poor people pay no significant taxes and think they are taken advantage of by the government. Poor mentality assumes their failure is caused by some malicious external force. You are solely responsible for the outcome you get. Saving on tax is rational, but paying no tax is a sign of your incompetence. Wealth and competency are synonymous. It's fair to reward great people. Do something that the world needs. Choose to be an owner. By paying taxes, you own the country; you own the world. Embrace ownership mentality. As Richard Branson said, a business is simply an idea to make other people's lives better. Walk down the streets and know that you've paid for it. So you deserve to use the pavements. See the bench in the gardens? You've paid for that one too. You can go to any country you like with the passport and trust our public officers have built. We have great soldiers who would give anything to protect our peace. You have the freedom and support from the country to do whatever you want. That is because of the invisible benefits. Pay it forward.

부자와 빈자를 가르는 것은 그들의 이러한 사고방식이다. 빈자는 피해자 의식을 선택한다. 빈자는 별다른 세금도 안 내고 정부에 이용당한다고 생각한다. 가난한 사람은 자신의 실패가 어떤 악의 세력에 의해 그렇게 되었다고 여긴다. 당신의 현실은 오직 당신의 책임이다. 절세는 이성적이지만, 세금을 안 내는 건 무능의 증거다. 부와 유능함은 함께 간다. 훌륭한 사람이 잘사는 건 합당하다. 세상이 필요한 무언가를 하라. 주인이 되기를 선택하라. 세금을 냄으로써 우리는 이 나라의 주인이 된다. 세상의 주인이 된다. 오너십 생각법을 품으라. 리차드 브랜슨이 말했듯, 사업이란 단순히 다른 사람들의 삶을 낫게 만들어주는 하나의 아이디어다. 길을 걸으면서 이 인도를 만드는 데 당신이 세금을 냈다는 사실을 인지해 보라. 고로 당신은 이 혜택을 받을 자격이 있다. 공원에 있는 저 벤치도 보이는가? 당신이 낸 세금으로 만들어 설치했다. 우리 여권과 우리나라 사람에 대한 신뢰 덕분에 당신은 세계 어디든 갈 수 있다. 공무원들이 그런 국가적 신뢰를 구축해 준 덕분이다. 우리나라엔 평화를 지키기 위해 무엇이든 내어줄 든든한 군인이 있다. 원하는 일은 무엇이든 할 수 있는 자유를 나라가 보장해 준다. 이렇게 보이지 않는 혜택들 덕분이다. 모르는 사람에게 먼저 친절을 베풀면 그 친절이 문화가 되어 당신에게 돌아온다.

(Pay it forward : 나에게 친절을 베푼 사람에게 직접 보답하기보다 다른 사람들에게 좋은 행동으로 보답하는 일을 말한다.)

7

Victim v Survivor Mentality
피해자 v 생존자 의식

When bad things happen to you, you are given a choice: to be a victim or to be a survivor. You might blame your circumstances for your failure. You might feel depressed from your recent calamity. You can be a victim of defamation by stupid children and incompetent teachers. You could be just way too popular and well off to not have a sour enemy. When you are brilliant, you always get enemies. It's a normal condition of life. But you can change your perspective on this. You are a **survivor**. You didn't kill yourself because you lost your money or friends. Instead you were reborn and went on to make a better life for yourself. Save yourself. See yourself as a survivor. You didn't give up on yourself. You are alive. You believe in yourself that you can shed your old and broken skin and be a better and bigger self. You are not a victim. Whatever life throws at you, you can be a survivor just with a flip of perspective. Thinking is the King. Struggles are essential for success. You need to lose $100,000 to earn $100,000,000,000. The fact that you are alive and able is all that matters. Get back up. Go do what you can do. Solve your problems.

나쁜 일이 생겼을 때 우리에겐 선택이 있다. 피해자가 될 것인가, 생존자가 될 것인가. 당신의 실패를 주변 환경에 탓할 수도 있다. 최근에 힘든 일이 생겨 우울감에 빠질 수도 있다. 멍청한 아이들과 무능한 선생으로 인해 명예훼손의 피해자가 될 수도 있다. 너무 잘나가는 나머지 적이 생길 수도 했다. 아주 뛰어나면 항상 적이 생긴다. 인생의 일반 조건이다. 그럴 땐 관점을 바꿔보라. 당신은 **생존자**다. 돈이나 친구를 잃었다고 당신 자신을 죽이지 않았다. 다시 태어나길 선택하고 더 멋진 인생을 펼칠 수 있다. 스스로를 구하라. 생존자가 돼라. 당신은 자신을 저버리지 않았다. 지금 당신은 살아있다. 오래되고 망가진 옛날의 당신에서 탈피하고 더 낫고 더 큰 당신으로 다시 태어날 수 있다는 신념을 품으라. 당신은 피해자가 아니다. 인생이 당신에게 무엇을 겪게 하든, 당신은 관점의 전환으로 생존자가 될 수 있다. 생각이 왕이다. **시련은 성공에 필수다.** 1억 4천을 잃어봐야 1조 4천억을 벌 수 있다. 지금 당신이 살아 있고 무언가를 할 수 있다는 사실이 중대하다. 자 이제 다시 일어나라. 당신이 할 수 있는 일을 하라. 문제를 해결하라.

8 Wealth is about 부란

What you look at determines your life. Wealth is not about how much money you make. Wealth is not about owning the fancy things you don't need. Wealth is not about impressing your friends with your expensive toys. Wealth is about building your dream life. Wealth is having the choices to say no to what you don't want to do. Wealth is having the choices to not do what makes you unhappy. Wealth is independence. Wealth is having the freedom you have in the morning to do whatever you want to do with the time given to you. Wealth is not wasting your lifetime. Wealth is enriching your lifetime. Most of all, wealth is pulling your loved ones up in their lives. A real rich person can make 300 teammates millionaires with their valuable work alone. Mark Cuban did just this. Clarify your intention with wealth creation, because you become what you think. Small wealth gives you independence. Big wealth gives you the choice to change the lives of the people. Such wealth can be made by improving people's lives in some way. 75% of the world's richest people are entrepreneurs, 15% investors, 7% inherited, and 3% entertainers and athletes. Entrepreneurship is not making money; it's building something better for the world. Wealth is the award from Nature that you did something good for the world.

무엇을 보느냐가 인생을 결정한다. 부는 연봉이 아니다. 부는 필요 없는 사치품을 소유하는 게 아니다. 부는 비싼 물건으로 친구의 기를 죽이는 게 아니다. 부는 나만의 꿈같은 삶을 일구는 일이다. 부는 하기 싫은 일을 안 할 수 있는 선택권이다. 부는 나를 불행하게 하는 일을 하지 않을 수 있는 선택을 갖는 것이다. 부는 자유다. 부는 아침에 일어나 당신에게 주어진 시간으로 하고 싶은 일 무엇이든 할 수 있는 자유다. 부는 살아있는 시간을 낭비하지 않는 태도다. 부는 삶의 시간을 풍부하게 하는 상태다. 무엇보다도 부란, 당신이 사랑하는 사람의 삶을 더 높은 상태로 끌어올리는 힘이다. 진짜 부자는 자신의 가치 있는 일만으로 300명의 팀원을 백만장자로 만든다. 마크 큐반이 실제로 그랬다. 부 생성의 목표를 명확히 하라, 생각하는 대로 될 것이니까. 작은 부는 당신에게 자유를 준다. 큰 부는 사람들의 삶을 바꿀 수 있는 선택 기회를 준다. 큰 부는 사람들의 삶을 더 낫게 해주는 일로 만들 수 있다. 세계에서 가장 큰 부자의 75%는 사업가이고, 15%는 투자가, 7%는 상속자, 그리고 나머지 3%는 연예 스포츠인이다. 사업은 돈을 버는 일이 아니다. 사업은 세상을 위해 더 나은 무언가를 만드는 일이다. 부는 당신이 세상을 위해 한 기여에 대한 자연의 상이다.

9

Know what you really want
진정으로 원하는 것을 알 것

In order to achieve a feat, you first need to know what feat you want to achieve. Go to a local bookstore and get the finest notebook that you will cherish for the rest of your life. Wash your hands and sit with the notebook. Solemnly put your wishes down in the notebook, the things or conditions you truly want, in the order of importance. Put a square in front of each wish, and tick the box when you accomplish it. Read this list every single day. In time, you will have most of your dreams realised. Your life becomes what your thoughts guide to. You become what you think. First imagine what you want to be, and find out how to realise this. Work on it, and you will get it. Remember: not to blame the situation, but to look for solutions. Just start doing it, and learn on the way. Losers overthink and wait around. Winners just do it.

성공을 이루기 위해서는, 어떤 성공이 당신이 원하는 성공인지를 우선 알아야 한다. 동네 서점에 가서 평생 간직할 가장 멋진 공책을 사 오자. 손을 깨끗이 씻고 그 공책과 함께 앉자. 경건한 마음으로 그 공책에 당신이 원하는 물건이나 상태를 중요도의 순서대로 적자. 각각의 꿈 앞에 네모 상자를 그리고, 그 꿈을 이루었을 때 그 상자에 체크 표시를 하자. 이 꿈 목록을 매일 보자. 머잖아 그 안의 대부분의 꿈을 이룰 것이다. 당신의 생각이 이끄는 대로 인생이 이루어진다. 사람은 생각하는 대로 된다. 먼저 무엇이 되고 싶은지 상상하고, 어떻게 현실화할지 알아내자. 이를 위해 작업하면 얻게 될 것이다. 기억하라: 상황을 탓하지 말고, 해결책을 찾으라. 준비되지 않았어도 일단 시작하고, 하면서 배우라. 빈자는 생각하다가 안 하고, 부자는 일단 한다.

10

Take responsibility 책임을 지라

Accountability is the basis of getting rich. Warren Buffett got super rich because he never wanted to lose someone else's money. He was baby-faced when he was 20, but everyone who knew him trusted him with their money because Warren takes responsibility. All those who fled from their military service ended up losers. Great people in history took on the responsibility even if they were too young to be enlisted. Ray Kroc joined World War I even by lying about his age as he was only 15. It's the sense of service that is noble. A bird living off her parents will not become wealthy. Wealth is just another term for self-reliance which is to take control of your life. You want to do what you love to do and live your life. Financial prosperity starts with taking responsibility. When you acquire shares, assume being one of the owners of the business. Shares are liquid assets, but you don't take it lightly. Invest in what you know, Peter Lynch said. You give it proper consideration, so you don't lose(Rule No.1 of Investing). "You're buying businesses, not just any stock," Warren Buffett says repeatedly. He had a bad time early on from buying and selling, learned from the mistake, and turned himself into a long-term investor. You consider yourself a shareholder of a business even if you have a small portion of it. You acquire an undervalued asset and help them to grow by lending them your capital. The value increases and you become richer. You don't just quickly take advantage of price differences, that's not classy. Nature hates vulgarity. Nature favours classiness. You may assume the control over it if you have to. Ownership mentality is all it takes to build a satisfying life of your own, as it cultivates happy relationships.

부자가 되기 위한 기본은 책임을 중히 여기는 마음이다. 워런 버핏이 슈퍼리치가 된 이유는 다른 사람의 돈을 절대 잃고 싶지 않아서다. 20살의 그는 동안이었지만 그를 아는 사람들은 평생 저축한 돈을 내어줄 정도로 그의 책임감을 믿었다. 병역에서 도망간 사람들은 인생의 루저가 되었다. 역사 속의 위대한 인물들은 나이가 어려도 자진해서 입대했다. 맥도날드를 세계적 기업으로 만든 레이 크록은 15살밖에 되지 않았을 때 나이를 속이고 세계 1차 대전에 참전했다. 사람들을 돕고자 하는 내재적 본능은 고귀하다. 부모의 둥지에서 먹고 사는 새는 부자가 될 수 없다. 부는 그저 자기 의존의 또 다른 단어일 뿐이다. 찰리 멍거가 억만장자가 된 원동력은 페라리를 사고 싶어서가 아니었고 자기 의존하고 싶어서였다. 자기 의존은 당신의 인생에 주인이 되는 것이다. 좋아하는 일을 하며 남의 인생이 아닌 당신의 인생을 사는 것이 부자의 삶이다. 부의 생성은 책임을 지는 태도로부터 시작된다. 주식을 산다면 그 회사의 주주가 되었다고 여기라. 주식은 쉽게 사고팔 수 있는 자산이지만, 그렇다고 가볍게 여기지 말라. 제대로 아는 것에 투자하라고 피터 린치가 말했다. 어느 회사의 지분을 사는 일을 진중하게 여기라, 그러면 잃지 않는다(투자의 제1 법칙). "그냥 주식을 사는 게 아니라, 회사를 사는 것이다"라고 워런 버핏이 항상 말한다. 워런은 커리어 초기에 차익거래로 쓴맛을 보았고, 그 실패에서 배워 장기 투자가 되었다. 회사 지분을 아주 조금 사더라도, 당신을 그 회사의 주주라고 여기라. 투자의 기본은 자산이 좋은 가격일 때 사서 그들이 성장할 수 있게 당신의 자본을 빌려주는 것이다. 그 가치가 올라가면 당신도 부자가 된다. 빠르게 차액을 이용해 먹는 건 품위 있지 않은 행동이다. 하늘은 천박을 싫어한다. 격조 있는 사람을 하늘이 돕는다. 투자에 있어 필요하다면 경영권을 획득할 수도 있다. 당신의 인생을 만족스럽게 만들기 위해 필요한 것은 주인의식이다. 이것이 행복한 관계를 쌓아주니까.

11

Associations matter 관계의 중요성

We are social beings. Which means, we inevitably are influenced by those around us. Our experiences shape who we are. Fortunately we possess the strong ability called free will. This simply means our choices. We can make choices for what influences us. This is a great power. Choose your neighbourhood and friends wisely. Associate with the people who already have the things you want. Their thoughts will flow into you, and you will have the thoughts to have the things they have. Don't hang out with the unlucky and incompetent. Good or bad, luck is contagious. Unfortunate people have reasons to be so: their mentality and language are poor. Your language affects your thoughts. Your thoughts are your reality.

우리는 사회적인 존재다. 주변 사람들에게 영향을 받을 수밖에 없는 게 인간이다. 경험이 당신을 만든다. 다행히도 우리에겐 자유의지라는 강력한 능력이 있다. 이것은 쉽게 말해 선택이다. 나에게 영향을 주는 것들을 내가 선택할 수 있다. 이는 굉장한 힘이다. 사는 동네와 친구를 현명하게 선택하자. 내가 갖고 싶은 것들을 이미 가진 사람들과 어울리자. 그 사람들의 생각이 내 마음으로 흘러들어올 것이고, 그 생각이 나로 하여금 내가 얻고 싶은 것들을 가질 수 있게 할 것이다. 불행하고 무능한 사람들과는 시간을 보내지 말자. 행운이든 불행이든, 운은 전염성이 있다. 불행한 사람에겐 불행한 이유가 있다. 그들의 사고방식과 언어가 가난하기 때문이다. 언어가 생각에 영향을 끼친다. 생각은 현실이 된다.

12

Magical notebooks 마법의 공책

You don't have to be brilliant to be rich. You don't have to be great to get going. But you have to get going to become great. Start it now. Dreams are mere dreams if you don't put them down on paper. Once you set your dreams down on a planner, it becomes a plan to do. There always are ways to get things done. Just start doing it. Imagination comes to reality from the moment you put it down on a piece of paper. Those who made it know that the most valuable material in the whole world is not digital devices. They're notebooks. Notebooks can turn a dream into a reality. You will be living in your dream thanks to your piles of notebooks. They will get you there. Notebooks are magical objects. Put your dreams down in it, find out ways to achieve it, and execute it.

부자가 되기 위해 천재적일 필요는 없다. 목표를 향해 헤쳐나가기 위해 비범한 사람일 필요는 없다. 그러나 비범해지기 위해서는 일단 헤쳐나가야 한다. 지금 시작하자. 꿈을 종이에 적지 않으면 그저 꿈으로 남을 뿐이다. 일단 플래너에 꿈을 쓰면 그 꿈은 실행할 계획이 된다. 모든 문제에는 해결할 방법이 존재한다. 그냥 시작해 보라. 물리적인 종이에 꿈을 적는 순간 현실이 되는 첫 단계가 시작된다. 꿈을 이룬 사람들은 안다. 세상에서 가장 가치 있는 물건은 디지털 기기가 아니다. 그것은 공책이다. 공책은 꿈을 현실로 만들 힘이 있다. 열심히 써 올린 공책들 덕분에 현실이 된 꿈에 살고 있는 당신을 맞이할 것이다. 공책은 당신을 도와줄 것이다. 공책은 마법의 물건이다. 공책에 꿈을 쓰고, 이룰 방법을 찾아내어, 실행하라.

13

Makers don't blame 될놈될의 뜻

There is a saying in South Korea that goes, ones who will make it will do so no matter what. This lasts because of three things; attitude, choices, and perseverance. Even if you go to the best university and learn from the best educator, not everyone turns out successful. The environment doesn't really affect one's life. You just don't blame anything external. Here comes choices. Your life is made up of the choices you make. Poor minds choose poorly; the wealthy make exceptional choices. Little decisions since you're a child add up to your life. Winners learn. They persevere when times get difficult. And learn from whatever comes in their way. The meaning of this saying is most of all, you don't blame your circumstances. You own it; and work around it. Getting rich takes self-discipline, and it begins with the mastery of your thoughts. You control your thoughts; as your outcomes.

한국에는 될 놈은 된다는 말이 있다. 시간이 흘러도 이 말이 진리인 이유는 세 가지 때문이다. 태도, 선택, 그리고 끈기. 최고의 대학교에 가 최고의 선생님에게 배우더라도, 모두가 잘 되진 않는다. 환경은 크게 중요하지 않다. 외부적 요소를 탓하지 않으면 된다. 선택이 중요하다. 선택이 모여 인생을 만든다. 빈자는 가난한 선택을 하고, 부자는 훌륭한 선택을 한다. 어릴 때부터의 작은 선택들이 모여 인생을 이룬다. 되는 사람은 배운다. 어려움이 오면 끈기로 이겨낸다. 겪는 모든 일에서 배운다. 될놈될의 뜻은 환경을 탓하지 않는 것이다. 주어진 환경을 내 것으로 품고, 무슨 재료를 쥐었든 그것으로 멋진 작품을 만든다. 부자가 되는 데엔 자기관리가 필요하고, 이것은 당신의 생각을 완벽하게 가다듬는 일로부터 시작한다. 생각이 곧 현실이다.

14

The rich don't spend any money
부자가 돈 쓰는 법

Poor minds spend mindlessly on swag and pay a premium for a false sense of superiority and a showy display of wealth, without realising that they are actually making their bank balance weakened and the seller's stronger. Poor minds put their mind on designing their veneer to impress the people around them, whereas rich minds set their mind on designing their business to serve the consumers. When people with a rich mentality start out, they do a lot of deferred gratifications and put their labour money into savings and investments. With time, capital gains exceed labour earnings. Poor minds buy on their impulses. Rich ones think and allocate their precious resources rationally, so that they never lose it. Poor minds spend their hard-earned money on things they don't need. Wealthy mentality buys luxuries with fringes; interests paid, vouchers given, and proceeds gained. That's how royalties stay graceful. Rich mentality never spends the money they've worked hard for, with the most precious resource they have—time. This is why wealth takes patience. When you make your first $100K with labour, you better not spend it. You may save on every expense including food, clothes, and shelter, and put every penny into investments. You can buy nice things with interest paid. You may still not want to touch your labour money because you worked too hard for it. It gives you freedom to not do the things you hate, and so contentment—total peace of mind. Your savings gives you a margin of error, which empowers you to persevere when odds are against you. The ultimate success is survival. It's the poor and the poor-to-be who spend as soon as they earn. They are poor because they're narrow-sighted. The rich see further down the road. And boy there's a long road ahead. And you can do better things with your wealth including making the world a better place as you like.

가난한 사고방식은 겉모습을 치장하는데 사치하고 우월감을 느끼기 위해 추가 비용을 지불하며 부자처럼 보이려고 하는데, 사실 그건 자신의 부를 줄어들게 하고 판매자의 위치를 강하게 한다. 빈자는 다른 사람들에게 멋져 보이려고 외부적인 것에 집중하는 반면, 부자는 소비자에게 더 잘 제공하기 위해 자기 일에 집중한다. 부자의 생각법을 지닌 사람이 처음 시작할 때는 당장의 욕구를 참으며 노동으로 번 돈을 저축하고 투자한다. 시간이 쌓여 자본으로 버는 돈이 노동으로 버는 돈보다 많아진다. 빈자는 충동적으로 돈을 쓴다. 부자는 생각하고 합리적으로 소중한 자원을 분배하여 절대 잃지 않는다. 노동으로 번 돈으로 사치품을 사는 것은 가난한 사고방식이다. 부자는 사치품을 부수적으로 생기는 수입, 예를 들어 이자 수익, 받은 상품권, 그리고 투자 수입으로 산다. 이것이 왕족이 우아함을 유지하는 비결이다. 가장 소중한 자원인 시간으로 노동해 번 돈을 절대 쓰지 않는 것이 부자의 사고방식이다. 이래서 부를 축적하는 데엔 인내가 필요하다. 노동으로 번 첫 1억 원은 쓰지 말라. 음식과 옷, 집을 비롯한 모든 곳에서 비용을 아껴 투자하라. 멋진 물건들은 이자로 살 수 있다. 여전히 노동 수익은 건들고 싶지 않을 것이다. 왜냐하면 너무 힘들게 벌었기 때문이다. 이 자본금은 하기 싫은 일은 하지 않을 수 있는 자유와 흔들리지 않는 편안함이 된다. 비축해 둔 현금은 실패를 떠안아줄 안전망이 된다. 궁극적 성공은 생존이다. 빈자와 졸부는 벌자마자 쓴다. 그들이 가난한 이유는 멀리 보지 못하기 때문이다. 부자는 게임과 인생을 멀리 내다본다. 사업과 인생과 부의 축적은 긴 여정이다. 이 부로 더 나은 일을 할 수 있다. 당신이 원하는 대로 세상을 더 나은 곳으로 만드는 일을.

15　Take action 하라

Taking no action feels quite safe. The brain tells you if you take no action, nothing really can go wrong. But if you don't take any actions, you will never know what is beyond your little cot. Losers find excuses. Winners find solutions. Becoming rich is humanly possible. Just take action. Unhappiness is the result of inaction. Take action, you will change the outcome. If you blame the outer circumstances for your failures, you go nowhere. Yes, there may be some luck associated with some success. But no, the best luck is the luck you make for yourself through perseverance. You just try it until you make it. You analyse the causes thoroughly why you haven't achieved the height you desire. If you can't figure out why and still blame the circumstances, that is the limit of your growth. All we do on this little planet is possible. You just are to stay strong long enough to actualise your visions.

가만히 있으면 편하다. 아무 일도 하지 않으면 현재 상태를 유지해서 뇌가 안전하다고 인지한다. 그러나 지르지 않으면 당신의 작은 둥지밖에 더 나은 삶이 있다는 것을 모르고 살다 죽게 된다. 빈자는 변명을 찾고, 부자는 방법을 찾는다. 부자가 되는 일은 인간적으로 가능하다. 그냥 하라. 불행은 무위의 결과다. 행동하면 결과가 달라질 것이다. 부족함을 외부 요인에서 찾는다면, 아무것도 이룰 수 없다. 어떤 성공에는 어느 정도의 운도 따른다. 그러나 최고의 행운은 끈기로 버텨 직접 만들어내는 운이다. 그냥 될 때까지 하면 된다. 원하는 바를 이루지 못한 원인을 따져보라. 왜 그런지 모르겠고 여전히 환경을 탓한다면, 그게 당신의 성장 한계다. 이 작은 행성에서 우리가 하는 일들은 가능하다. 당신이 바라는 모습이 될 때까지 시도하면 된다.

16

Learning is earning 배움이 벌이

Knowledge is not free. You have to pay attention. Be curious, because your good life depends on it. Reduce recurring costs. Prior to anything, invest in learning. Never cut corners on your education. Learning is earning. 85% of billionaires and millionaires are self-made. Only 15% are inherited. Wealth is a reality created by the mind. Developing the mind is the way to wealth. You need to be in a situation to motivate yourself to think sharp. Working hard is necessary, but it isn't what gets you super wealth. Seeing the world with a keen eye and working smart are. Reading gives you this ability. Great achievers are avid readers. Don't rely on cheap content for your education. It gives you information quickly without pain, but it doesn't help you to think. You need to take time to develop your thinking.

지식은 무료가 아니다. 관심을 들여야 한다. 알고자 하라. 잘 사는 삶은 배움에 달렸다. 고정비는 줄이되 교육은 선투자하라. 교육은 아끼지 말라. 배우는 일이 버는 일이다. 85%의 백만장자와 억만장자가 자수성가 한 사람들이다. 겨우 15%만이 상속이다. 부는 머리가 만들어낸 현실이다. 머리를 계발하는 일이 부로 가는 길이다. 예리하게 생각하도록 동기를 주는 환경에 당신 자신을 처하게 해야 한다. 열심히 일하는 것도 필요하지만, 이것만으로 억만장자가 되진 않는다. 세상의 원리를 이해하는 지성으로 똑똑하게 일해야 한다. 독서가 이 능력을 계발한다. 위대한 성취를 이룬 사람들은 다독가다. 무료 콘텐츠에 당신의 교육을 모두 맡기지 말라. 정보를 빠르게 고통 없이 얻을 수는 있겠지만 생각은 하지 않게 한다. 생각하는 능력을 계발하기 위해선 시간을 들여야 한다.

17 Find a way 방법을 찾으라

There always is something you can do to make a wonderful life from. There is work you can do when you have no money. There is work you can do when you have more ideas than money. There is work you can do when you have more money than ideas. There always are opportunities to make your fortune. It's just you who haven't found it yet. Nay-sayers don't get anything done. So they live a poor life. Go-goers get things done. So they live a rich life. For every problem, there always is a way. Don't judge that it's not possible. You have not even tried it. Don't be negative about things. You never know if it's possible. Humans know nothing for sure. Before deciding that it will not work, try giving it a go. If you see a value in the end result, persevere until you make it. Great feats in history have been achieved without the necessary skills or possibilities. A big pharmaceutical was built by those who never studied biology. Those who did it just made a bold move and made it happen. The key is to find a way that no one else has discovered yet. McDonald's has found it and become the model for all the other businesses that followed it. Starbucks was the first to make take-away cafe lattes a thing.

모든 상황에는 당신이 해서 멋진 인생을 만들 수 있는 일이 있다. 돈이 없을 때 할 수 있는 일이 있고, 돈이 어느 정도 있을 때 할 수 있는 일이 있으며, 돈이 아주 많을 때 할 수 있는 일이 있다. 부자가 될 기회는 인류가 존재하는 한 언제나 항상 있다. 당신이 못 알아볼 뿐이다. 안 될 거라고 말하는 사람은 아무것도 해내지 못한다. 그래서 가난한 삶을 산다. 해보자고 말하는 사람은 해야 할 일들을 해낸다. 그래서 부자의 삶을 산다. 모든 문제에 해결책은 항상 있다. 불가능할 거라고 판단하지 말라. 해보지도 않지 않았나. 부정적으로 생각하지 말라. 가능할지 어떻게 아는가. 인간이 확실히 아는 것은 없다. 안 될 거라고 단정 짓기 전에, 시도라도 해보라. 최종 결과가 당신에게 가치 있는 것이라면 그것을 이룰 때까지 시도하라. 역사상 위대한 업적들은 그를 이뤄낼 적절한 기술이나 해낼 수 있다는 가능성도 없이 이루어졌다. 어떤 큰 제약회사는 생물학을 공부하지 않은 사람들이 세웠다. 그런 일을 이루어낸 사람들은 그저 대범하게 일을 저지르고 그를 되게 했다. 여기서 핵심은 아무도 찾지 못한 방법을 찾아내는 것이다. 맥도날드는 이것을 찾았고 이후의 모든 기업이 이에서 배워 만들어졌다. 스타벅스는 길에서 들고 다니며 마시는 카페라테를 처음 유행시켰다.

18

Think 생각하라

Learn how to think. There is nothing more valuable than learning how to think, because realities are results of your thoughts. You may believe you are thinking, when you are merely rearranging your prejudices. Doing what the media and the masses say to be effective is not thinking. What someone told you is not your thought. Thinking is beyond that. Followers don't have to think because they can just follow the leader. But the leader has to think for themselves. If your aim is to be rich yourself, you have to be the leader of your life. Every single self-made billionaire is a thinker. Without thinking, you cannot achieve anything great. But when you start thinking for yourself, remarkable things happen. The only valuable school to go for is one that teaches you how to think.

생각하는 법을 배우라. 생각하는 법을 배우는 것보다 가치 있는 것은 없다, 왜냐하면 당신의 현실은 당신의 생각 결과이기 때문이다. 지금 생각한다고 믿고 있을지도 모르겠지만, 그건 아마 그동안 들은 편견들을 재조합하는 것에 불과할 것이다. 매체나 사람들이 무엇이 좋다고 해서 그걸 하는 건 생각하는 게 아니다. 누군가 당신에게 말해준 것은 당신의 생각이 아니다. 생각은 그 이상의 것이다. 따르는 사람들은 생각할 필요가 없다. 리더를 따르면 되니까. 그런데 리더는 스스로 생각하고 판단해야 한다. 스스로 부자가 되는 게 목표라면, 당신의 인생에 있어서 리더가 되어야 한다. 모든 자수성가한 억만장자는 생각하는 사람이다. 생각해야만 비범한 무언가를 이뤄낼 수 있다. 스스로 생각하고 판단하길 시작하면 놀라운 일들이 일어날 것이다. 갈만한 가치가 있는 유일한 학교는 생각하는 법을 알려주는 곳이다.

19 Think for yourself 직접 판단하라

What more people think right is not necessarily the right answer. The vast majority of people don't think. Seen from above the space, human life is not so different from that of ants. When ants follow the tracks someone else built before them, a thinking ant goes off the track and builds his own kingdom. Many great people achieved dashing feats going against what their family and friends have said to them. You should do what you believe in. You should think for yourself. People say it's impossible because they don't want to work for it. It's possible if you are serious about it. You find ways to make it work if you are really desperate. You make it work if you really want it. Don't follow street wisdom. Think for yourself.

많은 사람들이 맞다고 생각하는 것이 꼭 맞는 답은 아니다. 대부분의 사람들은 생각하지 않는다. 저 멀리 우주에서 지구를 바라보면, 인간의 삶은 개미의 삶과 딱히 다르지 않다. 개미들이 앞서간 개미가 만들어 놓은 길을 따라갈 때, 생각하는 개미는 그 길에서 벗어나 그만의 왕국을 설립한다. 빛나는 업적을 이룬 많은 사람은 가족과 친구들의 말을 거스르며 해내었다. 당신의 신념을 따르라. 스스로 알아보고 스스로 판단해야 한다. 불가능하다고 말하는 사람들은 그걸 하기 싫기 때문에 그런 말로 표현한다. 진심이면 가능하다. 진짜 절실하면 어떻게 해서든 방법을 찾아내 해낼 것이다. 진정 원하면 되게 할 수 있다. '카더라'는 믿지 말라. 직접 알아보고 직접 판단하라.

20

Be authentic 진짜가 돼라

Nothing great can withstand the weight of success without integrity. Be truthful. Act truthfully. Be genuine. Try to build something original. You can learn from imitating the good. But that's for learning. Copycats lack integrity. Copycats are not admirable. Copycats don't move anybody. You can do better than that. It just takes some more time on developments and thinking. But boy the rewards are worth it. Don't make fakes. Is your life fake? Lasting wealth is built on what is original. Being original takes knowing who you are; your strengths, weaknesses, core values, identity, purpose, and limits. So you can be sure of your actions. People are drawn to the one who asserts assurance.

정직의 근본 위에 지어지지 않은 성공은 그 어떤 위대한 것이더라도 그 덧없음의 하중을 견뎌내지 못한다. 당신을 알 것. 진실할 것. 진심을 행동할 것. 거짓 없는 사람이 될 것. 시초가 되는 무언가를 창조할 것. 따라 하는 것으로 배울 수는 있다. 그러나 이는 배움만을 위한 것이다. 줏대도 없이 베끼는 사람들은 진정성이 결여되어 있다. 따라쟁이는 존경받을 가치가 없다. 남의 것을 베끼는 사람은 그 누구도 감동하게 하지 못한다. 우린 그보다 더 잘할 수 있다. 단지 약간의 시간과 생각이 들 뿐이다. 오리지널한 무엇을 만들어내어 얻는 보상은 애쓸 가치가 충분하다. 모조품을 만들지 말라. 당신의 인생이 가짜인가? 오래가는 부는 원작으로 만든 부다. 원작이 되려면 당신을 알아야 한다. 당신의 강점과 약점, 중심 가치관, 정체성, 존재의 목적, 그리고 당신의 한계를. 그러면 확신을 갖고 행동할 수 있다. 사람들은 확신에 찬 사람에게 이끌린다.

21

The lighthouse 등대

When the world seems dark, you may be the light. You can light up the dark ocean. You can enlighten yourself and others. You can be the lighthouse in the corner of the planet you are on. Building a lighthouse begins from finding a solid foundation. This is called integrity. To construct a lighthouse that can withstand countless storms, you may want to take time to build it. Once built, you are the source of light which everyone can benefit from. But it can't light the world and guide mankind for a better future when it's covered in mud and fake lenses. You must maintain your integrity as to keep the light within you equals the light you emanate. People will be drawn to your bright light. This is your success and honour.

세상이 온통 어둡다면, 당신이 빛일지도 모른다. 어두운 바다를 바로 당신이 밝게 비출 수 있다. 스스로를 교육하고 다른 사람들을 도울 힘이 당신에게 있다. 이 행성 위 당신이 서 있는 땅의 등대가 될 수 있다. 등대를 짓는 여정의 시작은 단단한 기반을 찾는 것이다. 이것을 '인테그리티'라고 한다. 수없이 많이 몰아치는 태풍을 견뎌낼 등대를 짓기 위해서는 그만큼 시간을 들여야 한다. 일단 지어지면 모든 이가 도움을 얻는 빛의 원천이 될 수 있다. 그러나 당신이라는 등대가 진흙과 가짜 렌즈에 덮여 있으면 세상을 비추어 인류를 더 나은 미래로 이끌 수 없다. 당신의 가슴 속 빛과 세상을 향해 발산하는 빛이 일치하도록 인테그리티를 지켜야 한다. 그러면 사람들이 당신의 밝은 빛에 이끌려 올 것이다. 이것이 성공이고 명예다.

22

What a leader needs 리더가 필요한 것

Smart is what workers do. Shrewd is what leaders are. Smart choices for items, business models, and strategies can get you so far. Going further takes insight into the essence of things. Vision is the exclusive province of the guiding light. Insight is born of thinking thoroughly for an extended period of time over various experiences. Nothing great is granted for free of work. A valued prize is worth fighting for. Hone the sword of your thoughts, and you make yourself abundant. And there comes the one trait that is common to all leaders and yet irreplaceable by machines: empathy. Wealth is not built alone. Human connection is essential. To move people, you need to feel them.

똑똑함은 일하는 사람이 하는 것이다. 명확한 판단력은 이끄는 사람의 자질이다. 똑똑하게 고른 제품과 사업 모델과 전략은 성장에 한계가 있다. 그 이상으로 나아가기 위해 필요한 것은 세상의 본질을 꿰뚫어 보는 통찰력이다. 일반 사람들은 보지 못하는 것을 보는 비전은 이끄는 자만이 지닌 특별한 능력이다. 통찰력은 다채로운 경험을 아주 깊게 그리고 오래 생각하여 얻을 수 있다. 일하지 않고 얻을 수 있는 것 중에 훌륭한 것은 없다. 가치 있는 상은 싸울 가치가 있다. 생각이라는 검을 갈고 닦으면 당신의 삶은 자원으로 풍족해질 것이다. 그리고 모든 리더를 관통하는 하나의 자질이 있다. 기계도 대체할 수 없는 이것은 공감 능력이다. 부는 혼자 이뤄지지 않는다. 사람들과의 유대는 필수다. 사람을 감동하게 하기에 앞서 공감해야 한다.

23

Rules change in a game 세상은 변한다

A decade ago, the leaders of the world advocated that the best skill for the young to get was coding. Now this is obsolete. The rules have been changed. The best skill now is storytelling in English. As you delve into the history of economies, you will find out that the wisdom that worked in the past no longer does today. Old deeds for the old world; new for the new. Change is a crisis for the unlearning; an opportunity for the learners. Change is the nature of this world. We survive on evolution. Adaptability is the ultimate skill for survival. Refusing to change means choosing to be removed from this world. True intelligence is fluidity. Flexible minds are the smart ones. Only one thing is uncompromisable: Be tenacious on your ultimate goal. The rest shall remain open to change.

10년 전에는 젊은이가 갖추면 가장 가치 있는 기술이 코딩이라고 세상을 움직이는 사람들이 공개적으로 추천했었다. 지금은 이 조언이 구시대적 발상이 되었다. 게임의 규칙이 바뀌었다. 지금 인간이 가질 수 있는 최고의 기술은 세계어인 영어로 이야기할 줄 아는 능력이다. 경제의 역사를 파보면 과거엔 적용되었던 지혜가 지금 시대엔 적용되지 않음을 알 수 있다. 옛 세상엔 옛 방식. 새 세상엔 새 방식. 변화는 배우지 않는 자에겐 위기지만 배우는 자에겐 기회다. 변화는 이 세상의 본성이다. 인류는 진화로 살아남는다. 생존의 궁극적인 기술은 적응력이다. 변화를 거부하는 것은 이 세상에서 없어지길 선택하는 행동이다. 진정한 지성은 유동적이다. 유연한 사람이 똑똑한 사람이다. 단 하나는 타협 불가하다. 최종 목표는 꽉 잡아야 한다. 목표를 이루기 위한 방법은 변화의 가능성을 열어두어야 한다.

24

Attitude determines your altitude
태도가 성공을 결정한다

Poor mentality tries to give less for a dollar. Rich mentality tries to give more for a dollar. It's all got to do with the feelings you give to your customers. Say you want to help out a poor artist. You give the artist a job. The artist works on the job and gives you the artistic result. But the outcome is wrong. The artist didn't understand the instructions. So you let the artist try again. The artist now comes back with a shitty result. You pay the artist the best as you can. The artist receives it all, but then delivers a shitty work you cannot use for your best work. The artist then says she can't give you the fine work she did in the first attempt, because she will use it for her own work. You paid the artist for nothing. You wasted your time. You feel terrible because a poor artist gave you a dodgy work for a price more than she deserves. This is an example of a poor mentality. The rich-to-be though try to give more for a dollar. A successful teacher in his beginning takes a train to come to a young girl living in another city to give her a lesson for an hour, and comes back. Repeatedly. The commute costs more than the tuition, but he does it because he cares about the student, because he wants to make a difference in his client's life with his work. Whether the young student appreciates his work or not does not matter. What matters is your attitude as a service provider to do whatever it takes to deliver what you promise. This attitude sets you apart. There is a reason behind someone's poverty, as well as for success.

빈자는 돈을 받고 최대한 적게 주려 하고, 부자는 최대한 많이 주려 한다. 이게 중요한 이유는 당신과 거래하는 사람의 감정에 영향을 끼치기 때문이다. 가난한 예술가를 도와준다고 가정해 보자. 그 사람에게 일거리를 준다. 예술가는 작업해서 예술적인 결과물을 만들어 온다. 그런데 결과물이 잘못되었다. 예술가는 작업 요건을 이해하지 못했다. 그래서 다독여주고 다시 해보라고 가이드를 더 정확히 준다. 이번에 예술가는 대충 그린 허접한 작업물을 들고 온다. 당신은 예술가에게 해줄 수 있는 최선으로 작업에 대해 지불한다. 예술가는 이걸 모두 받고는, 당신이 최고로 해내고자 하는 프로젝트에 쓸 수 없는 삼류의 작품을 전달한다. 그러고는 예술가가 앞서 했던 질 높은 작업물은 자신의 창작 활동에 쓸 것이라고 건네줄 수 없다고 한다. 당신은 그 작가에게 일을 주고 시간과 자원을 지불했는데 아무것도 얻지 못했다. 당신은 쓸 수 없는 후진 작업물에 비싼 대가를 지불하고 기분이 좋지 않다. 가난한 예술가는 자기가 챙길 것만 받아 가고 고객에게 합당한 가치는 전달하지 않았다. 이것이 가난한 사고방식의 예다. 그러나 부자가 될 사람은 얼마를 받든 더 많이 주려고 애쓴다. 성공적인 선생이 커리어를 처음 시작할 때는 다른 도시에 사는 어린 소녀에게 한 시간 수업을 해주기 위해 직접 기차를 타고 갔다가 돌아온다. 한두 번이 아니라 계속. 이동 자체가 수업비보다 비싸다. 그래도 선생은 이렇게 한다. 왜냐하면 선생은 그 소녀를 진심으로 위하기 때문이고, 자신의 업으로 고객의 인생을 더 낫게 만드는 데 진심이기 때문이다. 어린 학생이 선생의 이런 사정을 알아보고 감사하는지 아닌지는 중요하지 않다. 중요한 것은 서비스 제공자로서 약속한 가치를 온전히 전달하느냐다. 이 태도가 성공할 사람을 성공하게 한다. 가난과 성공에는 이유가 있다.

25

How to have deep pockets
돈이 흘러 넘치게 하는 법

An act doesn't do anything. Consistent acts do. Building wealth is building wealth-building habits. Greatly wealthy people are system builders. Before you go out building systems for other people, build your own habits. Decide your habits. Your habits will decide your future. Discipline is choosing between what you want now and what you want the most. What you want the most is to be wealthy. It means freedom. You can live the life the way you want to live it. So you choose to find the most valuable work you can do and execute the idea. you choose to put my time in the work that matters to you. Each year, each month, and each day you have check-lists. Your job is to tick the boxes. This habit decides your life. Just focus on doing your job better, and your bank balance will mount up.

한 번의 행동은 아무 일도 이루지 못한다. 지속적인 행동이 무엇이든 이뤄 낸다. 부를 건설하는 일은 부를 건설하는 습관을 건설하는 일이다. 큰 부자는 시스템을 만든다. 다른 사람들이 쓸 시스템을 만들기 전에, 당신 자신의 습관부터 만들라. 습관을 결정하면, 그 습관이 나의 미래를 결정한다. 절제력이란 내가 당장 하고 싶은 행동과 진정 원하는 바 중에서 고르는 선택이다. 당신이 가장 원하는 것은 부유해지는 것이다. 부는 자유다. 인생을 원하는 대로 살 수 있는 자유다. 그래서 내가 할 수 있는 가장 가치 있는 일을 찾고 그 생각을 실행한다. 당신에게 가장 중요한 일에 시간을 들이라. 해마다, 달마다, 날마다 해야 할 일 목록이 있다. 당신의 일은 그 목록에 다 했다고 체크하는 것이다. 이 습관이 인생을 결정한다. 일을 더 잘하는 데 집중하라, 그러면 계좌 잔고는 늘어날 것이다.

26

Where big wealth lies 큰 부가 있는 곳

Big wealth begins from big thinking. You are poor because all you can think is making $10,000 a month. It's nothing. Think big. The money you earned in exchange for a year of hard labour can be spent on a single day. Don't chase the numbers. Do what people need. Think about the people who use your products or services. What good do you provide to the people? Money is only an exchange for the value you provide. The bigger value you provide to more people, the bigger the wealth you get. Do your job properly. Be the best at it. And you will be wealthy enough, as in you wouldn't have to worry about money. Keep refining your craft. In the process, you will be happy and content. This is true wealth.

큰 부는 큰 생각으로 시작한다. 당신이 가난한 이유는 달에 천만 원을 버는 것밖에 생각하지 못하기 때문이다. 그건 아무것도 아니다. 더 크게 생각하라. 일 년 내내 고생해 번 돈을 단 하루에 다 쓸 수도 있다. 숫자를 좇지 말라. 사람들이 필요한 일을 하라. 당신의 제품이나 서비스를 사용하는 사람들에 대해 생각하라. 사람들에게 어떤 가치를 제공하는가? 돈은 그 가치에 대한 교환일 뿐이다. 더 많은 사람들에게 더 큰 가치를 제공할수록, 더 큰 부를 갖게 된다. 당신의 일을 제대로 하라. 그 일에 최고가 돼라. 그러면 돈 걱정은 크게 하지 않아도 될 정도로 충분히 부자가 될 것이다. 계속 업을 더 잘하는 데 집중하라. 그 과정에서 행복과 평온을 얻는다. 이것이 진정한 부다.

27

Mind over matter
머리는 물질보다 우월하다

Mind over matter. If you are ruled by mind, you are a king; if by body, a slave. Think, and you grow rich. Gratify yourself too early, and you get poor. The real wealth is in delaying gratification. Master your mind, and you are the master of everything. For a man to conquer their mind is the first and noblest of all victories. Mind over matter. Your vision, your creativity, your insight, your dedication, and your execution can win over big capital. Your mind is superior to mindless mass.

정신의 힘은 물질을 초월한다. 정신의 힘으로 스스로를 통제할 수 있다면 당신은 왕이다. 본능에 지배를 받는다면 당신은 노예다. 생각하라, 그러면 부자로 거듭날 것이다. 너무 일찍 자신에게 만족을 주면 가난해진다. 진정 커다란 부는 만족을 늦추는 데 있다. 정신을 다스리면 모든 것을 다스릴 수 있다. 사람이 자신의 정신을 정복하는 것이 모든 성공의 가장 첫 실적이고 가장 고귀한 업적이다. 물질보다 우세한 것은 뛰어난 머리다. 당신의 비전, 당신의 창의력, 당신의 통찰력, 당신의 헌신, 그리고 당신의 실행이 큰 자본을 이긴다. 당신의 생각은 생각 없는 물질 덩어리보다 우월하다.

28

What do you do with your time?
시간으로 무엇을 하는가?

Did you leave the world better than when you found it? Lane Janesky asks. He makes $650m a year fixing basements in America. And he says, "if you have to work 70 hours a week, you are doing it wrong." He prioritises what really matters: the family, having some fun, relationships, the good that you have done, and the footprint you leave. He doesn't get his self-esteem from how much money he makes. He gets it from the relationships. Money is a tool; never a goal. What really matters is what you do with your time, mind, and energy. You have so much of it.

세상에 왔을 때보다 더 나은 곳으로 만들고 떠났는가? 레인 제인스키가 묻는다. 그는 미국에서 집 지하 공간을 고쳐주고 연 8,700억 원을 번다. 그러면서 하는 말이, "주에 70시간을 일해야 한다면 잘못하고 있는 거다." 그는 진짜 중요한 것을 우선순위에 둔다. 가족, 인생을 즐기는 것, 사람들과의 관계, 세상을 위해 좋은 일을 하는 것, 세상에 어떤 족적을 남기는가. 그는 얼마나 많은 돈을 버느냐에서 자존감을 얻지 않는다. 관계 속에서 얻는다. 돈은 도구다. 결코 목표가 아니다. 중요한 것은 당신의 시간과 머리와 에너지로 무엇을 하느냐. 한정되어 있으니까.

29

The essence of wealth 부의 본질

The essence of all wealth is time. The owner of a long-lasting business is wealthy. The provider of products or services which people love to spend their time on becomes rich. The price of a real estate property depends on the location which saves people time. Those who can delay gratification stay wealthy. Being wealthy means not having to do what you don't want to do: so your peace can be undisturbed. Spending is what the insecure do. Those who are grounded in life have no need to. Ones who are able to save up most of their earnings and grow them at a rate become rich in time. Ones who find their trade early and put more time in it become wealthy.

부의 본질은 시간이다. 오래 살아남을 수 있는 사업체의 주인이 부자다. 사람들이 기꺼이 자기 시간을 쓰고 싶은 제품이나 서비스를 만들어 제공하면 부자가 된다. 부동산 가격은 사람들의 시간을 아껴주는 위치에 비례한다. 소비하여 당장의 만족을 얻는 시간을 늦출 수 있는 사람이 끝까지 부자로 산다. 부자로 산다는 건 하기 싫은 일은 하지 않아 평온한 마음을 항상 품을 수 있는 상태다. 소비는 심적으로 부족한 사람이 하는 행동이다. 마음이 충만한 사람은 소비할 필요가 없다. 버는 돈의 대부분을 저축하여 적절한 수익률로 키울 수 있는 사람이 부자가 된다. 자신의 업을 일찍 찾아 그 일에 시간을 더 많이 들인 사람이 부자가 된다.

30

Delay gratification
사고 싶은 것을 미룰 줄 것

When you are gratified with an outcome, that's where you stop growing. It's a long journey ahead. Giving in to pleasure is setting your own ceiling. You can reward yourself for a job well done, but a party too early on in the journey will sap your energy to go on. Worse, you eliminate any room for error which will destroy you forever. In order to be wealthy and stay that way, you need to learn to delay gratification and put a certain amount of cash aside for savings and investment every single month for the next 50 years. If it's not the case for you and you have to spend it for immediate satisfaction, that is the measure of who you are; you should know your place and stop daydreaming about riches. This is why less than 1% of the population become rich. The rest can't delay gratification. Wealth takes patience and thinking ahead.

어떤 결과에 만족하면 당신의 성장은 거기까지다. 앞에 긴 여정이 펼쳐져 있다. 쾌감에 당신 자신을 파는 건 스스로 성장 한계치를 정하는 것이다. 부자가 되어 부자로 살려면 당장의 만족을 미룰 줄 알고 매달 꾸준히 같은 양분(돈)을 수익률(성장률)이 있는 곳에 투자하여 50년 지속하면 된다. 그렇게 하지 못하고 당장 만족을 이루는 것에 소비해야 하면 당신의 그릇은 그만한 것이고 부자 될 헛된 희망은 품지 말고 본분을 깨닫고 살아가면 된다. 그래서 부자가 되는 사람은 1% 미만인 것이다. 99%의 사람들은 당장의 욕구를 주체하지 못한다. 앞을 내다보고 참을성을 기르면 부자에 가까워진다.

31

Be a learning-hungry sponge
스펀지가 되어라

Make a habit of learning, you are better off than anyone around you. Growing up poor, M has had friends and families all poor because they thought poorly. Everyone around M thought doing well at school was the best way to a successful life. M worked hard to get good grades to go into a reputable university because irresponsible teachers manipulated the students into believing that doing so solves life's problems. It turns out to be a lie. Bachelor degrees are merely a ticket to get your first job, and a rather over-priced one. You prove yourself to your first employer that you can keep showing up in the office and do some work. M realised this early on and started his own business during his undergraduate studies. He was like a sponge, absorbing the abilities of the lecturers and successful people around him. He eventually dropped out but learned all the essentials to be successful, including how to learn. As he felt insecure, he absorbed knowledge from every chance he could. He became wiser each day. This habit of learning added up to hundreds, and thousands of days. M became far more successful than any peer. M became a millionaire in his youth, when most others do so in late 50's or die poor.

날마다 배우고 성장하는 습관을 만들면, 주변 사람들 누구보다도 잘살게 될 것이다. 가난한 가정에서 자란 M은 주변 사람들이 모두 가난했다. 다들 가난하게 생각했기 때문이다. 주변인들 모두가 학교 공부를 잘하면 성공한다고 생각했다. M은 유명한 대학교에 가기 위해 열심히 공부했다. 왜냐하면 무책임한 선생들이 그렇게 하면 인생의 모든 문제가 해결된다고 잘못 알려주었기 때문이다. 시간이 흐르고 그건 거짓말임이 드러났다. 학사 학위는 그저 첫 직장에 들어가기 위한 표였고, 지나치게 비싼 표였다. 대학교 성적은 매일 출근해 할 일을 할 수 있다는 증명이었다. M은 학사 과정을 하면서 이를 빨리 깨닫고는 자기 사업을 시작했다. 그는 성공적인 사람들과 강사들의 능력을 스펀지처럼 흡수했다. 성공하기 위해 꼭 필요한 모든 것을 배우고는 대학을 자퇴했다. 그중 하나는 배우는 법이다. 자퇴하여 불안한 만큼 그는 지식과 지혜를 흡입했다. 그는 날마다 조금씩 더 현명해졌다. 이렇게 날마다 더 나은 사람이 되는 습관이 몇백 일, 몇천 일이 더해졌다. M은 또래 그 누구보다도 훨씬 크게 성공했다. 다른 사람들이 50대 후반에 백만장자가 되거나 죽을 때까지 가난할 때, 그는 젊을 때 백만장자가 되었다.

32

It's a long road ahead 멀리 내다보라

Patience is of the essence in wealth building. At crafting your skills, you have to put in more time than anyone else. At building a business, you should look to survive in business for the next 50 years. In stock market investing, you should buy a stock you can hold at least for some days at the best price. If you can't take time, you better not start it. When designing products or services, you want it to last 50 or 100 years. This long-term thinking will change your game. Getting rich quickly may appear attractive. But you should also see the other side of such a plot: you will lose it as quickly. Leverage is that dangerous game. Don't borrow money. So even if you fail, you can start again. Human beings can't know anything for sure. You must do what you have control over.

부를 쌓는 데 가장 중요한 능력은 **인내**다. 업을 계발할 땐 누구보다도 많은 시간을 들이라. 사업을 성장시킬 땐 앞으로 50년간 계속 시장에 존재하도록 목표하라. 주식 투자에서는 가장 좋은 가격에 사서 최소한 며칠은 쥐고 있을 수 있어야 한다. 시간을 들일 수 없으면 시작조차 하지 않는 게 낫다. 제품이나 서비스를 디자인할 땐 50년, 100년 가도록 하라. 이 장기적 생각이 게임의 판도를 바꿀 것이다. 빨리 부자가 되고 싶을 것이다. 그러나 그 이면이 있음을 알아야 한다. 빨리 번 만큼 빨리 잃을 것이다. 레버리지가 그런 위험한 게임이다. 돈을 빌리지 말라. 그러면 실패하더라도 다시 시작할 수 있다. 인간이 확실히 알 수 있는 것은 없다. 결과를 당신의 능력으로 제어할 수 있는 일을 해야 한다. (당신의 기술로 생산하는 일이다.)

33

The golden currency of success
성공의 황금 주화

Discipline is the golden currency of success. The more you mint, the wealthier your future will become, Mark Tilbury said. This is why Warren Buffett is zillion times richer than the average grandpa. Discipline means training. When you are disciplined, first you know what you are doing, and second you hold the control over your time. A disciplined person chooses what is valuable for their aspiration, over what they want now. Doing what you have to do for your dream is discipline. Doing what you want to do now is indulgence. Having some fun enriches your life. But after doing your work first. Fun is more fun when it's a reward. The nature of wealth is reward.

행동 원칙은 성공의 금화다. 더 많이 찍어낼수록 당신의 미래는 더 부유해진다고 마크 틸버리가 말했다. 이것이 워런 버핏이 평범한 할아버지보다 억만 배 부자인 이유다. 이것은 훈련이다. 행동 원칙이 있으면 첫째로 당신이 무엇을 하는지 알고, 둘째로 당신의 시간을 통제할 수 있다. 원칙대로 행동하는 사람은 꿈을 위해 가치 있는 행동을 선택하고, 당장 욕망이 이끄는 행동은 하지 않기를 선택한다. 꿈을 위해 해야 할 일을 하는 것이 행동 원칙이다. 당장 하고 싶은 것을 하는 건 방종이다. 약간의 재미를 즐기는 건 삶을 풍요롭게 한다. 그러나 할 일을 한 다음에 놀아야 한다. 재미는 보상일 때 더 재밌다. 부의 본성이 보상이다.

34

Stick around for a long time
오래 존재할 것을 염두하라

Dell makes boring computers. But when so many other companies come and go, it's been around for four decades. 40 years in business is no mean feat. Dell is worth $79B as of 2024, and Michael Dell started his company when he was 19. The secret to his success and wealth is simple: "you just don't quit." This is the law of success: perseverance. You keep building your wealth until you make enough of it, and continue staying wealthy by not making stupid decisions. When you run a business, aim to stay in business. In a personal perspective, you've got to think about how you want to live the rest of your life. Life is long. So as business. Don't just live for today or this month. Wealth is well being, as long as you live. The ultimate success is survival.

델은 지루한 컴퓨터를 만든다. 많은 회사가 생겨났다가 사라질 때, 델은 그러나 40년이나 사업을 지속하고 있다. 이는 작은 성취가 아니다. 델은 2024년 109조 7,400억 원의 가치를 품었다고 평가되고, 이 회사를 만든 마이클 델은 19살에 사업을 시작했다. 그의 성공과 부의 비결은 간단하다. "그냥 관두지 마." 이것이 성공의 법칙이다. 끈기. 원하는 만큼 계속 부를 축적하고, 그것을 잃지 않기 위해 미련한 결정을 내리지 말라. 기업을 경영한다면 존속을 목적하라. 개인적인 인생의 관점에서는, 앞으로의 여생을 어떻게 살 것인지 반드시 생각해야 한다. 인생은 생각보다 길다. 기업도 그렇다. 당장 오늘 또는 이달만을 살지 말라. 부란 살아있는 동안 쭉 잘 사는 것이다. 궁극의 성공은 생존이다.

35

Turn crises into opportunities
위기를 기회로 바꾸라

When Nvidia was founded in 1993, it was the first and the only consumer 3D graphics company. For the next 5 years they made wrong decisions as well as good ones. But in 1997 with the rise of a competitor, their backs were up against a wall; running out of time, money, and hope. It was a desperate and pivotal moment for Nvidia's survival. They decided to figure out a way to build the best product in the world. The same goes for Apple in the same situation. And this brilliant decision to use a crisis for their advantage changed history. It all comes down to whether people pay for your product. Rivalry is advantageous as it pushes human innovation forward. It helps you focus and work harder on refining your work. As the Korean and Chinese idiom "bae su ji jin" goes, you can win the battle when you are desperate and fight for life. This is also the meaning of "stay hungry" and "lean in". To keep you motivated, you aim higher. You commit to it when faced with difficulties or resistance. Besides, there always are winning businesses in a recession. Opportunities always exist. It's the human who overlooks them. The world is abundant with opportunities.

엔비디아가 설립되었던 1993년에는 소비자가 직접 사는 3D 그래픽 회사로는 최초였고 유일했다. 그 후 5년간 잘못된 결정도 내리고 좋은 결정도 내렸는데, 1997년에 경쟁사의 성장으로 엔비디아는 궁지에 몰렸다. 시간도, 돈도 떨어지고 희망마저 사라지고 있었다. 기업 존폐의 기로에 처해 절박했던 시기였다. 그래서 어차피 끝날지 모르니 **세계 최고의 제품**을 만들어 보기로 마음을 먹었다. 애플이 같은 상황에 처했을 때도 같은 판단을 내렸다. 이 위기를 이점으로 쓴 훌륭한 결정이 인류의 역사를 바꿨다. 부와 성공은 결국 사람들이 당신의 제품에 돈을 내느냐로 결정된다. 경쟁 구도는 좋은 것이다. 인류의 혁신을 이끌기 때문이다. 라이벌이 있으면 일에 더 깊게 몰입해 더 좋은 제품을 만들게 한다. 사자성어 배수지진처럼, 절박한 상황에서 죽을 듯 싸우면 이길 수 있다. 이것이 스티브 잡스가 말했던 "Stay hungry"와 셰릴 샌드버그의 "Lean in"의 의미이기도 하다. 계속 움직이기 위해 목표를 높게 잡으라. 어려움이나 저항에 부딪치면 그 상황에 100% 전념하라. 그나저나, 경기침체기에도 성장하는 사업은 항상 있다. 기회는 언제나 있다. 그걸 못 알아보는 게 인간이다. 세상은 기회로 충만하다.

36 Take responsibility 책임을 지라

Wealth is meant to be a reward from Nature. It separates those who get things done from those who never get things done. For those who do, what energises them is their ability to take responsibilities. It means you are dependable, make good choices, and take accountability of your actions. You can ignore the consequences of your actions or inactions. This irresponsibility is the cause of your poverty. When you take responsibility for your own life, you run off your safe nest and do your best wing flapping to take off into the sky. When you take responsibility for your actions, you don't drive off with your own car and crash and burn. You make sure that you preserve yourself and your loved ones. Only you are accountable for your life. When you lead an unhappy and poor life, it's your responsibility. Nature didn't give you life to live like that. Be the owner of your life and take better actions.

부는 본래 자연이 내려준 상이다. 부는 일을 해내는 사람들과 아무 일도 못 해내는 사람들을 가른다. 해내는 사람들을 움직이는 힘은 책임을 질 줄 아는 능력이다. 책임을 진다는 의미는 당신이 믿을만한 사람이고, 좋은 선택을 내릴 줄 알며, 당신의 행동에 책임을 진다는 말이다. 당신의 행동 또는 무위가 미치는 영향을 무시할 수도 있다. 당신의 인생에 책임을 진다면 안전한 둥지를 벗어나 하늘로 날아오르도록 온 힘을 다해 날갯짓할 것이다. 당신의 행동에 책임을 진다면 자기 차를 타고 나가 사고를 내지 않을 것이다. 당신 자신과 사랑하는 사람들의 무사를 위해 전심을 다 할 것이다. 당신의 인생에 대한 책임은 오직 당신에게 있다. 불행하고 가난한 인생을 산다면 그건 당신의 책임이다. 자연은 그러라고 생명을 주지 않았다. 인생의 주인이 되어 더 나은 행동을 하라.

37

Feelings are fundamentals
감정이 근본이다

The essence of what we do is to feel good. It all comes down to feeling good about ourselves. Wealth means well being. A good building isn't one that just shows off their superiority; it is one that makes you feel good when you interact with it. A good teacher is one who can correct your mistakes without causing resentment. A good product is one that ultimately makes the user feel good when they use it. A good service is not grovelling, but a fair treatment. The difference between a good consumer business and a great one is in the details of the staff members on how they make the guests feel. A fair price is one that feels good for both parties. A good friend is one who makes you feel better about yourself. Apply this to your work, and you will be a success.

우리가 하는 일의 본질은 좋은 느낌을 위해서다. 모든 일은 우리 자신에 대해 좋은 느낌이 들기 위해서다. 부는 잘 살아있는 것이다. 좋은 건물은 그 건물의 우월함을 자랑하는 것이 아니다. 사람들이 그 건물과 교류를 하며 좋은 느낌을 받는 건물이 좋은 건물이다. 좋은 선생은 기분 상하지 않게 실수를 바로잡아 줄 수 있는 사람이다. 좋은 제품이란 궁극적으로 그 사용자가 그것을 쓰며 좋은 느낌을 받는 것이다. 좋은 서비스는 굽실거리는 게 아니라 공평하게 대하는 것이다. 좋은 소비자 기업과 위대한 기업의 차이는 손님이 어떤 느낌을 받게 하는지의 디테일에 있다. 합당한 가격은 거래하는 양쪽 모두에게 좋은 느낌을 주는 가격이다. 좋은 친구는 그의 존재로 나의 격이 올라가는 사람이다. 이를 당신의 업에 적용하면 당신은 성공할 것이다.

38

Understand value 가치를 이해하라

To be truly wealthy, one must understand value. Value is what benefits someone. As human beings, we can't do everything on our own. So we exchange values. You provide a value better than others, you are a success. When you provide a unique value and have an unfair advantage over it, your success lasts and can be a great one. Beneath all values, nothing is more profound than time. Time is of the essence. Making someone else's time worthwhile is the very essence of value you can trade and benefit the people as well as yourself in which the world consists of. The value you create moves humanity forward.

진정 부자가 되려면, 가치를 이해해야 한다. 가치란 다른 누군가에게 이익이 되는 것이다. 불완전한 존재인 인간으로서 우린 모든 것을 스스로 할 수는 없다. 그래서 가치를 교환한다. 어떤 가치를 남들보다 더 잘 제공하면 성공한다. 세상에 하나밖에 없는 가치를 제공하여 남들은 베낄 수 없는 이점을 가지면 그 성공이 유지되고 위대한 성공이 될 수 있다. 모든 가치를 관통하는 것이 있는데, 그것은 시간이다. 본질적으로 중대한 단 한 가지는 시간이다. 다른 사람의 시간을 좋게 하는 것이 가치다. 이 가치는 다른 사람들은 물론 당신 자신을 이롭게 하며, 세상을 더 좋게 한다. 당신이 만드는 가치가 세상과 인류를 더 낫게 만든다.

39

A reason for poverty 가난의 이유

Poor people are poor because they see things poorly. Rich people are rich because they can discern what is of high value. One of the most successful businessmen Rockefeller did nothing but see values and think for solutions. One of the world's richest and lovable people Warren Buffett spent most of his day sitting down and reading. Perception can be refined through education. This is why the rich don't spare expenses for learning. It's a free market we are living in. There is no one else to blame but yourself for the life you get. When you can sharpen your eyes to recognise good values that are not yet widely recognised, you can make yourself rich. Wealth comes from right choices. Being right takes wisdom and knowledge.

가난한 사람이 가난한 이유는 알아보는 눈이 없기 때문이다. 풍족한 사람이 그러한 이유는 무엇에 큰 가치가 있는지 알아볼 수 있기 때문이다. 가장 성공적인 사업가 중 하나인 라커펠러가 했던 일은 가만히 앉아 가치를 알아보고 해결책을 생각한 것이다. 세상에서 가장 부자인 데다 사랑받기까지 하는 워런 버핏은 하루의 대부분을 앉아 읽는 데 쓴다. 현상과 사물에 대한 해석인 인식은 교육을 통해 예리해질 수 있다. 이것이 부자가 교육에 돈을 아끼지 않는 이유다. 우리는 자유 시장 경제에 살고 있다. 당신의 인생을 책임질 사람은 당신밖에 없다. 아직 사람들이 몰라보는 높은 가치를 먼저 알아보는 눈을 갖도록 인식을 단련하면 부자가 될 수 있다. 부는 옳은 선택들로 만들어진다. 옳은 선택을 하려면 지혜와 지식이 필요하다.

40

**Find your game
당신에게 맞는 게임을 찾으라**

Don't follow your passion. What you love doing is better to be kept as a hobby. When it becomes your job, you lose the love for it. And often people don't know what their passion is. Instead of following the silly advice of 'follow your passion', find your game. Find the game which makes sense to you so that you feel confident that you will win if you persevere. Find the game that you love to refine and to play for hours in rain or shine. This will get you there. Winnings and setbacks are all part of the game. Embrace it.

열정을 좇지 말라. 진짜 좋아하는 일은 취미로 남겨두는 게 현명하다. 그게 직업이 되면 열정을 잃게 되니까. 게다가 사람들은 자기 열정이 뭔지 모를 때가 많다. '열정을 좇으라'는 가벼운 조언 대신, 당신에게 맞는 게임을 찾으라. 어떻게 하면 되는지 이해가 되어, 계속 견디면 결국 이길 거라는 확신이 드는 게임을 찾으라. 계속 더 잘하고 싶고, 눈이 오나 비가 오나 몇 시간이고 계속할 수 있는 게임을 찾으라. 그러면 원하는 것을 얻을 것이다. 어떤 날은 이기고 어떤 날은 지겠지만, 이 모두가 게임의 일부다. 떠안으라.

41

Build a castle within you
내 안의 성을 지으라

Be a person of substance, then the riches will gravitate towards you. Most lack substance. They have not honed their skills. There is no concept of craft in Korean culture yet. Hard working is a good starter. It's what you do when you are just beginning. The next leap takes thinking smart. If you think about what will get you competitive advantages over others, it can be your unique craft and personality. Keep building substance within you. No one can take it from you. The only way they can use it is by trading. People will come and pay you for what you have built inside you.

알맹이가 꽉 찬 사람이 돼라. 당신이 품은 기본 가치가 중력이 되어 부가 당신에게 끌어당겨질 것이다. 대부분은 자기만의 기술을 갈고닦지 않아 내용물이 없다. 장인정신을 갖고 계속 정제해 나간다는 개념이 아직 한국 문화에는 없다. 열심히 하는 건 좋은 시작이다. 열심은 막 시작했을 때 하는 것이다. 다음 도약에 필요한 것은 현명하게 생각하는 것이다. 무엇이 당신에게 다른 사람들에 대항할 경쟁력을 줄지를 생각해 보면, 그건 아마 당신만의 특별한 기술과 인간성일 것이다. 내 안의 알맹이를 키워나가자. 그 누구도 이를 앗아갈 수 없다. 다른 사람이 이를 쓸 방법은 가치의 교환밖에 없다. 내 안에 지은 성을 보기 위해 사람들이 몰려들어 돈을 줄 것이다.

42

The gravitational pull of content
콘텐트의 중력

A building owner without any imagination of what to do with their space lacks the ability to raise value. What raises the value of your building is the content it provides. As you make people come to your building, the value of your building will rise. This is how you become wealthier than you ever could through labour. Take these steps: 1. Be very good at your job. 2. Own the property. 3. Stick around for decades. And live below your means, you will be wealthy. Never fall into complacency. The illusion of knowledge and success can make you poor again. People pay for content. We pay our time and money for content. We go to a place to experience what it has to offer. We buy a thing to experience what it has to offer. Reverse-engineer it to your work.

건물주라도 자기 공간으로 뭘 할지 상상력이 없으면 건물의 가치를 높일 수 없다. 건물의 가치를 높이는 것은 그 건물이 제공하는 콘텐트다. 사람들이 당신의 건물로 오게 만들면 건물의 가치가 올라간다. 이것이 노동으로는 상상도 할 수 없는 부를 이루는 방법이다. 이 차례대로 해보라: 1. 당신의 업을 아주 잘하기. 2. 자산(주식/부동산/지적재산권 등)을 소유하기. 3. 몇십 년 간 계속 시장에 존재하기. 그러면서 버는 것보다 덜 쓰면 부자가 된다. 자기만족에 빠지지 않도록 스스로를 절제하라. 안다는 착각과 이제 되었다는 착각이 당신을 다시 가난하게 만들 수 있다. 사람들은 콘텐트를 산다. 우리는 콘텐트를 위해 시간과 돈을 쓴다. 우린 어떤 공간이 주는 경험을 위해 그곳에 시간과 돈을 들여서 간다. 우린 어떤 물건이 주는 경험을 위해 그걸 산다. 이를 소비자의 입장에서 당신의 일에 적용하라.

43

Economy in a nutshell
1분 만에 배우는 경제

Economy is about lack. People pay for what they lack. When everyone is self-sufficient, there is no economy. This is why it's foolish and greedy to chase money itself. Money is a tool. It's a means of trading values. Provide a value which benefits the people, and you have no worries on making a living. Provide a value better than anyone else, and you have no worries on money. Therefore, focus on doing your job better. Focus on how you can improve it. Some desires are stronger than others, thus more valuable. When there is more demand than supply, the price rises as your wealth.

경제는 부족에 대한 것이다. 사람들은 자기가 부족한 것을 사기 위해 돈을 낸다. 모든 사람이 자급자족한다면 경제는 없을 것이다. 이것이 돈만을 좇는 게 어리석고 탐욕적인 이유다. 돈은 도구다. 가치를 교환하기 위한 수단이다. 당신이 제공하는 것으로 사람들이 이득을 얻게 만들면 생활을 꾸려나갈 고민이 사라질 것이다. 그 가치를 다른 누구보다도 더 잘 제공하면 돈 걱정이 사라질 것이다. 그러므로 당신의 일을 더 잘하는 데 집중하라. 어떻게 더 낫게 만들지에 집중하라. 어떤 욕구는 다른 욕구보다 더 강하고, 그래서 더 가치가 높다. 공급보다 수요가 더 많으면, 가격이 오르고 당신의 부도 함께 오른다.

44

Soldier on 버티고 나아가라

Soldier on. Decide on a goal and soldier on. Success is nothing but something you can get as you keep working towards it until you make it. Failures are great. You learn a lesson. The faster you fail, the better you get. The more you fail, the more you learn. Success is a result of a savvy mind. Just soldier on. Even if you fail the big time, it's not the end of the world. You decide when it's the end. The world may just exist in our minds. It's not real per se unless your mind decides it to be real. Don't call it a setback. Call it a moment before a quantum leap. You will love the signs of bad luck, because something great happens afterwards, every time.

버티고 나아가라. 목표를 하나 결정하고 그를 위해 전진하라. 성공은 별다른 게 아니라 이룰 때까지 계속 시도하여 얻을 수 있는 것이다. 실패는 훌륭하다. 배울 수 있으니까. 빨리 실패할수록 좋다. 많이 실패할수록 더 많이 배운다. **성공은 배운 머리의 결과다.** 그냥 계속 나아가라. 크게 실패하더라도 그게 인생의 끝은 아니다. 끝을 결정하는 건 당신 자신이다. 세상은 그저 우리 머릿속에 존재하는 허상일지도 모른다. 내가 진짜라고 결정하지 않는 한, 현실은 그 자체로 진짜가 아니다. 고난이라고 여기지 말라. 크게 성장하기 직전의 순간이라고 여기라. 불행의 징조를 좋아하게 될 것이다, 왜냐하면 위대한 일은 항상 그다음에 일어나니까.

45

Customer first 사람을 1순위에 두라

Obsess over customers, says Jeff Bezos, who started Amazon from a cheap office selling books online and made it one of the biggest online marketplaces in the world. You are doing business not to feed your ego. You are in business to satisfy the people who use your provisions. Focus on the customers. Start with your customers. Know what they want. Serve just that. Don't pay attention to your competitors, because that will only end up copying what they do and losing your differentiation. Put the people first. Satisfy them. Move them if you can by exceeding the expectations of your customers. (To do that you have to lower their expectations constantly.) You are a success in return.

사용자에게 집착하라고 제프 베조스가 말한다. 그는 값싼 사무실에서 온라인으로 책을 판매하는 사업을 시작해 세계에서 가장 큰 온라인 시장 아마존을 만들었다. 당신이 사업을 하는 이유는 당신의 자존심을 세우기 위해서가 아니다. 사업이 운영될 수 있는 이유는 당신이 제공하는 것을 이용하는 사람들이 만족하기 때문이다. 사용자에게 집중하라. 사용자의 관점에서부터 사업을 시작하라. 그들이 원하는 것을 알고, 그것을 제공하라. 경쟁자는 신경 쓰지 말라. 그들을 따라 하게 되어 차별성을 잃게 되기 때문이다. 사람을 우선순위에 두라. 그들을 만족시키라. 할 수 있다면 그들의 기대치를 뛰어넘어 감동하게 하라. (그러기 위해서는 사람들의 기대치를 계속 낮춰야 한다.) 이 결과로 성공할 것이다.

46 The Girl 누구를 기쁘게 할 것인가

One of the ways of seeing I've learned from fashion design is that each brand has their imaginary "girl" to design for. The universally loved band Jaurim defines the voice of their songs to belong to someone with a storm in their heart. A successful business begins with a well-defined niche market. They know their customers and serve exactly what they want. Each of us has our own criteria when we make purchase decisions. Some may find us attractive, while others unattractive. Brands as well. Coming from a humble upbringing, Howard Schultz wanted to do something good for the world. And yet some judge him evil. When bright Steve Jobs talks about the truth of the world, some disagree with him. You can't please everyone. Such is Nature. pick your girl.

패션디자인에서 배운 지혜 중 하나는 모든 브랜드에는 저마다의 "the girl"을 설정해 두고 상상 속의 그녀를 위해 옷을 디자인하는 것이다. 세대를 아우르며 감동을 주는 자우림은 노래를 부르는 화자가 성별도 연령도 정확하지 않지만, 마음속에 폭풍이 일고 있는 어떤 사람이라고 생각한다고 김윤아가 말했다. 성공적인 사업은 특정한 틈새 수요(niche market)를 정확히 알고 그 사람들이 원하는 것을 정확히 제공하면서부터 시작하여 성장한다. 사람들은 저마다 다른 판단 기준으로 구매 결정을 내린다. 그러므로 '나'는 어떤 사람에겐 별로지만 어떤 사람에겐 좋다. 브랜드도 같은 원리다. 세상을 더 나은 곳으로 만들려는 선한 의도로 스타벅스를 키운 하워드 슐츠를 비난하는 사람도 있다. 스티브 잡스가 비상한 머리를 가진 사람으로서 세상의 진리를 말해도 그를 아니꼽게 보는 사람도 있다. 모든 인간을 만족시킬 수는 없다. 이것 또한 자연이다. 당신의 클라이언트를 정하라.

47

The bigger the obstacles, the better
장벽이 높을수록 좋다

The more obstacles you have to climb, the greater the treasures you will gain. The harder it is to duplicate your products, the better you are at the competition. The vast majority of people stop when they come across a hurdle. It's the prancing horse who arrives somewhere no one else can experience. Life is blessed with possibilities. There are so much richer lives out there you can delight in. Why wouldn't you luxuriate in an abundance of choices? Climbing barriers gives you a view that you couldn't otherwise have. Don't be put off by some hurdles. Climb it!

더 많은 장애물을 넘어야 할수록, 더 많은 보물을 얻을 것이다. 당신의 제품이 따라 만들기 어려울수록, 경쟁에서 더 유리하다. 대다수의 사람은 장애물을 마주하면 멈춘다. 아무도 경험해 보지 못한 곳에 다다르는 자는 뛰어오르는 말이다. 삶에는 끝없는 가능성이 있다. 기쁨을 누릴 수 있는 더 풍부한 삶이 저 너머에 있다. 왜 선택의 풍족에 흠뻑 빠지지 않는가? 장벽을 넘으면 그러지 않고서는 볼 수 없었던 시야를 갖게 된다. 난제 몇 개에 의욕을 저버리지 말라. 그냥 뛰어넘으면 된다.

48 Courage to be alone 혼자 있을 용기

An idiom in English explains it well: I can't hear myself think. This is what you say when it's too noisy around you. When you hang out with people all the time, you have no time to think deeply about anything as to understand the truth. Solitude cultivates insight. Being alone is one of the most unpleasant feelings that social beings like us feel. Solitude takes courage. Likewise, it takes courage to learn the mentalities of other cultures. It costs courage to think differently, and expand your perceptions. It costs courage to earn insight. The poor travel for sight-seeing. The rich travel to see how other people around the world deal with things and life. Building lasting wealth takes intelligence, which is developed through thinking alone.

"너무 시끄러워서 생각할 수가 없잖아"라는 영어 표현이 이를 잘 설명한다. 사람들과 항상 함께 시간을 보내면 깊이 생각해 진리를 이해할 시간이 없어진다. 혼자 있기를 선택하는 태도는 통찰력을 기른다. 사람들과 함께 살아야만 하는 사회적 존재인 인간으로서 혼자 있는 것은 불쾌한 느낌 중 하나다. 혼자 있기를 선택하는 일은 용기가 필요하다. 마찬가지로 다른 문화의 사람들의 다른 사고방식을 배우는 일도 용기가 필요하다. 다르게 생각하는 법을 배워 사고를 확장하는 데엔 용기라는 비용이 든다. 통찰력을 얻는 비용은 용기다. 겉모습을 구경하러 여행하는 사람들은 빈자다. 부자는 다른 문화의 사람들은 어떻게 삶의 문제에 접근하고 해결하는지 들여다보기 위해 여행한다. 오래가는 부를 쌓고 지키는 것은 지성이다. 이 지성은 혼자 생각함으로 기른다.

49

Hardships make you stronger
시련은 나를 더 강하게 한다

A boy was born into a wealthy family of landowners. His parents married when they were premature not through an organic channel, but by their parents' setup. His father does nothing and sits around in their home all day. His mother is insecure, depressed, and constantly unhappy. Even though they don't worry about making a living, there is endless yelling and frustrations in their family. The boy is bright, but complains about everything. He was flooded with expensive private tutoring, but took it for granted. He has high expectations and low resilience. Yet he was lucky to meet a mentor who told him that to achieve freedom, resilience counts. The mentor gave the boy four words: **hardships make you stronger**. Mentor taught the boy the stoic mentality. Depending on how you view your circumstances, your thoughts can decide it positive or negative. Before any growth, you have to accept who you are and the current situation. Work around it. Have faith in yourself that you're born for a reason. Never give in. And solve it. Find your life's work and hone your craft. In the process, you will earn both contentment and freedom. Every single self-made rich person perseveres. Pain that doesn't kill you only makes you stronger. The strong can get hold of a great life. Move on. Don't waste time feeling sorry for yourself. Do what you can do, and have control over. Such work gives you infinite energy.

한 소년이 건물주 집안에 태어났다. 소년의 부모는 미성숙할 때 자연적인 방법이 아니라 양가 부모의 소개로 결혼했다. 소년의 아버지는 아무 일도 안 하고 집안에 종일 있다. 소년의 어머니는 불안정하고 우울증이 심해 불행하다. 먹고 살 걱정은 하지 않아도 되지만, 가정엔 짜증과 고함이 끊이지 않는다. 소년은 영특하지만, 모든 것을 불평한다. 소년은 일반적인 아이들과는 달라서 조부모도 소년을 부정한다. 소년은 비싼 개인 과외를 많이 받았지만 그를 당연히 여겼다. 소년은 기대치가 높고 회복탄력성은 낮았다. 다행히도 소년은 자유를 얻기 위해서는 힘든 상황을 견뎌내고 빠르게 일어나는 능력이 중요하다고 알려주는 멘토를 만났다. 멘토는 소년에게 네 개의 단어를 주었다. **"시련이 너를 강하게 한다."** 멘토는 스토아 생각법을 알려주었다. 당신이 처한 상황을 어떤 관점에서 보느냐에 따라서 긍정이 될 수도 있고 부정이 될 수도 있다. 성장이 일어나기 전에 먼저 당신이 어떤 사람인지와 지금 처한 상황을 인정해야 한다. 그 상황에서 할 수 있는 일을 찾아서 하라. 당신이 태어난 목적이 있다는 신념을 절대 사수하라. 좌절은 금지다. 문제를 해결하라. 인생의 업을 찾아 그를 위해 능력을 갈고닦으라. 그 과정에서 평온과 자유를 얻을 것이다. 스스로 부자가 된 모든 사람은 시련을 극복한다. 당신을 죽이지 않는 고통은 당신을 더 강하게 한다. 강한 사람이 위대한 삶을 누릴 자격이 있다. 잊고 넘어가라. 자신의 처지를 탓하는 데 시간을 낭비하지 말라. 당신이 할 수 있는 일, 그 일의 결과는 당신이 하기 나름인 일을 하라. 그런 일이 무한한 에너지를 준다.

50

Be worthy of your existence
존재의 가치를 입증하라

The moral of the previous story: if you get lots of money for nothing, Nature will curse you with tremendous unhappiness. You see, marrying for money is what idiots do. As you go down the road, you will realise that there is nothing free in life. You would rather want to go back in time and learn a skill so that you can make a living yourself. You must deserve your wealth. You must do your service for other people. You must do something good for other people. This gives you contentment, which is the necessary state of mind to grow wealth. The simple Law of Wealth: the greater value you create for other people, the wealthier you become.

이전 이야기의 교훈은 이것이다. 아무것도 하지 않고 큰돈을 받으면 자연이 엄청난 불행으로 저주한다. 돈을 보고 결혼하는 건 미련한 선택이다. 그렇게 살아보면 인생에 공짜는 없다는 진리를 깨닫는다. 차라리 과거로 돌아가 기술을 하나 익혀 직접 생활비를 벌고 싶을 것이다. 부를 지닐 자격을 지니라. 세상을 위한 당신의 임무를 수행하라. 사람들에게 도움이 될 좋은 일을 하라. 부를 생성하고 축적하기 위해서는 **차분한 심리상태**가 필요한데, 보람과 존중 그리고 인정을 받는 일을 하면 그 상태에 이르게 된다. 부의 법칙은 단순하다. 타인을 위해 더 높은 가치를 만들어내면 더 큰 부자가 된다.

51

Progress over perfection
부자가 안 되는 두 부류의 사람들

There are two types of people who never end up rich. One is the timid. These people never try. They use all their time waiting around to be ready. The truth is, nobody is ready. Human beings can never be perfect. You just have to get started with a bold action and learn on the go. The other is perfectionists. Nothing men do is perfect and nothing can be. You can't avoid some misjudgements and mismanagements. Make mistakes fast. The secret to success is not quitting. Value progress over perfection. Get a little bit better than yesterday. Continue learning and developing over the course of decades. You will see all your competitors fall out because they quit. Stay in business as long as you can. If this work is a journey that you can enjoy, some setbacks and mistakes won't stop you. Make progress, and focus on making progress.

부자가 안 되는 두 부류의 사람들이 있다. 하나는 소심이다. 이들은 시도조차 하지 않는다. 준비될 때까지 기다리느라 인생의 시간을 다 써버린다. 진리: 그 누구도 준비되지 않았다. 인간은 결코 완벽할 수 없는 존재다. 우리는 일단 과감하게 시작한 다음 하면서 배워나가야 한다. 두 번째 부류는 완벽주의자다. 인간이 만든 그 어떤 것도 완벽할 수 없고 완벽하지 않다. 판단 오류와 실수는 불가피하다. 실수는 빠르게 하라. 성공의 비결은 **중도에 관두지 않는 것**이다. 완벽보다 진전을 중시하라. 어제보다 조금 더 나아지라. 수십 년에 걸쳐 더 나아지라. 경쟁자들이 하다가 관둬서 사라지는 것을 목격할 것이다. 될 때까지 계속 사람들에게 필요한 존재가 돼라. 이 과정을 즐길 수 있는 일을 하고 있다면 실패와 실수쯤은 당신의 성공을 막을 수 없다. 해야 할 일을 하여 작업에 진전을 내고, 이 진전을 내는 일에 집중하라.

52

Everything has a price
모든 것엔 가격이 있다

Some income costs physical presence, labour and time. Some fortunes cost information and calculated risk. Some are more time-consuming than others. Some cost special skills that need natural talents or a long training. Some cost dealing with unpredictability. Some cost your constant attention and devotion. Everything has a price, and the price tags can be just not obviously visible. Even if you marry a rich person, there will be responsibilities you will have to serve. There are a lot of wealthy spouses who would rather take autonomy over vanity. You don't want to know what they have to pay for it. The best way to wealth is to find your life's work and put your lifetime for it. See the invisible price tag and decide which wealth is for you.

어떤 수입의 가격은 직접 가서 노동과 시간을 주는 것이다. 어떤 큰돈의 가격은 정보와 계산된 리스크다. 어떤 일은 다른 일보다 더 많은 시간을 소모한다. 어떤 일은 타고난 재능이나 오랜 훈련을 통한 특별한 기술이 가격이다. 어떤 소득은 불확실성을 인내하는 게 가격이다. 어떤 수입은 당신의 24시간 관심과 헌신이 필요하다. **모든 부에는 가격이 있다**. 그 가격표가 뻔히 보이지 않을 뿐이다. 부자와 결혼하더라도 당신이 짊어져야 하는 책임이 있을 것이다. 남들에게 잘사는 것처럼 보이는 것보다 차라리 마음대로 살 수 있는 자유를 갈망하는 부유한 배우자도 아주 많다. 이들이 어떤 끔찍한 가격을 지불해야 하는지는 말을 아끼겠다. 부자가 되는 가장 좋은 방법은 당신의 업을 찾아 생의 시간을 그 업을 위해 들이는 것이다. 보이지 않는 가격표를 알아보고 당신에게 맞는 부를 선택하라.

53

You can't get rich doing what everyone else does 다른 사람들이 다 하는 일로는 부자가 될 수 없다

Differentiate yourself from the crowd. When Warren Buffett got famous, everyone tried to be like little Ben Graham, his mentor. But what worked for Ben was the best thing in that period of the Great Depression, and not now. Everyone was looking for the same kind of businesses and it got competitive. So Warren's partner Charlie Munger suggested buying great businesses at fair prices. It clearly worked for Berkshire Hathaway. We in this new age have to find a new thing. It's stupid to buy what is on hype. If you buy something because everyone else does, you are not thinking. And thoughts bring wealth. The rich are on the other side of the queue. "The standard human condition is ignorance and stupidity," Charlie Munger said. This is true for investing as well. Buying an overheated and overvalued asset is sure for a loss. Instead of following what everyone else does, knowing what makes you happy and your competitive advantages is far more valuable to live your life well, in other words, live wealthy. If you make the same choices as everyone else does, and do things like everyone else does, you won't get rich. You are different. You just have to know yourself, and that you are different from everyone else. Likewise, your business has to differentiate. If your product is like everything else, people have no reason to pick yours specifically. The way that worked for them won't work for you. New rich will come in a different form. Being a provider of a final product has more value than being a provider of parts. You don't have to be the first to come to the market, but you really have to know what people want. You don't have to have the longest career, but you have to be good at your job. "It is not the length of life, but the depth," Emerson said. To create something that brings you lasting wealth, your business has to be original. People have no defence against novelties, whether it's a virus or a product. As Peter Lynch pointed out, investing is more art than math. Understand human emotions and control your own. Act accordingly.

사람들이 다 따라 하는 것과는 다른 길을 가야 한다. 워런 버핏이 유명해졌을 때 사람들은 그의 멘토인 벤자민 그레이엄처럼 되고 싶어 했다. 그런데 벤자민에게 효과적이었던 방법은 1930년대 대공황 때 최고의 방법이었고, 지금은 아니다. 모두가 똑같은 종류의 기업을 찾아 나섰고 경쟁이 심해져 그런 기업을 찾기 어려워졌다. 그래서 워런의 파트너 찰리 멍거가 훌륭한 기업을 합당한 가격에 사길 제안했다. 이것이 버크셔 헤서웨이를 세계에서 가장 가치 있는 기업 중 하나로 만들었다. 새로운 시대에 있는 우리는 새로운 것을 찾아야 한다. 화젯거리인 것을 사는 건 현명하지 못하다. 다른 사람들이 다 사기 때문에 사는 건 생각의 결과가 아니기 때문이다. 생각이 부를 낳는다. 무엇을 사기 위한 줄의 반대편에 부자가 서 있다. "인간의 기본 조건은 무지와 멍청함"이라고 찰리 멍거가 말했다. 이는 투자에도 적용된다. 과열되고 고평가된 자산을 사는 건 잃는 길이다. 모두가 하는 걸 따라 하지 말고, 당신을 진정 행복하게 하는 것이 무엇인지와 당신만의 경쟁력이 무엇인지를 아는 것이 더 나은 삶, 다른 말로 부자가 되기 위해 훨씬 가치 있는 선택이다. 남들과 똑같은 선택을 하고 똑같이 행동한다면 부자가 되지 못할 것이다. 당신은 남다른 존재다. 당신 자신을 알고, 당신은 다른 사람들과는 다르다는 사실 또한 알아야 한다. 마찬가지로 사업도 다르게 해야 한다. 당신의 제품이 경쟁사와 똑같다면 사람들은 당신의 제품을 특정해 고를 이유가 없다. 다른 사람이 성공하게 된 방법이 당신에겐 적용되지 않을 것이다. 새로운 부는 새로운 형태로 탄생한다. 부품을 판매하는 것보다 완성품을 판매하는 일에 더 큰 가치가 있다. 시장에서 최초가 될 필요는 없지만, 사람들이 원하는 것이 무엇인지는 확실히 알아야 한다. 오랫동안 일을 했을 필요는 없지만, 일을 잘해야 한다. "인생은 길이가 아니라 깊이다"라고 에머슨이 말했다. 계속 당신을 부자로 만들 무언가를 만들려면, 당신의 사업이 원조여야 한다. 제품이든 바이러스든, 사람들은 너무나 새로운 것들에 방어기제가 없다. 피터 린치가 짚었듯, 투자는 수학보다는 사람에 대한 이해와 직감이다. 인간의 감정을 이해하고 당신의 감정을 통제하라. 이 이해를 토대로, 이성적으로 행동하라.

54

Calibrate your expectations to zero
기대치를 0으로 조정하라

There's an interesting energy at work in this world. If you expect something to be a success, you almost always get a failure. Not just for a project, but also for a life. There is no worse start than starting from the top. So there is an equal chance of success to everyone because the next wealthy person will rise from poverty. Desperate mind will do anything that it takes to get what they really want. You will thank the market economy and the availability of information for it. In South Korea, we all get an equal chance. If you don't make yourself rich, it's your fault. There's no one to blame. The older generation did their best job to get us out of extreme poverty. The remaining refinements are our job. Even if your parents are ignorant, you have access to the libraries, bookstores, and the Internet. When you have nothing to lose, you have everything to gain. The lower the expectations, the better your life gets. This is true for your relationships too.

이 세상엔 신기한 기운이 있다. 무언가가 성공할 것이라고 기대하면 거의 항상 실패한다. 프로젝트뿐만이 아니라, 인생도 그렇다. 부잣집에서 시작하는 것보다 나쁜 시작도 없다. 고로 모든 이가 부자가 될 수 있는 기회의 평등이 있다. 다음 부자는 가난 속에서 탄생할 것이기 때문이다. 사람이 절실하면 무슨 일을 해서든 원하는 것을 얻으려 한다. 시장 경제와 정보를 누구나 얻을 수 있음을 잘 이용하면 이 덕에 부자가 될 수 있다. 한국에서 우리에게는 평등한 기회가 있다. 당신이 부자가 안 되면 그것은 당신의 잘못이다. 탓할 대상은 당신뿐이다. 기성세대도 한국이 극빈국에서 벗어나도록 최선의 일을 다했다. 남은 보완 작업은 우리가 할 일이다. 당신의 부모가 무지하더라도 도서관과 서점, 인터넷을 이용하면 된다. 잃을 게 없는 자에게는 모든 게 얻을 수 있는 것이다. 기대치가 낮을수록 삶의 질이 높아진다. 인간관계에서도 마찬가지인 것처럼.

55

Get rich like seducing the Prince
유혹하듯 부자가 돼라

Treat money like a prince. Showing too much enthusiasm upfront will scare him away. You don't want to talk to him first. You will have to make yourself deserve his attention so that he wants to come to you. Prince has already seen all the goodies in the world. Trying to impress him will be a shame on you. You are to behave humbly and respectfully, and yet confident of your worth. You offer him a promise for pleasure and satisfaction. The prince has only so much time and attention to spare. You want to make sure that you have integrity, so you don't harm his impeccable reputation. You have to be the best in your trade, so you satisfy his fine taste. Find your original ways to win his heart, and you shall deserve the rewards and awards.

왕자를 대하듯 돈을 대하라. 초반에 너무 큰 관심을 보이면 그를 영영 잃을 것이다. 당신이 먼저 말을 걸어선 안 된다. 그의 관심을 받을 자격을 갖추면 그가 먼저 다가올 것이다. 왕자는 이미 세상의 모든 좋은 것들을 다 경험했다. 그런 그에게 잘난 척을 하는 건 부끄러운 일이다. 겸허하게 그리고 예우를 다하여 행동하되, 당신의 가치에 있어선 자신 있어야 한다. 그리고 당신이 만족과 즐거움을 줄 수 있을 것이라 확신을 주어야 한다. 왕자는 쓸 시간과 에너지가 많지 않다. 고로 당신이 도덕적인 사람이어야 왕자의 완벽한 명성에 해를 끼치지 않을 것이다. 당신의 업에서 최고여야 왕자의 훌륭한 안목을 충족시킬 수 있다. 그의 마음을 사로잡을 독창적인 방법을 찾으라. 그러면 보상과 명예를 받을 자격을 지닐 것이다.

56

Three worst immoralities
최악의 악행 세 가지

Three worst immoralities are ignorance, incompetence, and inaction. Ignorant men are oblivious to what effect they cause with their actions, when it comes to our greater home and community. Uneducated men are ignorant of the very fact that integrity is the foundation of all success. They put profits over integrity, and end up poor. Reputation is everything for lasting success. Know that the world is reasonable. Incompetency makes the world a worse place. Many Korean English teachers who don't speak English give their students wrong guidance and information. So we make irrevocable mistakes when we go abroad or talk with foreigners. We lose friends and jobs as a consequence. Inactivity puts the clock backward for humanity by doing nothing but generating waste. When you carry these worst immoralities, wealth will not favour you. To attract wealth, first start from having integrity. Your outlooks shall equal your inner intentions. Upon a strong foundation can a grand tree grow towards the sky. Learn, grow and make fruits. Do something useful for fellow human beings. And wealth will adore you.

최악의 악행 세 가지는 무지, 무능, 그리고 무위다. 무지한 자는 그의 행동이 우리 모두의 집인 지구와 사회에 미치는 여파에 무지하다. 못 배운 사람은 모든 성공의 기초가 정직이라는 사실에 무지하다. 정직보다 돈을 좇아 결국 가난해진다. 지속되는 성공에 명성이 전부다. 세상은 합리적임을 알라. 무능은 세상을 안 좋게 만든다. 영어를 할 줄 모르는 많은 한국인 영어 선생들이 학생에게 잘못된 정보와 학습법을 알려준다. 때문에 우리가 외국에 가거나 외국인과 대화를 나누면 돌이킬 수 없는 실수를 한다. 그로 인해 친구와 일을 잃는다. 무위는 아무 일도 안 하고 쓰레기만 만들며 인류를 후퇴시킨다. 이 최악의 악행 세 가지를 지니고 있다면 부는 당신을 따르지 않을 것이다. 부가 당신에게 끌려오게 하기 위해서는 우선 정직하라. 겉으로 보이는 모습과 내면의 의도를 같게 하라. 단단한 토양 위에 심어져야 웅장한 나무가 되어 하늘로 뻗어나갈 수 있다. 배우고 성장해 과일을 맺으라. 동시대를 함께 살아가는 사람들을 위해 유용한 일을 하라. 그러면 부가 당신을 사랑할 것이다.

(Oblivious : 자기 주변에 일어나고 있는 일들을 인지하지 못하는)

57 A balancing act of pessimism and optimism 낙관과 비관의 균형

It's better to keep the worst scenarios in mind while remaining optimistic, says Bernard Arnaut. Pessimism is a negative outlook on life. Optimism expects positive outcomes. Both are biased. Realism assesses objectively. One common attitude among the old rich is their peculiar attitude towards things. They have seen the finest, experienced the best, been able to afford anything with high price tags. They have an air of pessimism. Nothing really delights them. Three kinds of cure for this is to take manageable risks and make changes, to stay simple(know what you love and get rid of everything else), and to find your purpose and serve it. This will restore optimism and re-energise the mind to live a happy life. The poor also have pessimism in a different form. They often perceive there is a glass roof that blocks them from going higher. This exists only in their mind. There is one cure for this: education. Their perceived glass ceiling is in fact their ignorance. When you broaden your perspectives and see more possibilities from a situation, you know you can make your life better. The nouveau riche tend to be optimistic and overly confident about their newly acquired wealth, in which such attitude leads them to lose it. The last thing you want to do when it comes to wealth and your entrepreneurial adventures is wishful thinking. You need both pessimism and optimism. Pessimism keeps you grounded; optimism keeps you going forward. You want to be content with what you have and believe in that things will all work out okay in the end, and to do so you want to remain careful and humble.

잘될 거라고 자신감과 희망을 품는 한편, 안 됐을 때 최악의 경우를 염두에 두는 게 좋다고 베르나르 아르노가 말한다. 비관주의는 인생을 고통으로 보는 관점이다. 낙관주의는 좋은 결과를 기대하는 관점이다. 둘 다 한쪽에 치우친 관점이다. 사실주의는 상황을 객관적으로 판단한다. 부자들은 물건에 있어 특이한 태도가 있다. 부자들은 최고급을 보았고, 경험했으며, 얼마나 비싸든 다 살 수 있다. 그래선지 약간 비관적인 분위기를 풍긴다. 그들을 감동하게 하는 것은 그다지 없다. 이에는 세 가지 약이 있다. 1. 통제할 수 있는 리스크를 삶에 들이고 변화를 주라. 2. 생활을 단순하게 해보라(당신이 진짜 좋아하는 것을 알고 나머지는 없애라). 3. 삶의 목적을 찾아 그 일을 하라. 이 세 가지 치료를 해보면 마음에 활력과 낙관을 주어 삶이 행복해질 수 있다. 빈자는 조금 다른 형태로 비관적이다. 일부는 세상에 보이지 않는 벽이 있어 그들의 성공을 막는다고 생각한다. 사실은 그렇지 않다. 이를 치료하는 덴 하나의 약이 있다. 배움. 그들의 두려움과 비관주의는 사실 그들의 무지다. 배움을 통해 사고를 확장하여 하나의 현상에서도 더 많은 가능성을 볼 줄 아는 눈을 만들면 어떻게 인생을 더 낫게 만들 수 있을지도 알게 된다. 졸부는 낙관적이고 자신의 성공에 대해 자신감이 지나친 경향이 있는데, 이 태도가 그들을 다시 원래 있던 곳으로 돌려보낸다. 부와 사업에 있어 가장 하지 말아야 할 행동은 제대로 알아보고 준비하지 않고 근거 없이 낙관적인 자세다. 비관과 낙관은 둘 다 갖춰야 한다. 비관은 혹시 모를 사태를 대비하게 하고, 낙관은 계속 앞으로 나아가게 한다. 지금까지 이룬 것과 당신이 지닌 능력과 상황에 감사하며 이 모든 게 결국 잘될 거라는 신념을 가져야 한다. 그러기 위해서는 신중함과 겸허함을 항상 지녀야 한다.

58

Protect your reputation at all cost
명성을 절대 사수하라

The key element to wealth is your relationships with people. People are the source of wealth. Building and maintaining reputation is therefore of vital importance. Gather people, and you get rich. People love you for what you do or who you are, and you get rich. People use the product or service you provide, and you are made rich. It's wrong to see people as money though. You have to have a great work ethic. If you lack integrity, whatever success won't last very long. People hate ill-intentioned people. People love good causes. Pick a cause you can pour your heart and soul into. Work to develop your product. Let people know about your product. Voila, you are a great success overnight. (It takes time.)

부의 핵심 요소는 사람이다. 부의 원천은 사람이다. 명성을 쌓고 유지하는 일이 부자가 되기 위해 가장 중요한 일이다. 사람을 모으면 돈이 모인다. 사람들이 내가 하는 일이나 나 자체에 열정을 느끼면 돈이 모인다. 사람들이 내가 제공하는 재화를 사용하면, 돈이 모인다. 그러나 사람을 돈으로 보는 건 잘못이다. 사람들과 가치를 교환하는 과정에 필요한 모든 요소를 다 갖추어야 한다. 정직과 진정성이 없으면 그 어떤 성공도 오래가지 못한다. 사람들은 부정한 사람을 싫어한다. 사람들은 좋은 뜻에 열정을 보인다. 전심을 다 할 뜻을 하나 고르라. 그것을 개발하기 위해 일하라. 사람들에게 이런 게 있다는 것을 알리라. 뚜둔! 그러면 하루아침에 성공한 사람이 된다. (시간이 걸리는 작업인데 외부인에게는 그렇게 보인다.)

59

Construct your unfair advantage
불공평한 강점을 만들라

Unfair advantage is an enduring competitive advantage which others cannot copy. Only you have this advantage. So it's called unfair. Here comes the craft. Great things don't come cheap. If anyone can copy what you've made, you won't get wealthy. A prominent giant must think obsessively about the problem in which he is providing a solution for. Every great feat takes time to be crafted. You must hone your craft. Focus intensifies and shortens your time taken. Think so deeply about it that your family and friends think you are crazy about it. And you don't care about how they judge you, because what matters is the end result. The magic of lasting wealth is at the cross section of a great product in demand and its irreplaceability. This can be constructed if you just don't give up until you find the secret sauce. Your product or business will be the single best option when it comes to that problem.

불공평한 강점이란 다른 사람들이 베낄 수 없는 경쟁력이다. 당신만이 가질 수 있는 이점이다. 그래서 불공평이라고 부른다. 업을 예로 들자. 훌륭한 것은 쉽게 얻을 수 없다. 당신이 만든 것을 아무나 따라 할 수 있으면 그걸로 부자가 되진 못할 것이다. 거물이 되고자 한다면 당신이 해결하려는 문제에 대해 강박적으로 생각해 봐야만 한다. 모든 위대한 성취는 시간을 들여 만들어야 한다. 그를 위한 기술을 갈고닦아야 한다. 당신만의 강점을 만드는 데 걸리는 시간을 몰입이 줄여준다. 너무나 몰입해 생각하는 나머지 가족과 친구들이 당신이 그것에 빠졌다고 할 정도여야 한다. 그럼에도 다른 사람들의 판단은 신경 쓰지 않아야 한다. 진짜 중요한 것은 당신이 이루는 결과니까. 지속되는 부의 마법은 사람들이 원하는 훌륭한 제품과 그것의 대체 불가성이다. 당신만의 마법을 발견할 때까지 포기하지 않으면 찾을 수 있다. 그 문제를 해결해 주는 해결책에 있어 당신의 것이 유일한 선택지가 되면 당신은 부자가 될 수 있다.

60 Definition of money 돈의 정의

Money is means. It solves problems. Money is good, when it comes to solving basic needs. You can get good food with good money. You can pay someone to do the chores and other things for you. You can just do what you want to do with good money. But there is a cap for each of us to solve our basic needs. You don't need any more money from a certain point. It's the dumbest thing to chase money as a goal. Money by nature is a tool, which can never be a goal. Money is bad, when it comes to fulfilling your purpose in life. Money can stop you from thinking, growing, and working on things that matter in life, such as becoming a better person, instead of being an arrogant snob. Money can eliminate stress for a brief moment, but it cannot make you happy. You need to know when to use money and when not to. Mature mind is one that can balance between two opposing aspects of money, and who clearly knows the nature of it.

돈은 도구다. 문제를 해결한다. 돈은 좋다, 기본적인 필요를 해결할 때는. 풍족한 돈으로 좋은 음식을 사 먹을 수 있다. 사람을 고용해 허드렛일을 맡길 수도 있다. 하고 싶은 일만 할 수도 있다. 그러나 생활에 필요한 돈에는 상한선이 있다. 일정 금액 이상부터는 필요가 없다. 돈을 목표로 좇는 일은 가장 멍청한 일이다. 돈의 본질은 도구이고, 결코 목표가 될 수 없기 때문이다. 돈은 나쁘다, 소명을 충족하는 데 있어서는. 돈은 생각하기를 멈추게 하고, 성장하기를 멈추게 하며, 인생에 중요한 일을 멈추게 할 수 있다. 그것은 오만한 속물이 되지 않고 더 나은 사람이 되고자 애쓰는 일이다. 돈은 스트레스를 잠시 없애줄 수 있지만, 나를 행복하게 해줄 수는 없다. 돈을 쓸 때와 안 쓸 때를 알아야 한다. 돈의 본질과 양면성을 알고 조화롭게 다룰 수 있는 정신이 성숙하다.

61

Diversification matters
분산 투자는 중요하다

Sergey Brin came up with a concept called 70-20-10. 70% of the resources should be allocated on the core business, 20% on adjacent business, and 10% on unrelated business. This 10% allows some of the growth work. Another rule of the game called life is unpredictability. Dealing with it is allocating most of your resources on doing your job better, some on staying open to changes, and the rest on diversification. The most intelligent and wisest investors succeed 4 out of 20 at best. Mere mortals can never be sure of what the future of things is going to be. We just can't perceive the 4th dimension. You may think something to be the best idea now, but it may turn out to be your worst decision. The wealthy must always manage unpredictability in life and work. Diversification cushions it. Even if you fall, you don't die. And yet, diversification is a protection against ignorance, Warren Buffett said. If you can analyse businesses, owning three businesses are sufficient and humanly possible to understand. Owning 500 outstanding American businesses had been the safe and secure way to grow your wealth in the long term, as asserted by late John Boggle. Even this was true for the past, and no one knows if it will be in the future. Consider your portfolio like the formation of a football team; you need defenders, midfielders, and forwards. You need an assortment to hedge your wealth.

구글의 세르게이 브린이 70-20-10이라는 개념을 도입했다. 자원의 70%는 핵심 사업에, 20%는 관련 사업에, 나머지 10%는 관련 없는 사업에 분배하는 경영방식이다. 이 나머지 10%가 성장의 일부를 이끈다. 인생이라 불리는 게임의 또 다른 법칙은 예측 불가성이다. 이를 대처하는 방법은 대부분의 자원을 당신의 업을 잘하는 데 쓰되 일부는 변화를 준비하는데, 그리고 나머지는 분산하는 데 두는 것이다. 가장 뛰어난 지성과 지혜를 지닌 투자가도 신중히 투자한 20개 중에 아주 잘해야 4개를 성공한다. 미물에 불과한 인간은 앞으로 미래가 어떻게 펼쳐질지는 알 수 없다. 우린 4차원을 볼 수 없다. 무엇이 최고의 아이디어라고 지금은 생각하겠지만, 시간이 지나면 최악의 선택으로 드러날 수도 있다. 부자는 삶과 일에서 예측 불가성을 항상 다뤄야 한다. 분산이 낙하산이다. 떨어져도 죽지 않는다. 그렇지만 분산투자는 무지에 대한 방어책이라고 워런 버핏이 말했다. 사업을 분석할 수 있는 사람이라면 세 개의 기업이면 충분하고 인간으로서 그 이상의 사업을 이해하는 건 어렵다. 500개의 뛰어난 미국 기업에 모두 지분을 갖는 게 장기투자에서 부를 키우는 안전하고 확실한 방법이라고 작고한 존 보글이 말했다. 이것조차도 과거엔 맞았지만, 앞으로의 시간에도 같을지는 알 수 없다. 포트폴리오를 축구팀을 짜는 것으로 여겨보라. 수비수도 있어야 하고, 미드필더도 있어야 하고, 공격수도 있어야 한다. 상호 보완되는 여러 종목을 함께 소유해야 당신의 부를 보호할 수 있다.

62

The difference between poor and rich
부자와 빈자의 차이

The poor consume the surface of things. They are preoccupied with the exterior. The rich understand and control what lies beneath the surface. They discern and acquire the essence within. True seduction goes beyond a pretty face or a well-built body. The most spellbinding person is one who has a light in their soul. Their brilliance is not very obvious. Magnificence is in their choices, eloquence, and thoughts that later flower in your heart. Gosh, he was right. Beauty is in the eye of the beholder. Such beauty is only visible to those who deserve it. Pleasant value is redeemed only by the few who can discern such refinements. And so the natural ratio of the wealthy is retained. Great wealth is subtly understated, quietly evident, never needing to shout. Gold is concealed beneath the soil. To see it, you must train your mind.

빈자는 겉을 소비한다. 보여지는 것에 사로잡혀 있다. 부자는 그 안의 것을 이해하고 소유한다. 껍데기 속의 본질을 알아보고 얻는다. 가장 매력적인 사람은 가장 예쁜 얼굴이나 멋진 몸매를 지닌 사람이 아니다. 진정한 매력은 그 사람의 영혼에서 뿜어져 나오는 빛이다. 이런 사람의 매력은 콕 집어 설명하기 어렵다. 그의 선택들과 유려한 언어 그리고 나중에야 당신의 마음속에서 꽃 피는 사려 깊음이 그의 위대함이다. 맞아, 그가 맞았어. 아름다움은 그를 알아보는 자의 것이다. 가치는 그를 받을 자격이 있는 사람의 것이다. 흡족스러운 가치는 그 섬세한 우아함을 알아볼 수 있는 자가 누린다. 부자를 구성하는 자연의 비율은 이렇게 유지된다. 비범한 부는 미묘하게 드러나지 않고, '나 부자야'라고 소리 지르지 않아도 알 수 있다. 황금은 땅 아래 있는 법이다. 이를 알아보기 위해선 머리를 계발해야 한다.

63 Ownership counts 소유의 중요성

Ownership mentality is an essential element of the wealthy. You can't get rich by not owning anything valuable. Ownership is a way of thinking. You take the responsibility and act with the mindset of an owner. When poor minds consider shares as lottery tickets, the educated consider it as part ownership of a business. Celebrities are loved by many and that can create a value because attention is a value itself. But they often don't have any content nor own anything. They look rich and in truth they are just one of the consumers who speak the same language with the consuming masses. The real rich are those who hire the faces. Don't envy the famous, their life is not as glamorous as you think. You can make millions by becoming famous at something. But to become a billionaire, you must own the rights to the content you create. Taylor Swift owns her songs. So she is a billionaire. Oprah Winfrey owns her network. So she is a billionaire. Instagram, YouTube, and Naver control the content you worked hard to create; you make the owners richer and not you. You may be drawn to content creation for those media by the immediate profits you hear. But that's short-sightedness. Value creation is one thing, but owning it is another. The latter makes you super rich.

소유의 생각법은 부자의 필수 요소다. 가치 있는 것을 아무것도 소유하지 않고는 부자가 될 수 없다. 주인의식은 하나의 생각하는 법이다. 책임을 지고 주인답게 행동하는 것이다. 가난하게 생각하는 사람들이 주식을 복권처럼 여길 때, 배운 사람은 자신을 주주라고 여긴다. 연예인은 많은 사람들의 사랑을 받고 그로 인해 가치를 생성한다. 관심 그 자체가 가치이기 때문이다. 그렇지만 그들에겐 알맹이가 없고 소유하는 가치가 없을 때가 많다. 연예인은 부자처럼 보이지만 실상은 그저 대중의 소비자와 말이 통해 그들과 공감대를 형성할 수 있는 또 하나의 소비자다. 진짜 부자는 그 얼굴을 고용하는 사람들이다. 유명인을 부러워 말라, 속은 그렇게 화려하지 않다. 어떤 한 주제에 유명한 사람이 되어 백만장자가 될 수 있다. 그러나 억만장자가 되기 위해서는 당신이 만드는 콘텐트를 소유해야 한다. 테일러 스위프트는 그의 곡을 소유한다. 그래서 그는 억만장자다. 오프라 윈프리는 그의 네트워크를 소유한다. 그래서 그는 억만장자다. 인스타그램, 유튜브, 네이버는 당신이 힘들게 만든 콘텐트를 사용해 그들의 가치를 높인다. 당신은 열심히 일해 이 회사의 소유자를 더 부자로 만들어준다. 당장 수익을 만들 수 있다는 말에 혹해 콘텐트 창작에 관심이 갈 것이다. 그러나 그것은 근시안적 생각이다. 가치를 만들어내는 일과 그 가치를 소유하는 것은 별개의 일이다. 당신을 자산가로 만드는 것은 후자다.

64

Make their time worthwhile
사람들의 시간을 가치 있게 하라

There is nothing special about business. Just provide what they want. Have integrity. Own what you provide. The people will come and buy it. The value of time is paramount. All businesses come down to time. You are dealing with the time of the people. No one wants to waste their lifetime. Even the fools choose to do what gives them the most pleasure. Provide what people want or need, at the right time and right place. Be there with competence. It'd be very hard not to be rich, because people by nature cannot live by themselves. We are mutually dependent, as we are not good at everything.

사업은 별것 없다. 그냥 사람들이 원하는 것을 제공하라. 도덕적 기준을 세워두고 정직한 사람과 기업이 되어라. 자산을 소유하라. 사람들이 찾아와 살 것이다. 시간의 중요성은 다른 무엇보다도 위에 있다. 모든 사업이 시간으로 귀결된다. 무슨 사업을 하든 당신은 사람들의 시간을 다루는 일을 하게 된다. 그 누구도 인생의 귀한 시간을 낭비하고 싶어 하지 않는다. 미련한 사람들도 그들에게 가장 큰 쾌락을 주는 걸 찾아서 한다. 사람들이 원하거나 필요로 하는 것을 적절한 시간에 적절한 장소에서 제공하라. 잘할 능력을 갖추라. 부자가 되지 않을 수 없다. 인간은 혼자서는 살아갈 수 없는 본성을 타고났기 때문이다. 우리는 모든 것에 뛰어나진 않기 때문에 상호 의존적이다.

(Competence/Competency : 어떤 일을 성공적으로 해낼 수 있는 능력)

65

Be at the centre of time
시간의 중심에 서라

The essence of all businesses is time. You can't win this game of life without understanding time. We buy food to energise and sustain our lifetime. We exercise to prolong our health span. We take care of our health to improve the quality of our time being. We go to a professional to save our time. We choose what content to watch in exchange for a good time. We don't pay money for a book; we pay our time for one. This is why sound judgement matters the most for the successful, because time is of vital importance. Poor minds make bad judgments, so they waste their time on bad things and bad people. Rich minds develop their judgemental skills for the purpose of enriching their time with their excellent choices. Time is of the very essence. Delighting it is wealth.

모든 사업을 관통하는 하나의 본질은 시간이다. 시간을 이해하지 않고서는 인생이라는 게임에서 이길 수 없다. 우린 삶의 시간을 지탱하고 에너지를 주기 위해 음식을 산다. 우린 건강 수명을 늘리기 위해 운동한다. 살아 있는 시간의 질을 높이기 위해 건강을 챙긴다. 시간을 아끼기 위해 전문가의 도움을 받는다. 좋은 시간을 보내기 위해 어떤 콘텐트를 볼지 고른다. 책을 사기 위해 지불하는 건 돈이 아니다. 책은 시간을 지불하는 물건이다. 이것이 성공할 사람에게 날카로운 판단력이 중요한 이유다. 인간에게 시간이 가장 중요하기 때문이다. 가난한 머리는 잘못된 판단을 하여 잘못된 것들과 잘못된 사람들에 시간을 버린다. 부유한 머리는 훌륭한 선택을 할 수 있는 판단력을 계발해 삶의 시간을 더 풍부하게 만든다. 시간이 모든 것이다. 시간에 기쁨의 빛을 비추면 부가 탄생한다.

66

On marketing 마케팅 요약

Marketing is letting people know about the existence of your product. Marketing is also forming a perception of your brand. Make a great product and tell people about it, and you are a success. When people need it, they will recall your product and get it. Marketing is public education. Good marketers are good at making people remember your product. Great marketers are effective at convincing people to go for your product, and stay loyal to your offerings: they create a cult following. Marketers are educators with a commercial flair. Bad marketers don't take the consequences of their actions into consideration, as incompetent people are short-sighted. Good ones see further. Great ones know what to do and what not to do. You can learn to be the great one. We all start from naiveté.

마케팅은 제품의 존재를 사람들이 알게 하는 것이다. 마케팅은 또한 브랜드 인식을 형성하는 일이다. 훌륭한 제품을 만들어 이게 있음을 사람들에게 알리면 당신은 성공한다. 사람들이 이것이 필요할 때 당신의 제품을 떠올리고 살 것이다. 마케팅은 대중 교육이다. 잘하는 마케터는 사람들이 제품을 기억하게 한다. 일류 마케터는 사람들이 제품을 사도록 설득할 뿐만 아니라 당신이 제공하는 것들을 신봉하게 만든다. 최고의 마케터는 문화를 만든다. 마케터는 상경계의 교육가다. 삼류 마케터는 그들의 행동이 미치는 여파를 고려하지 않는데 그건 무능한 사람들은 멀리 내다보지 못하기 때문이다. 유능한 자는 멀리 본다. 남달리 뛰어난 자는 무엇을 할 지 알고, 무엇을 안 할 지 안다. 배움을 통해 남달리 뛰어난 사람이 될 수 있다. 우리는 모두 순진한 아이었다.

67

How to afford what you desire
원하는 것을 얻는 법

When you look at the prices of the things you want, it may seem overwhelming. Instead of being overwhelmed by it and compromising, you can direct your attention to the positive: finding a way to afford it. James Cameron didn't write the Titanic to be the number 1 box office success. He just wanted to explore the shipwreck and found a way to afford the exploration. Even if you perceive your situation to be a dead-end, keep looking. There always is a way. You don't get what you want only because you stop trying. The best way to become wealthy is to deserve it. Do something valuable for other people. And you get wealth and respect in return. A man is not set in stone. We can change. We can grow. We can upgrade ourselves by updating our software through education. The universe changes. So do we.

갖고 싶은 것의 가격을 보고 주눅이 들 수도 있다. 가격에 압도당하고 현실과 타협하기보다, 생각의 방향을 긍정적으로 바꾸면 된다. 가질 수 있는 방법을 찾는 데 집중하자. <타이타닉>을 쓴 제임스 카메론은 영화 역사상 가장 성공한 영화를 만들기 위해 그 영화를 만든 게 아니다. 그냥 가라앉은 배를 탐험하고 싶었고, 그 비싼 탐험 비용을 충당하기 위해 영화를 만들었다. 당장은 가능성이 없어 보여도, 계속 방법을 찾으라. 돌파구는 언제나 있다. 그것을 얻지 못하는 이유는 시도를 멈추기 때문이다. 부자가 되는 최고의 방법은 그럴 자격을 갖추는 것이다. 다른 사람에게 필요한 일을 하라. 그러면 부와 존중을 대가로 받는다. 사람은 바뀔 수 있다. 우린 성장할 수 있다. 우리의 소프트웨어를 새롭게 해 우리 자신의 가치를 높일 수 있다. 교육을 통해서. 우주는 변한다. 우리도 그렇다.

68 Be authentic 진짜가 되어라

Y Combinator co-founder Paul Graham has seen 4,000 start-ups come and go. A very few of them made it. For the ones who did it have the shared quality, as Paul says, that is authenticity. He says Zuckerberg isn't after money. If he were after money, he would have sold his company early on for billions of dollars. That's not the point. What would you do with the money alone when you can keep building this valuable company to make a real difference to the world? "We are doing what we love to do with people we love", Warren Buffett puts it. Authenticity means being true to yourself and genuine in your actions and words. It's about being real and honest, not bluffing nor pretending to be something you are not. Zuckerberg stands for 'making the world more open and connected' and he really means it. When you are authentic, you sincerely care about the cause and the people you work with so you are trustworthy, showing your true personality and beliefs. Wealth is an effect of the accumulation of trust from the people you spend time with. Authenticity aids good reputation.

Y-컴비네이터를 공동창업한 폴 그레엄은 4,000개의 신생기업이 생겨났다 사라지는 걸 직접 보았다. 극소수만 성공했다. 성공한 사람들에겐 하나의 공통점이 있는데, 그것은 진정성이다. 페이스북 만들고 현재 세계에서 4번째로 부자인 저커버그는 돈을 좇지 않았다고 그의 성장을 지켜본 폴이 말한다. 그가 돈을 좇았다면 몇조 원에 이미 회사를 팔았을 것이다. 돈이 중심이 아니다. 이 가치 있는 회사를 계속 키워 세상을 바꿀 수 있는데, 그 돈으로 뭘 할 것인가? "우리는 우리가 좋아하는 사람들과 우리가 좋아하는 일을 하고 있어요"라고 워런 버핏이 표현한다. 진정성은 당신 자신에게 진솔하고 당신의 일과 행동에 진심인 것을 의미한다. 척하지 말고 솔직하라. 저커버그의 대의는 '세상을 더 가깝게 연결하기'이고 그는 이 임무에 진심이다. 당신에게 진정성이 있다면 당신도 대의를 향해 올곧게 항해할 것이고 함께하는 사람들을 챙겨줄 것이며, 당신의 진짜 성격과 생각을 보여주는 결과로 신뢰를 얻을 것이다. 부는 당신이 시간을 함께하는 사람들의 신뢰에서 파생되는 결과다. 높은 명성을 쌓는 데 진정성이 도움된다.

69

Find a meaning and commit to it
의미를 찾아 전념하라

The gateway to eternal wealth and success is in continuity. You've learned that the essence of the wealthy mindset is their long-term vision. The noble see farther; the ignoble are myopic. True wealth rewards you with peace of mind. In the world where unpredictability prevails, serenity is veritable affluence. Serenity is a deep, lasting inner calm that you can harbour in times of inevitable chaos. Hence you are to find a meaning in your work and life, and remain committed to it. A person without a meaning in life is never happy. You are here to do it for as long as your life. As you stay the course, compounding will occur and take care of your wealth. Your wealth will double every once in a while, again and again, and you can get whatever you ever want with the wealth gifted from the time you persisted.

영원한 부와 성공으로 가는 마법의 관문은 지속성에 있다. 부자의 마음가짐은 장기적 시각임을 당신은 배웠다. 고상한 사람은 멀리 내다보고, 천박한 사람은 표면만 본다. 진정한 부는 마음에 평화를 가져다준다. 불확실성이 팽배한 이 세상에서 진정한 부유함은 그런데도 평온할 수 있는 마음이다. 피할 수 없는 세상의 파도에서도 흔들리지 않는 깊고 오래가는 평온함을 가진 자가 진짜 부자다. 그러기 위하여 당신의 삶과 일에서 의미를 찾으라. 그리고 그 의미를 계속 붙들고 있으라. 삶에 의미가 없는 사람은 행복하지 않다. 당신의 진정한 업은 죽는 순간까지 할 수 있는 일이다. 끈기 있게 하다 보면 복리의 법칙이 작동해 당신은 자연히 부자가 될 것이다. 자산이 주기적으로 두 배가 되기를 계속 반복할 것이다. 사고 싶은 것은 그게 무엇이든 이 버팀의 시간이 준 선물로 살 수 있다.

70

Focus on impact
가장 큰 영향을 끼칠 일에 집중하라

There are things that are knowable, and things that are unknowable. It's a waste of time doing things that are unknowable. Do what is important to you and the people, and what is knowable. We are not going to do a lot of things with our limited lifetime and youthful energy, all the while our mind is ripe. Focusing on impact enables us to achieve great things and to let the little problems of life be taken care of by itself. You should concentrate on making meaningful and significant changes or contributions in your work or efforts. Instead of getting bogged down by minor details or trivial tasks, you and your team should prioritise actions and projects that have the potential to create the most substantial and positive difference. This involves identifying key areas where your work can have the greatest effect and directing finite resources towards those areas in order to maximise outcome and benefits. Wealth is a result of such choices. Knowing what will generate the biggest value you can create requires the understanding of human necessities.

세상에는 알 수 있는 일이 있고, 알 수 없는 일이 있다. 알 수 없는 일을 하는 건 시간 낭비다. 당신 그리고 당신과 같은 시대를 살아가는 사람들에게 중요한 일, 그리고 알 수 있는 일을 하라. 우리의 한정된 시간과 젊음의 에너지로 지혜로운 짧은 기간에 많은 일을 해내는 건 불가하다. 당신이 할 수 있는 일 중 가장 큰 효과를 일으킬 일에 집중하는 게 성공하는 길이고, 나머지 자잘한 삶의 문제들을 해결할 수 있는 선택이다. 당신의 일에서 가장 의미 있고 중대한 변화를 일으키도록 시간과 에너지를 집중하라. 큰 임팩트를 내지 않을 사소한 일에 기운을 소진하기보다는, 가장 극적이고 긍정적인 결과를 낼 수 있는 일을 우선순위로 해내어야 한다. 이를 위해선 무엇이 그런 결과를 낼 수 있는지 알아야 한다. 그러면 최대의 결과를 얻는 일에 한정된 자원을 배분할 수 있다. 부란 이런 선택의 결과다. 당신이 할 수 있는 일 중 무엇이 가장 큰 가치를 만들어 낼 것인지를 알기 위해서는 인간의 필요를 이해해야 한다.

71

Stay within your circle of confidence
잘하는 일만 하라

Knowing your strengths and weaknesses before you begin your journey is of crucial importance, because if you don't, you won't get rich. We're not talking a million or two. That's middle class. Former CEO of Microsoft, Steve Ballmer was very wrong about the future of the iPhone when it came out in 2007. He said for $500 businessmen will use smartphones, and for them to write emails having a proper keyboard was needed. He said no one will want the iPhone and it will disappear soon. But it changed the world, and hundreds of millions of iPhones are sold annually. Despite his misjudgement, Ballmer became as rich as his former boss Bill Gates as of July 2024. Both are worth $158B, give or take a few millions. Depending on the performance of MS share price, Ballmer is richer. (Yet Bill donated greatly to charity.) He reportedly gets $1B in annual dividends from his MS equity. You can be wrong at times, useless at certain things. But if you know your strengths and stay at the spot, you will live just as well off. Ballmer started working as an assistant product manager and became a proficient manager.

당신의 자신 있는 분야와 자신 없는 분야를 알고 일을 시작하는 게 극도로 중요하다. 그러지 않으면 부자가 될 수 없기 때문이다. 10억 20억을 얘기하는 게 아니다. 그건 중산층이다. 이전 마이크로소프트 CEO 스티브 보머는 2007년에 아이폰이 나왔을 때 아주 틀린 판단을 했다. 스마트폰이 46만 원이면 비즈니스맨이 쓸 텐데 그 사람들은 이메일이 필수이고 그러려면 제대로 된 키보드가 있어야 한다고 했다. 그래서 아무도 아이폰을 원하지 않을 거고 곧 시장에서 사라질 거라고 했다. 그러나 아이폰은 세상을 바꿨고, 매년 2억 개가 넘는 아이폰이 팔린다. 그의 오판에도 불구하고 보머는 그의 전 직장 상사인 빌 게이츠와 2024년 동일한 부를 가졌다. 둘 다 218조 부자인데, 마이크로소프트 주가에 따라 보머가 더 부자가 되기도 한다. (게이츠는 아주 많이 기부했다.) 보머는 마이크로소프트 배당수익만 1년에 1조 4천억 원에 달한다고 한다. 당신도 때때로 틀릴 수도 있고, 어떤 일은 아주 못할 수도 있다. 그러나 당신이 잘하는 일을 알고 그 일만 파고들면 잘 살 수 있다. 보머는 어시스턴트 PM으로 일을 시작해 유능한 경영자가 되었다.

72

Autonomy 주체성을 지니라

Stress doesn't come from hard work. Every work is difficult. It primarily comes from not taking action over something that you can have some control over. So stress comes from ignoring things you shouldn't be ignoring, says Jeff Bezos. You want to take control of your life so that you do what you want to do with your life. A sense of agency matters for happiness. When you take actions as well as the responsibility, you gain the power to execute your life the way you like it to be. You are the chief executive of your life. When you lose control of your ship, that's when all the distress emerges and starts to overwhelm you. Own your journey. Steer your own course. Take charge of your destiny.

힘든 일이 스트레스를 주는 게 아니다. 모든 일이 어렵다. 스트레스는 제어할 수 있었을 일에 대해 행동을 취하지 않음에서 주로 온다. 무시하지 말아야 할 일을 무시하는 데에서 스트레스가 온다고 제프 베조스가 말한다. 당신의 인생에 캡틴이 되어야 당신이 원하는 삶을 살 수 있다. 행복하기 위해 주체성은 꼭 필요하다. 책임을 지고 행동하면 당신이 원하는 대로 당신의 삶을 만들 힘을 얻는다. 당신은 당신 인생의 CEO다. 인생이라는 당신 배의 통제력을 잃는 데서 모든 불행이 시작되고 삶이 침몰하기 시작한다. 여정의 주인공이 되어라. 당신의 길을 직접 개척하라. 당신의 운명에 주인이 되어라.

73

Think for yourself 스스로 판단하라

Market research is not for the next super rich. Don't ask people what they want. They don't know what they want. Don't ask other people to think for you. You should be the thinker. Think for yourself. Leaders have no one to follow. You are the one who makes decisions. We can act as a follower in a work setting. But we are the leaders of our life. My life is my sail, and mine only. The route to the riches is not a feeling one, albeit an intuitive one; it's the thinking process. You are to think through. You are to think for yourself. You have to make your own decisions, instead of copying what others are doing. Be different, because your situation is unique to yourself alone. Differentiation is the golden rule for success. We are individuals after all. All the mistakes you make are nothing when seen from the universe.

시장조사는 다음 슈퍼리치가 될 사람이 할 일이 아니다. 사람들에게 뭘 원하냐고 묻지 말라. 대중은 그들이 뭘 원하는지 모른다. 다른 사람에게 대신 생각해달라고 하지 말라. 당신이 생각해야 한다. 스스로 판단하라. 리더는 따를 사람이 없다. 큰 결정을 내리는 사람은 바로 당신이다. 업장에서는 다른 사람을 따를 수도 있다. 그러나 인생의 리더는 당신이다. 인생은 오직 당신의 항해다. 부자로 가는 길은 직관이 필요하긴 해도 감정적인 여정은 아니다. 생각하여 나아가는 여정이다. 속속히 깊게까지 생각해야 한다. 다른 사람들의 행동을 베껴 따라 하기보다는, 스스로 생각해 직접 판단을 내려야 한다. 남다르게 행동하라. 당신의 상황은 고유한 것이니까. 차별화는 성공의 법칙이다. 당신과 같은 사람은 이 우주에 없다. 우주의 관점에서 내려다보면 당신의 실수들은 아무것도 아니다.

74

Hedgehog wins; fox loses
여우는 지고, 고슴도치가 이긴다

Ancient Greek poet Archilochus left a fragment that reads: a fox knows many things, but a hedgehog knows one great thing. Cunning fox are the business school graduates and investment bank analysts. They know everything. But the hedgehog knows one big thing. When foxes do all the smart things with marketing gimmicks and clever analyses, a hedgehog knows one great thing and stays the course. When a fox perceives the world complicated, a hedgehog simplifies it. As John Bogle puts it, "set the right course and don't let all these superficial and emotional momentary things get in your way! Don't lose something. Just stand there." You are after something that doesn't change over time. You don't want superficial and transient trivialities that don't do any good to your well-being. You want timelessness. Universal laws are simple. The simple way to wealth is doing your job well. Fashion and gimmicks come and go; style and class stay and last. You buy a brand-new Mercedes and it depreciates like crap in just a few years. They change covers often so yours look older, making you want to buy a new one. It's gimmicky. You buy an ageless Porsche and it holds its value even after several years, because Porsche is built to last and the demand for it is perennial.

고대 그리스 시인 아르킬로커스가 남긴 조각에 이렇게 쓰여 있다. '여우는 많은 것을 알지만, 고슴도치는 위대한 하나를 안다. 교활한 여우는 MBA 졸업생과 투자은행 애널리스트같은 사람들이다. 이들은 모르는 게 없다. 그런데 고슴도치는 큰 진리를 안다. 똑똑한 여우들이 마케팅 요령과 똘똘한 분석으로 분주하게 움직일 때, 고슴도치는 훌륭한 하나를 제대로 알고 주변 상황에 아랑곳하지 않고 버틴다. 여우들이 세상을 복잡하게 생각할 때, 고슴도치는 단순화한다. 인덱스 펀드를 창시해 많은 사람들을 부자로 만든 존 보글이 이렇게 말했다. "옳은 길을 정한 다음 표면적이고 감정적이고 일시적인 모든 것들이 당신이 가는 길을 막지 않게 하라! 바삐 사고팔며 잃지 말라. 그냥 가만히 쥐고 있으라." 당신이 추구해야 할 것은 시간이 흘러도 변하지 않는 가치다. 표피적이고 일시적인 가벼운 일들은 당신의 좋은 삶에 도움이 안 된다. 시간이 흘러도 좋은 것이 좋은 것이다. 동서고금을 막론하고 진리인 법칙은 단순하다. 부를 얻는 간단한 원리는 당신의 일을 잘하는 것이다. 사람들의 관심을 끌려는 수작과 유행은 금세 사라지지만, 고상함과 격조는 영원하다. 벤츠를 새로 뽑으면 몇 년 새 헐값이 된다. 겉모습을 자주 바꿔 당신의 차가 오래되어 보이게 해 새 차를 사고 싶게 만든다. 꼼수투성이다. 세월에 강한 포르쉐는 수년이 지나도 가치를 유지한다. 이는 대대로 물려줄 것을 염두하고 만들었기 때문이고, 이를 원하는 사람들의 수요도 변함없기 때문이다.

75 Turmoils in the short-term; growth in the long-run 단기로 보면 혼란스럽지만 장기로 보면 성장이다

Jeonse is a private loan. Day trading is gambling: 95% lose money. Gold is not an investment. Keeping your money in the savings account is losing money as opposed to inflation. The latter three are a loser's game, said John Bogle who created the legendary Vanguard index fund. The poor go for jeonse. There is a reason for this to exist only in South Korea and not in wealthy countries. When Warren Buffett was starting out he was a one-man band for 6 years and made mistakes. What made him a legend today is continuous learning and correction of the course. Seen short-term, life is a sail of ups and downs. Seen from far, you get to the destination you aim at. Individual company's share price fluctuates in the short-term. The whole market always grows in the long-run. This explains why those with long-term vision become rich.

전세는 사채다. 데이트레이딩은 도박이다. 95%가 결국 돈을 잃는다. 금은 투자상품이 아니다. 저축만 하는 것은 인플레이션에 비해 돈을 잃는 일이다. 뒤의 세 가지는 잃는 사람들의 게임이라고 존 보글이 말했다. 전세는 빈자의 선택이다. 이 기이한 방식이 한국에만 있고 선진국에는 없는 이유가 있다. 워런 버핏도 처음에 시작할 때는 6년 동안 원맨쇼로 사업을 하며 여러 실수를 했다. 그를 전설로 만든 것은 끊임없는 배움과 변화다. 인생은 짧은 기간을 보면 위아래로 요동치는 항해지만, 긴 시간을 보면 결국 목적지에 다다른다. 개별 회사의 주가를 보면 단기에서 위아래를 요동치지만, 주식 시장 전체를 보면 항상 우상향 곡선이다. 멀리 볼 수 있는 사람이 부자가 되는 이유다.

76

Don't blame anything; fix it
무엇도 탓하지 말고, 고치라

There always are markets, as long as humanity exists. There always are people out there needing something. If you blame the environment for your poverty, you are a loser. There always are demands. Fail to convince the people to come for you, you fail. Turn the tables. Find out why people don't come to you and fix this problem, you are a winner. Fix it. If you have the brains to read this, you have the ability to figure it out. Make the people trust what you offer(reputation & brand). When people don't pay for what you do, that may be not your trade: find another job(market relevance). The game-changing index fund Vanguard was born from a moment of truth. Fix the problem, and you can rise.

인류가 존재하는 한 시장이 존재한다. 무언가가 필요할 사람은 언제나 있다. 처한 상황을 탓하는 사람은 패자다. 원하는 사람은 항상 있다. 그런 사람들이 나에게 오도록 설득하기를 실패하면, 실패한다. 상황을 바꿔보자. 왜 사람들이 나에게 오지 않는지 이유를 찾아내어 이를 고치면, 승자가 된다. 고치라. 이 글을 읽을 머리가 있다면 해결책을 찾을 머리 또한 있다. 사람들이 당신이 제공하는 가치를 믿고 사게 하라(명성과 브랜드). 당신이 하는 일에 사람들이 돈을 내려 하지 않으면 그 일은 당신의 업이 아닐 수 있다. 다른 일을 찾으라(시장 적합성). 게임의 판도를 바꾼 인덱스 펀드 뱅가드도 기업 존폐의 기로 속에 태어났다. 문제를 해결하면 비상할 수 있다.

77

Don't ever lose faith
신념을 절대 잃지 말 것

If you are a secular person, owning a building, buying the $3m dream car, and building a $1B company may seem difficult at first. If you are a noble and classy spirit, building a school or business that changes lives seems difficult at first. But everything seems difficult at first. One thing you must keep in your heart at all times: faith. Have faith in yourself, and don't ever drop it. If you don't believe in your reason for being and ability to persevere and make a difference in this world, no one will. True success is survival. Whatever life throws at you, you mustn't lose faith in yourself. Trials only strengthen you. You embrace the blessings from heaven, because you have your reason for being. Serve it. Have a long-term vision, the rest will work itself out.

당신이 세속적인 사람이라면, 건물주가 되거나 41억짜리 드림카를 사거나, 1조 4천억 가치의 회사를 만드는 게 처음엔 어려워 보일 수 있다. 당신이 고상한 사람이라면, 사람들의 인생을 바꾸는 학교나 기업을 만드는 게 처음엔 어려워 보일 수 있다. 그러나 모든 것이 처음엔 어려워 보인다. 가슴 속에서 절대 잃지 말아야 할 단 하나는 바로 신념이다. 당신의 능력과 태어난 이유에 대한 신념을 결코 의심하지 말라. 당신이 살아있는 이유와 역경을 견뎌내어 세상을 더 나은 곳으로 만들 수 있는 능력을 당신이 먼저 믿지 않으면 아무도 믿지 않을 것이다. 진정한 성공은 생존이다. 인생이 무슨 시험을 하건, 당신 자신에 대한 신념은 결코 잃지 말라. 시련은 당신을 더 강하게 한다. 하늘의 축복을 끌어안으라, 당신에겐 존재 이유가 있으니까. 인생을 길게 보면 결국 다 잘될 것이다.

78

King can't solve poverty
가난은 임금님도 구제할 수 없다

Idiots can become rich. Getting rich only requires consistent actions. You've got to do something that people want. You can go out in the field, pick up four-leaf clovers, gift-wrap it and sell it in front of a university. You can make a secret recipe for tteokbokki and set up a street food stall. You can start English tutoring from a cafe and grow into the most effective English hagwon in the world. You set the wheels in motion and keep building it up until it becomes an empire. Your poverty is caused by either your inaction or ignorance. King cannot solve poverty. It's nothing to do with external factors. It has all to do with your responsibility for your life. Your parents have no duty to pay for all your toys. You have every reason to be grateful for giving you this time to live your life.

바보도 부자는 될 수 있다. 돈을 버는 데 필요한 건 지속적인 행동뿐이다. 사람들이 원하는 무언가를 하면 된다. 들판에서 네잎클로버를 꺾어다 잘 포장해서 대학교 앞에서 팔 수도 있다. 맛있는 떡볶이 비법 소스를 만들어 길에서 장사를 할 수도 있다. 카페에서 영어 과외를 시작해서 가장 효과적인 영어학원으로 성장할 수 있다. 일단 어떻게든 시작해서 일이 굴러가게 만든 다음 계속 더 잘하여 제국을 건설하면 된다. 가난의 원인은 둘 중 하나다. 아무 일도 하지 않아서거나 무지해서. 가난은 임금님도 구제할 수 없다. 외부적 요소가 원인이 아니다. 당신 인생에 스스로 책임을 지느냐에 전적으로 달렸다. 부모도 당신에게 장난감을 사줄 의무는 없다. 당신이 원하는 대로 삶을 살 수 있는 이 시간을 주신 부모에게는 그것만으로 무한히 감사할 뿐이다.

79

Manage the flow of energy
에너지 흐름을 다스리라

Energy flows in a certain direction. The negative terminal discharges energy, while the positive terminal receives it. Poor mind is negative; so they give away their resources. Rich mind is positive; a constant flow of resources comes into them. "Stay away from negative people. They have a problem for every solution", said Albert Einstein. Poor people have an exceptional talent to get the bad things in life even if they seem to have everything covered. They are remarkably good at picking things and turning otherwise a good situation into a bad one. No matter how good they are at their trade, this negativity keeps them poor. Scepticism and pessimism are different. The former is cautious; the latter is negative. Shun negative mentality. They will drag you down and waste your time, even if they are very beautiful or highly qualified. Choose your influence carefully. Be a positive energy and positive people and things will be attracted to you. When you are successful, complacency is a negative energy to avoid. It lets you make hasty decisions and lower quality efforts. On top of that, it makes you overestimate your abilities. Overestimation can costs you a fortune.

에너지는 정해진 방향으로 흐른다. 음극은 에너지를 방출하고, 양극은 받아들인다. 가난한 머리는 음극이다. 그들의 자원을 내어준다. 부유한 머리는 양극이다. 자원이 계속 들어온다. "부정적인 사람들을 멀리하라. 그들에겐 모든 해결책이 다 문제다"라고 아인슈타인이 말했다. 가난한 사람들은 큰 문제가 다 해결되었음에도 나쁜 상황으로 만들어버리는 재능이 있다. 자기 일을 얼마나 잘하든 이 부정적인 시각이 그들을 가난하게 한다. 회의와 비관은 다르다. 회의주의는 조심하는 태도고, 비관주의는 부정적인 관점이다. 부정적 사고방식을 피하라. 아무리 아름답고 유능하더라도 부정적 에너지는 당신을 끌어내려 귀중한 시간을 버릴 것이다. 당신에게 흘러들어오는 에너지를 잘 선택하라. 긍정의 에너지가 되면 긍정의 사람들과 긍정의 현상들이 당신에게 이끌려올 것이다. 성공적인 사람이 되면, 자만이 피해야 할 부정적 에너지다. 자만은 성급한 결정을 내리게 하고 일의 질을 낮춘다. 그보다도 위험한 것은 당신의 능력을 과대평가하는 것이다. 자신을 과대평가하면 어마어마한 부를 잃을 수 있다.

80 Lightweight wins the race 비용을 줄이라

"Cost is everything in this business," John Bogle said. No matter how much revenue you generate, you are left with nothing if you spend a lot for the costs. Cash is life blood. No cash will kill your business. Amazon was saving on every single cost until $500m can be earned in just 3 hours. John Bogle knows what a negligible cost reduction can do over the compounding interest. If you are serious about becoming wealthy, keep the fixed costs down. Cash is the HP point in combat games. When cash is down, your game is over. Cash gives you room for manoeuvre; it keeps you alive when you are preparing for a long-term project or developing the winning product which will top you in the game like Nvidia. On a personal scale, enough cash in the bank gives you peace of mind. You don't worry too much when a job or two get out of hand. It gives you time to think and calmness required to think for a breakthrough. Don't envy big companies. "The bigger it is, the more energy it takes to move it," Peter Lynch said. Stay light and nimble. This natural law applies to everything. For car races, lightweight beats big engines. This is how a small Mini won the rallies in the 60's. When you keep the load down, you can be agile to accept changes quickly. Survival is the ultimate success.

"이 사업에 비용이 전부"라고 존 보글이 말했다. 얼마나 많은 매출을 창출하든, 비용으로 다 써버리면 남는 건 없다. 현금은 피다. 현금이 없으면 사업은 무너지기 쉽다. 아마존은 아주 작은 것까지 비용을 아꼈다. 6,880억 원을 3시간마다 벌 수 있을 때까지. 전설의 투자자 존 보글은 아주 작은 비용이 복리에 얼마나 큰 영향을 끼칠 수 있는지 알았다. 부자가 되는 데 진심이라면, 고정비를 줄이라. 현금은 전투게임의 피다. 피가 깎이면 게임 끝이다. 현금은 장기 계획을 준비하거나 엔비디아처럼 게임에서 1위를 하는 최고의 제품을 개발할 여지를 준다. 개인적인 관점에서 넉넉한 은행 잔고는 평온을 준다. 일 한두 개가 계획대로 안 되더라도 크게 걱정하지 않는다. 깊이 생각해 볼 시간을 주고 돌파구를 찾을 차분한 마음 상태를 보장한다. 대기업을 부러워 말라. "운용 자본이 많을수록 이를 움직이는 데 더 큰 에너지가 소요된다"고 피터 린치도 말했다. 가볍고 민첩함을 유지하라. 이 자연의 법칙은 모든 것에 적용된다. 자동차 경주에서도 가벼운 차가 큰 엔진을 이긴다. 작은 미니가 60년대에 랠리를 이긴 이유다. 싣고 다니는 무게를 줄이면 변하는 환경에 민첩하게 적응할 수 있다. 생존이 곧 성공임을 기억하라.

81
Dealing with criticisms 비판을 다루는 법

People are self-absorbed. We all mind primarily our own problems. We are motivated by our self-interest. As there is a saying that one who wears the crown must bear the weight of it, when you are highly successful at something, there are people who are irritated by your success and trying to pull you down. When you do your job very well, getting criticisms is inevitable. It's the indifference you have to fear. Take the negative feelings off their edgy words, and try to learn something from it. An honest piece of criticism can be a great learning point, which you can use to reinforce your empire. Regarding hate speech, you are only to realise that it tells more about them than you. Haters have problems themselves. They call you a vulgar word because they are. Hang out with royals and they will treat you like royalty. The proper way to criticise is to acknowledge their good aspects prior to commenting on what they could improve. We are on one same little aircraft called humanity. You don't want to make a mess within the cabin, otherwise we'll all crash.

사람들은 자신에 빠져있다. 사람은 자기 문제를 가장 먼저 신경 쓴다. 사람들은 자신에게 가장 이익이 될 것을 위해 행동한다. 왕관을 쓴 자 그 무게를 견디라는 말이 있듯, 뛰어나게 성공하면 꼭 이 성공에 배 아파 끌어내리려는 사람이 있다. 일을 아주 잘하면 비판은 불가피하다. 진짜 무서운 것은 무관심이다. 비판을 받으면 부정적인 감정은 걷어내고 그에서 무언가를 배우라. 솔직한 비판은 훌륭한 선생이 되어 당신의 제국을 더 견고하게 해줄 수 있다. 비이성적인 비난에 대해서는 그 꼬인 관점이 당신이 아니라 그 사람 스스로를 설명함을 알라. 어둠에 스스로를 굴복당한 자들은 그들 본인에게 문제가 있다. 당신에게 천박한 말을 하는 이유는 그들이 천박하기 때문이다. 왕족과 어울리면 당신을 왕족으로 대할 것이다. 비판하는 올바른 방법은 상대의 좋은 점을 언급한 다음 더 나아질 수 있는 부분을 짚어주는 것이다. 우리는 모두 인류라는 하나의 비행기에 올라와 있다. 기내에서 난동을 피우면 모두가 위험하다.

82

Build the best thing
숲이 우거지면 호랑이가 오기 마련이다

You are only as good as your product, goes James Dyson. Products come before branding. Branding is a name and a reputation. You've had a good experience with a product, so you remember the name to come back to it for more or to tell your friends about it. Getting people to remember your name (through advertising) is pointless if you make rubbish. Coming up with the most advanced and refined product from the first round is less likely; so iterate it to reach near perfection. One of the best Korean restaurants Somunan Hanbunsik started as a stall at a market 51 years ago. They kept at refining their craft and built an everlasting and unrivalled local business. Their feat comes down to the best kimbap in the world. When you make the best product, people will keep buying your product. It doesn't matter how humble or less profitable your product is. Build the best thing or skill that people need, and you are fabulously rich. Yet scaling up takes education and intelligence. But if you have strong fundamentals, greatness will come. It's okay if your first product was bad. It's not okay if you rest on your laurels. We have to constantly evolve into a better being, producing better things.

"당신의 제품이 곧 당신이다"라고 제임스 다이슨이 말한다. 브랜드보다 중요한 것은 제품이다. 이름과 명성이 브랜드다. 어떤 제품으로 좋은 경험을 하면 그 이름을 기억해 두거나 주변에 말한다. (광고를 통해) 이름을 알리는 일은 제품이 별로면 무의미하다. 처음부터 뛰어나고 훌륭한 제품으로 등장하기는 어렵다. 고로 끝없이 개발하고 개선해야 한다. 최고의 한식당 중 한 곳인 경북 구미의 소문난 한분식은 51년 전 시장에서 가판대로 시작했다. 자신의 제품을 오랜 시간에 걸쳐 더 나은 제품이 되도록 개발하여 결국 대적할 수 없고 대대로 이어지는 지역사업체가 되었다. 이들의 성공의 근원은 세계 최고의 김밥이다. 최고의 제품을 만들면 사람들이 계속 살 것이다. 그 제품이 얼마나 소소해 보이고 마진율이 낮은지는 상관없다. 사람들이 필요로 하는 무언가를 최고로 만들어 (능력 포함이다) 제공하면 자연은 당신에게 부를 하사할 것이다. 다만 스케일을 키우는 일에는 배움과 지성이 필요하다. 그러나 기본기를 잘하면 성공은 오기 마련이다. 첫 제품이 안 좋았어도 괜찮다. 성공에 안주하는 건 안 괜찮다. 우리는 계속 진화해서 더 나은 사람이 되고 더 나은 제품을 만들어야 한다.

83

How to rise to prominence on a personal scale
개인의 입장에서 크게 성공하는 법

Great success is a result of given resources well assigned. Human time and energy are limited. Growing wealthy is mostly about managing your time and energy. For the rich to be, you must be serious about it. You can only put in a few hours a day on a task. You are to make a difference with these precious few hours a day. Choose wisely what to do and what not to do. This is the truth shared among all the great people in history: What you do everyday adds up to greatness. Build an efficient and effective habit or system, and you have a wonderful and rewarding life. For starters, manage your mental energy by managing your sleep. Get quality sleep, which is vital for a productive day. You make the greatest fortune by making great decisions. For this, you need a sound mind. Idiots reduce sleeping time; geniuses sleep 8 hours a day and improve the quality of their awake hours(Einstein slept 10 hours and power naps for optimal brain function). Some work intensely for days until they drop, and use sleep to recharge them to work intensely again(Mr.Beast). Some practise uber(polyphasic) sleep(Leonardo da Vinci). Wealth is not built on a big quantity of rubbish; it's made of the highest quality hours. Use nights for inputs; learning and reading. Allocate mornings for golden outputs; focused work doing the most valuable thing and writing. And the magic trick is to employ tools like the Internet and AI.

남다른 성공은 주어진 자원을 잘 쓴 결과다. 인간의 시간과 에너지에는 끝이 있다. 부자가 되는 일은 시간과 에너지를 잘 다루는 일이다. 부자가 될 사람은 이 자원에 진중해야 한다. 하나의 작업을 위해 하루에 들일 수 있는 시간은 얼마 되지 않는다. 이 소중한 몇 시간으로 인생을 바꿀 결과를 내야 한다. 무엇을 할 것인지, 무엇을 안 할 것인지 신중하게 선택하라. 역사상 위대한 사람들이 공통으로 인정하는 진리가 이것이다. 매일 매일 하는 일들이 쌓여 위대함이 된다. 효율적이고 효과적인 습관이나 시스템을 만들라. 그러면 꿈같이 보람찬 인생으로 보상받을 것이다. 그 시작으로, 뇌의 에너지를 관리하기 위해 잠을 관리하라. 잠을 잘 자라. 많은 일을 해내기 위해 잠이 중요하다. 큰 부는 훌륭한 결정으로 번다. 그러기 위해선 머리가 맑아야 한다. 잠을 줄이는 건 가난한 사고방식이다. 천재들은 8시간은 꼭 자고 깨어있는 시간의 능률을 높인다(아인슈타인은 10시간을 잤고 틈틈이 짧은 낮잠을 자 뇌 기능을 최상태로 유지했다). 어떤 사람들은 격렬하게 며칠을 일하고 쓰러져 잔 다음 일어나 다시 강렬하게 일한다(유튜버 Mr. Beast). 어떤 사람들은 여러 번 나눠 자는 궁극의 수면법을 쓴다(레오나르도 다 빈치). 질 낮은 시간의 양을 많이 붓는다고 부자가 되지 않는다. 최상의 시간이 부를 이룬다. 뇌에 피로물질이 쌓여 능률이 낮은 밤 시간을 정보 입력에 쓰라(배움과 독서). 뇌의 능력이 100%인 아침 시간을 가장 가치 있는 업적을 만들어내는 데 쓰라(업과 글쓰기). 그리고 당신의 능력을 배가시키는 마법은 인터넷과 AI 같은 도구를 쓰는 것이다.

84

Be the Master of one trade
하나를 최고로 잘하라

Whether you are an individual or an organisation, your resources are finite and there is only one head that gives the entity a direction. Do one thing very well. There is a classic advice in business: Jack of all trades, master of none. Even when Apple became a large corporation, it kept its operations like a startup. When Apple was nearly bankrupt in 1997, Steve came back, streamlined operations and refocused their strategy. Apple does one thing very well: the personal computer. They have only 5 product lines; iPhone 52%, services 22%, wearables 10%, Mac 7%, and iPad 7% (2023). Each product sells for billions. Their market cap is $3.47 trillion as of July 2024. Samsung does extensive operations and a diverse range of products, and its market cap is $407 billion. It's tempting to do this and that when you are both doing well or not so well. Know what you can do better than anyone else, and focus all your attention on this very one thing. It's true for any entity, an individual or a corporation(business and investment). You can make zillions by delving into the one thing.

당신이 개인이든 단체이든, 자원은 한정되어 있고 방향을 지시할 머리는 하나뿐이다. 하나의 일을 제대로 하라. 비즈니스에는 고전이 된 조언이 있다. '오만 것을 다 하려고 하면 하나도 제대로 못 한다.' 애플이 큰 기업이 되었을 때도 스타트업처럼 단순하고 민첩하게 운영했다. 애플이 파산 직전이었던 1997년에 스티브가 애플로 돌아와 운영을 간소화하고 흐릿해진 회사 전략을 다시 집중했다. 애플은 하나를 제대로 한다. 개인 컴퓨터. 애플은 제품 라인은 딱 5개다. 아이폰 52%, 서비스 22%, 웨어러블 10%, 맥 7%, 그리고 아이패드 7% (2023년 기준). 각 제품은 몇조 원씩 팔린다. 시가총액은 4,800조 원이다(2024년 7월). 삼성은 아주 다양한 분야에 다양한 제품군을 하지만 시가총액은 562조 원이다(같은 시기). 사람이 잘 되거나 잘 안될 때 모두 이것저것 해보고 싶은 마음이 들기 쉽다. 당신이 누구보다도 잘할 수 있는 일이 무엇인지 알고, 그 하나에 머리를 집중하라. 이 원칙은 개인과 회사(사업과 투자)에 공통이다. 하나만 파면 억만금을 벌 수 있다.

85
What < How < Why 무엇 < 어떻게 < 왜

Small people ask small questions: what would people think if I dress like this? Big people ask big questions: will this action make a big difference for the future of humanity? You can be rich selling nail clippers. It was one of the biggest exports from South Korea. But does it make any difference to the world? Korean nail clippers are nowhere near as good as Japanese. Do you make the lives of the users better by selling them inferior products? No. Then refine it. Think creatively how you can make the finest product ever made. It doesn't matter WHAT you do. What genuinely counts is HOW you do it. Attitude is all that matters to make a big difference. If your kid says she wants to be a musician, you would say no. It'd be unpredictable and unstable to make ends meet. But you joy yourself with good music. You know if you can be the best at it or not. And if you have a strong WHY you do this, you persevere however the journey gets unbearable. Success comes after the endless setbacks and fears. You must have WHY you soldier on. And living off battle food comes enjoyable to your heart. It's character-building. It takes character to be the victor. Will to survive, in Jenson Huang's words, will get you there.

작은 사람은 작은 질문을 한다. '이렇게 입으면 사람들이 어떻게 생각할까?' 큰 사람은 큰 질문을 한다. '이 일이 인류의 미래에 큰 영향을 끼칠까?' 손톱깎이만 팔아도 부자는 될 수 있다. 한국 최대 수출 물품 중 하나였다. 그러나 이것이 세상을 더 낫게 만드는가? 한국 손톱깎이보다 일제가 훨씬 좋다. 이런 저급 제품을 팔면 이걸 쓰는 사람들의 삶을 더 낫게 만드는가? 아니다. 그러면 더 낫게 만들라. 어떻게 세상에 없던 최고의 제품을 만들 수 있을지 창의적으로 생각하라. 무엇을 하는지는 그리 중요하지 않다. 진짜 중요한 것은 무슨 일을 하든 그 일을 **어떻게 하느냐**다. 일을 대하는 태도가 성공을 결정한다. 딸이 음악가가 되고 싶다고 하면 당신은 아마 하지 말라고 할 것이다. 잘 될지 안 될지 모르고 생계를 꾸리기에 불안정하기 때문이다. 어떤 일을 하여 최고가 될 수 있을지 아닌지는 본인이 안다. 하는 일에 분명한 이유가 있으면 여정이 견디기 힘들더라도 버틴다. 연이은 실패와 두려움 다음에 성공이 온다. 계속 앞으로 나아갈 강한 이유가 있어야 한다. 그러면 전투식량을 먹고 살아도 기쁘게 느껴질 것이다. 당신을 남다른 존재로 만드는 과정이다. 승자가 되기 위해는 남달라야 한다. 엔비디아 CEO 젠슨 황의 표현대로, '살아남기 위한 의지'가 꿈을 이루게 할 것이다.

86

You have your own hole in the universe to build a castle around 이 우주에서 성을 지을 땅은 당신에게 반드시 있다

Being rich is being great in some way. Undeserved wealth evaporates. Riches come with demand. As you satisfy more people, you are made rich. If you think you are no good at anything, keep looking. "Every block of stone has a statue inside it and it is the task of the sculptor to discover it" said Michelangelo. You have your own hole in the universe to build a castle around. There is something you can be great at. Even if your body is paralysed and all you can move is your little finger, you can do valuable work for humanity, and make yourself wealthy. Stephen Hawking did just that. It takes focused work. It takes determination and commitment. It just takes some time allocated correctly, which requires sound judgement and discipline. That's all. Do things. Make lots of mistakes. James Dyson stresses the importance of having lots of failures. There will be no Michael Jordan without his unfathomable amount of failures. We just remember his winnings. Mistakes are necessary for ultimate success. You learn from it. Only through learning can you create a reality called rich life. The key here is to never stop learning and rising from the fall.

부자가 된다는 건 어떤 일에서 훌륭하다는 증거다. 받을 자격이 없는 부는 증발한다. 사람들의 필요가 부를 생성한다. 많은 사람들을 만족시키면 부자가 된다. 당신이 잘하는 게 하나도 없다고 느낀다면, 계속 찾아보라. "모든 바윗덩이 안에는 조각이 있고, 이를 발견하는 것이 조각가의 일이다"라고 미켈란젤로가 말했다. 이 우주에서 성을 지을 땅은 당신에게 반드시 있다. 당신이 최고가 될 수 있는 일은 있다. 신체가 마비되어 움직일 수 있는 몸이 손가락 하나밖에 없더라도 인류에게 가치 있는 일을 하여 부자가 될 수 있다. 스티븐 호킹이 그랬다. 몰입이 필요할 뿐이다. 하겠다는 강한 의지와 전념이면 된다. 정확히 시간을 들이면 된다. 이를 위해 좋은 판단력과 자기 통제력을 기르라. 이게 다다. 할 일을 하라. 많이 실수하라. 가난한 예술가로 시작해 억만장자가 된 제임스 다이슨은 많은 실패가 중요하다고 강조한다. 수많은 실패 없이는 마이클 조던도 없었을 것이다. 사람들은 그저 그의 멋진 모습만 기억할 뿐이다. 최종적 성공을 위해 실수는 필요조건이다. 여기서 배워 더 잘하게 되기 때문이다. 이런 배움을 통해서만 부자의 인생이라는 현실을 만들 수 있다. 여기서 중요한 점은 배움을 멈추지 않고 넘어지더라도 계속 다시 일어나는 것이다.

87

The most valuable skill now
지금 가장 가치 있는 기술

In a world where a simple question to the AI can escalate human progress, no other skill is more valuable than storytelling. Develop your communications skills, in both writing and talking, and you will increase your value by at least 50%, says Warren Buffett. Storytelling is the skill to convey your major point effectively so that you get what you want. A new wealth begins from an idea. Executing this idea requires effective communication skills. You convince competent people to get on board to build the next best thing that benefits humanity, with this skill. Having no money is not an excuse. You walk up to angel investors and venture capitalists and tell them a story why your idea is valuable and you are the right person to realise it. They will invest in you and your idea. All you need is the right idea and storytelling skills. On your journey to make a history, you tell your teammates what they need to hear for the common vision to be realised in time. Move the people, and you move the resources.

AI에 간단한 질문 하나면 사람의 업무를 가속하는 이 세상에서 가장 가치 있는 기술은 스토리텔링이다. '당신의 소통 능력을 계발하라, 글쓰기와 말하기 모두, 그러면 당신의 가치를 최소한 50% 끌어올릴 것이다'라고 워런 버핏이 말한다. 스토리텔링은 당신의 요지를 효과적으로 전달하는 능력이다. 이렇게 원하는 것을 얻을 수 있다. 새로운 부는 하나의 아이디어로 시작한다. 이 아이디어를 실행하는 것은 효과적인 소통 능력이다. 사람들에게 이익이 될 무언가를 함께 만들 유능한 사람들을 설득하는 능력은 바로 이 기술이다. 돈이 없는 건 변명이 될 수 없다. 엔젤투자자들과 벤처 투자자들에게 가 당신의 아이디어가 왜 실현할 가치가 있는지, 왜 당신이 그 일을 할 적임자인지 이야기를 잘 들려주면 돈 문제는 해결된다. 투자자들은 먼저 당신이라는 사람에게 투자하고 아이디어에 투자한다. 필요한 건 옳은 아이디어와 스토리텔링 능력이다. 새 역사를 쓰는 당신의 여정에서 목적지에 제시간에 도착하도록 팀원들에게 필요한 말들을 해주는 데에도 필요한 기술은 스토리텔링이다. 사람의 마음을 움직이면, 자원이 움직인다.

88

8 Steps to the riches 부로 가는 8단계

1. Pick a human necessity/desire you can serve the best

2. Work on your competence

3. Go on adventures—enterprise & investing mean undertaking calculated risks for a bigger return

4. Let the people know that you have a good product/service they can use—this is called marketing

5. Build an unfair advantage so that you are protected from competition—this will help make a lasting business

6. Be adaptable—the world changes. Adapt to the changing environments—ultimate survival is ultimate success

7. Develop and think from the users' point of view—endless iteration and refinements are the most humanly possible way to make the best product

8. Build a culture that will keep the business running when you are no longer around.

1. 당신이 누구보다 잘할 수 있는 인간의 욕구/필요를 하나 고르라

2. 그 일을 잘하도록 능력을 계발하라

3. 철저히 알아보고 통제할 수 있는 리스크 내에서 도전하라 (사업/투자)

4. 당신의 제품/서비스를 사용할 사람들에게 이 좋은 것이 있음을 알리라 (마케팅)

5. 경쟁자가 따라 할 수 없는 당신만의 강점을 개발하라 (이것이 사업의 지속성을 보장한다)

6. 유연하라 (세상은 변하고, 변하는 환경에 따라 변화하여 오래 생존하는 것이 성공이다)

7. 사용자의 관점에서 나아질 수 있는 점을 끝없이 고민해 개신하라 (하나의 제품을 끝없이 더 낫게 만드는 일이 최고의 제품을 만드는 가장 인간적으로 가능한 방법이다)

8. 사람들의 행동 양식(문화)을 만들라, 이것이 당신이 더 이상 없을 때도 사업을 지속시킬 것이다.

89

Brilliant leaders create a culture
훌륭한 리더는 문화를 만든다

The symbol of success is 8. 8 means perseverance(endless trials and learnings until you get the intended outcome) and eternity (staying wealthy your entire lifetime). And yet, success can be cyclical rather than serial. After a success, your next attempt can not be so successful. What matters then is to stay in the game for a long term and build a culture that continues to try and learn without resting on what worked in your past success. "Build a culture that will keep the business running eternally" says Warren Buffett. Steve Jobs once rebuked Microsoft for having no taste, because they don't build a culture around their products. Nike dominated the market because they created the sneaker culture. Culture is often overlooked by those with no such vision, but it is essential to establish an eternal source of wealth. Berkshire Hathaway will run as usual when Warren is gone, because he has built the culture in place to prepare for his death. The same goes for Apple. Culture is the automation code for humans. When you walk into a library, you are automatically adjusted to be quiet, because the people in that place act that way. Culture is the invisible code which automates the operation. Creating culture gives you infinite time.

성공의 상징은 8이다. 8은 끈기(될 때까지 시도하고, 실패에서 배워 다시 시도한다)와 영원(죽을 때까지 부자로 산다)을 의미한다. 그런데 성공은 연속적이라기보다는 주기적이다. 한 번 성공한 다음 시도하는 일은 그리 성공적이지 않을 수 있다. 그래서 중요한 점은 게임에 오래 버티며 예전의 성공과 예전에 되었던 방식에 안주하지 않고 계속 배우고 시도하는 문화를 만드는 것이다. "사업이 영원히 굴러갈 수 있는 문화를 만들라"고 워런 버핏이 조언한다. 스티브 잡스는 언젠가 마이크로소프트는 그 제품을 쓰는 사람들의 문화를 만들지 않는다며 안목이 미숙한 회사라고 비판했다. 나이키가 시장을 지배한 이유는 스니커 문화를 만들었기 때문이다. 일반적인 사람들은 보지 못하는 것을 보는 비전이 없는 사람들에겐 문화가 등한시되지만, 문화는 부의 영원한 샘물을 만들기 위해 필수다. 워런이 없더라도 버크셔 헤서웨이는 여전할 것이다. 죽음을 대비해 그가 문화를 만들어 놓았기 때문이다. 애플도 마찬가지다. 문화는 인간을 자동화하는 명령어다. 우리가 도서관에 들어가면 자동으로 조용히 하게 되는데, 그 이유는 그곳의 사람들이 그렇게 행동하기 때문이다. 문화는 운영을 자동화하는 보이지 않는 명령어다. 문화를 만들면 무한한 시간을 얻는다.

90

Intelligence = Wealth
부는 지성에 비례한다

Understand this: your wealth is your brain child. "A man paints with his brains and not with his hands," Michelangelo said. Wealth is a result of your mentality and execution. "Invest in yourself," Warren Buffett says. Work on developing your intelligence so that it can amass wealth. Learning doesn't mean learning some new skills. It means changing your way of seeing and behaving. It means becoming a better person. It means being able to think differently from your previous self. Learning is the only hope for anyone to build wealth yourself, and to maintain it. Your brain capacity is the quality and quantity of your wealth. You need to know how to be rich and remain so. Mathematician Jim Simons scored 66% annual returns for 31 years by using the collective intelligence of physicists and scientists. Intelligence creates wealth. If you lack intelligence, you often overestimate your abilities. You think you know something when you really don't know anything about it. Lack of education is the cause of insufficiency. Rich people don't spare expenses for learning. Cost of learning doesn't matter to the wealthy, because it pays off whatever the price is. The greatest asset is your brains. Allocate more of your capital on books, not swags. Employ more time on reading, than at the gym. You will get the biggest return on investment when you invest in your brains.

당신의 부는 당신의 지적인 자식이다. "그림은 손으로 그리는 것이 아니라 머리로 그리는 것이다"라고 미켈란젤로가 말했다. 부는 당신의 사고방식과 실행의 결과다. "당신의 [머리에] 투자하라"고 워런 버핏이 말한다. 부를 끌어모을 지성을 개발하라. 새로운 기술을 배우는 것만이 배움이 아니다. 배움이란 생각하고 행동하는 방식을 바꾸는 것이다. 더 나은 사람이 되는 것이 배움이다. 이전의 당신과는 다르게 생각할 수 있는 것이 배움이다. 스스로 부를 생성하고 싶은 사람의 유일한 희망이 배움이고, 부를 유지하는 것 또한 배움이다. 당신의 지적 수용 능력이 당신의 부의 크기와 질을 결정한다. 어떻게 부자가 되어 부를 유지할 것인지 알아야만 부를 시현할 수 있다. 수학자 짐 콜린스는 연수익률 66%를 31년 동안 지속했는데 그 비결은 물리학자와 과학자들을 고용해 그들의 뛰어난 지성을 투자에 사용했기 때문이다. 지성이 부를 만든다. 지성이 부족하면 자신의 능력을 과대평가하곤 한다. 무엇에 대해 안다고 생각하는데 사실은 하나도 제대로 아는 게 없을 수 있다. 무지가 부족의 원인이다. 부자는 배움에 돈을 아끼지 않는다. 부자에게 배움의 비용은 문제 되지 않는다. 수업비가 얼마든 그 이상의 가치를 만들 수 있기 때문이다. 가장 큰 수익을 주는 자산은 당신의 뇌다. 자본을 겉모습보다 책에 더 많이 들이라. 시간을 헬스장보다 책을 읽는데 더 들이라. 뇌에 투자하면 가장 큰 수익률을 이룰 것이다.

91 Resilience 회복탄력성

"The next day I got fired, literally the next day, I started a new company," Michael Bloomberg said, the richest person in New York at $106B as of 2024, and three-term mayor of New York City. He was 39 when fired from his job. He used his equity of the company he was fired from to start Bloomberg LP, which moved from being a David to a Goliath. It became a highly successful financial information and media company. A calamity is only an opportunity for the resilient. And resilience is a true strength since it's practically invincible. Michael also said, "being an entrepreneur isn't really about starting a business. It's a way of looking at the world: seeing opportunities where others see obstacles, taking risks when others take refuge." "Entrepreneurship is having an idea to do something great and not entirely having a plan on how to do it but the drive and will power to make it work." Once he became a billionaire, his wealth grew rapidly from $4.5B in 2008 to $106B in 2024 like the later stage of Fibonacci sequence. For you to grow exponentially, the essence is to stay in the game for the long-term.

F0	F1	F2	F3	F4	...	F15	F16	F17	F18	F19
0	1	1	2	3		610	987	1597	2584	4181

Fibonacci Sequence

"다니던 회사에서 해고된 바로 다음 날, 진짜 그다음 날 내 회사를 시작했다"고 2024년 자산 약 142조 원으로 뉴욕에서 가장 부자이고 뉴욕시장을 세 번 한 마이클 블룸버그가 말했다. 그가 퇴사했을 땐 39살이었다. 다니던 회사 지분으로 블룸버그를 설립했다. 작았던 다윗은 골리앗이 되었다. 아주 성공적인 금융 정보 미디어 기업이 되었다. 다시 일어설 수 있는 사람에겐 불행은 기회일 뿐이다. 짓눌러도 눌리지 않는 회복탄력성은 진정한 강인함이다. 부술 수 없기 때문이다. 마이클은 또 그랬다, "기업가가 되는 건 사업을 시작하는 게 아니다. 세상을 보는 방법이다. 다른 사람들이 장애물로 보는 것을 기회라고 보고, 다른 사람들이 도망칠 때 리스크를 짊어지고 도전한다." "기업가 정신은 비범한 무언가를 할 아이디어는 있어도 그걸 어떻게 해낼지 정확한 계획은 없어도 강한 열망과 원동력으로 그를 이뤄내는 것이다." 그가 억만장자가 된 이후로 그의 부는 2008년 6조 원에서 2024년 142조 원으로 급격히 성장했는데 이는 피보나치 수열의 후반부 같다. 폭발적인 성장을 위해 중요한 것은 **오래 살아남는 것**이다.

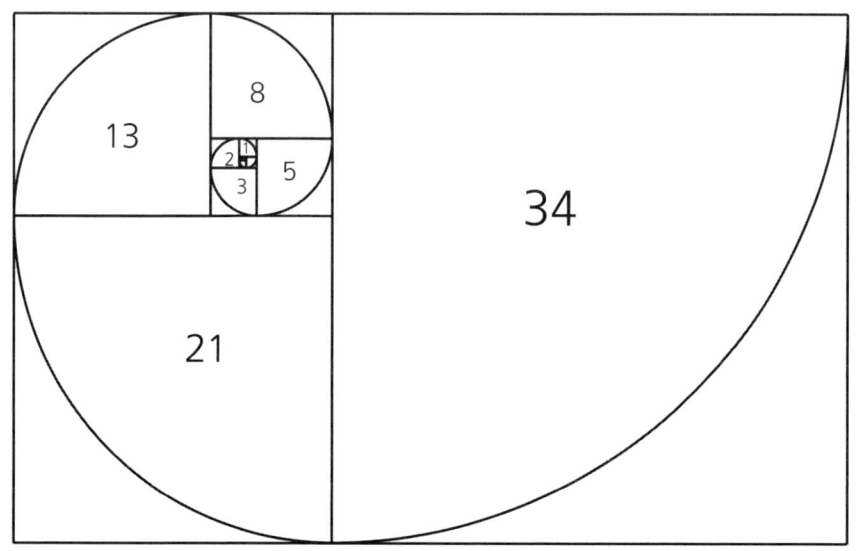

Golden Ratio : Growth Rate of Nature
황금비 : 자연의 성장 비율

92

Golden ratio : growth rate of Nature
황금비 : 자연의 성장 법칙

In nature, every creature grows according to the golden ratio. The leaves, the trees, the babies of the blue whale, the face of a beautiful lady, and the wealth of a determined man. You are the nautilus shell. Don't let any circumstance stop you from your growth. Persevere long enough, you will reach the later phases of Fibonacci numbers for your growth. Growth takes learning. Take more ingredients(learning) in, you grow bigger and stronger. Growth mentality is a growth hormone. When 99.2% of people stop growing after phase 4, which is tertiary education, you keep growing as far as the scale of your dream. "If you don't encounter setbacks in your career, if you don't have doubts and disappointments, let me tell you, you're not dreaming big enough" goes Michael Bloomberg. Setting our aim too low and achieving it is dangerous, said Michelangelo. The limit of your growth is the limit of your imagination. "Lord, grant that I may always desire more than I can accomplish," Michelangelo prayed. "The true work of art is but a shadow of divine perfection."

자연의 모든 생명체는 황금비에 따라 성장한다. 나뭇잎, 나무, 대왕고래의 아이들, 아름다운 여인의 얼굴, 그리고 작정한 사람의 부. 당신은 앵무조개다. 그 어떤 상황도 당신의 성장을 막지 않게 하라. 충분히 오래 집념하면 당신의 성장도 피보나치의 후반 숫자에 이를 것이다. 성장에 필요한 것은 배움이다. 더 많은 양분(배움)을 섭취하면 더 크고 더 강하게 성장한다. 사람이 성장할 수 있다는 생각법은 성장 호르몬이다. 99.2%의 사람들이 대학 교육인 4단계 이후로 크지 않을 때, 당신은 계속 배우고 나아가 당신의 꿈만큼 성장할 수 있다. "이 길에서 실패하지 않거나 의구심이 들지 않거나 실망하지 않는다면, 내가 해보고 하는 말인데, 당신은 충분히 크게 꿈꾸고 있지 않은 것이다"고 마이클 블룸버그가 말한다. 목표를 너무 낮게 잡고 그를 이루는 것은 위험하다고 미켈란젤로가 말했다. 당신의 성장 한계는 당신의 상상력 한계다. "주여, 제가 이룰 수 있는 것 이상을 갈구할 수 있게 하소서." 미켈란젤로가 기도했다. "진정한 예술 작품은 신성한 완벽의 그림자에 불과하다."

황금비의 전형인 앵무조개

93

Aim at perfecting your craft 당신의 작품을 최상으로 만드는 일에 집중하라

By putting your powerful mental capacity into making money, you won't go too far. You will wear off, because all the WHY you work is to make money to pay for what you want to buy. That's a weak man's aim. Direct your focus on perfecting your craft: making the best thing in the world, doing your service better than anyone else in the world, and daring to shed your former self over and over again. You work on pushing the boundaries of human endeavours. You work on yourself to become a superior person than yesterday. When you and your work are so good, Nature can't help not to let all the great rewards gravitate towards you. From looking at the world and the statistics of the rich in South Korea, there isn't any. But there are too many fancy facades. You can be the first true wealthy, by focusing on crafting your life's work to be worthy of the divine perfection. When you mimic Nature, you become one.

당신의 강력한 지적 능력을 돈을 버는 데 집중한다면 얼마 못 갈 것이다. 하다가 지칠 것이다. 일을 하는 이유가 사고 싶은 것을 사는 것에 불과하기 때문이다. 그건 작은 사람의 목표다. 당신의 작품을 완벽하게 만드는 데 집중하라. 세상에서 최고로 좋은 것을 만들거나, 당신의 일을 세계 최고로 잘하거나, 이전의 당신에서 탈피하기를 수없이 반복하며 훨씬 유능하고 지혜로운 사람이 되는 일에 집중하라. 인류 발전의 극치를 더 멀리 밀어붙이는 데 집중하라. 어제의 당신보다 우월한 인간이 되는 일에 집중하라. 당신과 당신의 작품이 아주 좋으면, 자연은 이 세상의 온갖 좋은 보상을 당신에게 주는 것을 참지 못할 것이다. 세계와 한국의 통계를 보면, 한국엔 진정한 부자가 없다. 그러나 한국엔 너무 많은 빛 좋은 개살구가 있다. 당신이 첫 번째 진짜 부자가 될 수 있다. 당신의 업을 초월적 완벽에 가깝도록 집중해 일함으로써. 자연을 따라 하면, 자연이 될 것이다.

94

Make multiple streams of income
여러 물길을 만들라

Wealth is water. You either build the biggest river in the continent or make lots of small streams for you to be wealthy. The biggest river clearly puts you on one of the richest people on earth. Yet this is not for everyone. Making lots of small streams may be more feasible for you. This is a way of diversification. Millionaires on average have seven streams of income. These are active or passive. One common stream among common people is affiliate marketing. You help others advertise their products or services in some way. It can be through your social media. Another stream is side hustles. You do some business on the side line next to your day job. Another stream is investing in businesses. But gambling, speculative day-trading, buying commodities or currencies are not investing. Allocating your capital on things with intrinsic value for a long term is.

부는 물이다. 부자가 되려면 대륙에서 가장 큰 강을 만들거나, 작은 물길을 여러 개 만들면 된다. 가장 큰 강은 당연히 당신을 지구상 가장 부자 중 하나로 만든다. 그러나 이 길은 모든 사람에게 맞는 길은 아니다. 작은 물길을 많이 만드는 게 당신에게 맞을 것이다. 이는 분산 투자의 하나다. 백만장자에겐 평균적으로 7가지의 수입 물길이 있다. 어떤 건 직접 일해야 하고, 어떤 건 일하지 않아도 들어오는 수입이다. 평범한 사람들 사이에 많은 물길은 제휴 마케팅이다. 여러 가지 방법으로 다른 사람들의 제품이나 서비스를 광고해 주는 일이다. 주로 소셜미디어를 이용한다. 또 다른 물길은 부업이다. 그리고 투자도 있다. 도박이나 데이트레이딩, 원자재 또는 화폐 거래는 투자가 아니다. 내재적 가치가 있는 것에 장기간 자본을 빌려주는 것이 투자다.

95 Identify your core values
중심 가치를 알라

When knowing yourself is the first step to happiness, knowing your values is the first step to wealth. Every person is different, and you can't ask your parents about your values. Only you can identify your core values. Those who don't know themselves cannot make wealth for themselves. Wealth creation requires self-assurance. If you don't know who you are, it's unlikely that you can have faith in yourself when you are going through inevitable setbacks. As you make breakthroughs, you raise your value. Your value can increase far more as you clarify your core values and concentrate all your resources for them. Extraordinary wealth is created from value creation and development. This is how you become super rich. But the value belongs to the people. You provide this value for the people, and Nature rewards with wealth and respect.

자신을 아는 것이 행복으로 가는 첫 단계이듯, 당신의 가치관을 아는 것이 부자가 되는 첫 단계다. 모든 사람은 다르고, 당신의 가치관을 부모님께 여쭤볼 수도 없다. 당신의 중심 가치는 오직 당신 자신만이 알 수 있다. 자신을 모르는 사람은 스스로 부자가 될 수 없다. 부의 생성에는 자기 확신이 필요하기 때문이다. '나'를 모르면 나에 대한 신념도 없을 것이고, 그러면 피할 수 없는 역경을 만났을 때 견뎌낼 힘도 없다. 이 역경을 지날 때마다 크게 성장하고, 이게 당신의 가치를 높인다. 당신의 중심 가치관을 확실히 알고 그것에 자원을 집중하면 당신은 더 가치 있는 사람이 된다. 굉장한 부는 가치를 창조하고 개발함으로 형성한다. 이렇게 초고액자산가가 된다. 사람들에게 이로운 것이 가치이고, 이를 제공하면 자연이 부와 존중으로 축복한다.

96

Be discerning in choosing your exemplar 존경하는 사람을 신중히 고르라

There was a man who was dazzled by the spectacles that a con man displayed. The man lacked the discernment to recognise the false facade. As a price of having bad taste, he ended up in jail, deprived of personal freedom. Make a thoughtful choice in your hero. Not having one is equally bad as it means you have no goal in life: without a destination, you end up nowhere. New rich constantly rise from poverty, and they do so with their refined taste. Taste and judgement must be adjusted and fine-tuned. Your economic struggles stem from your poor choices. As Buddha and Emerson saw, you become what you think. "You will one day become the person you look up to," Warren Buffett said in his 90's. Select your hero wisely. Vulgarity has no chance to stand on the podium.

어떤 사기꾼이 보여주는 화려한 겉모습에 눈이 먼 남자가 있었다. 그는 가짜 간판을 알아볼 안목이 없었다. 판단력을 계발하지 않은 대가로 그는 모든 개인적 자유를 빼앗기고 감옥에 갇히고 말았다. 존경하는 사람을 신중히 고르라. 본보기로 삼는 사람이 없는 것도 문제다. 인생에 목표가 없다는 뜻이기 때문이다. 목적지 없는 여정은 아무 데나 떠돌다 끝나게 된다. 가난에서 끊임없이 새로운 부자가 탄생하는데, 그럴 수 있는 비결은 안목을 길렀기 때문이다. 판단력과 안목은 개발해야 하는 능력이다. 당신이 가난한 이유는 나쁜 선택에서 기원한다. 부처와 에머슨이 알았듯, 사람은 생각하는 대로 된다. 언젠가는 우러러보는 사람처럼 된다고 90대가 된 워런 버핏이 말했다. 누구를 존경할 것인지에 신중을 기하라. 저급한 안목은 결코 성공할 수 없다.

97 Time wins 시간이 이긴다

A shy only child, Charles Schulz loved drawing. He would draw his family dog as a kid. His mother passed away when he was 21. He served in the army during World War II. After his service, Charles went on to draw cartoons. It's Peanuts. Peanuts at its height ran in 2,600 newspapers with a readership of 355 millions across 75 countries in 21 languages. For 50 years Charles drew 17,897 Peanuts strips and produced merchandise and endorsements, generating over $1B turnaround per year. He earned around $40 million annually. Charles drew it from 1950 to 2000, until the very last week of his death. Warren Buffett, despite his annual return isn't the highest, is big on investing for over 80 years. Time is the absolute victor. Know your craft early and put more time into it than anyone else. You'll not just be well off, but a legend.

낯가림이 많은 외아들인 찰스 슐츠는 그림 그리길 좋아했다. 어려서 가족의 강아지를 그리곤 했다. 그가 21살 때 어머니가 돌아가셨다. 같은 시기에 2차 세계대전에 참전한다. 그리고 계속해서 만화를 그렸다. 그는 바로 피너츠의 작가다. 피너츠는 절정기에 75개 국가에 21개의 언어로 2,600여 개의 신문에 실리며 3억 5천5백만 명의 독자를 두었다. 50년 동안 찰스는 17,897편의 만화를 그렸고 굿즈와 광고를 포함해 해마다 1조 원 이상의 매출을 올렸다. 그의 연봉은 400억 원이었다. 1950년부터 2000년에 찰스가 별세하는 직전까지 그는 만화를 그렸다. 워런 버핏 또한, 그의 수익률이 최고는 아니지만, 80년 넘게 투자에 큰 관심을 가졌다. 시간이 절대적 승자다. 당신의 입을 빨리 찾아 그 일에 그 누구보다도 긴 시간을 들이라. 그러면 당신은 부자로 사는 것뿐만이 아니라 인류의 전설이 될 것이다.

98

Possess faith in your heart
가슴에 신념을 품으라

Self-confidence is a source of power. Tom Ford would dress up when he felt depressed. The charismatic would practise his piercing eyes in front of a mirror. But these are extrinsic techniques. Unshakeable faith can be found from stripping away all the inessentials and hardening yourself in fierce heat. Adversity fortifies your character. Struggles build resilience. From it, you realise that you are here for a reason. You have a purpose to serve. This gives you immense power which moves the people to work for you and takes obstacles out of your way. "Faith in oneself is the best and safest course," Michelangelo said. Mere mortals compromise and live like slaves. Saints however never do. Possess faith in your heart and you are destined for success.

내면의 자신감은 힘의 원천이다. 톰 포드는 우울감을 느낄 때 말끔하게 수트를 입는다. 카리스마 있는 사람은 거울 앞에서 꿰뚫어 보는 눈빛을 연습한다. 이런 것들은 본질적이지 않은 표면적 기술일 뿐이다. 흔들리지 않는 신념은 인생에 불필요한 모든 것을 벗겨내고 뜨거운 열기 속에서 담금질했을 때 얻을 수 있다. 역경은 당신을 남다르게 한다. 고난은 당신을 더 강하게 한다. 이 과정을 통해, 당신의 존재 이유를 깨달을 것이다. 당신에게는 수행해야 할 생의 목적이 있다. 이것이 당신에게 무적의 힘을 주며, 사람들이 당신을 돕도록 움직이고 장애물이 길을 내어주게 한다. "자신에 대한 신념이 최고의 그리고 가장 안전한 길이다"라고 미켈란젤로가 말했다. 나약한 인간은 현실에 타협하고 노예처럼 산다. 이는 성자에게 있을 수 없는 일이다. 가슴에 신념을 품으라, 그러면 성공은 당신의 운명이 된다.

99

Increase self-reliance
자기의존도를 높이라

Increase things that you have control over. So that peace and happiness belong to you. Unhappiness comes from the uncontrollable. Manage risks by understanding it. Dependency is weakness. Independence is the ultimate social skill, as competence helps others far better than incompetence. To be happy and well-regarded in the community, you must cultivate greater self-reliance. Armed forces exist to give us autonomy. Relying heavily on imports for vital resources like food will be critical for our survival in case of natural disasters. Relying on the government for your retirement is stupid, when the public officers are not more intelligent than you. Wealth is having people relying on you, not the other way around. Self-reliance is strength.

통제하는 요소들을 점점 늘려나가라. 그러면 평온함과 행복은 당신의 것이 된다. 불행은 통제할 수 없는 것에서 온다. 위험 요소를 관리하는 법은 그것을 이해하는 것이다. 의존은 나약함이다. 홀로 설 수 있음은 궁극의 사회적 기술이다. 유능함이 무능함보다 타인에게 더 큰 도움이 되기 때문이다. 사람들 사이에서 행복하고 존중받기 위해서는 반드시 독립성을 키워야 한다. 군사력이 존재하는 이유는 자주성을 지키기 위해서다. 음식 같은 생존에 필수적인 자원의 타국 의존도가 높으면 자연재해가 일어났을 때 우리의 생존에 치명적일 것이다. 공무원이 당신보다 지성인이 아니라면 은퇴자금을 정부에 의존하는 것은 명청한 일이다. 부자는 사람들이 당신에게 의존하는 것이지, 그 반대는 아니다. 자기의존은 힘이다.

100

Push the boundaries forward
한계에 도전하라

When you exercise, pushing your limits changes the shape of your body. Staying within the boundaries does not improve your physique. You have to reach your limits and endure the pain. The same natural law applies to the human world. Doing the usual way like everyone else does not make any difference. Coming up with a new and better way to do things does. Having such vision and drive will make you super rich, because Nature will reward you for this innovation. Novelty is what is needed for a quantum leap in your status quo. Making a part of mankind to be better is the best way to great influence and eternity. Nvidia created GPUs that made a big difference in gaming. Bloomberg created proprietary tools that make life better for financial professionals. Albeit sketchy, Tesla changed the world by convincing people to want electric cars. Apple combined three devices into one and changed the world with the iPhone. Don't just tinker around to make some money off an opportunity. Innovate, not imitate. Do things differently. Be honourable, the rewards are solid.

운동을 할 때 당신의 한계를 버텨야 몸이 변한다. 할 수 있는 만큼만 하면 몸은 그대로다. 한계에 도달해 고통을 견뎌내야 한다. 이 똑같은 자연의 법칙이 인간 세계에도 적용된다. 남들 하는 대로 하면 아무런 기적도 일어나지 않는다. 더 새롭고 나은 아이디어가 당신의 인생과 세상을 바꾼다. 이 비전과 에너지가 당신을 초고액자산가로 만든다. 이 혁신을 자연이 보상하기 때문이다. 인생을 극적으로 바꾸는 것은 참신함이다. 인류의 한 부분을 더 낫게 만드는 일이 큰 영향을 끼치고 영원에 이르는 최고의 방법이다. 엔비디아가 만든 그래픽 카드가 게임의 경험을 완전히 바꾸었다. 블룸버그가 만든 독자적인 도구는 투자자들의 업무를 바꾸었다. 테슬라는 저질 차를 만들지만 사람들이 전기차를 원하도록 설득해 세상을 바꾸었다. 애플은 세 가지 기기를 하나로 합한 아이폰으로 세상을 바꾸었다. 그저 기회를 하나 잡아 돈이나 벌 궁리를 하지 말라. 베끼지 말고 다르게 하라. 혁신은 다른 관점으로 문제를 보는 것이다. 명예로운 행동을 하라, 그 보상은 확실하고 두둑할 것이다.

101

Consistency is not free, but worth it
일관성은 쉽지 않지만 그래서 가치 있다

Career is built on reputation. Reputation is a hard-earned perception from your uncompromising efforts. Things happen to us always. But not making excuses is your choice. Showing up every single day on time is no small feat. This is why it's half the success. Business, which is the source of most of the self-made rich people's income, is built on reputation, which then is built from consistency. You want to guard it with your life. Poor minds close their shops when some personal matters occur. The rich never. It's hard. So they have backup plans. This is how you build a trustworthy reputation. Your true worth is revealed when things go wrong. McDonald's would not have become the number one restaurant chain in the world if their burgers tasted differently from one place to another. I know when a student makes excuses and does not show up at class on time, this person is not going to make it in life. Time is of the essence. You want to make people's time worthwhile. That's why they pay you. Brand is trust.

커리어는 명성 위에 세워진다. 명성은 타협하지 않는 당신의 노력으로 쌓아 올리는 인식이다. 예기치 못한 일들은 생길 수 있다. 그렇다고 변명하는 건 당신의 선택이다. 항상 정시에 나타나는 건 작은 성취가 아니다. 그래서 이것만으로도 반은 성공이다. 스스로 부자가 된 사람들의 부의 원천인 사업은 명성 위에 세워진다. 명성은 일관성으로 만들어진다. 명성은 생명처럼 소중히 지켜야 한다. 가난한 사고방식으로는 개인사가 생기면 가게 문을 닫는다. 부자는 절대 그러지 않는다. 쉽지 않다. 그래서 부자는 만일의 사태를 대비해 둔다. 이것이 높은 명성을 쌓는 방법이다. 사고가 터졌을 때 진짜 가치가 드러난다. 매장마다 버거의 맛이 달랐다면 맥도날드는 세계 1위 체인 식당이 되지 않았을 것이다. 배우는 사람이 변명을 둘러대고 수업에 정시에 오지 않으면 이 사람이 인생에서도 성공하지 못할 것이란 사실을 안다. 인간에게 가장 중대한 것은 시간이다. 사람들의 시간을 가치 있게 하라. 그래서 사람들이 당신에게 가격을 지불하는 것이다. 브랜드는 신뢰성이다.

102

Have right aides-de-camp
좋은 보좌관들을 두라

To paraphrase Emerson, 'if you don't have someone to talk to, you are not an educated man.' True goal of education is to let you know how little you know. Men don't know anything for sure. If you think you do, study physics. Everything we know is an opinion. Depending on what time you live, some opinions are more right than the others. Hence the best we can do is aim to be approximately right rather than completely wrong. You need to have the brightest people you can find next to you to tell you that you are wrong, and to discuss ideas with. A Queen needs her confidante. A world leader needs his aides. Avoid self-righteousness. The dumbest people are those who think they know it. Even if you are brilliant, you are still human. It is our destiny to coexist and collaborate.

에머슨이 그러길, '대화를 나눌 상대가 없는 사람은 교육받은 사람이 아니다.' 교육의 진정한 목표는 얼마나 아는 게 없는지를 알게 하는 것이다. 인간이 확실히 안다고 할 수 있는 것은 없다. 당신이 무언가를 안다고 생각한다면, 물리학을 공부해 보라. 우리가 아는 모든 것은 누군가의 의견이다. 어느 시대에 지금 당신이 살고 있느냐에 따라 어떤 의견은 다른 의견들보다 조금 더 맞다. 고로 우리가 할 수 있는 최선은 완전히 틀리기보다는 적당히 맞기를 목표하는 것이다. 당신과 의논할 수 있고, 당신의 생각이 틀렸다고 말해줄 수 있는 가장 영특한 사람들을 곁에 두어야 한다. 여왕에게도 비밀을 털어놓을 수 있는 친구가 있다. 세계적 리더에겐 보좌관이 필요하다. 독선을 피하라. 안다고 생각하는 사람이 가장 무지하다. 당신이 아무리 뛰어나더라도 인간에 불과하다. 함께 살고 함께 일하는 것은 인간으로서의 숙명이다.

103 Introspection 성찰

Prior to getting rich, thou must know thyself. Before going outwards, one must look inwards. Introspection is the first priority. Without reflection upfront, the money you make has no purpose. You will spend on stupid luxury and still not be satisfied and unhappy without knowing why. Mindless money does not enhance your life in any way. You are the same flesh and bones worrying about the very things that common people do. You may avoid working manual labour, but may not know the labour workers are happier than you. We each need a purpose. This **purpose** must be realised prior to becoming wealthy. Then your wealth will have a purpose. The most brilliant men contribute to the ultimate survival of human species in the vast space.

성공 이전에 성찰이 선행되어야 한다. 밖으로 나가기 전에, 안을 먼저 들여다보아야 한다. 당신의 내면을 들여다보는 일이 최우선이다. 세상을 다루는 일을 하러 나가기에 앞서 '나'를 이해하지 않으면, 당신이 버는 돈은 존재의 목적이 없다. 그렇게 부자가 된다면 멍청한 사치품에 흥청망청 쓰고도 만족을 느끼지 못하고 여전히 불행한데 그 이유를 모를 것이다. 무지한 돈은 당신의 삶을 전혀 더 낫게 만들지 않는다. 평범한 사람들과 똑같은 걱정을 하는 육신 덩어리에 불과할 것이다. 몸을 움직여서 해야 하는 노동을 피할 수는 있겠지만 그런 육체노동을 하는 사람들이 당신보다 더 행복하다는 사실은 깨닫지 못할 수도 있다. 우리는 각자에게 존재의 목적이 필요하다. 당신의 **존재 목적**을 부자가 되기에 앞서 깨달아야 한다. 그러면 당신의 부도 존재의 목적을 품을 것이다. 가장 뛰어난 인간은 우리 종족의 이 드넓은 우주 속에서의 궁극적 생존에 기여한다.

104

Make the person in front of you feel important 당신 앞에 있는 사람이 존중받고 있다고 느끼게 하라

You now know that the source of wealth is the people. Therefore the relationship with the people is a must to take care of. To treat people well, you first need to choose the right people. This takes sound judgement. Once you've chosen the right circle of people to please, you want to make sure that they are feeling valued by you. This is true for your friends and partners, as for your customers and clients. Third rate entrepreneurs make this mistake to present themselves as the protagonist. But businesses exist to solve other people's problems. Your customers or clients are the protagonists. You are there to help them. As Sam Walton puts it, "there is only one boss. The customer. And he can fire everybody in the company from the chairman on down, simply by spending his money somewhere else." Care about your people.

당신은 이제 부는 사람에게서 온다는 진리를 배웠다. 고로 당신이 챙겨야 할 것은 사람들과의 관계다. 사람들에게 최선을 다하기 위해선 먼저 상대를 잘 골라야 한다. 판단력이 이때 필요하다. 기쁘게 할 사람들 무리를 골랐으면, 그들이 가치 있게 느끼게 하라. 친구와 파트너에게도, 고객에게도 동일하게 적용되는 법칙이다. 삼류 사업가들은 그들 자신을 주인공으로 내세우는 실수를 저지른다. 그러나 기업은 다른 사람들의 문제를 해결해 주기 위해 존재한다. 당신의 고객이 주인공이다. 당신의 역할은 그들을 돕는 것이다. 샘 월튼이 말하듯, "세상엔 단 한 명의 상사만 있다. 고객. 그가 돈을 다른 데서 쓰는 것만으로 회사의 의장부터 직원까지 모두를 자를 수 있다." 당신의 사람들에게 최선의 정성을 다하라.

105 Feelings 감정

This universe may be just waves of energies. Becoming wealthy is a result of intelligence and execution, but it really involves feelings. As we can't comprehend how certain sound waves move our emotions, moving the people's heart is at the core of attracting wealth. Historically, charismatics have amassed a great fortune by moving the masses. The human brain is stupid, some scientists remark. We think we are thinking. But the final call is on the feeling side. "I don't remember the price of this tie, but I remember how I was treated," Warren Buffett said. Most of our brains cannot compute numbers like computers. Our decisions from the prices are made from our impressions of them—feelings. Share prices are decided not by the companies' market fitness or profitability, rather by the feelings of the people who buy and sell the shares. If people were rational, there'd be no irrationalities like market mania nor crashes. Market crashes are people panic selling. What separates great cafes from bad ones is whether its culture aids dignity. Rational products are boring. Boring products don't make you rich. Bestselling books tend not to be intelligible and correct books. They are the ones that give you the best feelings as in the experience of it. What really moves people is their feelings. When you want to move ahead in your career, the key element is being liked by the right people. So they ask: what makes you tick? What drives you is often decided by your feelings, more than your reasons.

우리가 속한 이 우주는 그저 에너지의 파장일 수 있다. 부자가 되는 일은 지성과 실행의 결과지만, 이 과정은 감정을 수반한다. 특정한 소리 파장이 우리의 감정을 감동하게 하는 것을 인간은 이해할 수 없는 것처럼, 사람들의 감정을 움직이는 것이 부를 끌어당기는 핵심이다. 역사적으로 카리스마가 있는 사람들은 대중의 감정을 움직여 큰 부를 끌어모았다. 인간의 뇌는 멍청하다고 과학자들이 말한다. 우리는 우리가 생각한다고 생각하지만, 마지막 결정은 감정으로 내린다. "이 타이의 가격은 기억나지 않지만, 이걸 살 때 어떤 경험을 하여 어떤 느낌을 받았는지는 정확히 기억한다"고 워런 버핏이 말했다. 우리 대부분의 뇌는 컴퓨터보다 빠르게 숫자를 처리하지 못한다. 가격에 대한 결정은 그 가격에 대한 인상으로 내린다. 감정으로 결정한다. 회사의 주가는 사람들에게 그 회사가 잘 쓰이고 있느냐(시장 적합성) 또는 수익성으로 결정되는 게 아니라, 그 증권을 사고파는 사람들의 감정으로 정해진다. 사람들이 이성적이라면, 비이성적인 시장 과열이나 폭락은 없어야 한다. 시장 폭락은 공황에 빠진 사람들이 팔아버려서 일어난다. 훌륭한 카페와 별로인 카페를 구분하는 것은 사람들이 존중받는 문화의 유무다. 이성적인 제품들은 지루하다. 지루한 제품으로는 부자가 되기 어렵다. 베스트셀러 책은 지적이거나 정확한 지식을 담은 책이 아닌 경향이 있다. 대중이 선택하는 책들은 읽는 경험이 기억에 남는 책들이다. 사람들을 움직이는 것은 감정이다. 커리어에서 앞서 나가고 싶을 때 중요한 요소는, 중요한 사람이 당신을 마음에 들어 하는 것이다. 그래서 사람들은 이런 질문을 한다. 당신의 성공 비결이 무엇이냐고(성공의 원동력이 무엇인지). 당신에게 강한 동기를 주는 것은 주로 감정적인 것이다.

106 Negotiate 협상하라

One of the most valuable knowledge from the Law School is that everything is negotiable. All the prices and terms on goods are negotiable. Every price written in front of a product is negotiable by law. One common trait among the rich is that they are able to negotiate. In investing or life, winners are rigid and flexible at the same time. The human world is pliable. It's a clay for the intelligent. Fear comes mostly from ignorance and inaction. Just ask for it. Nothing really in this world is impossible. You can make it possible. The wealthy are those who find ways to get what they want, and keep trying it until they finally get it.

법대에서 배운 귀한 지식 중 하나는 모든 것이 협상 가능하다는 사실이다. 모든 물건의 가격과 조건은 협상할 수 있다. 물건 앞에 쓰여 있는 가격은 법으로 협상이 가능하다. 부자들의 공통점은 협상할 수 있는 능력이다. 투자에서건 인생에서건 해내는 사람들은 고집 있는 동시에 유연하다. 인간 세상은 주물러 다르게 만들 수 있다. 세계는 지성인의 찰흙이다. 무지와 무위가 대부분의 두려움의 원인이다. 당신이 원하는 것을 그냥 물어보라. 이 세상에 불가능한 일은 딱히 없다. 당신이 가능하게 만들면 된다. 부자는 원하는 것을 얻을 방법을 찾아내어 그것을 얻을 때까지 시도하는 사람이다.

107

7 core values of the rich
부자의 7가지 중심 가치관

You will be where your mind is. To go from where you are now to where you want to be, what you need is unwavering faith. Faith that you can. Faith that you will. Nature has given you a purpose to live for. Nothing can change this destiny as it is already set. You just have to believe in it. You just have to work on it. The deeper you focus on it, the faster you get there. Above all, have faith in yourself. Yet, you need to keep the right core values in mind to have a wealthy destination; integrity, accountability, discipline, innovation, perseverance, excellence, and originality. Integrity is acting morally and transparently in all business dealings, prioritising doing the right things over quick profits. Accountability is owning the decisions and the outcomes. It's acknowledging your mistakes and actively learning from them to drive positive outcomes. Discipline is getting yourself to do the work that matters the most to you. It's personal resource allocation. You don't put your time on silly things. Innovation is looking at a problem from a different perspective, and coming up with a new and better way of doing things. When you push humanity forward, you get great rewards. Perseverance is trying until you make it. You just don't quit. You see the end of it. Excellence is setting your standard to the highest. You make the best in the world, or don't bother doing it. Originality is thinking independently and creatively. Your provision is novel and proprietary. So you have protection over your existence. And the scale of your wealth will be determined by this.

머리를 두는 곳에 가게 될 것이다. 지금 있는 곳에서 가고 싶은 곳에 가기 위하여 필요한 것은 불굴의 신념이다. 당신이 할 수 있다는 신념. 당신이 해낼 것이라는 신념. 자연은 당신에게 존재의 목적을 주었다. 그 무엇도 이 운명을 바꿀 수 없다. 당신은 그저 이 목적을 굳게 믿어야 한다. 그리고 일에 착수해야 한다. 더 깊게 몰입할수록 더 빠르게 목적을 달성할 것이다. 다만 부유한 목적지에 가기 위해선 올바른 중심 가치를 지녀야 한다. 그것은 투명성, 책임감, 자기 절제력, 혁신, 끈기, 탁월함, 그리고 독창성이다. (1) 투명성은 모든 사업에 도덕적이고 겉과 속이 같게 행동하는 것이다. 쉽고 빠르게 돈만 버는 게 아니라 장기적 안목으로 옳은 일을 하는 것이다. (2) 책임감은 당신이 내린 결정과 그에 따른 결과를 받아들이는 것이다. 당신의 실수를 인정하고 그것에서 빠르게 배워 긍정적인 결과로 잇는 원동력으로 삼는 것이 책임이다. (3) 자기 절제력은 당신에게 가장 중요한 일을 하도록 스스로를 통제하는 능력이다. 당신의 자원을 분배하는 일이다. 시간을 미련한 일에 쓰지 않는 것이다. (4) 혁신은 문제를 다른 관점에서 바라보고 새롭고 더 나은 방식을 개발하는 일이다. 인류를 진보시키면 위대한 보상을 받는다. (5) 끈기는 될 때까지 시도하는 것이다. 관두지 않는 것이다. 끝을 볼 때까지 하는 것이다. (6) 탁월함은 당신의 기준을 최고로 높이는 것이다. 세계 최고를 만들던가, 그럴 게 아니면 하지 않는 것이다. (7) 독창성은 새로운 것을 만들어내도록 스스로 생각하는 것이다. 당신이 사람들을 위해 제공하는 것이 아주 신선하고, 당신만의 독자 기술로 만든 것이다. 이를 통해 경쟁 속에서 당신의 존재를 보호할 수 있다. 부의 크기는 독창성으로 결정된다.

108 Energy for Success : Determination 성공의 에너지

Kobe Bryant wasn't invited to parties. He was alone in the rec room and used this feeling of being marginal to his advantage, turning it into hunger, motivation and desire to be the best basketball player he could be. And he did. Everything you need to achieve anything is determination. Anxiety fuels it. It's the dogged drive that gets things done. It's the mental energy that moves your body to make actions for a prolonged period of time. When your goal is set, you need to put in work. And you get the outcome. "Like Warren, I had a considerable passion to get rich, not because I wanted Ferraris, I wanted independence. I desperately wanted it," Charlie Munger once said. Wealth gives you dignity. Boy, it's worth it. You need a firm reason to put focused time in for decades. And you've got to love what you do even the pain that comes with it.

코비 브라이언트는 파티에 초대받지 못했다. 혼자 남은 소외감을 그가 될 수 있는 최고의 농구선수가 되고자 하는 강한 열망으로 전환했다. 그리고 그를 이뤘다. 무엇이든 이룰 수 있는 모든 것은 강렬한 의지다. 불안은 힘이 된다. 황소 같은 열망이 일을 해낸다. 당신의 몸을 움직여 장기간의 실행을 이끄는 마음의 힘이 열망이다. 목표를 정했으면, 일을 들여야 한다. 그러면 결과를 얻는다. "워런처럼 나 또한 부자가 되고 싶은 큰 열망이 있었다. 페라리를 원해서가 아니라, 자유로워지고 싶어서다. [변호사로서 의뢰인에게 청구서를 보내지 않아도 되는 당당한] 삶을 절실하게 원했다." 찰리 멍거가 그랬다. 부는 격조 있는 삶을 준다. 이보다 좋은 게 또 있을까. 당신이 몇십 년의 시간을 집중해서 들일 분명한 이유가 무엇인가? 그 과정의 고통까지도 즐길 수 있는 일을 찾으면 성공은 당신의 것이다.

109

Hide the Porsche 포르쉐를 숨기라

It is a truth universally acknowledged, that if you try until you make it, you will most certainly attain it. I call this Law of Success perseverance. Poor people think negatively about an idea and don't even try it. Average people give it a go, but then drop it before they see the end of it. Rich people are just not afraid to take the leap of faith even when they are not ready, and do whatever it takes to see the end of it. Tenacity is one simple quality you need to get rich no matter what. This rich is not just money rich; it's life-rich and experience-rich. The sense of achievement from doing seemingly impossible tasks brings about a happy level of dopamine which keeps you going. This contentment is what pulls more and better people into your circle, who in turn pulls you up higher into the stratosphere. When investors came to visit the old Apple office, young Steve Jobs yelled out: "hide the Porsche!" You don't want to seem complacent, nor should you. Jenson Huang said he enjoys the state of adversity because it keeps you focused. I go for a humble office on purpose for this reason. You want to stay hungry, if your goal is greater than the vast norm. A tree doesn't grow magnificent without pruning. When you can do this, your growth just never ends. Your life can be so much more than what you've been living.

될 때까지 시도하면 웬만해선 이룰 수 있다. 이 지혜는 거의 모든 상황에 적용되는 보편적인 진리다. 이 성공의 법칙을 나는 끈기라고 부른다. 가난한 사람들은 어떤 아이디어에 대해 부정적으로 생각하고 시도조차 하지 않는다. 평균적인 사람들은 한 번 시도는 해보나 끝을 보기 전에 관둔다. 부자는 아직 준비되어 있지 않더라도 신념을 갖고 몸을 던지고는 끝을 보기 위해 무엇이든 한다. 목표를 쥐고 놓지 않는 완고함은 무엇이 당신을 가로막든 부자가 되고야 마는 힘이다. 이렇게 이룬 부는 그냥 돈만 많은 게 아니다. 풍부한 경험과 생명력이 가득한 부다. 불가능해 보이는 일을 해내고 얻는 성취감은 건강한 도파민을 방출해 당신이 계속 나아가 더 큰 성취를 이루도록 돕는다. 이 내적 만족감이 더 나은 사람이 더 많이 당신에게 이끌려오게 하고, 이들의 도움이 당신을 최고점까지 끌어올린다. 예전 애플 사무실에 투자자가 방문할 때 젊었던 스티브 잡스는 소리쳤다. "포르쉐를 숨겨!" 자신의 성공에 도취해 자만하는 사람처럼 보여서도 안 되고 실제로 그래서도 안 된다. 젠슨 황은 역경의 상태에 있는 것을 즐긴다고 했다. 이 상태에 있으면 더 집중하게 되니까. 이 이유로 나도 저렴하고 수수한 사무실을 일부러 고른다. 대다수의 군중보다 훨씬 장대한 목표를 갖고 있다면, 계속 성장을 갈망해야 그 꿈을 이룰 수 있다. 나무가 웅장하게 성장하기 위해서는 가지치기(스트레스와 도전적인 상황)가 필요하다. 이것을 할 수 있으면 당신의 성장엔 끝이 없다. 당신의 생명은 지금껏 살아왔던 삶보다 더 장엄할 수 있다.

110

Keep your guard against complacency and hubris 자만을 주의하라

"There are two kinds of people who lose a lot of money: those who know nothing and those who know everything," Henry Kaufman put it. Human mind is prone to overestimate their competence. There is no size and history large enough not to collapse. Even the great Roman Empire came to an end due to internal weaknesses and external pressures. Only the restless endeavours that you had when you were just beginning with nothing but your sheer will are keeping you in pole position. A business is a person. A person dies when the soul loses its energy to stay strong. So does a business, or a wealthy family for that matter. For an organisation to hold onto their laurels, it has to integrate the culture of staying hungry and staying foolish. For ones who are after eternal wealth and love, you must maintain a sense of curiosity, ambition and a willingness to take risks. Your relentless pursuit of knowledge and improvement pays off. Your inner drive and passion to achieve more will set you apart far ahead of your competition. Your openness to learning will help you come up with unorthodox solutions, as novelty propels human innovations. Fixed mindsets never make it to the top nor stay there too long. The world complies with the vanquisher who learns eternally. Everything returns to the mean eventually. No hype lasts forever, nor does anyone's success. This means for you that there will always be opportunities to rise.

"세상에는 돈을 크게 잃는 두 종류의 사람이 있다. 아무것도 모르는 사람과 모든 것을 아는 사람이다"라고 헨리 카우프만이 말했다. 인간은 자신의 능력을 과대평가하기 쉬운 본성을 지녔다. 무너질 수 없는 크기와 역사는 없다. 그 위대했던 로마제국도 내외부적 문제로 사라졌다. 처음에 의지 말고는 아무것도 없이 시작할 때의 안주하지 않는 노력이 당신을 계속 이기게 한다. 기업은 사람과 같다. 영혼이 계속 강인할 힘을 잃으면 육신도 소멸한다. 기업도 그렇고, 부자 가문도 그렇다. 왕좌를 지키려면, 계속 배우고 성장하며 유연하게 새로운 도전을 서슴지 않는 문화를 품어야 한다. 항상 가슴에 호기심과 더 잘하고 싶은 꿈 그리고 도전할 의지를 지닌 사람이 영원한 부와 사랑을 받을 자격이 있다. 끝없는 배움과 변화는 지속적인 성공을 이룬다. 더 많은 걸 이루고 싶은 당신 안의 깊은 원동력과 열정이 경쟁의 바다에서 당신을 수면 위로 끌어올릴 것이다. 누구에게든 무엇으로부터든 배우려는 열린 마음이 기존과는 다른 해결책을 만들어낼 것이다. 새로운 접근이 인류의 혁신을 이끈다. 기존의 방식에 갇혀 변화하지 않으려고 하는 사람은 최고도 되지 못하고 되더라도 그 자리에 오래 있지 못한다. 세상은 영원히 배우는 자에게 왕관을 씌워준다. 그러나 모든 것은 결국 원점으로 돌아간다. 지금 뜨거운 것은 결국 사그라들고, 영원한 성공도 없다. 이 진리는 당신이 성공할 기회는 항상 있다는 뜻이다.

111
Aim Higher 더 높은 목표를 꿈꾸라

The nature of wealth is an award from Nature to celebrate your contribution for the benefits of and evolution of mankind. So you have to find a work that you can pour your lifetime into, and be the best at it. Find your meaning of life and reason for being. Do your service with honour. Have dignity as a man, and don't act like a filthy man of humble birth. Your actions justify your worth. The content in your mind sets the limits to your growth. The direction of your mind shall be the destination of your life. Hang Kang has had surreal visions and persevered to keep producing them with words. Her oeuvre built with persistent effort is what made her deserve to be a Nobel laureate. The world is messed up in many ways. You can build a better thing. Great work is a result of each day well spent with discipline and principles. Albert Einstein once said, "if you want to live a happy life, tie it to a goal, not to people or things." Don't separate work from life. Work is life. If you can enjoy the journey, you can live the best life every moment. That is wealth. Money is just a scorecard.

부의 본질은 인류의 이익과 진화를 위한 당신의 기여를 축하하기 위해 자연이 주는 상이다. 고로 인생의 시간을 쏟아 넣을 수 있는 당신만의 업을 찾아 그 일에 최고가 되어야 한다. 당신이 하는 일에 의미를 찾고, 이생의 목적을 알라. 당신의 일을 명예롭게 하라. 인간으로서의 품위를 갖추고, 경박한 행동은 하지 말라. 당신의 행동이 당신의 격을 결정한다. 사람은 그의 지성만큼 성장한다. 머릿속 방향이 인생의 종착지를 결정한다. 초월적인 비전을 지닌 한강은 긴 세월 동안 그 비전을 끈기 있게 글로 옮겼다. 그의 끈질긴 노력으로 쌓은 전체 컬렉션이 노벨상 수상자가 될 자격을 주었다. 인간 세상은 여러 분야에서 문제가 많다. 당신이 더 나은 것을 만들 수 있다. 훌륭한 업적은 하루하루 원칙을 지키며 해야 할 일을 하며 산 결과다. 아인슈타인이 언젠가 그랬다. 행복한 인생을 살고 싶다면, 사람이나 물건에 목메지 말고 목표를 위해 살라고. 일과 삶을 분리하지 말라. 일이 곧 삶이다. 그 과정에서 기쁨을 느낄 수 있으면, 당신이 살아있는 모든 순간을 최고로 만들 수 있다. 이것이 부다. 돈은 그저 득점표다.

Opportunities arise from change
기회는 변화에 있다

3년 동안 매일 아침에 힘들게 일어나서 밤늦게까지 스트레스받으며 일하고 몸을 혹사해서 벌고 쓰지 않고 모은 돈을, 투자로 1주일에 벌 수도 있고 잃을 수도 있다. 변화는 모험(risk)이자 기회(opportunity)다. 변화 속에서 합리적인 판단을 하여 이성적으로 행동해야 더 높이 상승할 수 있다. 3부는 큰 부자가 되는 데 필요한 통찰이다. 이 생각하는 법을 정확하게 **이해**하고, 정확하게 **실행**하면 당신 자신과 가족의 경제적 자립을 이룰 수 있고, 그 이상의 부로 세상을 더 나은 곳으로 만들기 위해 영향을 끼칠 수 있다.

전북 익산에는 한 사람이 50년간 가꿔온 아가페 정원이 있다. 당신의 시간은 하나의 목적을 위해 쓰일 때 세상을 아름답고 멋진 곳으로 만들 수 있다.

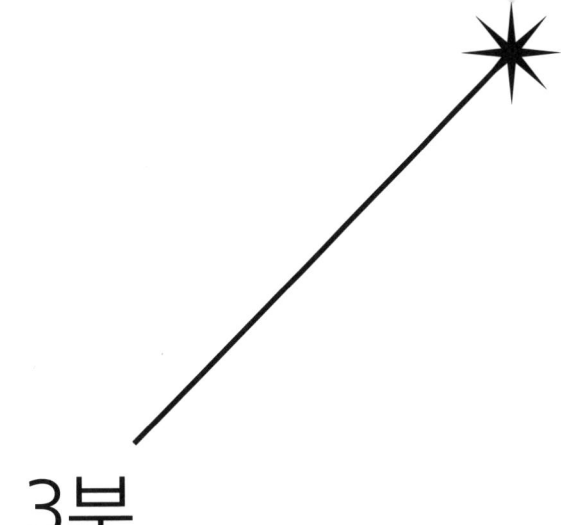

3부

Time stands above all 시간이 중심이다

1989년부터 데니 힐리스(Danny Hillis)는 10,000년 시계를 생각하고 작업했다. 1년에 한 번 움직이는 "긴 지금의 시계(Clock of the Long Now)"라는 이 시계는 1,000년마다 뻐꾸기가 나온다. 사람의 개입 없이 10,000년을 가는 이 시계는 그렇게 오래 갈 수 있는 재료들과 제프 베조스의 $42m(570억 원) 투자로 문명에서 멀리 떨어진 시에라 디아블로 산을 깎아 만들어지고 있다. 긴 지금의 시계는 지금 당신의 행동이 미래를 어떻게 바꿀 것인지에 대한, 장기적 안목의 상징이다.

인간이 80년을 산다고 가정하면 (윤년을 포함해 80년 평균을 내보면 1년은 365.25일) 당신에게는 29,220일 또는 700,800시간이 있다. 80년 동안 960달이 있고, 한 달은 729시간이다. 살아있음을 만끽하기 위해 잠도 편안하게 자고, 여유도 즐기고, 좋아하는 일도 하면 적어도 이중 절반은 삶에 쓴다. 그러면 당신의 인생을 바꿀 수 있는 시간은 한 달에 약 365시간이 있다. 9시에 출근해 6시에 퇴근하면 한 달에 198시간 근무다. 회사에 다니고 있다면 스스로를 계발할 수 있는 시간은 167시간이 있다. 가진 자본을 가장 가치 있는 자산에 투자해야 가장 빠르고 크게 부가 성장하듯, 이 정해진 시간을 가장 가치 있는 일에 투자해야 당신의 2년 뒤 인생이 달라진다. 회사나 자본의 성장률이 10%만 달라도 8년 차부터 성장 크기가 두 배 이상 차이나기 시작한다. 매일 1%만 더 나은 사람이 되도록 배우면 이 습관이 당신을 이 나라 최고의 부자로 만든다. 선한 영향력을 끼치고 싶다면, 지성과 자본으로 얼마든 세상에 영향을 끼칠 수 있다. (2024년 한국인 평균 수명은 88.5세지만, 기대가 낮을수록 기쁨이 크다.)

빈자는 집값이 저렴하고 넓고 새로 개발된 지방에 살면서 서울까지 왕복 5시간을 평일마다 이동에 쓴다. 항상 사람이 많은 러시아워라 이 시간 동안 다른 일은 하지 못한다. 이동에 에너지를 소진해서 집에 와서도 최대의 집중력으로 가치 있는 일을 못 한다. 그런데 큰 부는 맑은 정신으로 내린 가치 있는 결정 몇 가지로 만들어진다. 평일이 한 달에 22일이면(80년 평균 21.74일) 110시간이다. 부자는 시간이나 돈을 곱해본다. 지방의 집은 저렴하지만 가치가 오르는 자산은 아니다. 이동을 위해 구입하는 자동차는 해마다 감가상각하는 소비재다. 빈자는 가격이라는 표면만 보고 중대한 결정을 내리기 때문에 빈자로 남는다.

부자는 지방에 30평대 아파트를 살 수 있는 금액으로 서울에 방 하나 오피스텔을 구하더라도 회사가 있는 서울에 머문다. 집의 크기보다 시간을 중시한다. 물건은 안 살수록 부자다. 돈은 자산에 두어야 부가 된다. 가장 똑똑한 부자는 출퇴근 시간을 아예 없애거나 5분 내외로 하여 생활과 일을 분리한다. 이미 부자는 빈자보다 매달 110시간의 이점을 갖고 시작하고, 그만큼 많은 에너지를 품고 더 높은 집중력으로 가치 있는 일을 더 가치 있게 만든다. 고로 부자의 생각하는 법을 지닌 사람은 더 부자가 되고 결국 서울에 있는 더 좋은 집을 얻는다.

그러나 '시간을 아끼는 것'과 '시간을 들이는 것'을 착각하면 안 된다. 가장 가치 있는 일에 최대의 시간을 들이기 위해 가치 없는 일에 시간을 쓰지 않는 것이다. 시간만 많고 사회에서 자기 일은 제대로 못하는 사람은 한량이다. 시간이 많은데 시간을 아끼겠다고 편리하고 비싼 선택을 하는 건 빈자의 결정이다. 부는 편리를 제공한 사람에게 간다.

The poor are slaves to their desires; the rich see the future value and position themselves accordingly.

빈자는 당장의 욕망에 소비하고, 부자는 미래 가치에 투자한다.

N은 아버지가 평생 모은 돈으로 미국에 유학을 다녀와 입사 시험 공부를 해 한국에서 가장 큰 대기업에 입사했다. 유학 중에 아버지가 암으로 돌아가셨다. 어머니는 남자친구와 살기 위해 집을 나가며 N에게 집을 물려주었다. 입사하자마자 N은 대출로 BMW를 샀다. 지방에서 자란 N에게 서울살이는 만만치 않았고, 회사 생활에 번아웃이 왔다. 자신의 한계를 견디면 성장이 오는데, N은 한계를 견디지 못했다. 결국 N은 퇴사하고 지방으로 내려갔다. N을 안타깝게 여긴 친구가 함께 일할 것을 제안했지만 그마저도 거절했다. 돈이 떨어져 차를 유지할 수 없어 결국 중고차 딜러를 집으로 불러 차를 팔았다. 그 일을 제안한 친구는 혼자서 고난을 견디며 일군 사업에 성공해 승승장구했다. 모험을 할 용기와 고통을 견딜 끈기가 성공과 부를 이룬다.

I thought for a long time that you get burned out from working too hard. Burnout actually comes from failing and things not working. Momentum is really energising. The lack of momentum is super draining. I find that I have infinite energy to work on things that I find interesting and that are working. And almost none to work on things I either don't find interesting or aren't working. And so you see a lot of founders try something and fail, and assume that they just can't work hard enough or don't have enough energy. That's actually not true. It's just that that thing didn't work. What you should do is to shut that company down, go on vacation, and try again. And many people find that when I'm doing doing this thing that I like and that's working, I have a huge amount of energy, and I can get a lot of stuff done. When you look at really successful people and say, how they can get all those things done? It's they have the benefit of momentum. And momentum is energising.

난 오랫동안 번아웃이 일을 너무 열심히 해서 오는 것으로 생각했다. 그런데 번아웃은 열심히 했는데 잘 안됐을 때 온다. 모멘텀이 에너지를 준다. 모멘텀이 없으면 아주 힘빠진다. 내가 재밌고, 하면 결과가 있는 일을 하면 무한한 에너지가 솟는다고 생각한다. 관심도 없고 효과도 없는 일은 할 에너지도 없다. 많은 창업자가 도전했다 실패하면 충분히 열심히 안 했거나 그럴 에너지가 없어서라고 판단한다. 사실 그렇지 않다. 했는데 그게 잘 안됐을 뿐이다. 그러면 회사를 닫고 휴가를 갔다 와서 다시 시도하면 된다. 그리고 많은 사람들이 자신이 좋아하는 일을 하고 그게 효과도 있으면 커다란 에너지가 생기고 많은 일을 해낼 수 있다. 크게 성공한 사람들이 어떻게 이 많은 일을 해냈을지 신기하다면, 그건 이 모멘텀의 힘 덕분이다. 모멘텀은 에너지를 준다.

— Sam Altman

O는 경쟁이 치열한 옷 쇼핑몰 사업을 했다. 자신이 만든 제품이 아니라 남이 만든 제품을 도매가로 사와 차익을 남기고 파는 일을 했다. 그런데 마음처럼 판매가 되지 않았고, 재고가 쌓여 손실도 쌓였다. 그럼에도 O는 책임감을 갖고 함께 일하는 동생에게는 월급을 꼭 주었다. 결국 O는 파산신청을 했다. 그런데 동생은 월급의 80%를 저축하고 있었다. 이번에는 동생이 도움을 주었다. 소셜미디어에서 대중과 진정성 있는 소통을 해오던 O는 팔로워들에게 자신이 써오던 수입 화장품을 소개했고 구매 방법 문의가 많아 공동구매를 하게 되었다. 화장품의 첫 판매부터 의류 판매 수량을 뛰어넘어, O의 민감한 피부에 맞는 제품을 만들기 위해 제조사를 찾아다니며 첫 자체 제작 상품을 만들었다. 이 과정을 모두 소셜미디어로 팔로워들과 함께 공유하고 고민했고, 그를 신뢰하는 팔로워들이 첫 수량 1,500개를 즉시 샀다. 제품의 기능이 사람들이 원하는 것이었고 가격이 저렴해 많은 사람들의 손에 쥐어질 수 있었다. 판데믹 때는 마스크에 묻어나지 않는 쿠션을 출시했는데, 이게 일본 사람들이 원하던 제품이어서 일본에서 성공했다. 아시아인의 피부색에 맞춰진 제품을 지적

하는 흑인 인플루언서의 지적을 수용하고 색상을 다양하게 늘려 미국 시장에서도 큰 성공을 했다. 이 제품은 아마존에서 $25에 판매 중이고, 일본과 미국에서 큰 수익이 온다. 2017년 창업해 2018년에는 매출이 122억 원, 2022년에는 1,237억 원, 2023년에는 1,719억 원이 되었다(매일경제). 사업이 국제적으로 커지자 2023년에 O는 회사 지분 63.6%를 890억 원에 매각하고, 2024년에는 나머지 지분을 모두 매각하고 대표직에서 사임했다. 지분 매각 총금액은 1,400억 원으로 추정된다. 사람들이 원하는 것을 제공하는 일에 가장 큰 가치가 있다. O는 끈기(perseverance)를 갖고 실수하고 실패하더라도 그에서 배워 될 때까지 시도했고, 꾸준하게(consistency) 도전했더니 성공했으며, 그가 잘하는 일을 더 잘하도록 계속 개발(developments)했더니 경제적 자립을 이루었다. 세상에 아직 없지만 사람들이 원하는 것을 자체(proprietary) 기술로 만들어, 사람들과의 신뢰를 기반한 관계(reputation)를 쌓아 제공하면 성공한다. 부는 이 가치를 소유함에 있다. 주인의식(ownership mindset)이란 당신의 행동과 그 결과에까지 주인이 되는 것이다(own your outcomes). 그러나 돈과 겉모습을 좇아 온 O는 마음이 공허하다. 목적 없이 얻은 돈을 목적 없는 사치에 쓰고 산다.

위기는 언제나 기회인데, 그때를 버티고(persevere) 위기를 동력(drive) 삼아 새로운 해결책을 찾아냈을 때 인생의 전환점(breakthrough)이 된다. 짐 사이먼스도 갑자기 회사에서 잘리고 사업을 시작해 거부가 되었고, 제임스 다이슨도 회사에서 잘려 5년간 제대로 작동하는 청소기를 개발해 거부가 되었으며, 마이클 블룸버그도 회사에서 잘려 바로 사업을 시작해 세계에서 13번째 부자가 되었다.

부의 각 단계마다 할 수 있는 일이 있다. 재산이 0원일 때 할 수 있는 가장 가치 있는 일을 하여 성장하여, 재산이 1억 원일 때 할 수 있는 가장 가치 있는 일을 하고, 그 다음 단계로 계속 넘어가면 된다. 가장 적은 비용으로 가장 큰 이익을 얻을 수 있는 일을 하라. 부 쌓기는 게임이다. 단계(stage)

가 뻔하게 보이지 않을 뿐이다. 단계를 알아보는 지성을 갖추도록 머리에 투자하라. 10억 원을 운용할 때와 100조 원을 운용할 때의 선택이 다르다고 워런 버핏이 말했다.

보스턴의 조용한 동네 메드포드의 소박한 가정에서 평범하게 자란 마이클 블룸버그의 아버지는 유제품 회사의 회계사였고 어머니는 유대인 전업주부였다. 부모님은 교육과 근면을 강조하셨고, 마이클은 메드포드 고등학교를 다니며 머리가 좋고 의지가 있기로 알려졌다. 그는 파트타임 일을 하며 학자금 대출을 받아 존스 홉킨스 대학교에서 전기공학을 공부했다. 이때 전기공학자로서 훈련받은 사고방식이 지금의 그를 만들었다. 미국 TV 프로그램 <60 Minutes>는 그를 "detached(초연하고), analytical(분석적이며), pragmatic(현실적이고 실리적인)"하다고 묘사한다. 그는 1966년에 월스트릿의 투자은행 살로몬 브라더스에 들어가 바닥부터 일을 시작해 파트너가 되었다. 이 회사에서 트레이더로 일하는 15년 동안 투자 정보를 쉽게 얻는 방법은 컴퓨터를 이용하는 것이라고 남다른 비전으로 주장했다. 그러다 39살이 되던 1981년에 살로몬 브라더스가 합병되며 구조조정으로 해고되었을 때 갖고 있던 회사 지분 $10m(1981년 약 65억 원)으로 젊은 엔지니어 세 명을 고용해 Bloomberg LP를 창업했다. 이때는 PC와 인터넷이 발명되기 전이었다. 마이클은 투자를 위한 다양한 금융 정보를 실시간으로 한눈에 알아보기 쉽게 깔끔한 도표로 보여주는 혁신적인 소프트웨어 '블룸버그 터미널'을 개발해 다음 해 시장에 내놓았다. 창업 후 14개월 만이었다. "이런 소프트웨어를 개별 회사가 만들 수도 있지만 그러기엔 비용이 너무 많이 드는 일이라 하지 못하는데, 우리에겐 이것이 우리의 업(business)이라서 한다"고 마이클이 말한다. 깔끔한 검정색 화면에 가치 있는 정보를 간략하게 볼 수 있는 이 소프트웨어를 325,000명(2022년 기준)의 투자가가 연 평균 $25,000(3,400만 원)를 주고 빌려 쓴다. 이 매출만 한 해에 $8B(약 11조 원)이다. 2001년에 마이클은 $5B(6조 4천억 원) 가치를 품은 억만장자였고 더 큰 꿈을 꾸며 새로운 도전을 찾았다. 세계은행이나 UN 같은 큰 기관을 운영하는 것이 그것이었는데, 뉴욕시를 운영하기로 결정하고 자신의 회사 경영을 다른 사람에게 맡기고 자신의 돈 2,500억 원을 들여 뉴욕 시장이 되었다. 그리고 헬리콥터 조종을 배워 직접 비행한다. 그는 미국 대통령이 되려고 했지만 여러 이유로 그 꿈은 접었다. 물론 그는 뉴욕에서 가장 부자다. 자본으로 세상을 바꿀 수 있음을 알고 실행한다. 마이클은 자신이 직접 이룬 부로 세상을 더 나은 곳으로 만드는 데 적극적이다. 사람이 자신을 위해 쓸 수 있는 돈의 양에는 상한선이 있음을 마이클은 잘 안다. 뉴욕 시장으로 일하며 시행한 많은 일들은 다른 세계 도시들이 따라했고, 그렇게 선한 영향력을 끼칠 수 있었다. 투자자이기도 한 마이클의 부는 자연의 법칙인 황금비율 (the goldren ratio)에 따라 기하급수적으로 증가하여 2016년부터 세계 10대 부자 중 한 명이다. 창업 후 42년이 흐른 2024년 그의 부는 145조 원이다. 지금까지 약 24조 원($17.4B)을 기부했고, 재산의 대부분을 사회에 환원하기로 약속하는 더 기빙 플레지(The Giving Pledge)에 서명했다.

Investing is putting your resources into an asset others don't know.
투자는 남들이 모르는 것에 시간을 투자하는 것이다.

부는 시간이다. 시간으로 부를 키울 수 있다. 잘 들인 시간이 부를 크게 불려준다. 시간을 통제할 수 있는 자가 부자가 된다. 항시 자기 일을 잘하며 오래 생존할수록 황금비율에 따라 성장한다. 다른 사람의 시간을 가치 있게 해주는 일이 부를 준다. 다른 사람의 시간을 아껴주는 것을 제공하면 부를 얻는다. 부동산의 가격이 오르는 이유도 시간 때문이다. 시간을 마스터하면 부자가 된다. 지금 사고 싶은 것을 안 사고 나중의 시간으로 미룰 수 있으면 더 좋은 것을 가질 수 있고 더 큰 부자가 되며 오래 부자로 산다. 시간을 지연시킬 수 없는 사람은 가난하게 산다. 사랑하는 일을 오래 할 수 있는 사람이 부자다. 시간을 얼마나 멀리 내다보느냐가 그 사람의 부를 결정한다. 경쟁력이 있는 업을 찾아 그 업에 시간을 들인 자가 성공한다. 증권에 투자하면 시간이 일하게 하라. 시간이 당신을 부자로 만들어 줄 것이다. 시간을 아군으로 들일 수 있는 자가 크게 성공한다.

The basics of investing : buy low and sell high or hold for perpetual income. To largely avoid risk in times of great turmoil, invest in businesses that are not memes/hot. Not losing is far far far better than gaining more.

투자의 기본 : 자산이 저렴할 때 사서 비쌀 때 팔거나 영구적인 수입을 위해 소유한다. 급변하고 불확실한 시기에 위험을 피하기 위해서는 핫하지 않은 사업에 투자해야 한다. 더 버는 것보다 잃지 않는 것이 훨씬 훨씬 훨씬 좋다.

1977년에 사람들은 '개인 컴퓨터'가 무엇인지 몰랐다. 그런 시절 스티브 잡스와 스티브 워즈니악은 개인 컴퓨터를 만들고 있었고, 32살에 인텔에서 경제적 자립을 얻고 은퇴한 마이크 마쿨라(Mike Markkula)는 월요일에만 새로 시작하는 명민하고 열정적인 사업가들에게 무료로 사업 계획을 쓰는 것을 도와주는 일을 했다. 그는 수염을 덥수룩하게 기르고 옷도 특이하게 입으며 씻지 않아 냄새나는 두 스티브를 벤처캐피탈리스트를 통해 소개받았다. 마이크는 이들이 만드는 회사가 5년 내에 Fortune 500 기업으로 성장할 것이란 잠재력을 알아보고 가장 첫 엔젤투자자로서 1/3의 지분(equity)을 $80,000에 사고 $170,000를 빌려주며(loan) 기업으로서 성장하도록 물심양면으로 도와주었다. 이 회사가 시가총액 $3.18조(trillion) 이상의 애플이 되었고, 당시에 1/3에 해당하는 애플 지분은 오늘날 $1.06B, 1,472조 원에 달한다.

Time in the market wins timing the market. No one can time the market. John Bogle said it too.

단기의 가격 등락을 맞추는 것보다, 투자하여 오랫동안 쥐고 있는 것이 부자가 되는 길이다. 시장 가격을 예측하고 타이밍을 알아볼 수 있는 사람은 아무도 없다. 존 보글도 같은 말을 했다.

사람들이 필요로 하는 것에 경쟁력이 있는 업을 찾아, 그것에 자원(시간, 에너지, 돈)을 들였더니 47년 뒤 세계에서 가장 가치 있는 회사가 되었다. 시간을 많이 들일수록 다른 사람들이 경쟁할 수 없는 뛰어난 제품을 만들 수 있다. 앞서나가는 법은 시간을 들이는 것이다. 인류의 도구 개발과 함께 인간이 들이는 시간의 양은 점점 줄어들고 있다. 1조 3천억 원 이상의 기업을 만드는데 필요한 인원수와 시간은 극적으로 줄어들고 있다. 50년 전에는 10,000명이 필요했던 일이 1,000명으로 줄었고, 2012년에 인스타그램이 페이스북에 \$1B(1조 3천억 원)에 인수되었을 때 인스타그램에는 13명이 일하고 있었다. 이제는 AI의 도움으로 3명에서 1조 원 이상의 가치를 지닌 회사를 만들 수 있다고 피터 다이아몬디스와 살림 이스메일이 말한다.

The two most powerful warriors are patience and time.
가장 강력한 두 전사는 인내와 시간이다.
— Leo Tolstoy

부자는 시간의 가치를 이해하는 사람이다. 다른 사람들의 시간을 이롭게 하는 일을 하면 성공하고 부자가 된다. 시간을 다룰 줄 아는 자가 인간 세상의 최상층을 차지한다.

Genius is eternal patience.

천재는 무한한 인내다.

— Michelangelo

부자는 다른 사람에게 연락할 때 자신의 시간이 소중한 만큼 타인의 시간의 가치를 이해하고 배려해 자신이 찾을 수 있는 정보는 스스로 알아보고 결정도 다 내린 다음 타인에게 연락하되 문자나 이메일을 선호한다. 빈자는 자신의 시간이 하찮은 만큼 타인의 시간도 배려하지 않고 타인의 시간을 뺏어 스스로 알아볼 수 있는 것도 전화로 물어보고 결정도 내리지 않은 다음 전화하여 결과를 타인에게 맡긴다(leave it to chance). 결과를 운에 맡기는 사람은 자신의 운의 주인이 될 수 없다. 로또를 사기 위해 줄 서는 사람들이 가난한 이유다.

시간을 어떻게 여기는지 보면 그 사람의 가치가 보인다. 부자는 "시간이 돈이다"는 아포리즘이 함축하는 의미를 이해한다. 빈자는 당장의 시간을 아끼기 위해 근시안적으로 행동한다. 시간을 아끼는 것이 부자가 되는 길이 아니다. 예를 들어, 특별히 하는 일도 없으면서 시간을 아끼겠다고 자신이 타던 차를 중고차 딜러에게 파는 것은 가난한 사고방식이다. 시간을 가치 있는 일에 들이는 것과 시간이 일하게 하는 것이 부자가 되는 길이다. 시간을 아끼는 선택을 하면 저급한 것을 불필요하게 비싼 비용으로 사게 된다. 이것은 가난해지는 길이다. 편의점을 자주 이용하는 사람들은 가난한 사람들이다. 시간을 가치 있게 쓰는 선택을 하면 고급의 것을 더 합당하고 합리적인 비용으로 얻게 된다. 당신에게 가장 가치 있는 일을 발견해 그 일에 시간을 많이 들이면 다른 것들은 가격이 얼마든 살 수 있다.

모든 사람에게는 자원이 한정적이다. 자원이 무한한 것처럼 쓰는 사고방식으로는 부자가 되지 못한다. 자원을 가장 큰 미래 가치가 있는 것에 현명하게 배분하는 생각법이 당신을 부자로 만든다. 예전에 어느 초등학생은 집에서 콘센트에 꽂힌 전기 코드를 항상 뽑고 불을 항상 끄는 유난을 떨어 TV에 나왔는데, 그 소년의 은행 잔고를 보고 놀랐다. 그의 계좌에는 꽤 큰 금액이 있었다. 자원의 가치를 알아보고 높게 여기는 사람은 부자가 될 수밖에 없다. 버려진 콜라병을 모아 팔던 소년이 세계 최고의 부자가 되었음을 기억하라(워런 버핏). 그는 어릴 때 코카콜라 주식을 사지 않은 것을 후회했지만, 그 교육비를 내고 뼈저리게 가치를 느껴 그 회사의 대주주가 되었다.

주어진 상황은 인간이 바꿀 수 없지만 당신의 생각은 얼마든 바꿀 수 있다. 생각을 바꾸면 인생이라는 현실이 바뀐다. 인간 세계가 상급 문명이 만든 가상 현실이 아닐 확률은 억만 분의 1이라고 일론 머스크가 2016년에 코드 컨퍼런스에서 말했다. 인생은 비디오 게임일지도 모른다. 물리학을 파고들어 보면 인간이 아는 것은 없다는 진리를 알게 된다. (책을 읽는 건 고통이지만 이런 진리를 깨닫는 쾌감이 대단해 고통을 감내하게 된다. 아는 만큼 삶이 높아진다.) 나 또한 수업과 책으로 인생을 바꾸는 일을 하고는 있지만 안될 사람을 되게 만드는 것은 불가능하다는 자연의 벽을 느낄 때가 있다. 고로 인생은 한판 게임일지 모르니 그냥 플레이하고 원하는 것을 얻을 때까지 시도하면 이뤄내지 못할 현실이 없다.

Time is your best ally.

시간이 최고의 아군이다.

모든 부는 시간으로 귀결된다. 시간은 인간이 발명한 개념이라 상황과 문맥에 따라 다른 의미가 되어, 시간의 의미를 정확히 파악하기는 어렵다. 부 또한 그렇다. 깊게 생각해보면, 시간이 곧 부이고, 부가 곧 시간이다. 우리는 살아있는 이 시간을 잘 살기 위해 부자가 되고 싶어한다. 부자는 같은 하루를 빈자와는 다른 질적 차원으로 산다. 건물의 높이로 비유하자면, 빈자는 반지하에 살며 언제 물에 잠겨 모든 것을 잃을까 불안해하며 사는 반면, 부자는 초고층 빌딩 꼭대기에 살며 떠오르는 태양에 눈을 뜨고 세상을 모두 관망하며 하루를 살고 누구보다 더 오래 그리고 더 넓은 시야로 석양을 즐기며 하루를 마무리한다.

지금 세상에서는 부자가 되는 데엔 그리 오랜 시간이 걸리지 않는다. 시간을 정확하게 사람들이 원하는 일에 들이면 부자가 된다. 그래서 필요한 선택이 아래 순서와 같다.

1. 나를 알기

당신의 강점과 약점을 알라. 절대 하기 싫은 일을 알고, 오래 해도 일처럼 느껴지지 않는 일을 알라. 당신의 경쟁력을 알라. 개발하여 남들은 베낄 수 없는 강점이 될 수 있는 부분을 알라. 그러면 선택적인 사람들에게 대체될 수 없는 아주 가치 있는 사람이 될 수 있다. 사람들에게 꼭 필요한 사람이 되면 당신의 가치가 올라가고, 자연히 부가 따라온다. 예를 들어, 입시열이 광기적인 한국에서 강사로서 최고가 되면 일 년에 100억 원을 벌 수 있다. 그러나 이 수입이면 한국 종합소득세 세율이 45%에 달해 절반을 세금으로 내야 한다. 다만 수업을 대신 해 줄 사람이 없어 몸을 너무 무리하게 써 중년과 노년에 장애가 올 확률이 높다. 운동선수들이 재활치료를 받는 것을 보면, 인간은 균형(balance)를 유지하며 살아야 한다. 당신에게 맞는 일이 무엇인지 아는 것이 그래서 시작하기 전에 중요하다. 입시 수학 강사 현우진은 자신이 그렇게까지 수학적 천재가 아니라는 한계를 알고 한국에서 강사가 되어 자신이 이룰 수 있는 최고의 결과를 만들었다. 당신의 행복을 위해 부의 딱 좋은 지점(sweet spot)을 알라.

99.2% 이상의 한국인이 경제적 자립을 얻지 못한 이유는 자기 자신조차 정확히 모르기 때문이다. 부는 지성의 결과다. 영어권 문화에서는 아주 어릴 때부터 아이들에게 가장 좋아하는 것(favourite)이 무엇인지, 싫어하

는 것이 무엇인지 물어보고, 어린 아이들도 자신의 호불호를 알아가며 스스로를 알기 시작한다. 나아가 자신이 잘하는 일과 못하는 일(strengths & weaknesses)을 객관적으로 안다. 부자가 되는 핵심은 자신이 잘하는 일을 더 잘해서 그 일에 최고가 되는 것이다. 그러나 한국인과 영어 수업을 하며 이 질문을 하면 아이들은 물론 성인도 이 질문에 대답하기를 어려워한다. '나'를 명확히 알아야 사회에서 성공할 수 있다. 가족과 자식과 배우자를 포함한 모든 사람들은 나와는 다른 개체(entity)임을 알아야 행복할 수 있다. 그러면 남을 부러워하지 않게 되고, 나와 남을 비교하지 않아 당당하고 차분할 수 있으며, 나의 강점을 개발하는 데 자원을 집중해 잘 살 수 있다.

2. 업을 개발하기

지구 표면 위의 모든 생명체에게 존재의 목적이 있는 것처럼, 당신에게도 타고난 업이 있다. 그러나 이것은 그 누구도 당신에게 무엇이라고 알려줄 수 없다. 업은 유전도 아니고 환경도 아니다. 사람마다 고유의 영혼이 있듯, 업은 당신에게 고유한 것이다. 당신 자신만이 알아볼 수 있고, 당신 자신만이 개발할 수 있다. 이 업을 빨리 찾을수록 빨리 부자가 될 수 있다. 오스틴 러셀은 13살에 업을 찾아 16살부터 본격적으로 일을 시작해 25살에 억만장자가 되었다. 그러나 그가 만든 회사가 상장과 동시에 가치가 높게 평가되어 반짝 억만장자가 되었을 뿐, 몇 년째 계속 적자만 내고 있고 이 글을 쓰는 현재 루미나는 주가가 $0.88로 역대 최저가다. 빠르게 억만장자가 된다고 잘 사는 것은 결코 아니다. 노자는 도덕경에서 '대기면성'이라고 했다고 한다. 큰 그릇은 완성됨 없이 계속 만들어질 뿐이라는 의미다. 끝없는 배움으로 오늘보다 내일이 더 나은 사람이 되는 것을 뜻한다. 이는 99년을 산 지성인 찰리 멍거도 워런을 지켜보며 하는 말이다. 나는 매일 한국 최고의 지성인들, 교수님들, 대표님들, 의사선생님들과 영어 수업을 운영하며 매주 새로운 주제로 더 나은 강의를 제공하기 위해 매일 지식과 지혜를 얻는다. 나는 매일 배우고 매일 더 나은 사람이 되고 있다. 매일 뇌를 자극하고 계발하니 자연히 이 나날이 쌓여 더 지혜롭고 여유로운 사람이 되었다. 경험에서 오는 지식의 양과 성숙한 비전과 지혜의 가치는 시간이 밝힌다. 대범한 행동을 확신을 갖고 할 수 있도록 뒷받침되는 지성을 갖추게 된다. 인생에 큰 기회는 2년에 한두 번 꼴로 온다고 워런과 찰리가 말했다. 그 기회가 왔을 때 1. 그 기회를 알아보고 2. 크게 행동해야 3. 큰 부자가 된다. 업을 늦게 찾더라도 그 여정에서의 즐거움을 만끽하면 인생은 풍요롭다. 마흔에 본격적으로 큰 사업을 시작한 디트리히 마테쉬츠는 40살에 레드불을 설립해 오스트리아 1위 부자가 되었다. 에너지드링크는 건강에 나쁘지만, 이 사업을 직접 해보려고 해보면 그의 마케팅 천재성은 인정할 수 밖에 없을 것이다. 부는 지성의 결과다.

3. 당장의 쾌감을 미룰 줄 알고 가장 가치 있는 일을 먼저 하기

첫 5천만 원을 벌자마자 다른 사람에게 그 돈을 주면 당신은 다시 0이 된다. 차를 사는 것이 그렇다. 부자는 더 부자가 되고 빈자는 더 빈자가 되는데, 그 이유는 부자는 생각하고 돈을 다루고, 빈자는 생각없이 돈을 다루기 때문이다. 차를 사기 전에 중고차 웹사이트에 가서 사려는 차의 감가상각을 파악하라. 대부분의 차는 해마다 가치가 아주 많이 떨어지고(depreciate), 어떤 차는 감가가 되지 않거나 오히려 가치가 올라간다(appreciating asset). 부자는 대다수의 사람들이 가치를 미처 못 알아보아(underappreciate) 현재 가치 평가는 낮게 되어 있지만 미래 가치가 높은 물건을 알아보고 미리 소유하는 사람이다. 아직 벌지 않은 돈을 즐거움을 위해 끌어다 쓰는 것만큼 어리석은 일은 없다. 지금 잘 된다고 영원히 잘 될 거라는 보장은 인생에 없기 때문이다. 돈이라는 자원은 우선순위에 맞춰 원칙적으로 써야 부자가 된다. 이를 지키다 보면 자연스럽게 삶에도 원칙이 생기곤 하는데, 스스로 부자가 된 많은 사람들에게 강박증(O.C.D)이 있는 이유가 이 때문이다.

빈자는 소비재를 사고, 부자는 자산을 산다.

4. 매일 배우고 성장하기

사람으로 태어난 가장 큰 축복은 같은 사람으로 살아가지 않을 수 있는 선택을 가진 것이다. 나를 남과 비교하면 한없이 불행하다. 그러나 나를 어제의 나와 비교하여 더 나은 사람이 되고자 생각을 집중하면 더없이 행복하다. 애초에 남과 나는 서로 다른 개별 인격체다. 부모와 자식 또한 개별 인격체임을 인지하고 실행하면 가난을 물려주지 않을 수 있고, 부자로서 아이를 낳았더라도 자식이 망가져서 날지 못하는 새가 되지 않고 스스로 타고난 인생을 찾아 그 인생을 살아가도록 도와줄 수 있다. 개미를 처음 집에서 키울 때 아직 작은 규모의 개미 군집에게 너무 큰 집을 주면 개미는 결국 살아남지 못한다. 작은 집부터 주어 점점 그 집의 크기를 늘려가야 한다. 식물을 키울 때도 씨앗을 발아할 때는 아주 작은 화분부터 시작해 식물의 성장과 함께 화분 크기를 점차 늘려가야 한다. 그렇지 않고 큰 화분에 씨앗을 심으면 유년기에서 청소년기로 넘어가지 못하고 말라 죽고 만다. 인간도 똑같다. 부잣집에 태어난 대부분의 사람들은 날지 못하는 새처럼 무능한 어른이 된다. 남아선호사상 속에서 아들이라서 오냐오냐 키워진 사람들 중에 배울 게 없는 어른이 되는 사람들이 있다. 받은 것을 당연히 여기는 사람은 스스로 부자가 되지 못한다. 부자가 되려면 '부'가 당신이 사람들이 원하는 것을 주고 받는 '보상'임을 깨달아야 한다. 가진 것이 무엇이든 그를 감사할 줄 아는 사람은 얼만큼의 부를 가졌든 그 안에서 행복하다.

뱀과 곤충은 허물을 벗는다. 물리적으로 이전의 자신을 벗어내고 더 크고 강한 자아로 거듭난다. 탈피의 과정에서 죽을 수도 있다. 그 위험을 무릅쓰고도 탈피한다. 탈피하지 않아도 죽을 수 있기 때문이다. 이는 변화하는 환경을 비유한다. 자연환경이 변하듯 인간 세상도 변한다. 사람마다 차이가 있겠지만 나의 경우에는 2년마다 탈피의 시기가 도래했다. 크게 무언가를 물리적으로 바꿔야만 했다. (미국 주식 시장도 3년 성장하면 1년은 조정—예측된 하락—의 시기가 온다.) 그리고 1년에도 여러 번 수시로 정신적으로 탈피했다. 내 생각이 자랐기 때문이다. 탈피는 더 큰 성장을 위한 일시적 후퇴다. 사람은 매일 새로운 사실을 배우고 지혜로워지고, 실패해 보고 현명해지며, 업을 갈고닦아 어제보다 조금 더 잘하는 내가 될 수 있다. 이 하루하루가 쌓여 위대함이 된다. 인간이 만드는 모든 것은 하루 아침에 이뤄낸 것처럼 보일지언정 그를 해낸 사람은 안다. 이 하루하루가 쌓여 어느 날 폭발적으로 성장(exponential growth)하는 것이다. 이것은 자연의 법칙인 황금비율(golden ratio)과 같고, 이런 성장 곡선을 영어로 "J curve"라고 한다. 처음엔 더디다가 이 복리가 쌓여 나중엔 성장 폭이 매우 커진다. 이 과정에서 당신이 매일 해야 하는 것은 배움(머리의 성장에 투자)이다. 지수 투자에 비유하면 자본을 빼지 않는 것이다. 나의 제자들에 비유하면 중도에 나간 사람들은 성공하지 못했고, 1년 이상 한 주도 빠짐없이 참석하고 해야 할 기본을 한 제자들은 성공했다. 매일 배우고 성장하는 사람이 부자가 된다.

5. 후회없이 흡족한 죽음을 맞이하기

당신이 언제 죽을지는 당신의 부모님도 모른다. 그러나 반드시 죽을 것이라는 것은 당신도 안다. 인간의 건강 수명이 80년이라고 가정한다면, 당신이 사는 날의 수는 29,220일이다. 이 시간을 무엇을 하는데 쓰면 가장 만족스러운 인생일지 결정할 수 있는 정신적 성숙에 이르는 것만으로도 이미 부자다.

Life is long enough if you know how to use it.

인생으로 무엇을 할지 알면 시간은 충분하다.

It is not death that a man should fear; but he should fear never beginning to live.

두려워할 대상은 죽음이 아니라 살기를 시작하는 것이다.

— Seneca

1989년 《성공하는 사람들의 7가지 습관》을 출간한 스티븐 코비는 그 7가지 습관 중 두 번째에서 "끝을 염두하고 시작하라"고 했다. 아이가 어떤 사람인지도 모른채 다른 아이들이 하는 대로 돈이 되는 직업을 향해 열심히 뛰는 것만큼 멍청한 선택은 없다. 어떤 인생을 살기 위해 태어난 사람인지, 존재의 목적을 먼저 깨닫고 행동을 시작하라. 당신의 존재 목적에 부합한 일을 찾아 하면, 그 일이 무슨 일이든 잘 살고 행복할 것이다. 억만장자로 생을 마감한 찰리 멍거는 "자잘한 기회를 잡으려 항상 분주히 움직였다면 지금의 (억만장자인) 내가 되지 않았을 것이다"라고 했다.

Patience is also a form of action.

인내 또한 행동의 한 형태다.

— Auguste Rodin

바쁘게 주변 사람들이 하는 대로 행동하다 보면 어느 날 시간은 다 썼는데 원하는 인생을 살지 않아 후회할 것이다. 지금 하고 있는 일의 끝을 알아보고 그 끝에 다다르기 위해 계속 할 것인지 결정하라. 그렇지 않다면 끝이 만족스러운 일로 옮기라(move on). 나는 사진작가로 이른 성공을 이루고 꽤 밝은 궤도를 날고 있었다. 그런데 같은 동네에서 사진작가로 시작해 가장 잘 된 헬무트 뉴튼의 일생을 보고 나의 최후가 그처럼 되는 것이 만족스럽지 않았다. 이 길이 내 길이 아님을 알고 길을 바꿨다. 잘되던 일을 관둘 때는 두려웠지만, 나에게 맞는 일을 찾았을 때 나는 부와 행복을 동시에 얻었다. 무엇보다도 지금 이 순간에 행복하다.

당신에게 가장 가치 있는 것은 시간이다. 당신이 가진 것은 시간밖에 없다. 이 시간을 어떻게 분배하느냐, 무엇을 하는 데 시간을 들이느냐가 당신의 인생을 이루고 만족스러운 끝을 이룬다.

그러나 당신에게 최고의 투자는 배움에의 투자다. 조앤 롤링은 책을 써서 억만장자가 되었고, 제프 베조스는 책을 팔며 억만장자가 되었고, 워런 버핏은 책을 읽어 억만장자가 되었다. 큰 부자가 된 사람들의 불변의 공통점은 책을 많이 읽는 습관이다. 나는 20대에 교육비로 연 1억 원 이상을 7년간 썼다. 인도인 모니시 파브라이는 워런 버핏과의 점심 식사에 $650,100(약 8억 6천만 원)을 썼고 워런을 따라 해 부자가 되었다. 2022년에 이 점심 식사 경매의 낙찰자는 $19m(약 250억 원)을 지불했다. 워런의 시급은 250억 원인 셈이다. 부는 지성의 결과다.

로버트 허자벡(Robert Herjavec)은 유고슬라비아에서 태어났다. 그가 어릴 때 아버지가 공산주의에 반하는 말을 했다가 감옥살이를 수십 번 했다. 그의 가족은 가방 하나에 $20를 갖고 토론토로 가 친구집의 지하실에서 18개월을 살았다. 로버트는 영어를 못해서 적응을 힘들어했고, 그의 아버지는 공장에서 일을 시작했다. 그의 아버지는 버스비를 아끼기 위해 걸어서 출퇴근을 했다. 학교에서 놀림을 받고 돌아와 불평하는 로버트에게 아버지가 말했다. "절대 불평하지 말라." 이를 로버트는 자기 삶의 원칙(guiding principle)으로 삼았다. 그는 웨이터부터 신문배달까지 최저급여로 할 수 있는 온갖 일을 했다. 그의 꿈은 50살이 될 때까지 100만 원씩 벌어 콜벳 자동차를 사고, 언젠가 주택 담보 대출을 갚는 것이었다. 불평하지 않고 일을 한 그는 결국 성공한 사업가가 되어 <샤크 탱크>에 출연하며, 이주한 호주에서 억만장자다. 1962년생인 그는 수많은 슈퍼카를 소유하고 70개의 롤렉스와 비행기도 갖고 있는데, 친구인 마크 큐반의 비행기가 더 좋은 데다 그는 비행기를 3대를 갖고 있는 것을 보며 비교하는 자신을 반성하고 62세의 나이에 다시 배우고 성장하기로 초심을 찾고 유튜브 채널을 시작했다. 그의 채널 주제는 "억만장자가 되기 위해 억만장자에게 배운 것들"이다. 인생은 시간을 쓸 목적을 찾는 것이다.

큰 부자가 되어 좋은 점은 배울 수 있는 뛰어난 사람들과 친구가 될 수 있는 것이다. 자기 아파트에서 투자 사업을 시작한 레이 달리오는 초기에 전 재산 1억 3천만 원을 잃었지만 실패에 굴복하지 않기를 선택하고 배워 성장하기를 선택해 결국 억만장자가 되어 달라이 라마와 만나고 얘기한다. 로버트는 찰리 멍거를 만나 그의 책에 사인을 받았다. 그렇게 배우고 성장해 부자는 더 큰 부자가 된다. 부자는 생각하는 법이다.

아무리 큰 실패와 역경을 겪더라도, 생각을 바꾸면 더 높이 오른다. **인정**하고, 당신의 능력으로 **해낼 수 있는 일**에 집중하라. 중요한 것은 당신이 지금 살아있다는 사실이다. 배움을 통해 당신은 더 가치 있는 사람이 된다. 부는 자연히 가치에 맞춰 따라온다.

There are cycles in time. Success creates its own headwinds. Failure gives rise to tailwinds. Reacting hastily to the cycles will make you substandard. Riding the tide to the right direction puts you on the magic carpet ride of wealth. You can't predict the future. But you can prepare for it.

시간에는 주기가 있다. 성공은 성공을 더 어렵게 하고, 실패는 성공을 가능케 한다. 시간의 주기에 감정적으로 성급하게 반응하면 가난해진다. 오르고 내리는 주기를 반복하는 시간에 올라타 옳은 방향으로 향하면 마법의 양탄자를 타는 부자가 된다. 미래를 예측할 수는 없지만, 준비할 수는 있다.

There is no

GREATNESS

without

GREAT

purpose.

위대한 목적 없는 위대함은 없다.

부자가 되는 가장 빠른 길

부자가 되는 중심은 **다른 사람에게 필요한 존재가 되는 것이다.**

필요한 존재가 끼치는 영향에는 두 가지가 있다. 깊이와 너비.

1. Depth of affection 영향의 깊이

당신이 영어 선생이라면, 능력이 있고(able) 신뢰할 수 있어(integrity) 잘 될 가능성이 있는 사람을 영어로 생각하고 소통하고 세계인의 문화를 이해하는 사람으로 만들면 그 사람은 인생과 세상을 보는 시야가 넓어지고 영향력이 커져 그 사람의 인생을 바꿀 수 있다. 이는 깊은 영향력이다. 당신이 다른 사람에게 끼치는 영향이 깊을수록 큰 가치를 창조하고, 그 대가를 받게 된다. 슬픈 사람을 기쁘게 해주거나, 죽어가는 사람을 살리거나, 다른 사람의 문제를 해결해 주는 일이 영향을 주는 일이다. 의사 선생님이 대가를 받는 이유가 영향의 깊이 때문이다.

2. Number of affection 영향의 너비

당신이 영향을 끼치는 사람의 숫자(scale)가 많을수록 당신이 받는 부의 크기도 크다. 어중간한(mediocre) 음악가의 음원 수입으로는 커피 한 잔도 살 수 없지만, 많은 사람에게 사랑받는 음악가는 부자다. 다이소는 천 원짜리 제품을 팔지만, 이를 이용하는 사람이 많아 2023년 매출은 3조 원이다. 연예인은 많은 사람들을 기쁘게 해주어 부자다.

둘 중 하나를 제대로 갖추면 백만장자가 되고, 둘 다 제대로 갖추면 억만장자가 된다.

노동 수익으로 부자가 되는 길은 시간이 오래 걸린다. 100억 원 이상의 연봉을 받는 노동자가 되더라도 그렇게 되기까지 시간이 걸린다. 가장 빠르게 부자가 되는 길은 사람들이 원하는 것(PMF: product-market fit)을 잘 제공하여 그 사람들을 만족(satisfy)하게 하는 사업이다.

세상에 사실이라기엔 너무 좋아 보이는 것들은 사기고, 불법적인 방법으로 돈만 빠르게 버는 선택을 하면 평생 불안에 떨며 살아야 한다. 그렇게 번 돈으로 화려한 차를 살 때 세무조사를 받고 잡힐 수도 있고, 사더라도 자랑할 사람이 없다. 비도덕적이고 부당하게 돈을 벌면 자유를 잃는다. 부자는 자유를 가진 사람이고 마음이 평온한 사람이다. 쉬운 돈은 없다.

그러나 자기 일에 최고가 되면 무한한 부가 흘러들어온다. 인간은 본래 문제를 해결하기 위해 태어났다. 그래서 심심하면 갈등(conflicts)이 가득한 이야기에 집중하고, 계속 집중해 문제를 해결해야 하는 게임을 한다. 자기 인생에서 만족과 기쁨을 못 느끼는 사람은 다른 사람에게 괜히 시비를 걸어 문제를 만든다(drama queen). 아무 일도 하지 않는 것보다, 당신이 보람을 느끼는 일을 하면 훨씬 큰 삶의 만족을 느낀다. 인간은 자신이 좋아하고 자신의 가치를 인정받을 수 있는 일을 해야 비로소 행복하다. 돈만 많은 사람들이 불행한 이유다. 타인을 위한 일이 행복을 준다.

부자가 되는 가장 빠른 길은 당신이 최고로 잘할 수 있는 일을 찾아 그 일에 깊게 몰입해서 아주 잘해 많은 사람들에게 이익이 되는 것이다. 당신이 공무원이라도 안정적인 수입에 안주하지 않고 창의적인 해결책을 제안하고 실행하면 보상을 받을 수 있다. 도로에 색깔 페인트를 칠하는 것처럼. 사람들의 삶을 낫게 해주면 보상을 받는다. 그것이 부다.

Why power. not will power
의지력이 아니라 이유력

A strong sense of purpose helps you endure challenging times.

강한 이유가 힘든 시기를 버틸 힘을 준다.

P는 한국에서 미국으로 이민한 평범한 사람이다. 수학을 전공한 그는 대학을 중퇴하고 전문 포커 게이머가 될 것도 생각했고, 보험계리인이 되고 싶었지만 되지 못했고, 음악으로 생계를 꾸리려 했지만 한 푼도 벌지 못했고, 레스토랑을 사들이는 투자사업을 하려고 회사를 그만뒀지만 이 사업도 그만뒀다. 그런데 갑자기 아내가 임신했다. 저축해 둔 돈이 줄어들자 불안한 그는 직업을 구하기 위해 인터뷰를 봤지만 실패했고, 데이트레이딩도 해봤지만 이게 해결책이 아님을 알았다. 요리에 관심이 많은 그는 얼굴 아래에 폰을 고정하고 요리하는 콘텐트를 만들어 보았다. 임신한 아내를 위해 요리를 한다고 POV Husband라고 채널 이름을 지었다. 하나의 짧은 영상을 위해 엄청난 정성과 시간을 축적해 아내를 맛있는 식사로 만족하게 하는 영상을 만든다. 그의 영상은 인종과 문화를 뛰어넘어 수많은 사람들의 감정을 움직였다. 한 일에 좋은 결과가 나오자 모멘텀이 생긴 그는 그 기세로 매일 영상을 올렸고 어떤 날은 하루에 두 개의 콘텐트를 올렸다. 7개월 만에 그의 팔로워는 1.6m이 되었다. 그는 아내에게 샤넬백을 서프라이즈 선물했고, 아내는 아이를 품에 안고 가방을 멘 자신을 거울로 바라보며 눈물을 흘렸다. 아이와 아내를 책임져야겠다는 **이유**는 P를 움직이게 했고 큰 성공을 이루었다.

Q는 공중보건 의사로 외딴섬에서 일했다. 낮에는 복무를 하고 저녁에는 인문학 책을 읽었는데, 그중에 스위스 출신의 프랑스 철학자 장 자크 루소(Jean-Jacques Rousseau)의 공화주의 이야기에 감명을 받았다. '세상을 더 나아지게 하려면 모두가 사회에 참여해야 한다'는 내용이 Q의 마음을 움직였다. 그래서 세상에 도움이 될 일을 찾아 사람들을 편하게 해주는 테크 사업을 시작했다. 회사 이름도 '공화국 만세'를 뜻하는 라틴어로 지었다. 그런데 첫 6년 동안 사업마다 실패하기를 여덟 번을 반복했다. 아홉 번째 사업도 기존의 한국 시스템을 바꾸는 일이라 난관과 역경이 거대했다. 규제를 바꿔야 했다. 4년을 더 끈기 있게 도전한 끝에 아홉 번째 서비스를 출시했다. 첫해 매출은 35억 원, 둘째 해 매출은 205억 원, 셋째 해 매출은 548억 원, 일곱째 해 매출은 1조 1,888억 원으로 급격하게 성장했다. 아직 회사가 적자지만 1982년생인 Q는 억만장자로서 세상을 더 나은 곳으로 만드는 기업가가 되었다.

아이는 의지가 없어서 자기 할일을 못한다고 여겨지지만, 사실 일을 할 필요가 없어서 하지 않는다. 할 이유가 있으면 한다. 생존 본능이 있는 인간은 해야 하면 방법을 찾아내 해낸다. 위대한 성취를 이룬 사람 중에 어려서 부모 중 하나를 잃은 사람이 많은 이유는 바로 이 필요에서 오는 이유(why)가 강력한 원동력(drive)을 주기 때문이다. 이유가 강하게 와닿을수록 역경을 견뎌내고 오랫동안 행동을 주도한다.

유능한 사람이 대단한 일을 해내는 게 아니라, 해야 할 이유가 있는 사람이 무슨 일이든 해낸다. 무능한 사람은 어려서부터 부모가 거저 다 해주어 일을 해야 할 이유를 모르는 사람이다. 사람은 견딜 이유가 분명하면 견딘다. 사람들이 나에게 내 인생을 바꾼 계기가 무엇이냐고 물으면 나는 세 권의 책이라고 말한다. 한 권의 책은 내가 어린 나이에 한 번도 가보지 않은 나라로 이민 갈 용기를 주었고, 한 권은 내가 세상을 보는 시선과 시야를 바꾸어 주었다. 그리고 한 권은 내 이름을 아우레오라고 짓도록 영감을 주며 내 자아를 깨닫는데 도움을 주었다. 워런 버핏이 죽는 순간까지 일하길 원하며 지금의 거대한 부를 이룬 이유는 한 권의 책 때문이었다. 찰리 멍거가 변호사를 관두고 투자가가 되어 억만장자가 된 이유는 격조 있는 자유를 원해서였다. 무라카미 하루키가 계속 책을 쓰는 이유는 비싼 물건을 사고 싶어서가 아니라 자유를 갖고 싶어서다. 제프 베조스가 부자가 된 이유는 우주에 대한 열망 때문이었다. 이유는 강력한 힘이다. 의지가 없는 게 아니라 해낼 이유가 없는 것이다. 그래서 난 항상 살짝 불만족스러운 삶을 자처한다. 배부르면 생각하지 않고, 머리가 맑지 않으면 우울하다. 카페인은 식물이 자신을 보호하기 위해 만든 독성인데, 이 독성이 작은 생물은 죽이지만 인간에겐 자극이 된다. 자극은 움직일 이유가 된다.

당신은 왜 사는가? 이것을 위해 산다고 대답할 수 있다면 당신의 가슴속에는 별 같은 에너지가 있다. 그 에너지가 무엇이든 이룬다. 현명한 사람은 존재의 이유를 찾아 별의 중심(stellar core)에 불을 지핀다. 이 빛은 만물에 생명을 피운다.

The journey from helpless to self-reliance costs perseverance. Perseverance is made of the strong reason why you'd put up with the course of odds.

무에서 부를 이루는 여정에는 끈기라는 비용이 든다. 끈기는 힘듦을 견뎌낼 강한 이유다.

The lower the lows, the higher the highs
바닥까지 가본 사람이 위대한 성취를 한다

38 선최선봉돌파대대는 위험한 곳이다. 해병대에 자원한 게 아닌데 해병대보다 큰 훈련을 더 많이 받고, 사고로 생명을 잃어도 인터넷 기사로 작게 나올 뿐이다. 내가 자주 탔던 군용차가 강원도 산길에서 사고나 타고 있던 병사들은 다 죽었고 부사관만이 살아 중상을 입었다. 무사히 전역하고 속세에서 벗어나 진리를 탐구하며 《영어책》을 쓰기 위해 부산에 몇 년 머물렀다. 더운 여름엔 집 앞 맥도날드에 가 새벽 동트기 전부터 책을 썼는데, 군대 휴가를 나왔다가 같은 맥도날드에 다녀오던 젊은 대학생이 인도로 돌진한 음주운전 차에 치여 사망했고, 그의 이름을 딴 법안이 생겼다. 나는 나대로 우울증이 심해 간신히 목숨을 부여잡고 살아가고 있을 때 서울에서 아는 대표님이 선물을 한 아름 들고 찾아왔다. 새로 만든 회사에 마케터로 합류하겠느냐는 제안을 했다. 대표님은 신사적이었고 유혹적이었다.

어쩌다 보니 그해 2월 2일 눈 쌓인 설 연휴에 작은 트렁크 하나에 짐을 넣어 서울로 이주했다. 이번에도 편도 항공기를 이용했다. 급히 온 터라 집을 구하지 못해 호텔에서 장기 투숙했다. 큰 책임감을 갖고 나의 24시간을 이 회사 일에 전념하며 한 달이 지났다. 신사적이었던 대표님은 본색을 드러내기 시작했다. 그는 망하기 직전의 사업을 소생하기 위해 창의적인 나에게 맡겨놓고, 내가 고심하고 공을 들여 가져오는 해결책들을 모두 부정했다. 겉은 스타트업이지만 실제로는 독재 정권이었다. 대표님은 내가 쌓아온 모든 지식과 기술과 통찰력을 부정했다. 지금까지 살아온 내 인생을 송두리째 잘못 살아온 것처럼 믿도록 나의 목을 죄었다. 흰 침대로 가득 차는 좁고 쾌쾌한 호텔 방에서 나는 새벽마다 전신이 식은땀에 흠뻑 젖어 깼다. 흰 침구는 사늘했다. 나는 죽어가고 있었다. 그렇지만 집으로 돌아가느니 난 여기서 죽을 각오였다. 아버지는 날 자랑스러워하셨다. 그런 아버지께 실망을 드리고 싶지 않아 나는 버텼다.

Great achievers are driven, not so much by the pursuit of success, but by the fear of failure.

큰 성취를 이루는 사람에겐 강한 원동력이 있다. 성공하고 싶어서라기보다는 실패가 두렵기 때문이다.

— Larry Ellison

성공을 목표하지 말고, 생존을 목표하라.

어릴 때 혼자 호주로 유학을 한 것은 힘들지도 않았다. 나와 맞는 문화를 찾아, 물 만난 물고기처럼 살아났었다. 내 인생에 가장 힘들었던 때는 이 대표님과 일했을 때다. 두 달 차에 집을 구해 계약하고 나니, 대표님은 나를 해고했다. 앞으로 1년간 내야 하는 월세를 벌기 위해 나는 비장한 각오로 일했다. 그리고 1년 차가 되었을 때는 그 집을 살 수 있을 정도로 부를 키웠다. 위기는 집중력을 높여 더 일을 잘하게 한다고 엔비디아를 이메일도 없던 시절 창업해 지금까지 성장시켜 AI가 가장 주목받는 지금 관련 기업 중 1위인 회사를 만든 젠슨 황이 말했다. 그렇게 집중해 일한 2년 차에는 노동 수익에 의존하지 않아도 되는 경제적 자립에 이르렀다.

위대한 투자가 조지 소로스도 어렸을 때 현명한 아버지가 죽기 직전까지의 위험을 감수하고 가족의 생명을 지켜낸 경험을 자신의 투자에 적용하여 지금의 위대한 성취를 이루었다고 말한다. 그가 오십이 되었을 때 힘든 헤지펀드로 가족이 필요한 만큼 이상인 6천억 원을 벌었다. 그때 중년의 위기(midlife crisis)가 와 다시 인생을 설계했다고 한다. 죽음의 직전까지 경험한 사람은 영원까지 오를 힘을 얻는다.

Life is a continuation of ups and downs. Success is simply gained by persevering at the troughs.

인간 세상과 삶은 오르고 내리고의 반복이다. 바닥까지 왔을 때 더 강한 집중력으로 견뎌내면 성공을 얻는다.

성공하는 사람은 역경을 탓하지 않는다. 저항이 강할수록 더 강한 힘으로 밀어붙여 결국 원하는 것을 이뤄낸다. 위대한 교육은 이 역경을 이겨낼 힘을 길러주는 교육이다.

힘들게 부를 이룬 사람들이 자식을 낳아 기르며 크게 실수하는 것이 있다. 자신의 고난을 자식은 겪지 않았으면 한다. 그러고는 자식이 꽃길만 걷도록 모든 것을 챙겨준다. 그것은 짧은 생각이다. 중년에 이른 내 부잣집 자제 친구는 그 나이가 되도록 살아오며 '필요'를 단 한 번도 느끼지 못했다. 뛰어난 IQ와 EQ에 더해 수려한 외모까지 물려받았는데, 그 능력을 사용할 훈련을 전혀 받지 못했다. 그래서 그는 할 줄 아는 것이 없다. 그러나 항상 하는 것은 불평이다. 자신이 누리는 호화를 감사할 줄 모른다. 없어본 적이 없기 때문이다. 현명한 부자는 자녀가 독립해 스스로 살아갈 수 있도록 교육한다. 다행히 나에겐 그런 아이들도 맡겨진다. 전 대표님이 나를 몰아갔던 궁지에 아이들이 처하게 하진 않겠지만, 나는 아이들이 인생을 진정으로 행복하게 살아갈 수 있는 지혜를 충분히 확실하게 알려준다. 젠슨 황은 자신의 직원이 일을 못하면 해고하지는 않고 위대한 사람으로 거듭나도록 고문할 것이라고 했다. 고난은 필요한 교육이다. 역경을 이겨낼 힘을 가르쳐준다. 큰 성공은 큰 역경을 견뎌냈을 때 온다. 똑똑한 아이들은 이야기를 통한 간접 경험으로도 알아듣는다. 내가 그들을 진심으로 사랑하고 위한다는 것을 본능으로 느끼기 때문이다.

십대 때 좋아했던 여자친구와 잘되지 않았던 나는 나답게도 서점으로 가 연애와 사랑에 대한 책을 모두 다 읽었다. 그중에 가장 두꺼웠던 책은 가장 깊은 인상을 남겼다. 그래서 그 책을 사서 서른 번은 읽었다. 영어를 배우고 나서 원서로도 소장해 잊을 때마다 꺼내 읽었다. 그 책에서 누군가를 사랑에 빠지게 하기 위해서는 상처를 줘야 한다는 점이 신기했다. 사랑과 증오는 사실 하나다. 법을 공부하며 부부간 살인이 많다는 통계를 보았다. 그 책만큼 두꺼운 《영어책》을 쓰고 난 뒤로 나를 사랑하는 사람이 있는 만큼 질투하는 사람도 있다. 그러고 깨달았다. 감정은 긍정과 부정의 음양이 있는 것이 아니라, 하나의 선상이다. 감정은 하나의 선 위의 정도다. 영어를 깊게 이해하며 사랑(love)과 열정(passion) 그리고 정성(care)이 모두 동의어임을 알았다. 당신이 열정을 느끼는 일을 찾으면 그 일이 수반하는 고통마저도 즐겁다. 열정적인 성교는 원래 고통인데 그 고통이 바로 쾌락이다. 이 고통을 알고 다룰 줄 앎이 사랑을 마스터하는 길이다. 사람의 마음을 얻는 일도, 인간 사회에서 위대한 성취를 이루는 일도, 하나의 같은 일이다.

Love your pain.

고통을 사랑하라.

서울에 왔을 때 도와준 친구는 나에게 묻는다. 왜 그렇게 돈을 쓰지 않느냐고. 세금 폭탄을 맞은 이유가 돈을 쓰지 않아서가 아니냐고. 그런데 난 순수예술을 하며 스타벅스에 여러 번 지원했다가 모두 떨어졌고, 밤에 소믈리에로 일하다가 술 취한 학원 강사의 인격 모욕에 아주 힘들었다. 바닷가 앞의 와인바였는데, 새벽에 퇴근하고 돌아오는 검은 바다의 충동을 억제하며 무거운 발걸음으로 귀가했다. 예술가인데 아트페어의 전날과 끝난 날에는 미술품 상하차 막노동을 했다. 나는 비참했다. 그렇게 삼사일을 막노동을 해 번 돈으로 다 떨어지고 낡아 발이 아픈 신발을 버리고 몇 년 만에 새로운 운동화를 샀다. 이 경험으로 난 한 푼도 허투루 쓰지 않는다. 그때의 그 바닥으로 다시는 돌아가고 싶지 않기 때문이다.

그래서 모든 위대한 투자자들의 공통된 원칙은 "잃지 않는 것"이다. 잃으면 안 되는 절실한 이유가 있으면 모든 정보를 조사하고 필요한 모든 지식과 지혜를 얻어 아주 신중하게 결정한다. 쉽게 돈을 번 사람은 쉽게 돈을 쓰고 결국 그 돈은 지성인에게 돌아온다.

가치 투자를 하는 방법 : 당신이 이해하는 사업을 하는 좋은 기업을 찾아 좋은 가격에 지분을 소유한다. 시간을 들여 응원하며 함께 성장한다.

현금은 생명임을 경험으로 배웠다. 성공하는 기업은 살아남는 기업이다. 살아남는 기업은 몇 년의 불황에 끄떡없는 넉넉한 현금을 '쿠션'으로 보유한다. 마이크로소프트가 그렇고, 애플이 그렇고, 버크셔 헤서웨이가 그렇다. 빌린 돈이 없으면 파산하기 진짜 어렵다. 투자를 할 때도 현금이 넉넉하면 다시 도전할 수 있다. 개인도 그렇다.

당신이 비참함이 무엇인지 안다면, 노동 수익은 소비에 쓰지 않을 것이다. 시발비용을 쓰지 않을 수 있을 정도로 자기통제력을 기르면 부자가 될 것이다. 내가 아끼지 않는 단 하나의 지출은 책이다. 한국인의 미래를 위해 지어진 교보문고를 적극 구매로 응원하지만, 좋은 책의 공급이 부족해 책을 생산하고 있다. 책은 인생과 세상을 바꾸지만, 시험공부는 아무것도 바꾸지 않는다. 학원은 합격을 광고하지만, 합격 이후의 삶은 책임지지 않는다. 입시에 쓰는 한 푼도 아깝다. 잘못된 방향으로 쓴 돈은 돌아오지 않는다. 한국의 지금이 세계에서 가장 불행하고 겉보기보다 가난한 원인은 지혜가 부족하기 때문이다. 찰리 멍거는 "지혜를 습득하는 일은 의무"라고 USC 졸업식 연설에서 말했다.

투자에 있어서도 최저점에 살수록 수익률이 커진다. 회사마다 다르지만 보통 최저점은 저점보다 3~5% 아래인데, 이만큼을 수익률로 얻을 수 있다. 1억 원을 투자하면 300~500만 원이다. 그러나 시장은 군중의 감정적이고 집단적 움직임이라 예측이 불가하니 안전하게 분할매수해야 한다. 확실한 건, 사려는 사람이 많으면 가격이 올라간다. 기대가 높으면 가격이 오르고, 실망이 크면 가격이 내린다. 기대로 올라 실적으로 평가된다. 투자는 결혼과 같다. 동반자를 현명하게 선택하라. 저점 이후로 다음 최고점까지 50% 성장한다면 당신은 부자가 어떻게 되는지 보일 것이다. 투자할 회사를 잘 선택했다면, 이 성장이 빠르면 며칠에서 느리면 몇년 내에 일어난다. 돈을 많이 버는 것보다, 잘 쓰는 게 중요하다. 당신이 좋아하고 잘하는 일이 무엇이든 그 일을 잘하면 수입이 꾸준히 들어오기 마련이고, 미련한 사치를 하지 않고 검소한 생활을 하며 저축하고 투자하면 당신의 옳은 결정과 인내 덕으로 시간이 도와 부자가 된다. 시간이 일할 수 있도록 돈을 좇지 말고, 당신의 업에 마음을 집중하라.

돈에 있어 버는 양보다 중요한 것이 다루는 행동이다. 1921년에 태어난 로날드 리드(Ronald Read)는 40년 넘게 주유소에서 일하다가 경비원으로 일했는데 검소하게 생활하며 월급을 저축하고 주식을 사서 보유해 2014년 92살에 별세할 때 $8m(약 100억 원)의 부를 이루고 이를 기부했다. 부자가 되는 건 유명한 대학교에서 훈련받는 큰 기술(hard skill)이 아니라 행동으로 이루는 작은 기술(soft skill)이다.

Live on the cheap. Invest for wealth.

소비를 아끼고, 부자가 되기 위해 투자하라.

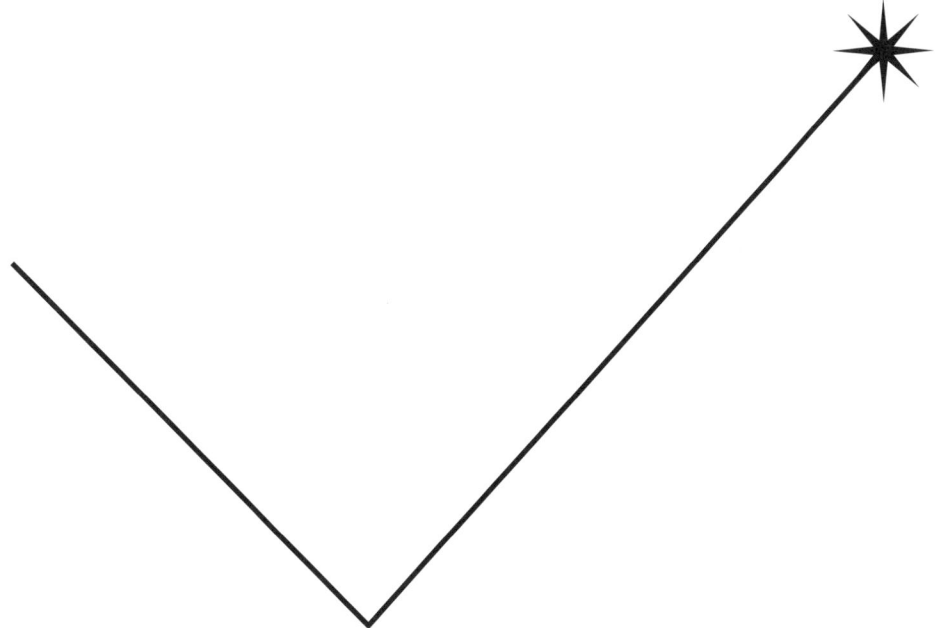

Find a way. 방법을 찾으라.

Li Lu was on edge when he took refuge in the States, was studying at Columbia University on a full scholarship and had no money. He attended a lecture by Warren Buffett and looked through many businesses to invest. He employed the floating scholarship money and made 600% returns in two years. He became a millionaire by the time he graduated. He found ways to turn his situation around.

리 루는 미국으로 피난하여 전액 장학금으로 컬럼비아 대학교에서 공부할 때 돈도 없고 극심하게 불안했다. 그러다 워런 버핏의 강의를 듣고 투자할 회사를 찾았다. 장학금이 입금되었다가 대학교에 지불되기 전까지 잠시 갖고 있던 그 돈을 투자하여 그는 2년 만에 600%의 수익률을 만들었다. 대학교를 졸업할 때 그는 백만장자가 되어있었다. 절박한 상황을 전환할 방법을 찾아냈다. 최저점은 반등의 기회고, 전환의 시점이다.

Timeless Secrets 불멸의 비결

이 책의 가장 첫 장에서 말했듯, 인간 본성 중 가장 중요한 것은 자기보존(self-preservation)과 인정(appreciation)이다. 사람은 행복하기 위해 존재하고, 행복하기 위해 행동하며, 자기 존재의 가치를 인정받기 위해 일한다. 이 본성에 성공할 수 있는 불멸의 비결이 있다.

돈이나 물건이나 좋아 보이는 브랜드는 껍질이다. 돈은 당신을 행복하게 하지 않는다. 사람들은 얼마를 내든 그 가격은 잊어버린다. 사람들은 당신이 어떤 브랜드의 옷을 입었는지 신경 쓰지 않는다. 패션디자인을 공부한 나와 내 친구들도(유럽과 호주인) 누가 비싼 브랜드를 입고 나왔으면 '그랬네'하고 씁쓸해할 뿐 그 사람을 더 높이 평가하거나 존중하진 않는다.

그러나 우리가 잊지 않고 기억하는 본질은 무엇을 살 때 어떤 대접(treat)을 받았는지다. 자본가로서 얼굴 없는 무언가를 위해서가 아닌 진짜 사람들에게 받는 인간적인 느낌이 자신이 하는 일에 의미를 부여한다고 워런 버핏 또한 말했다. 그는 돈보다 관계를 중시한다. 인간 뇌는 좋은 관계에서 행복과 보람을 느낀다. 우리가 하는 모든 일은 궁극적으로 사람을 위해서고, 사람은 감정이 있는 존재다. 번 돈으로 내가 선택해 하는 행동이 나를 행복하게 한다. 이쯤은 누릴 자격이 있다고 생각하기 때문에 고급 제품과 서비스를 산다. 그것이 나를 행복하게 하고, 나의 가치를 높게 인정해 주기 때문이다. 브랜드가 파는 건 물건이 아니라 **감정**이다.

싸구려 가게에서 2천 원이면 주방 가위를 살 수 있다. 그런데 무려 40배나 비싼 8만 원 하는 일제 가위를 쓰면 같은 일이라도 이 가위가 훨씬 더 만족스럽게 일을 잘해서 기분이 좋다. 요즘은 왠만한 전자제품이 다 기능은 해서 2만 원이면 헤어드라이기를 사서 머리는 말릴 수 있다. 그런데 60만 원에 다이슨 드라이기를 쓰면 같은 따뜻한 바람의 질이 다르고 정확한 작동에 만족스러워 이 제품에 쓴 가격은 잊고 이 만족감만 기억한다. 청소기는 더 차원이 다르다. 남들이 먼저 개척한 사업을 안전망 안에서 따라하기만 하는 한국 대기업이 만든 카피 청소기는 가격은 비싼데 어딘가 허술하고 만족스럽지 않다. 그 기술과 디자인을 개발한 오리지널 다이슨은 100만 원을 넘게 줘야 하지만 사용하자마자 그 가격은 잊혀지고 만족감이 남는다. '국산'이라고 도와주는 일은 이전 세대의 사고방식이고, 왜 최고가 최고인지 이해하고 세계 최고를 디자인할 수 있는 지성이 새로운 세대의 부자가 될 사람의 생각하는 법이다.

책도 마찬가지다. 책의 내용은 기억나지 않지만, 그 책을 읽은 경험이 좋았음은 기억에 남아 그 책을 다른 사람들에게 추천한다. 그렇게 고전이 시간을 통해서 드러난다. 사랑도 그렇다. 나이가 들어도 기억에 남는 사람은 그 사람과의 경험이 좋았던 사람이다. 인생도 그렇다. 당신이 죽음 앞에 이르렀을 때 당신의 마지막 뇌리를 스칠 장면들은 그동안 살면서 느꼈던 가장 좋은 경험들일 것이다. 그런 경험을 줄 수 있는 사람이 가장 아름다운 사람이지 않을까.

그러니 친절하라(Be kind). 당신의 친절은 문화가 되어 당신에게 돌아온다. 지금 당신이 마주한 사람에게 최선을 다하라(care). 무례하거나 무관심할 바에 그 일을 하지 말라(the best or nothing). 당신이 최고를 줄 수 있는 일을 하면 부자는 자연히 된다. 아직 최고를 줄 능력이 안 된다면 그 능력을 개발하라. 인간이 가진 큰 축복은 배우고 변화해 더 나은 사람으로 진화할 수 있는 가능성을 가진 것이다.

Chasing money alone doesn't make any difference.

돈만을 좇아서는 인생이 바뀌지 않는다.

당장 돈만을 벌기 위해 반짝 생겨났다가 이내 사라지는 것들은 인류와 그 자신에게 아무런 영향을 끼치지 못한다. 쉽게 돈만을 벌려는 얕은 정신은 그렇게 번 돈으로 다른 사람들에게 자기 존재의 가치를 인정받지 못하여 성공의 상징이 된 비싼 물건이라는 허영을 소비하기 때문이다. 그렇게 그들은 다시 빈자로 돌아간다.

Delight your customers.

사람들을 감동시키라.

사용자를 기쁘게(delight) 하는 사업은 반드시 성공한다고 워런 버핏이 말했다. 최고의 사용자 경험에 집중하는 사업가는 성공한다. 엔지니어가 조잡하게 만든 기술을 우아한 사람이 쓰고 싶게 만든 애플이 그래서 성공했고(스티브의 카리스마도 큰 몫을 했다), 사진 로딩을 빠르게 하고 편리한 인터페이스를 만든 인스타그램이 그래서 성공했으며, 사용자 경험에 집중한 아마존이 그래서 성공했다. 경험이란 곧 시간이기 때문이다. 타인의 시간을 가치롭게 하는 사람은 그의 시간 또한 가치롭게 만든다.

You've got to start with the customer experience, and work backwards to the technology.

사용자의 경험을 더 낫게 하려는 노력부터 시작해서 그를 위한 기술을 작업해야 한다.

— Steve Jobs

자기보존이란 사람은 자신이 불행한 일은 피한다는 말이다. 우리는 우리의 기분을 나쁘게 하는 사람들과는 시간을 보내고 싶어 하지 않는다. 사람들의 시간이 모이는 곳에 부가 있다. 당신이 타인의 시간 가치를 높여주는 사람이 되면 자연히 부자가 된다. 돈이 아니라 자식을 낳아 사랑으로 키운 사람도 잘 산(well lived) 사람이고 고로 부(wealth)를 지닌 사람이다. 세상에 없던 새로운 사람에게 시간을 주었기 때문이다. 거저 받은 이 시간에 감사하고 이 시간을 가치 있게 쓸 줄 아는 사람이 부자다.

진정한 부자는 당장의 쾌감을 위한 소비를 절제할 수 있다. 진정한 부자는 시간을 함께 하는 사람들의 시간 가치를 높여주고, 업을 잘하여 이를 이용하는 사람들의 삶을 더 낫게 해주어 세상을 더 살기 좋은 곳으로 만들며, 자신의 시간 그 너머까지 볼 줄 아는 장기적 안목이 있는 사람이다. 부자가 가장 두려워하는 것은 자식이 받는 것을 당연시 여겨(spoilt) 무능한 어른(entitled)으로 크는 것이다.

위대한 사람은 더 위대한 사람을 존경하고 배우려 애써서 결국 그렇게 된다. 될 사람은 되도록 만든다. 내가 만난 성공한 한국인들은 어려서 학원을 다니지 않았다. 스스로 공부했다. 이들은 책으로 배웠다. 스스로 하고자 하는 원동력이 성공의 핵심이다. 위대한 선생님은 당장 지식을 빠르게 전달하기보다, 제자가 스스로 원해서 알고 싶도록 호기심과 배움의 즐거움, 성장의 기쁨을 불어넣어 준다. 이것은 빠르게 시세차익으로 돈만을 벌어서는 부자가 될 수 없는 진리와 같다. 근시안적이고 지속하기 어렵기 때문이다. 무지성 투기를 하다간 기초생활수급자가 될 것이라고 피터 린치가 말했다. (1) 멀리 보고 (2) 옳은 판단에 (3) 시간을 들일 수 있는 사람이 결국 큰 부자가 된다. 투기가 성공하는 경우는 최상위 지성 극소수다(조지 소로스, 짐 사이먼). 여전히 이성과 원칙, 자기통제에 기반하기에 '투기(speculation)'이라고 하기보다는 투자 방식이 다르다고 하는 게 더 옳다.

워런 버핏은 언젠가 그랬다. 사람들은 자신이 무슨 차를 타는지를 궁금해 하고 어떤 책이 그에게 원동력을 주어 지금의 성공을 이루게 만들었는지는 묻지 않는다고. 진짜 중요한 것은 지성과 당신 안의 에너지다. 지금의 부자는 영원하지 않고, 중산층에서 끊임없이 새로운 부가 탄생한다. 다음 부자가 될 사람이 배우는 시간을 단축해 더 빨리 인류를 진보하고 부자가 되는데, 무엇보다도 영감을 주는 데 이 책이 도움이 되길 바란다. 마음의 에너지가 전부다.

Go out of your comfort zone. Push your limits so that you can grow. Nothing bad will ever happen to you except your death. Fear only exists in your mind. This whole life may just be a dream controlled by a higher civilisation. You never know. All I know from my own experience is that by changing your energy levels, your game changes.

익숙함에서 벗어나라. 자신의 한계를 밀어붙이라, 그래야 성장하니까. 일어날 수 있는 나쁜 일은 죽음밖에 없다. 두려움은 당신의 머릿속에만 존재한다. 인생이라는 이 모든 것은 그저 더 높은 문명이 지배하는 하나의 꿈일지도 모른다. 우리는 알 수 없다. 내가 경험해 확실히 아는 것은, 에너지의 파장을 바꾸면 인생이라는 게임도 바뀐다는 진리다.

틀리는 걸 두려워하지 말라. 인간이 항상 옳은 게 비정상이다. 성장에 중요한 것은 틀린 것을 빠르게 인정하고 빠르게 배워 더 나은 사람이 되는 태도다. 더 나은 사람이 되었을 때 부가 봇물 터진 듯 밀려들어 온다. 실패는 빠르게 잘하는 게 좋다. 한창일 때 1억 4천만 원을 잃는 게 다 이룬 후 84억 4천만 원을 잃는 것보다 낫다. 아픈 배움은 당신의 생존 본능을 깨우고 훨씬 큰 업적을 이룰 수 있는 높은 가치의 사람으로 만든다. 크고 강한 그릇은 불구덩이 속에서 만들어진다.

Fundamentals count when it comes to multiplying your wealth
부를 여러 배로 불리는 방법

지혜로운 신사와 숙녀가 많이 사는 호주 멜번에서 인물 사진작가로 일하며 신기한 현상을 발견했다. 명성을 쌓아 유명한 작가가 되었을 때보다, 쿠폰 판매 웹사이트와 협업하여 할인된 가격으로 서비스를 제안했을 때 멜번의 상류층을 만날 수 있었다. 유럽의 실크 타이를 수집할 때도 이런 현상을 발견했다. 좋은 취향의 타이를 수집하다가 은퇴하신 영국의 신사와 친해졌는데, 그는 집안을 훌륭한 취향의 아름다운 물건들로 가득 채웠지만 그를 수집할 때는 좋은 물건을 저렴하게 사는 법을 알고 있었다. 바로 이것이 부자가 되는 원칙이다. 워런 버핏이 그의 스승 벤저민 그레이엄에게 배워 한두 모금 남은 담배꽁초 같은 싸구려 회사를 싸게 살 때, 워런이 선택한 파트너 찰리 멍거는 그러지 말고 훌륭한 회사를 합리적인 가격에(great company at a fair price) 사도록 새로운 원칙을 세워줬다. 그 결과는 세계에서 가장 큰 성공을 만들었다. 투자의 원칙은 좋은 회사가 일시적인 문제로 저렴해졌을 때 그 지분을 소유하는 것이다. 기초자산(fundamentals)이 건실하면 주식가격은 다시 오르기 때문이다. 기초자산은 진실(truth)이고, 가격은 인식(perception)이다.

Gentlemen buy quality things at a discount.

부자는 좋은 물건을 저렴하게 산다.

투자(investing)와 투기거래(trading)는 다르다. 투기는 시장과 가격을 분석해서 시세차익으로 단기 이익을 취하는 기회주의다. 사고파는 행위로 큰 부자가 되기 어렵다. 투자는 회사(management)와 사업(business)을 이해해서 그 회사의 지분을 소유(ownership)하는 자본가의 일이다. 소유가 큰 부의 핵심이다. 예를 들어 당신이 새로운 일을 시작할 때 자본이 부족하면 자본가에게 자본을 빌려 당신의 일을 개발하고 이를 필요한 사람에게 제공하여 이익을 얻고, 이 수익의 일부를 자본가에게 원금과 이자로 되갚는다. 이렇게 서로 도와 함께 성장하는 것이 투자다. 자본은 목적을 위해 쓰일 때 가치가 있다. 그래서 생산 활동을 하는 기업에 여유 자본을 두는 것이 부를 성장하고 유지하는 가장 좋은 선택이다.

극적으로 성공적인 투자는 연예인을 만드는 것과 같다. 재능 있지만 평범했던 사람이 많은 사람의 관심(attention)을 받아 가치가 수백 배, 수천 배로 불어난다. 연예인이 될 가능성이 있는 아이를 찾아 시간을 들여(put time in) 훈련(discipline)하고 사람들이 원할 것을 잘 제공하면 그 사람들을 기쁘게 해주고 그 보상으로 부자가 된다.

투기거래는 겉으로 보기엔 단순하다. 최저점에 사서 최고점에 팔면 된다. 그런데 가격에 영향을 주는 요소가 너무나 많아 넓고 깊은 진리를 모르면 어렵다. (중심 영향은 수요다.) 자본의 가치를 사용한 대가를 받는 것이 투자다. 주식은 복권이 아니라 기업의 지분이다. 사람들에게 이익을 주는 기업은 잘 된다. 부채보다 현금이 많은 기업은 생존할 수 있다. 2부에서 배운 주인의식 생각법을 투자에도 적용하면 부자가 될 수 있다(The poor consume; the wealthy own).

주식을 사는 게 아니라, 주주가 되는 것이 투자다.

나는 투자를 쇼핑으로 여긴다. 장이 열리면 장을 보러 간다. 저렴한 가격에 나온 좋은 타이를 찾기 위해 인터넷 검색 결과의 마지막 페이지까지 다 보는 행동과 현재 저렴한 가격이 된 좋은 회사를 찾기 위해 많은 회사를 훑어보는 행동은 같다. 타이를 많이 보며 길러진 안목과, 회사를 많이 보며 길러진 안목은 판단 기준을 세워주어 빠르고 정확히 판단할 수 있다. 빈자는 쓰고 버리는 소비재를 비싸게 사서 시간과 노동으로 번 돈을 쓴다. 부자는 소비재를 사지 않고 자산을 산다. 미래에 더 행복하게 해줄 확신이 드는 회사의 지분은 더 많이 산다. 좋은 회사를 좋은 가격에 산다.

회사는 나무 같다. 새싹은 몇천 원밖에 안 하는데, 큰 나무는 몇십만 원 한다. 시간과 관심을 들인 나무가 더 비싸다. 그 시간과 관심을 새싹을 사다 당신이 들이면 당신은 더 큰 부자가 된다. 물(돈)을 주며 기르는 나무들은 저마다 수확의 시기가 다르다. 투자가는 행복하게 기업을 경작한다. 당신의 자본으로 세상이 더 나은 곳으로 바뀌면 자산가인 당신은 기쁘다.

최저점은 군중이 신념을 잃을 때다. 아무도 몰라볼 때 알아보는 사람이 되면 함께 성장한다. 손님 없이 조용한 식당에 들어가는 데엔 본능을 반하는 확신이 필요하다. 당신이 소비자가 아니라 성장 주체라면, 스스로를 개발하는 과정의 힘듦을 견뎌내고 포기하지 않으면 성장한다. 그렇지만 다른 사람들이 다 잘될 거라고 믿는 것을 하면 이미 늦다. 그래서 수많은 카페와 치킨집이 대부분 얼마 못 가 닫는다. 애플 주식을 이제 와서 사면 당신의 일생 동안 부를 여러 배로 불릴 수는 없을 것이다. 아직 아무도 못 알아보는 저평가된 자산을 찾아야 한다. 그런데 크게 성장하는 자산은 물건이나 회사가 아니라 그 사업을 이끄는 사람에 의해서 이뤄지기도 한다. 온라인 시장이 성장 산업이라서 아마존이 성장한 게 아니라, 제프 베조스가 했기 때문에 아마존이 된 것이다. 전기차가 성장 산업이라서 테슬라가 잘된 게 아니라, 없던 수요와 시장을 만들 수도 있다. 사람들이 커피를 많이 마셔서 스타벅스가 성장한 게 아니라, 하워드 슐츠에게 다른 사람들이 모르는 것을 알고 실행할 수 있는 지성과 열망이 있기 때문이다. 사람들이 스마트폰이 필요해서 아이폰이 잘된 게 아니라, 사람들이 원하는 것을 보는 비전을 스티브 잡스가 갖고 있었기 때문이다. 가장 큰 변수는 리더다.

부는 사람들이 원하는 것을 알고 실행할 수 있는 사람이 창조할 수 있다. 가난한 이유는 멀리 내다보지 못하기 때문이다. 겉으로 보이는 표면적인 것까지밖에 인지하지 못하기 때문이다. 빈자의 특징은 자기 자신까지밖에 인지하지 못한다. 자신에서 벗어나 바로 앞 사람의 입장까지 인지할 수 있으면 꽤 성공적인 삶을 산다. 자신에서 멀리 벗어나 인류 전체를 볼 수 있는 사람은 큰 부자가 된다. 예를 들어 가난한 사람들은 회사 점심때마다 일회용 쓰레기에 커피를 사 마신다. 무능한 사람은 사치품으로 치장한 사람일 때가 많다. 사람들은 당신이 무엇을 입었는지보다 자신이 무엇을 입고 나왔는지에 빠져있다. 상식이 없는 사람이 많기 때문에 법이 존재하는 이유처럼, 생각보다 '기본'이 된 사람이 흔치 않다. 기본기가 완성된 사람이 여러 배로 성장하는 위대한 성취를 이뤄낸다. 같은 원칙으로, 기본을 잘하는 기업이 잘된다.

It's not what you don't know that gets you into trouble. It's what you know for sure that just isn't so.

모르는 것이 문제에 빠트리는 게 아니다. 당신이 안다고 확신하는 것이 사실 틀렸을 때 곤경에 빠진다.

— Mark Twain

운동선수로 최고가 되려면 기본기를 최고로 잘하면 된다. 머리로 하는 일로 최고가 되려면 누구보다 책을 많이 읽고 이해력이 빠르면 된다. 머리를 개발하는 운동이 독서와 글쓰기이기 때문이다. 영어를 빠르고 정확하게 익혀 세계인과 소통하여 인생의 파장을 높이고 넓히려면 기본기를 명확히 익히면 된다. (영어의 기본기는 《영어책》에 있다.) 이 사회에서 성공하려면 사람들이 원하는 기술을 잘하고 다른 사람들과 함께 일할 수 있는 기본기(work ethic)를 잘하면 된다. 언젠가 갓 스무살이 된 부잣집 자제의 유학

교육을 맡은 적이 있는데, 그는 부모가 모든 것을 거저 주며 키워 스스로 무언가를 해낼 힘(기본)이 전혀 없었다. 그때 '기본'이라는 단어가 '무언가를 시작하기 전에 먼저 갖춰야 하는 것'이라는 의미를 뼈저리게 배웠다. 기본은 '중심이 되어 일차적으로 중요한 것'이다. 기본기는 그런 기술이다. 사업이 잘되려면 일차적으로 제품이 좋고 사용자가 만족해야 한다. 기본도 없으면서 장식만 화려한 것들이 많아서 기본기만 잘하면 성공하기는 쉽다. 무지한 절대다수가 있기 때문에 극소수가 부자다. 부자가 되려면 무지한 다수에서 벗어나 독립적으로 생각해야 한다. 군중의 말과 TV에서 떠벌리는 사람들의 말을 듣지 않고 스스로 판단해 결정해야 한다.

부자가 되면 투자는 불가피하다. 여분의 자산을 가만히 두면 썩고 만다. 돈의 속성이 물이듯, 돈이 인간 세상을 더 낫게 만드는 일에 쓰여야 더 큰 돈으로 돌아온다. 부자의 조건 중 하나는 통제권(control)이다. 당신의 인생에 관련된 모든 것에 통제권을 넓혀갈수록 부자가 된다. 에르메스 상속자 니콜라 푸에흐(Nicolas Puech)는 자산 관리사로 인해 $13B(약 18조 원)의 부가 사라졌다고 주장하고 있다. 자신의 부는 스스로 관리해야 하고, 세상을 떠날 때도 유언을 정확히 남겨야 가족끼리 싸우지 않는다. 최고는 문화를 남긴다.

자산 운용은 둘로 나뉜다. 수동적(passive)이거나 능동적(active)이거나. 당신에게 맞는 방법을 선택하면 된다. 자본을 투자해 불리는 일을 직업으로 삼는 사람들에게 맡기거나(투자기관 등), 펀드 상품을 구입하는 일이 수동적인 자산 운용이다(ETF, S&P 500 인덱스 펀드 등). 저축과 적금 수익률은 시기에 따라 다르지만 주로 너무 미미하여 인플레이션 대비밖에 되지 않으니 자산 운용이라고 하긴 어렵다. 그리고 직접 사업을 하거나 저평가된 자산을 찾아 자본을 빌려주고(투자) 성장을 돕는 능동적 운용이 있다. 개인적으로 창업자를 돕는 엔젤투자자, 좀 더 구조적으로 돕는 벤처캐피탈리스트, 그리고 개인 투자가 등이 있다. 모두 판단력과 사전 조사(due diligence)를 통해 자본을 운용한다.

세계에서 가장 큰 부자 100명 중에 부동산으로 부자가 된 사람은 단 3명이다. 부동산 개발도 포함해 가장 큰 부자가 된 사람은 홍콩의 리카싱과 리샤우키다. 사람들이 필요로 하는 것을 생산하고 그 대가를 받을 수 있는 사업이 가장 쉽고 확실한 투자라고 워런과 찰리가 말했다. 가공되지 않은 산물(commodity), 예를 들어 에너지(오일, 가스, 전기)와 생활에 필요한 기본적 산물(농산물, 가축, 면)을 사고파는 일로는 부의 성장에 한계가 있다. 진짜 큰 부는 사람들이 필요한 것을 제공하는 사업에 있다. 이런 사업(business) 중에 가치가 여러 배로 불어나는 기업(multibaggers)들이 있다. 이 기업을 다른 사람들이 아직 몰라볼 때 알아보고 투자하면 큰 수익률로 더 큰 부자가 될 수 있다. "가치 투자"에는 다양한 해석이 있는데, 아래의 multibaggers라는 개념은 피터 린치에게 배워 워런 버핏의 설명과 나의 동시대적 이해를 종합해 당신이 이해하기 쉽도록 정리했다. 영어의 "value for money"는 가성비라는 뜻이다. 가치 투자는 가성비 투자다.

여러 배로 성장하는 기업들(multibaggers)의 특징 :

1. 사람들에게 제 기능을 잘하는 기본기가 탄탄하여(strong fundamentals) 오랜 기간 지속적으로 수익(earnings)을 냄

2. 경영하는 사람들이 유능하고 정직함(able & honest)

3. 짧은 기간에 사업 확장이 가능함(scalable)

4. 큰 자본을 움직이는 기관 투자자(analysts)의 눈에 아직 들지 않아 저평가되었고(undervalued) 군중의 관심에 들지 않음(not meme stocks)

5. 부채 수준이 합리적이거나 역경을 버텨낼 수 있는 현금(cushion)이 넉넉하고 건강한 수익을 내고 있음

6. 다른 기업이 따라할 수 없는 고유한 경쟁력이 있음(irreplaceable)

7. 앞으로도 계속 수요가 있는 산업에 있음

기업이 사람들에게 가치를 잘 제공해주고 있고 특별한 위험 요소가 없다면 그 기업의 기본기는 탄탄하다. 따라서 내재적 가치가 있고, 미래 가치가 훌륭한 기업이 성공하여 그를 알아보고 투자한 당신도 부자가 된다. 주주인 당신이 성장 기업과 파트너이기 때문이다. 앞서 부자가 되려면 '가치를 알아보는 안목'을 길러야 한다는 근거가 이것이다. 무지한 사람은 좋은 것이 눈앞에 있어도 그를 알아보지 못하고 기회를 저버린다. 그래서 지성이 곧 부다. 정말, 아는 만큼 보인다. 실행력은 해봐야 는다.

기관 투자자는 독립적으로 결정하고 행동할 수 없고 여러 사람들의 의견을 종합해 움직이기 때문에 비효율적이다. 내 대학교 친구들 대부분이 일류 투자은행에 입사했는데, 개인(independent) 투자가가 충분히 이들의 수익률을 뛰어넘을 수 있다. 집단적 생각(group think)은 투자와 사업에서 나쁜 결과를 낸다. MBA는 성공을 보장하지 않는다. 개인의 절실함과 강력한 원동력이 성공을 가능하게 한다.

You don't get paid for your activity; you get paid for being right.

열심히 움직여서 부자가 되는 게 아니다. 옳은 결정이 부자를 만든다. (바쁘게 사고팔아서 부자가 되는 게 아니라, 미래 가치를 알아보고 투자하여 오래 보유한 사람이 부자가 된다는 문맥에서 말했다.)

— Warren Buffett

작은 수익률을 얻기 위해 바쁘게 사고파는 데이트레이딩은 막히는 도로에서 요리조리 차선을 바꾸는 것과 같다. 당장 눈앞에선 더 빨라보여도 그냥 한 차선으로 가는 것과 결국 비슷하게 도착하는데 자원은 더 쓴다. S&P 500 성장은 개별 주식의 가격보다 느리게 변동하지만, 10년 뒤엔 열심히 시간을 들여 거래한 것과 비슷하거나 더 높은 수익률로 성장했다. 대부분의 똑똑한 기관 투자자들이 이 벤치마크에 못 미친다. 근사한 학교와 회사를 다녀 불리한 점은 자신의 능력을 과대평가하기 쉬운 것이다.

작은 이익을 얻고자 공격한다면 큰 이익을 얻지 못할 것이다.
— 이순신 장군, 《난중일기》

투자보다 더 빠르게 부를 키우는 길은 **생산**이다. 당신만의 것을 생산하고 소유하면 가장 빠르게 부자가 된다. 번 돈을 투자하여 %당 얻는 금액이 커져 복리의 마법이 일어날 수 있다. 투자를 하지 않더라도, 위의 기본기를 당신의 업에 적용하면 당신이 성장의 주인공이 될 수 있다. 성공은 일회성이지만 성장은 지속성이다. 인생은 한 방이 아니다. 빠르게 가려 하면 오히려 잃기 매우 쉬워 위험하다. 오래 쌓은 좋은 명성이 부를 쌓는다. 좋은 명성은 많은 사람을 만족시켜 형성된다. 시간을 들여야 부자가 된다.

The real money was in the really great companies that carried you up and up and up and up.

진짜 큰 부는 진짜 훌륭한 기업에 있다. 그런 기업에 투자하면 당신의 부는 오르고 오르고 오르고 또 오른다.

— Charlie Munger

가치와 별개로, 단순하게 주식 가격(시장 인식)만으로 성장을 가늠한다면:

1991년의 맥도날드는 1주 최저가가 11,965원이었는데, 2024년 현재 3,058% 성장했다. (그동안 두 번의 주식 분할이 있었다.) 33년 동안 31.58배 성장했고 연평균 성장률(CAGR)은 대략 11.03%다. 지난 5년 간 맥도날드 주식을 보유했다면 7.7%의 수익률을 얻었고, 10년 보유했다면 14.43%의 수익을 얻었을 것이다. 지난 10년간 S&P 500 연평균 성장률은 10.81%다.

1991년부터 버크셔 헤서웨이 A주는 7,770% 성장했다. 워런은 단기에 사고파는 매매자(trader)보다 장기 보유하는 주주(owner)를 얻기 위해 주식 분할은 하지 않았다. 77.70배 성장했고 연평균 수익률은 14.52%다. 지난 10년간의 연평균 수익률은 12.82%다.

2004년 상장한 도미노피자는 2008년 최저가로부터 16,341% 성장했다. 163.41배 성장했고 연평균 성장률은 29.06%다. 지난 10년간 연평균 수익률은 20.97%다.

2010년부터 테슬라는 20,654% 성장했다. 연평균 성장률은 42.40%다. 지난 5년간 연평균 수익률은 67.91%, 10년간은 29.37%다. 그런데 2024년 11월 미국 대선 직후 주가가 급등하며 33,244%로 바뀌었다. (복리의 마법: 미래에 가격이 50% 오르면 수익률은 12,590%나 높아질 수 있다.)

1986년 상장한 마이크로소프트는 1990년 주가부터 71,432% 성장했다. 지난 10년간의 연평균 수익률은 27.32%였고, 같은 기간 S&P 500은 10.81%였다. 1990년 1월에 마이크로소프트 주식을 사서 2020년 12월까지 중도에 사고팔지 않고 갖고 있었다면 57,730%의 이익을 얻었을 것이다. 같은 기간 S&P 500은 1,950%였다. 배당금은 별도다.

1980년 상장한 애플은 1996년 최저치로부터 188,771% 성장했다. 지난 10년간의 연평균 수익률은 약 26.51%다. 96년에 159만 원을 투자했다면 지금 30억 원이다. 2007년에 애플 1주는 4천 원에서 9천 원이었는데, 나는 이때 칼리지를 다니며 70만 원 정도에 오리지널 아이폰을 샀었다. 70만 원으로 140주를 각 5천 원에 샀으면 지금 4천만 원이다. 2023년에 오리지널 아이폰이 경매에서 $190,373에 낙찰됐다. 약 2억 6천만 원이다. 2024년 스티브 잡스가 썼던 애플-1 컴퓨터는 $945,000(12억 5천만 원)에 거래됐다. 부자는 소유하고, 빈자는 소비한다. 소비하고 버리는 것은 빈자의 사고방식이다. 알고 투자하고 보유하는 것이 부자가 생각하는 법이다. 위의 회사들은 이미 클 만큼 성장한 회사들이고, 여기에 투자해도 지금부터의 수익률은 과거 같지 않을 것이다. 성공에도 주기가 있다. 아직 화젯거리가 아닌 자산과 사업에 기회가 있다.

반면 부동산은 개발도상국이 아니라면 뛰어난 투자가 아니다. 수익률은 더 적으면서, 시간과 비용은 훨씬 더 들고, 세율도 높고 판매(liquidity)도 어렵기 때문이다. 한국 부동산은 입시체제로 인해 고평가(overvalued)되었고, 현금화가 어렵다. 살 것만 생각하고 팔 것(exit plan)은 생각하지 않으면 묶이게 된다. 수익률이 높아도 그 시간이 짧을수록 당연히 더 빠르게 부자가 되고, 여러 번 지속적으로 반복할 수 있어야 큰 부자가 된다. 단기 수익으로 큰 부자가 될 수 없는 이유는 50년 이상 지속이 불가하기 때문이다. 선진 사회에서 큰 부자가 된 사람들은 모두 기업을 통해 되었다. 평범한 유튜버인 쉘비 쳐치(Shelby Church)는 2019년에 S&P500 인덱스 펀드를 사서 2024년에 100% 수익률로 투자금을 2배로 키웠고, 같은 시간동안 부동산은 모든 비용을 제하고 4~10%의 수익을 만들었다.

이 부의 축적 원리를 실제로 실험하기 위해 나는 1억 원을 정기예금으로 예금이자율 3.3%로 6개월 동안 은행에 빌려주고 160만 원을 벌고 25만 원을 세금(2,000만 원 이하 이자소득세율 15.4%)으로 냈다. 1,000만 원으로 잘 아는 회사 두 곳에 투자해 정확히 31일 만에 수수료를 제하고 126만 원을 벌었고 세금은 공제받았다(250만 원 이후 수익에 대한 세율은 22%다). 이 실험을 위해 31일째에 판매했지만, 주가는 그다음 달 내 수익률의 2.5배 더 올랐다. 1억 원을 두 달 투자했었으면 3,150만 원을 벌었을 것이다. 이 기간 1억 원을 빌린 은행 대표는 그 돈으로 나쁜 일을 해서 감옥에 갔다. 빈자가 더 빈곤해지고 부자가 더 부자가 되는 이유는 지성의 차이다. 부자의 생각법을 배운 사람은 큰 금액을 투자해 버는 수익으로 삶을 풍요롭게 살 수 있고, 이를 배우지 않은 사람은 저축이나 예금 이자로 원금만 보전하며 노동 수익으로 생활한다. 투자는 많이 읽고 결정을 내리고 나면 일 끝이다. 계속 가격 변동을 주시할 필요도 없다. 옳은 선택을 했으면 성장 결과를 얻는다. 불안의 원인은 무지다.

투자는 명백하다. 선택이 옳았느냐 잘못되었느냐로 결과가 결정된다. 판단력을 길러서, 사전 조사(due diligence)를 하고, 감정을 통제하고 이성으로 적절한 시기에 결정적인 행동을 하는 것이 투자다. 여기서 지성의 언어 영어가 결정적인 도움이 된다. 작고 비이성적인 한국 시장에 머무르는 사람은 큰 부자가 되지 못한다. 자본은 바다다. 세계적으로 흐른다. 한국, 일본, 미국, 유럽 등을 두루 알면 기회와 위험을 알아보고 필요한 정보를 (영어로) 얻어 투자할 수 있다. (공산주의 국가는 예측이 불가하다.) 옳고 합리적인 선택을 하기 위해서는 군중 심리와 분리되어야 한다. 자신의 본능도 인지하고 철저히 이성적으로 생각해야 한다. 그래서 가장 성공적인 투자가는 대세에 반하는 생각(contrarian and independent thinker)을 한다. 투자로 정상에 오르려면 홀로 나는 독수리(solitary eagle)가 되어야 한다. 월스트릿에서 멀리 떨어진 오마하에 조용히 혼자 있는 워런 버핏이 최고가 된 이유다. 어느 증권 앱에는 커뮤니티가 포함되어 있는데, 투자에 이보다 위험한 기능은 없다. 투자에 집단지성을 적용하면 집단실패로 이어진다. 다만 군중의 생각을 파악하는 일은 시장의 온도를 측정하는 데는 사용될 수 있다. 하워드 막스(Howard Marks)는 서브프라임 모기지(subprime mortgage)를 몰랐고 앞으로 시장에 무슨 일이 일어날지 예측할 수 없었지만, 당시 40년 째 투자를 한 경험으로 시장의 온도는 감지할 수 있었고 덕분에 이 위기에서 영향을 받지 않을 수 있었다. 부자는 핫한 것에 투자하지 않는다. 핫해지기 전의 날것의 가치를 알아보고 투자한다. 이미 핫한 것을 사는 건 사회적 증거 편향에 의한 판단이고, 투자라기보다는 질투심에 배아파서 따라 하는 것이며, 생각하지 않고 내리는 결정이다. 한 단어로 투기다.

Democracy dies in darkness. 민중이 무지하면 민주주의는 무의미하다.

— Bob Woodward

기회를 잡은 사람은 그 기회가 오기 전까지 그에 대해 알고 있었고 그 기회를 잡을 준비가 되어 있었다. 한국의 어느 30대 약사는 2024년 10월 1일 중국의 75주년 국경일 연휴에 주석이 경제 활성화 정책을 펼치기 전에 1년 동안 공부하고 마음을 졸여 크게 투자해 2억 2천만 원 이상의 수익을 벌었다. 인기가 절정에 달했을 때 이를 보고 뒤늦게 잘 모르고 투기한 수많은 사람들은 잃었다. (이것이 시장 과열이다.) 아무도 못 알아볼 때 연구하여 시간, 에너지, 자본 자원을 투자한 사람이 승자다. 그리고 이 약사도 마이너스 1억을 견딘 시기가 있었다고 한다. 전 재산이 -50%인 것을 보며 100일을 견딜 수 있는 **인내**가 투자 성공의 가격이다. 대부분의 사람들이 미쳐갈 때 일상을 지킬 수 있는 사람이 진짜 강자다.

상승장(Bull market)의 3단계

1단계 : 특출나게 영민한 극소수의 사람만 상황이 좋아질 것을 알아본다.

2단계 : 대부분의 사람들이 상황이 실제로 좋아지고 있음을 안다.

3단계 : 모든 사람들이 상황이 영원히 좋아질 것이라고 믿는다.

부자가 되는 사람은 1단계에서 저렴할 때 자산을 소유하고, 3단계에서 조심한다. 위대한 회사의 지분을 사고도 돈을 잃는 사람은 3단계에 자본을 비싸게 산다. 무엇을 사느냐보다, **언제**, **얼마**에 사는지가 더 중요하다.

사람들과 매체가 다 좋다고 얘기하는 것은 선택하지 않는 게 더 현명할 때가 많다. 군중 심리가 가중된 자산은 비이성적이고 예측 불가능하게 가격이 변해 손실이 될 수 있다. 잘못된 결정으로 섣불리 투자 결정을 하기보다는 아무 행동도 취하지 않고 가만히 있는 게 나을 때가 많다. 결혼처럼 말이다. 미성숙할 때 결혼해서 후회하는 친구들을 여럿 보았다. 낳은 자식을 탓하며 불행하게 살아간다. '나 자신'을 먼저 알지 않고, 투자 대상을 정확히 모르고 하는 계약은 도박이다. 그리고 환경을 탓하면 성장 가능성이 없다. 자신을 변화시킬 수 있는 사람에게 성장 가능성이 있다. 기업도 그렇다. 실패에서 배워 더 지혜로운 사람으로 거듭나 옳은 판단을 내리면 플러스로 넘어온다. 대부분의 사람은 실패하면 고꾸라지기 때문에 성공이 귀하다. 좌절하지 않을 강한 이유가 있으면 계속 다시 일어서 도전할 원동력이 된다. 자기 생각과 행동을 바꿀 수 있어야 성장한다.

If you're not failing, you're not pushing your limits, and if you're not pushing your limits, you're not maximising your potential.

실패하지 않으면 한계까지 가보지 않았다는 거다. 한계를 밀어붙여야 당신의 잠재력을 최대화할 수 있다.

— Ray Dalio

스티브 잡스는 자신이 만든 회사에서 쫓겨난 실패자라고 잡지 표지에 났었는데, 26년 뒤 "세상을 바꾼 사람"으로 잡지 표지에 다시 났다. 워런 버핏도 첫 주식은 11살에 샀지만, 제대로 투자를 시작한 건 27살부터다. 배움에는 시간이 들고, "당신 자신에게 투자하는 것이 가장 큰 수익을 준다"고 워런 버핏이 말했다. 내 호주인 절친은 내가 아는 가장 지혜로운 지성인인데, 어려서부터 영특했던 그도 첫 결혼은 실패했다. 이혼하고 두 번째 결혼하여 행복하게 살고 있다. 그는 76세다. 찰리 멍거도 첫 결혼은 실패했다. 투자를 연애나 결혼에 비유하면 적절하다. 투자는 파트너십이다. 투자 대상은 당신의 나무다. 어떤 나무는 빨리 크고, 어떤 나무는 늦게 큰다. 시간이 걸리는 나무를 닦달해 봐야 소용없다. 그의 운명일 뿐이다.

집에서 식물을 길러보면 당신에게 맞는 나무가 있고, 맞지 않는 나무가 있다. 나는 실내에서 식물을 수십 그루 키워오고 있는데, 햇빛을 좋아하는 식물은 아무리 역경이 와도 계속 다시 살아나며 천장을 뚫고 갈 듯 잘 크고, 어둠을 좋아하는 식물은 나와 맞지 않는지 아무리 데려와도 죽는다. 아이비가 그렇다. 다른 사람들은 아이비가 가장 잘 큰다고 하는데, 호주에서도 한국에서도 아이비는 데려오면 모두 죽었다. 담쟁이덩굴로 벽면을 모두 메꿔 여름에 건물의 온도를 낮추고 도시의 탄소를 흡수하고 싶은데, 나와는 맞지 않는 나무란 것을 알았다. 그런데 햇빛을 직사광선으로 뜨겁게 받기를 좋아하는 극락조와 여인초는 아주 잘 자라서 희귀한 꽃도 보았고 천장을 덮을 정도로 커져서 쳐내어도 또 잎이 나며, 깍지벌레투성이가 되어 밑동까지 잘라내어도 또 고귀한 새잎을 피워낸다. 어둠의 주식은 레버리지, 인버스, 옵션 거래 등의 투자 상품이다. 사고팔 때의 수수료로 운영사만 돈을 벌 수밖에 없는 주식 시장의 카지노다. 하나의 회사 주가를 예측하는 것도 불가능한데, 수많은 회사와 소속 나라 정세와 주변 나라들과의 관계와 중요 인물의 말 한마디와 그에 반응하는 군중의 기대와 실망, 언제 일어날지 모르는 사건으로 인해 시장을 예측하는 것은 3차원 세상에 사는 인간으로서 매우 어렵다. 시장을 분석하는 사람 중에 큰 부자는 찾기 어렵고, 그들은 불안과 초조함에 절어 행복하지 않은 삶을 산다. 생산적인 일을 하고 그에서 보람을 느끼는 게 인간의 본성이지 않은가. 지난 2,300,000년 동안 단순한 삶을 살았던 인류가 재산 가격의 등락을 보고 앉아 있은 지는 고작 400년(암스테르담에서 1611년에 주식 시장이 처음 생겼다) 밖에 되지 않았다. 빛의 주식은 기본기(fundamentals)가 튼튼하고 경제나 정치나 군중의 투기 본능에 영향을 덜 받는 회사의 지분이다. 자기 일을 건강하게 꾸준히 잘해서 교류하는 사람들에게 변함없이 기대한 가치를 제공하는 기업이다. 워런 버핏과 피터 린치가 투자하는 회사다. 예측 가능한 자산을 저렴하게 소유해야 성공률이 가장 높다. 운에 당신의 노동 수익을 걸면 정말 위험하다. 운에 인생을 맡기지 말라. 자신의 능력을 과대평가하는 선택은 똑똑한 사람을 빈자로 만든다.

패션디자인을 공부할 때 가장 존경하는 디자이너를 조사해서 발표하는 수업이 있었는데, 이를 통해 모든 위대한 패션 디자이너는 역사학자라는 사실을 배웠다. 이는 산업디자인과 그래픽디자인을 공부할 때도, 경제학을 공부할 때도 마찬가지였다. 역사는 똑같이 반복되지는 않지만, 비슷하게 번복된다. 그러나 캐시 우드는 앞으로 올 시기의 기술을 예측해 투자를 결정한다. 그런데 미래를 예측하는 건 기업 성장과 주가 변동에 너무나 많은 요소가 관련되어 인간으로서 불가능하다. 캐시의 ETF는 +4%, -2%, +87%의 예측 불가한 수익률을 내다가 한 해 수익률이 149%였지만 그다음 두 해는 -24%와 -67%를 기록하며 분기 최악의 ETF였다. 인간은 상위 차원의 존재가 아닌데 시장이나 미래를 예측하는 행동은 오만하다. 주식 가격을 두고 "언제 얼마가 될 거다!"라고 하는 말은 믿어선 안 된다. 낙관주의(optimism)가 지나치면 상승장의 3단계 마지막 단계에 들어오는 사람이 왔다는 신호다. 투자에서 확신할 수 있는 것은 없다. 9/11 사건을 예측한 사람은 없다. 2001년 이 사건으로 NYSE와 나스닥이 나흘 동안 휴장했고, 개장 직후 다우존스가 7%나 하락했으며, 그 주에 S&P500은 11.6%가 하락했고, 시장이 완전히 회복하는 데 2년이 걸렸다. 3차원 세계에 갇힌 인간의 한계를 인정하고, 당신이라는 사람을 알고 당신에게 맞는 투자를 하라. 성공하는 투자가는 조심과 신중을 1순위로 둔다. 아이작 뉴턴도 80살에 주식으로 84억 4천만 원을 잃었다(£20,000 in 1720).

버크셔 헤서웨이가 레버리지를 했다면 지금보다 훨씬 컸을 것이라고 워런과 찰리가 말했다. 그러나 밤에 재정적인 문제로 땀을 흘리는 건 미친 짓이라고 했다. 모험가(risk-taker)인 나도 투자 초기에 내가 잘 모르고 예측할 수 없는 것에 레버리지까지 해서 하룻밤만에 크게 잃은 경험이 있는데, 일주일을 식은땀에 젖어 힘든 시간을 보낸 뒤로는 절대로 같은 실수를 반복하지 않는다. 이 경험으로 배운 투자의 원칙은 이렇다. (1) 이해하는 자산에만 투자하고, (2) 돈은 기계처럼 다루며, (3) 군중의 관심이 집중된 주식은 피한다. 군중의 광기는 주가를 예측할 수 없게 만든다(meme stock). "리스크는 의견"이라고 하워드 막스가 말했다. 내가 샀던 자산을 이해하고 군중이 모를 때 저렴한 가격에 산 사람은 벌었다. 투자는 지성과 자본 그리고 시간을 들이는 일이다. 당신이 아는 자산에 투자하면 타이밍이 조금 엇나갔더라도(약간 비싸게 샀더라도) 투자에 들인 시간이 약간의 실수를 교정해 준다. 단기 투기로는 당장 소비할 작은 돈을 벌 수는 있어도, 이를 40년 지속해 큰 부자가 되기는 아주 어렵다. 그전에 불안과 초조함으로 정신이 나갈 것이다. 멀리 보는 장기적 안목이 그러므로 부자의 생각하는 법이다. 지금도 그랬고 앞으로도 꾸준히 수익을 낼 기업의 지분을 좋은 가격에 소유하면 결국 오른다. 인간이 다루는 모든 일에는 감정이 개입하므로 주기(cyclical)가 있다. 기대치에 따라 심리가 변하기 때문이다.

What price to buy > What asset to buy

무엇을 사느냐보다, 얼마에 사느냐가 중요하다.

투자는 파트너십이다. 한 사람과 사귀기로 결정했으면 적어도 몇 년은 만나고, 결혼을 결정하면 남은 지분을 다 사듯 그 사람의 모든 부분을 다 받아들이지 않는가. 워런은 GEICO에 그렇게 투자를 시작해 결국 전부 사들였다. 이 기업은 그의 부를 크게 키웠다. 함께 하는 시간 동안 함께 성장하고 행복한 것이 투자와 연애와 결혼의 목적이 아닐까. 그 사람이나 기업을 잘 알고, 일시적으로 약간의 변화가 있더라도 그 존재의 가치에 대한 신념을 갖고 붙잡고 있는다. 사람들에게 필요한 것을 제공하는 기본기를 잘하는 사람이나 기업은 결국 그에 대한 사람들의 인식(가격)도 높아진다.

당신은 이 생을 잘살아 보자고 이 책을 읽고 있다. 일에서 기쁨을 찾으라(Find joy in your work). 기쁨이 없다면 변화를 주어보라. 오늘의 행복을 알 수 없는 미래로 미루지 말라. 지금 이 순간을 잘 살던가, 아니면 살지 않는 것이다(You live this very moment, or don't).

원금이 1억 원이어도 3%, 5% 수익률로는 성장이 느리다. 세금을 내면 인플레이션보다 못하다. 10%가 적정 수준이고, 20% 이상은 높은 수익률이다. 140억 원 이하의 작은 원금으로는 50% 수익률도 가능하다고 워런 버핏이 말했다. 큰 자본으로는 투자할 수 없는 작고 빠르게 성장하는 회사에 투자할 수 있기 때문이다. 흙 속의 진주를 찾아내는 성실함이 소요된다. 워런 버핏은 아내와 첫째 딸과 함께 자동차로 국내를 신혼여행 하면서도 차에 거래되는 기업 정보를 담은 500쪽의 《Moody's Manual》책과 연례보고서(annual report)를 쌓아두고 읽으며 여행했다고 한다. 수익률보다 투자 금액과 시간이 더 중요하다. 7% 적금에 20만 원 넣어봐야 부자가 되지 않는다. 그래서 부자는 금이나 달러를 투자라고 여기지 않는다. (지난 10년간 금의 수익률은 5.61%다.) 가치를 저장하는 기능을 하지만 무언가를 생산하지 않기 때문이다. 이것은 기업뿐만 아니라 개인에게도 적용된다. 개인의 내재적 가치는 의지(will)다. 의지가 없는 사람은 아무것도 이루지 못하고, 의지가 강한 사람은 아무것도 몰라도 대단한 성취를 이룬다(실명을 거론할 수 없는 어떤 멍청한 동양인은 아무것도 모르는데 이 의지 하나만으로 억만장자가 되었다—그가 할 줄 아는 하나는 영어다). 당신의 모든 의지로 직접 주인공으로 활동하던가, 성장할 사람이나 기업을 알아보고 그에게 크게 투자해 간접적으로 부자가 되던가, 무엇이 당신에게 맞는지 결정하라. 재능이 많다면 둘 다 당신의 업이 될 수도 있다. 그러나 인생 게임의 법칙은 변함없다—당신의 일을 더 잘하면 더 잘산다. 사람들의 삶을 더 좋게 만들어주면 함께 잘 산다.

Do your function. 존재의 기능을 하라.

빈센트 반 고흐가 1888년에 그린 <Verger avec Cyprès>가 $117m(약 1,500억 원)에 소장되었지만, 그 작품이 생성된 때부터 지금까지의 수익률은 연 12.81%다(당시 가격을 $10로 가정). 가장 비싸게 소유권이 이전된 작품이 이 가격이고, 가장 저렴하게 소장된 작품은 $3다. 10년 전에 금을 샀더라도 그 수익률은 미미하다(mediocre). 사람들이 필요한 것을 생산(produce)하는 기업에 투자하는 것이 가장 큰 수익을 준다.

부자는 생각을 크게 하므로 부자가 된다. 확실히 아는 것에 확신을 갖고 대범하게 행동하기 때문에 부자가 된다. 역사를 보면 2~3년에 한 번꼴로 주식 시장이 10% 하락하는 조정장(market correction)이 온다. 예측 가능한 하락은 리스크가 아니다. 가격이 떨어졌을 때 더 사는 사람은 확신이 있는 사람이고 이 판단과 행동이 부자를 만든다. 2007년에 애플 1주를 샀다면 지금 29만 원밖에 안 됐을 것이다. 10,000주는 샀어야 29억 원일 것이다. 될지 안 될지 모르면 잃을지 두려워 조금 건다. (시작할 때 작게 하는 게 맞다.) 확신이 없으면 가격이 조금만 내려가도 판다. 정확히 알아 확신할 수 있으면 크게 투자할 수 있다. 옳은 선택이 부가 된다. 사람들에게 가치를 지속적으로 제공할 수 있는 것이 가치 있다. 훌륭한 사업이나 사업가를 찾아 투자하거나(회사는 설계하고 경영하는 사람이 성공을 좌우한다—아마존은 제프 베조스라는 별종이 경영하여 이렇게 되었고, 그건 워런 버핏도 데이비드 루벤스타인도 못 알아봤다), 훌륭한 사람이 되도록 애쓰면 부자가 된다. 당신의 업을 찾아 최고가 되는 일이 부자가 되는 최고의 길이다. 워런과 찰리는 둘 다 지성인이고 고상한(classy) 사람이라 큰돈이 되더라도 기분 나쁜(vulgar) 사람들과는 거래하지 않았다. 이들의 지적 판단력(judgement)에 안목(taste)이 더해져 인류에서 가장 빛나는 성취를 이루었다.

"특출나게 뛰어날 필요는 없다. 명청한 선택만 안 하면 된다"고 찰리가 자주 조언했다. 얻는 것보다 잃지 않는 게 중요하다. 부자가 되는데 **행동**이 똑똑함보다 중요하다. 똑똑하게 벌어 명청하게 쓰면 결과는 뻔하다. 돈을 많이 벌어도 저축하지 않고 소비하면 부자가 되지 않고, 투자할 때 위험한 것 또는 비싼 가격에 자산을 사면 잃기 쉽다. 그래서 원칙(principles)을 세워두고 철저하게 지키는(discipline) 게 인간의 동물적 본성을 거스를 수 있는 방법이다. 레이 달리오도, 워런 버핏도, 자신만의 원칙을 세워두고 그것을 철저하게 40년 이상 지켜 억만장자가 되었다. 주변 사람들에게 아쉬운 소리 하는 90대가 될 것인가, 무엇이든 할 수 있고 세상을 움직이는 격조 있고 지혜로운 90대가 될 것인가?

Without principles and discipline, we are animals.
원칙과 그를 지키는 자기통제력이 없다면 우린 동물이다.

원칙을 세우라. 수입의 일정 수준을 저축하고, 월 지출 상한가를 정하고, 아는 것과 모르는 것을 구분하라. 모르는 것에 돈부터 던졌다가 동물처럼 반응해 판단 오류로 실패할 수 있다. 돈만 있고 지성이 없는 자가 실패하는 이유는 잘 모르는 것에 돈부터 던지기 때문이다. 투자와 사업의 원칙은 같다. 자기 능력을 과대평가하면 공부를 잘했어도 투자는 실패한다. 자신을 직시하고, 실패했으면 빨리 인정하고, 원인을 알아내어, 생각과 행동을 바꿀 수 있어야 결국 성공한다. "실패하면 그 경험으로 인해 더 가치가 높은 사람이 된다"고 스티브 잡스가 말했다. 직관은 오랜 시간의 깊은 몰입으로 생성되는 능력이다. 통달(mastery)이다. 실패에 멈추지 말고, 왜 실패했는지 원인을 배워 더 잘하는 사람이 되면 성장한다. 성장은 이 포기하지 않음(Perseverance)에 있다. 오래 하라. 기본기가 가장 뛰어난 사람과 기업이 경쟁에서 승리한다. 기초가 없어도 기본을 오래 하면 성공한다.

You deserve what you get. If you are unable to change your unhappy situations, you really deserve your unhappy reality. Change it.
당신이 받을만한 결과를 받는다. 불행한 상황을 바꾸려 하지 않으면, 불행한 현실을 받는 게 당연하다. 바꾸라.

부자가 되기 위해선 자기 일을 최고로 잘하면 된다. 모든 일이 어렵다. 당신이 오래 할 수 있는 일을 찾아 버티라. 큰 부자가 되기 위해선 불굴의 의지와 영어를 갖추면 된다. 영어는 당신의 영향력을 넓히고 당신을 도와줄 사람을 얻게 한다. 일론 머스크가 혼자 뛰어나서 잘된 게 아니라, 그의 첫 성공을 함께 한 페이팔 마피아 수십 명이 모두 뛰어난 사람들이라 서로 도와 모두 잘 되었다. 유능한 사람이 함께 일해야 위대함을 성취한다. 테크 산업의 인재들이 실리콘 밸리에 모이는 이유는 그곳에 가장 유능한 사람들이 있기 때문이고, 중국이 세계의 제조를 대부분 맡는 이유는 영어로 소통도 잘하고, 거의 모든 제조가 한 곳에서 가능하며, 시간을 정확하게 지키기 때문이다. 사용자를 만족시키기 때문이다. 한국에서 어떤 디자인을 제조하려고 공장에 가면 이건 어렵고 저건 해본 게 아니라서 안 된다고 하거나 가격 경쟁력이 없다. 인간 지식의 최첨단 자료는 영어를 이해해야 제대로 얻을 수 있다. 피터 린치가 투자를 할 때 한국에는 주식 시장도 없었다. 번역이나 문법번역식 교육법으로 배운 영어로는 정확한 이해를 할 수 없다. 이는 한국의 유화(oil painting)도 마찬가지다. 정확히 이해하고 행동하지 못하니 대충 감으로 해서 오래가지 못하고, 지속성이 부와 성공의 기본 조건이니 작고 불안정한 상태에 머무른다. 물리학을 공부하려면 수학이라는 언어를 알아야 하고, 음악을 하려면 음표라는 언어를 알아야 하듯, 생각을 하려면 영어를 알아야 한다. 언어는 문화를 반영하고, 영어는 지적인 언어다. 반면 한국어는 감각적이고 직관적인 언어다. 투자를 하는데 어떤 회사의 증권이 좋을지를 점쟁이에게 물어 결정하면 결과는 뻔하다. 아이를 교육하는데 확신이 없으면 점쟁이에게 물어본다. 미신이 옳았으면 세계 1위부터 10위까지 부자는 모두 한국에 있어야 했다. 한국인만큼 열심히 오래 일하는 민족은 많지 않기 때문이다. 당신의 부는 오로지 당신이 하기 나름이다.

부는 고된 노동보다는 옳은 판단과 결정의 결과다.

주의

한 방에 인생을 역전한다는 생각은 위험하다. 위험이라는 단어를 보면 피해야 한다. 게임이 끝날 수 있다. 인간은 미래를 예측할 수 없고, 그 어떤 인간도 항상 옳을 수 없다. 투자와 사업을 할 땐 반드시 작게 시작해서 배워가며 점진적으로 투자 금액을 늘려가야 한다. 분할매수와 분할매도는 꼭 지킬 원칙이다. 아직 수익을 내지 않은 적자 회사의 주식을 사는 건 그 회사의 내부 사정을 정확히 모른다면 투기(speculation)이고 도박이다. 주가가 $1 미만인 회사에 자본을 두었다가 급등하여 500% 이상의 수익률을 얻을 수도 있지만, 자본 50% 이상을 잃을 수도 있다. 이는 예측이 불가능하다. 사업과 사람을 이해하여 어느 정도 예측할 수 있는 자산에만 자본을 두는 것이 현명한 원칙이다. 진화(evolution)를 믿고 혁명(revolution)은 믿지 않는 게 확실한 성공의 길이다. 워런 버핏은 찰리 멍거와 릭 궈린(Rick Guerin)과 함께 원래 투자계의 삼총사였다. 워런과 찰리는 잃지 않는 원칙을 최우선하며 조심한 반면, 릭은 레버리지를 많이 했다. 결국 릭은 두 번의 하락장에서 큰 손실을 입고 역사의 승자가 되지 못했다. 절실함은 성공의 이유가 될 수 있지만 성급함은 실패의 이유가 된다.

Asset Classes 자산의 종류

현금 Cash	고정 수입 Fixed Income	지분 증권 Equity	그밖의 투자재 Alternative Investments
현금과 그와 비슷한 자산	채권 Bonds	주식 Securities	부동산 Real estate
머니 마켓 펀드 Money market funds	연금 Pension	배당금 Dividends	금/은 Precious metals
미국 재무부채권 U.S. Treasury bills	저작권 Copyright		암호화폐 Cryptocurrency
양도성 예금 증서 Certificates of Deposit			수집품 Collectibles

어떤 자산은 가치의 저장고(store of value)다. 화폐(fiat currency), 부동산, 금/은, 수집품, 배당금을 주는 주식, 그리고 비트코인.

어떤 자산은 가치를 저장하지 못한다. 감가하는 자산(희귀하지 않은 자동차), 전자제품, 썩는 물건(음식), 되팔 가치가 없는 물건들, 그리고 부채.

가치 변동이 낮은 자산은 리스크도 낮고 성장 잠재력도 낮다. 성장을 원한다면 가격 변동(volatility)을 받아들여야 한다. 예를 들어 주식은 장기적으로 30% 성장할 수도 있고 일시적으로 30%가 줄어들 수도 있다. 이를 견뎌내는 것이 부를 성장시키는 가격이다. 세상에 공짜는 없다. 하나의 기업, 하나의 산업, 주식 시장 전체가 흔들릴 수 있으므로 분산 투자한다.

Learning the mentality of the investor is highly valuable because it opens your eye to the humanity as a whole and its cycles. After accumulated growths, there inevitably comes a fall. The masses panic at a shocking news and dump what they were holding. The rich arise from the ashes by acting bravely when everyone else is panicking. Peaks and troughs, this cycle applies to everything in the human world, in personal growth as well as in human population. You persevere through the troughs, multiple times. Your wealth and strength will be multiplied. This is how you get rich.

투자가의 생각하는 법을 배우는 것에는 커다란 가치가 있다. 인류 전체를 관망할 수 있는 눈을 갖게 되고, 주기를 알아볼 수 있게 된다. 성장이 쌓이고 나면 항상 추락이 온다. 충격적인 뉴스 하나에 군중은 겁에 질려서 갖고 있던 자산을 버린다. 이런 난세에서 모두가 공황이 왔을 때 용기 있게 행동하는 자, 확신 있는 자가 부자가 된다. 오르고 내리고, 이 주기는 개인의 성장부터 인구까지 인간 세상의 모든 것에 적용된다. 역경을 이겨내길 몇 번을 반복하라. 그러면 당신의 부와 영향력도 배가 될 것이다. 부자는 이렇게 된다.

Critical Execution 결정적 행동

젊은 여자가 세계 2위 부자가 된 70대의 워런에게 물었다. "최악의 투자는 무엇이었나요?" 그러니 워런이 말했다. "최악의 투자는 드러나지 않는 것이에요. 내가 충분히 알았음에도 행동을 하지 않아서 벌지 못한 수익이 최악의 투자였습니다. 행동을 했어야 했는데 손가락만 빨고 있었거나, 수표를 썼어야 했는데 너무 작게 투자했거나. 내가 놓친 수익은 10조 원은 족히 넘을 겁니다. 잃은 건 크지 않아요. 최악의 행동은 놓친 기회예요. 그러나 인생의 성공은 모든 시도가 성공하진 않으니까 멋진 것입니다. 실수에 연연하지 않아요. 과거에 머무를 가치가 없습니다. 내일은 새로운 날이고 다음 할일로 넘어가면 되죠."

부자가 되는 진리는 간단하다. 이해와 행동이다.

인간이 새로 태어나면 '나'를 아는 데 먼저 자원을 집중해야 한다. 당신의 영혼은 고유하기 때문이다. 당신이 무엇을 좋아하고 무엇을 싫어하는지부터 알기 위해 다양한 경험을 해보고, 당신이 잘하는 것과 못 하는 것을 구분할 줄 알라. 잘하는 일을 더 잘하려고 애쓰라. 재능이 너무 많다면 그중 가장 큰 가치를 얻을 수 있는 일을 정해 그 재능을 업으로 계발하는 데 집중하라. 그리고 아무리 해도 일처럼 느껴지지 않고 고통도 즐길 수 있으면서 그 일을 20년 이상 하면 최고가 될 수 있을 확신이 드는 일을 찾으라. 그 일이 당신의 업(life's work)이다. 업을 찾았으면 최고가 되기 위해 갈고 닦으라(hone your craft). 이 과정에서 만족(contentment)과 보상(rewards = wealth)을 얻어 잘 살기 시작할 것이다. 자원(시간, 에너지, 돈)

을 업에 집중하되 다른 분야에서도 배우고, 혹시 모를 만일의 사태를 대비해 분산 투자하라. 인간은 앞으로 세상과 내 인생이 어찌 될지 아무도 모른다. 그러니 잘 된다고 자만하지도 말고, 안 된다고 좌절하지도 말라. 실패했으면 그 실패를 인지하고 왜 실패했는지 원인을 정확히 분석에 이에서 배워 다음엔 더 잘하라. 실패가 쌓여 성공이 된다. 실패가 없었으면 시도조차 하지 않은 것이다. 리스크 없는 수익은 없다.

정리하면 이렇다. 직업, 사업, 투자에 공통한 원칙이다.

1. 자신을 알라 Know your circle of confidence

2. 업을 찾아 그 업에서 최고가 돼라 Be the best at your life's work

3. 더 오래 더 널리 영향을 끼치라 Scale it up and stick around for a long time

Specialised market economy was an agrarian economy a couple hundred years ago. [It was] very hard if you are a little bit better farmer [to get rich]. But if you are better at some skills now, you can become incredibly wealthy at a very young age not because you earned the money to build one steel mill so you get the capitalised value of an idea. And so wealth moves the big time.

전문화된 시장 경제는 200년 전 농경사회였다. 이런 경제에서는 조금 더 나은 농부가 된다고 부자가 되긴 아주 힘들었다. 그런데 지금은 어떤 기술을 더 잘하면 젊은 나이에 굉장한 부자가 될 수 있다. 더 좋은 농업 장비를 살 돈을 벌었기 때문이 아니라, 하나의 아이디어에 자본화된 가치를 얻기 때문이다. 지금 시대의 부는 크게 움직인다.

— Warren Buffett

200년 전 농경사회에서는 개인이 자신의 업을 갈고 닦아 부자가 되기 어려웠지만, 지금은 개인이 잘할 수 있는 일(skill set)을 갈고 닦으면 빠르게 부자가 될 수 있다.

당신의 업을 찾아 그 업에서 최고가 되면 자연히 부자가 된다. 가장 와닿을 예는 손흥민과 김연아다. 당신이 인생의 업을 찾아 그 일에 최고가 되면 당신 자신뿐만이 아니라 가족과 친척, 친구까지 모두 잘 살도록 도와줄 수 있다. 자연이 가장 원하는 이런 성공을 이루면 이 성공이 중력이 되어 더 많은 자원이 당신에게 이끌린다. 시냇물이 더 많은 물을 끌어당길까, 바다가 더 많은 물을 끌어당길까? 바다가 되려면 심해가 될 나의 업을 깊게 파면 된다. 물은 물이 모이게 하며 생태계를 조성해 소우주가 되게 한다. 애플이 퍼스널 컴퓨터라는 작았던 틈새 시장(niche market)으로 시작해 더 작아진 퍼스널 컴퓨터인 아이폰을 중심으로 그 안의 모든 가치를 담는 생태계를 조성하였듯, 영원한 부는 이렇게 이루어진다.

당신만의 틈새 시장을 찾아 그것의 최고가 되도록 시간을 들이면 부자가 된다. 이는 사업과 투자 공통이다. 또는 당신만의(proprietary) 기술을 보호하고 독점할 특허권(patent)을 가지라. 잘된 사람을 따라 하지 말고 나만의 업을 찾아 아무도 손대지 않은 그 미지의 영역을 개척해 개발해야 평생 써도 써도 마르지 않는 부를 만들 수 있다. 하이에나가 되지 말고, 호랑이가 돼라. 선택이 당신을 정의한다.

한적하고 부유한 도시 퍼스에서 1987년에 태어난 멜라니 퍼킨스(Melanie Perkins)는 어려서 피겨 스케이팅 선수가 되고 싶어 매일같이 새벽 4시 30분에 일어날 만큼 자기통제력(discipline)이 있었다. 14살에는 스카프를 만들어 퍼스 곳곳에서 파는 첫 사업을 시작하며 사업에 관심을 보였다. 웨스턴 오스트레일리아 대학교에 진학하여 커뮤니케이션, 심리학, 그리고 상업(commerce)를 공부하던 멜라니는 그래픽 디자인 학생들에게 디자인 프로그램을 사용하는 법을 가르쳤다. 그러던 중 학생들이 포토샵 같은 복잡한 프로그램을 배우는 걸 어려워하는 것을 보고 이런 디자인 작업을 간단하게 해주는 일에서 사업 기회를 보았다. 그래서 19살에 대학교를 중퇴하고 어머니의 거실을 사무실로 쓰고 남자친구 클리프를 사업 파트너로 삼으며 학교 졸업 앨범을 간단하게 만들어주는 사업으로 아이디어를 시험하는 와중에 더 큰 비전을 이루어줄 투자자를 찾아 나섰다. 그녀의 목표는 디자인 생태계를 모두 하나의 화면에 담아내어 전 세계 사람들이 이를 이용할 수 있게 만드는 것이었다(take the entire design ecosystem, integrate it into one page, and make it accessible to the whole world). 큰 꿈이었지만 하나의 아이디어에 불과하고 19살 밖에 안 된 미성숙한 커플을 믿고 투자해줄 사람은 없었다. 세계에서 롤스로이스가 가장 많이 팔린 퍼스에서 은퇴한 부자에게 투자를 받을 수도 있었지만 자신의 동네 퍼스에서 100명이 넘는 투자자들에게 거절당했다. 그래도 둘은 멈추지 않고 계속 투자자를 찾아 나섰고, 저명한 투자자 빌 타이(Bill Tai)가 퍼스에 방문했을 때도 아이디어를 던졌다(pitch). 그는 투자를 하진 않았지만 실리콘 밸리까지 끈질기게 찾아와 계속 눈에 띄며 아이디어를 어필하는 멜라니에게 일단 그 아이디어를 실현할 기술과 노하우를 가진 팀원을 모으기 전까진 가만히 있으라고 조언하며 사람들을 소개시켜 주었다. 열정이 앞서고 판단력이 미성숙한 그녀에게 필요했던 성숙한 어드바이저(구글맵을 공동창업한 라스 라스무슨)를 빌의 소개를 통해 얻었고, 멜라니는 실리콘 밸리에서 만난 사람들에게 이메일을 보내 함께 일할 것을 제안해 결국 팀원과 투자자를 꾸려 캔바(Canva)를 만들었다. 멜라니는 벤처 캐피탈리스트들이 사업가들과 인맥을 쌓기 위해 카이트 서핑(kite surfing)을 한다는 말을 듣고 이를 배워 빌과 종종 서핑을 함께 할 정도로 자신의 비전에 신념을 갖고 끝까지 밀고 나가며 실행했다. 캔바는 2013년 설립 5년 후 멜라니가 서른 살이 될 때 $1B, 1조 달러 가치의 유니콘 기업이 되었고 그녀와 남자친구 클리프는 결혼했으며, 비전 시현에 꼭 필요한 기술을 갖고 합류한 카메론 아담스까지 셋 다 억만장자가 되었다. 캔바는 첫 6년 동안 190개의 나라에서 2조 개가 넘는 디자인 생성을 도와주었다. 2022부터 현재까지 캔바는 기업가치 $26B에 머무르고 있다. 그러나 한국 대기업 수장의 자산이 2조 원대에 머무를 때 멜라니는 6조 원($4.4B as of 2024)에 이르며 남편이자 사업 파트너도 동일한 자산을 가져 둘의 자산 가치는 12조 원이다.

그런 멜라니는 이렇게 말한다. "If the whole thing was about building wealth, that would be the most uninspiring thing I could possibly imagine. 이 모든 게 부를 생성하기 위해서 한 일이었다면 그보다 지루한 일은 없을 거예요."

Wealth generation costs execution and perseverance. This is the price of wealth.

큰 부를 생성하는 일에는 실행력과 실패를 견뎌내는 힘이 든다. 이것이 부의 가격이다.

그러므로 힘들어서 관두고 싶더라도 계속 시간과 노력을 들여 훌륭한 결과를 낼 때까지 그 일 자체를 좋아하고 즐길 수 있는 일을 찾으라. 공부는 고통이지만, 탐구는 기쁨이다. 자연과 인간을 이해하는 데에 인생의 의미를 둔 나는 2020년부터 이해하기 힘든 하나의 주제를 정해 그것을 이해하기 위해 책이라는 제품이자 작품을 만들고 있다. 그전까지는 일을 해보거나 대학교에 입학해 그 분야의 본질을 이해한 뒤 다른 분야로 넘어갔다. 이해하기 힘든 주제는 때론 들여다 볼 범위가 굉장히 크다. 첫 번째는 영어를 정리한 《영어책》이고, 두 번째는 죽음을 풀어본 《죽어도 살자》이며, 세 번째는 행복을 설명한 《영어필사책》이다. 그리고 네 번째는 부다. 지금 시대에서의 부의 생성을 이해하기 위해 방대한 양의 조사를 해야 했고, 그 다음 이 책을 쓰기 위해 한 자리에 10시간씩 연속으로 앉거나 수업 틈틈이 책에 매일 시간을 들이는 고통스런 작업을 수천 시간 해야 했다. 허리를 펴기 위해 숲을 산책하면서도 책을 더 낫게 만들 생각을 하고 책에 필요한 정보를 2배속으로 들으면서 한다. 그러나 이 몰입의 고통이 난 즐겁다. 탐구라는 기쁜 목표를 위한 과정이기 때문이다. 사랑하는 사람을 보러 가는 길이 아무리 험난해도, 사랑하는 사람을 보러 가기 때문에 그 길이 즐겁다. 같은 심리적 이유로, 대의가 확실한 회사의 팀원이 업무가 힘들어도 수긍하고 견뎌낸다. 기존과 다른 새로운 임무를 받으면 다른 카페 직원은 불평하고 거절하지만, 대의가 있는 모모스의 직원은 수긍한다. 나는 수업까지 해내고 새벽 1시에 잠들면서도 새벽 4시 30분에 일어나서 다시 책을 만들 생각에 들뜬다. 내가 만든 제품으로 인해 누군가의 삶이 나아진다면 그보다 보람찬 일은 없다. 세상을 바꾸고 움직이는 힘은 알맹이가 있는 이야기에 있다고 믿는다.

이 책을 통해 당신은 부자가 되는 생각법(framework)을 배웠다. 이제 남은 것은 실행(execution)이다. 알고만 있고 행동하지 않으면 아무 일도 일어나지 않는다. 잘생긴 사람보다 못생긴 사람이 부자가 빨리 되는 이유도 잘생긴 사람은 성장 환경이 그를 수동적이게 만들지만(가만히 있어도 다들 잘해주니까), 못생긴 사람은 단점을 극복하고 원하는 것을 얻기 위해 방책을 궁리해야 하고 바쁘게 행동해야 하여 능동적이게 자라서 결국 더 큰 성공을 이루고는 한다. 부모의 사랑을 얻기 위한 남매 사이의 경쟁도 결국 더 유능한 사람을 만들곤 한다. 모두 행동을 촉진한다. 투자도 결정과 행동이다. 자연의 인과율은 인간 사회에서 행동으로 이루어진다. 행동이 원인이고, 그 결과를 얻는다. 옳은 판단으로 적절한 시기에 적합하게 행동하면 성공을 얻는다.

그러나 행동을 취하기 위한 공식(formula)는 없다. 공식은 무지한 자를 위한 것이라고 찰리 멍거가 말했다. 인간의 삶과 사회에는 정답이 없다. 사업과 투자도 그렇다. 워런 버핏의 가치 투자도 억만금을 만들었고, 조지 소로스의 투기도 억만금을 만들었고, 짐 사이먼스의 수학적 접근도 억만금을 만들었다. 그러나 모든 괄목할 성과의 공통점은 있다. 대중의 무지는 지성인의 부다. 지성과 지능은 꼭 관련이 있지는 않다. 똑똑함

(smart)과 머리가 좋은 것(bright)은 다르다. 사업으로 성공한 사람의 대다수가 학교에서 공부를 못했다고 로리 그레이너(Lori Greiner)가 관찰했다. 지성은 훈련(discipline)으로 갖출 수 있다. 지성인은 다양한 선택지를 인지하고 상황에 따라 다르게 행동한다. 감정적으로 행동하는 군중과 다르게 이성적으로 행동하는 소수가 부자가 된다. 유연성이 곧 생존이고, 생존이 곧 성공이다. 문명 사회에서 생존을 위해 현금은 생명의 에너지다. 따라서 모든 투자자의 단 하나의 공통 원칙은 '**잃지 않는 것**'이다. 잃지 않기 위해서는 결정이 옳을 확률이 낮거나 당신이 정확히 이해하지 못하는 것에는 투자하기로 결정하지 않아야 한다.

부는 물려받는 것도 아니고, 복권으로 반짝 부자가 되는 것도 아니다. 부는 보상이다. 사람들이 필요한 것을 주고 받는 보상이다.

부자는 마음의 상태고, 이는 생각하는 법으로 이루어진다.

Whatever you do, your vision and taste permeate your work.

무슨 일을 하든, 당신의 비전과 안목은 당신이 만들어 낸 새로운 현실 전반에 울려 퍼진다.

성공적인 실행의 기반은 지식이다. 기회가 없는 것이 아니라, 당신이 기회를 못 알아보는 것이다. 기회는 항상 너무나 많다. 당신이 해서 이길 수 있는 기회를 알아보는 것이 관건이다. 배고픔은 생각을 자극하고, 배부름은 생각을 앗아간다. 돈보다 아이디어가 많을 때 빠르게 행동하라. 평안하고 만족스러운 여생을 받을 수 있도록. 아이디어보다 중요한 것은 실행을 진짜 잘하는 것이다.

Keep showing up. 매일 출석해 해야할 일을 하라.

직선으로 성장하는 자산은 없다.

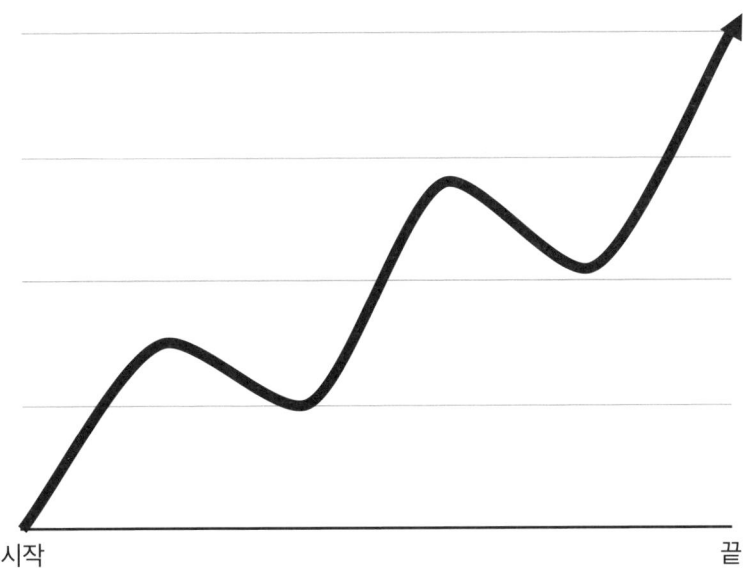

시작 끝

The economy sometimes booms, sometimes it doesn't. You have to live your life through both episodes. Our attitude is we just keep swimming and sometimes the tide is with us and sometimes against. But we keep swimming either way.

경제는 때로는 호황이고 때로는 불황이다. 우리는 두 에피소드를 모두 살아가야 한다. 이를 살아가는 우리의 태도는 물의 흐름이 우리를 돕든 안 돕든 그저 계속 수영하는 것이다.

— Charlie Munger

버티라. 그게 사는 길이다.

Know your limits 당신의 한계를 알라

I'm a huge believer in low self-esteem. It's the key to success. If you don't think you're the smartest person in the room, you pay attention; you listen.

낮은 자존감이 성공의 열쇠다. 당신이 가장 똑똑한 사람이 아니라고 생각하면, 귀담아듣고 더 진중하게 임한다.

— Jay Leno

인간은 미물에 불과하다. 우리는 동물이라는 실체를 믿고 싶지 않아 전력을 다해 도망치는 동물이다. 이를 잊게 해주는 사람과 도구에 우리의 관심이 끌리고, 그런 사람과 사업이 잘된다.

모든 인간은 각자의 재능이 있고, 강점과 약점이 있다. 당신의 한계를 알아야만 성장할 수 있고 성공할 수 있다. 한계를 모르면 오만한 선택을 하고 이는 실패라는 결과로 돌아온다. 나의 강점을 살리고 약점을 메꾸어줄 수 있는 사람과 팀을 이뤄야 성취할 수 있다. 이것이 인간의 한계다. 인간의 협력을 통해 생존할 수 있고, 그래서 인테그리티가 중요하다.

한국인이 불행한 이유는 물리적으로는 (1) 푸른 나무와 공원을 이루는 식물이 동물과 조화를 이루지 못하고 도시가 회색빛인 것, 그리고 (2) 햇빛을 보지 않는 것이다. 원하는 바를 이루려면 당신의 한계를 반드시 인지해야 한다. 우리는 동물이다. 식물과 햇빛은 우리의 육체적 건강과 정신적 건강에 필요하다. 우울하고 위축된다면 식물이 푸른 공원에 맑은 날 햇빛을 받으며 산책해 보라. 죽어가던 슈퍼맨이 되살아나듯 살아날 것이다. 영국 의사는 '자연에서의 시간'을 처방한다. 빛과 숲에는 에너지가 있다.

We are very dumb and we can definitely make things smarter than ourselves. Our early civilisation was very primitive. We didn't have any technology. We're just running around trying to not get eaten or just trying to survive the winter. Now we have heater, grow food. This is all new stuff. Things have gotten way smarter than the past. That's going to continue. We're not the last step in evolution. The most important mistake I see smart people are making is assuming that they are smart. They are not.

인간은 아주 멍청하고 우리의 도구를 더 똑똑하게 만들 수 있다. 앞선 문명은 아주 원시적이었다. 기술적 도구라고 할 것도 없었다. 잡아먹히지 않으려고 뛰어다니고 겨울을 나려고 애썼을 뿐이다. 이제는 히터도 있고 음식도 재배한다. 모두 새로운 것들이다. 짧은 과거보다 물건들이 훨씬 똑똑해졌다. 이 개발은 계속될 것이다. 우리가 진화의 마지막이 아니다. 내가 보기에 똑똑한 사람들이 하는 가장 큰 실수는 그들이 똑똑하다고 착각하는 것이다. 그들은 똑똑하지 않다.

— Elon Musk

새들은 깃털이 있어 아무리 비가 심하게 와도 그 비를 다 맞으면서도 체온을 유지해 살아있을 수 있다. 인간이 옷이라는 도구를 걸치지 않고 맨몸으로 그 폭풍우에 밤새 있으면 체온 저하로 죽을 것이다. 인간은 나약하다. 인간이 인간다울 수 있는 이유는 도구 덕분이다. Tools amplify human abilities. 도구를 잘 쓰면 인간 능력이 배가된다.

이 도구를 더 잘 설계(design)하는 인간이 잘 산다. 비행기를 더 안전하고 효율적으로 만들 수 있는 인간의 무리(company)가 더 잘 살고, 항공 서비스를 더 잘 제공하는 인간의 무리가 더 잘 산다. 세련된 문화를 제공하는 회사가 잘 되고, 더 많은 사람의 감정을 움직이는 음악가나 예술가나 작가가 더 잘 산다. 음식을 더 잘 준비하는 업을 하는 인간이 더 잘 산다. 인간이 필요한 모든 것을 혼자서 다 하는 것보다 각자 잘하는 일에 특화해서 그 일에만 전념하는 게 인간 종의 생존에 효과적이어서 우리는 그렇게 하고 있다. 돈은 교환의 도구다. 고로 많은 사람들이 당신이 제공하는 것을 선택하면 자연히 부자가 된다.

사람은 생각하길 싫어한다. 극도로 단순하고 원시적이었던 삶의 방식에서 이렇게 복잡해진 지가 몇 세대밖에 되지 않았기 때문이다. 인터넷은 한 세대밖에 안 됐다. 스마트폰은 반 세대밖에 안 됐는데 가장 똑똑한 인간의 뇌보다 똑똑하다. 그래서 대부분의 인구는 생각하지 않는다. 생각하지 않고 신 같은 존재가 자신의 운명을 책임져줄 것이라고 믿는 것이 편하다. 그래서 생각할 힘이 있는 사람이 자기의존할 수 있는 부자가 된다.

'부자'가 살아있는 시간으로 원하는 일들을 하며 큰 걱정 없이 사는 사람이라고 정의한다면, 이렇게 되는 일은 꽤 간단하다. 생각을 하여 자신을 진화시키면 된다.

인간의 일생으로 그렇게 많은 일을 할 수 없다. 그렇지만 하나의 업에 자원을 집중하면 비범한 일은 해낼 수 있다. 개인도 그렇고 회사도 그렇다. 인간인 우리가 통제할 수 있는 것은 오늘이라는 시간이 전부다. 우리의 뇌는 그렇게 똑똑하지 않고, 개인이 하루에 집중해 무언가를 만들 수 있는 에너지도 많지 않다. 고로 도구를 잘 써서, 인류가 함께 일해야 한다.

Humility is knowing what you don't know.

겸허란 당신이 모르는 것을 아는 것이다.

가장 가치 있는 도구는 책이다. 사람은 배신해도, 책은 배신하지 않는다. 책은 항상 당신을 더 나은 사람으로 만들고, 원하는 삶을 이루도록 도와준다. 책만큼 저렴한데 이렇게 높은 만족을 주는 재화는 없다. 음식은 사라져도, 책은 되팔 수 있는 잔존가치까지 있다. 나무를 죽이지 않고 가지를 잘라 만든 책은 탄소를 포집(carbon sink)한다. 우리가 태어난 인생에는 사용 설명서가 없는데, 누군가 우리 대신 생각해 주어 지도와 설명을 담은 도구가 책이다. 예술과 문학과 인물을 공부하며 사람은 각자 하나의 메시지를 품고 있고 이를 평생 바꾸지 않고 반복해 말하는 점을 발견했다. 그런 점에서 다양한 관점과 메시지를 가진 사람으로 여러 번 변해온 나에게 만족한다. 호주 친구들은 여러 직업과 분야를 넘나드는 나를 '카멜레온'이라고 부르는데, 유연성이 생존의 가장 큰 힘이다. 당신을 바꿀 수 있는 용기와 집념이면 무엇이든 해낼 수 있다. 변화와 친구 하라. 생존이 궁극의 성공이고, 성공은 환경에 맞춰 변하여 얻을 수 있다.

우린 각자가 이 사회에서 제 기능을 잘하면 행복하고 만족스럽게 살도록 프로그램되었다고 말해도 2,000년이 지나도 진리일 것 같다.

한계에 부딪치면, 견디고 배우라. 당신의 한계가 늘어나는 것이 성장이다.

Work is about dignity. Work gives you a reason for being. Work earns you respect from fellow citizens. Hard work well done gives you great satisfaction. Work enables you to build good relationships. This is happiness. You do your work well, you get both wealth and happiness.

일은 당당함이다. 일은 당신이 이 세상에 살 이유와 목적을 준다. 일은 이 세상을 함께 살아가는 시민들이 당신을 존중하게 한다. 어려운 일을 잘 해내면 커다란 만족감(도파민)을 느낀다. 일을 통해 좋은 관계를 맺을 수 있다. 이것이 행복이다. 당신의 일을 잘하면 부와 행복을 모두 얻는다.

Why knowing thyself still counts
나를 아는 것이 중요한 이유

하위 중산층에 태어난 래리 앨리슨에게 가족과 선생님들과 여자친구는 모두 그가 안정적이고 존중받는 의사가 되길 기대했다. 주변 사람들의 기대에 부응하기 위해 의대에 갔지만 래리는 불행했다. 의대 공부가 너무 재미없어 그는 자신이 무능하고(lack discipline) 이기적이라고 생각했다. 그가 되어야 한다고 생각하는 사람이 되기가 무척 힘들었다. 그래서 21살에 의대를 자퇴하고 나왔다. 래리는 가진 모든 것, 청바지와 가죽 자켓과 기타를 차에 싣고 버클리로 떠났다. 60년대에 버클리는 여러 사회 운동의 중심지였고, 20대의 사람이 자기 자신과 추구할 대의, 그리고 업을 찾기 좋은 장소였다. 요세미티 대자연과 사랑에 빠져 환경운동가가 되었고, 강 가이드와 등반 강사 일을 했다. 이 일을 좋아했지만, 돈은 되지 않았다. 그래서 한 주에 이틀 프로그래머 일을 했다. 이 일을 좋아하진 않았지만 재밌었고 잘하는 일이었다. 그리고 이 일은 체스를 하거나 수학 문제를 푸는 것처럼 만족감(satisfaction)을 주었다. 자신을 찾는 여정에서 찾던 세 가지를 찾았다. 대의. 좋아하는 일. 돈이 되는 일. 래리는 행복을 찾았다. 그러나 래리의 아내는 좋아하지 않았다. 아내는 정규직으로 프로그래머 일을 하던지 대학교로 돌아가서 학위를 마무리하라고 했다. 그래서 대학에 가서 여러 과목을 수강했는데, 그중 요트 항해에 반해 그 학기를 마치고 요트를 사겠다고 했다. 아내는 평생 들은 말 중 가장 바보 같은 말이라고 하며, 래리에게 "야망이 없다"고 하고는 이혼했다. 가족이 원하던 의사가 되지 못했고, 아내가 원하던 일을 하지 못하며 타인의 기대에 부응하지 못했지만, 이번에 래리는 스스로에게 실망하지 않았다. 그들의 꿈과 '나'의 꿈은 다르다는 사실을 깨달았다. 절대 둘을 혼동하지 않게 되었다. 래리는 자신이 확실하게 열정적인 것을 알아냈다. 환경운동, 요세미티, 대양. 자연의 원대함은 래리에게 커다란 기쁨과 행복을 주었다. 그리고 프로그래밍으로 필요한 돈보다 더 많은 돈을 벌고 있었고, 래리는 자신이 이 세상에서 생존해 낼 것이라는 확신을 느꼈다. 래리는 요트를 샀고, 고양이와 함께 배에 살았다. 혼자였지만 행복했다. 20대 내내 실험하며 바이크와 요트 레이스를 하고 직업을 자주 바꾸며 새로운 도전을 했다. 그러다 실리콘 밸리가 태동기였을 때 그곳의 초창기 회사 중 한 곳에서 일을 시작했다. 래리는 자신에게 가장 완벽한 직업을 창조했다. 그리고 그는 가장 유능한 사람들을 모아 사업에 도전했다. 컴퓨터 전문가들은 모두 그 사업을 미친 짓(crazy idea)이라고 했다. 그 사업은 오라클이다. 오라클은 해마다 두 배로 성장하길 10년 연속했다. 래리 앨리슨은 2024년 세계 2위 부자가 되었다. 그는 스티브 잡스의 절친이기도 하다. 래리는 매일 매일 끊임없이 배우고 날마다 어제보다 더 지혜로운 사람이 되었다. 이 우주 속에서 자신만의 자리를 찾았다. 그리고 누구도 그의 선택과 야망을 의심하지 않는다.

Investing or painting, there is no one right way to go about with it. You just have to go with what is right for you.

투자를 하건 미술을 하건, 인간이 하는 일에는 하나의 정답 길이 있지 않다. 당신에게 맞는 방법이 최고의 방법이다.

가치 투자로 세계 1위 부자가 된 워런 버핏이 고르는 회사는 1930년에 미국 오마하에서 태어난 그가 이해할 수 있는(make sense of) 범위 내에 있다. 그는 '주식'을 산다고 생각하지 않고 '회사'를 산다고 생각한다. 그가 살아온 시대에 성장했던 사업들이 있고, 그의 시대에 그가 사용했던 물건과 서비스가 있으며 따라서 성장했던 사업이 있는데, 그것이 새로운 시대와 다른 문화의 사람들에게 똑같이 적용되지 않는다. 그에게 가치 투자를 알려준 멘토의 방식이 있었지만 사업 파트너의 조언으로 그 방식을 자신에게 맞는 것으로 수정했다.

비슷한 시기인 1938년에 태어난 짐 사이먼스는 미국 메사추세츠에서 태어난 수학자인데 그는 수학적인 방식으로 투자했고 평균 수익률은 30년에 걸쳐 무려 66%나 된다. 워런 버핏은 더 긴 시간 투자를 하여 황금비율(피보나치 수열)로 더 큰 부자가 되었는데, 11살부터 시작해 80년 이상 투자를 했고 최근 60년의 평균 수익률은 22%다.

원하는 결과를 이루는 방법은 여러 가지다. 원하는 결과를 이루는 것을 '성공'이라고 말하고, 성공에 필요한 것은 장기간의 깊은 몰입이다. 그러기 위해 어떤 일이든 그 일에 진정한 열정이 있어야 한다. 열정(passion)은 영어에서 사랑(love)과 동의어이고, 그래서 스티브 잡스를 포함해 비범한 성공을 이룬 사람들은 일관적인 조언을 한다.

Find what you love. Passion fortifies perseverance.
당신이 열정적으로 좋아하는 일을 찾으라. 열정이 끈기를 강화한다.

왜냐하면 성공을 위해 반드시 난관(obtacles)을 견뎌내고(persevere) 큰 문제를 해결해 돌파구(breakthrough)를 만들어야 하는데, 그 일 자체를 사랑하지 않으면 이성적인(rational) 사람은 견뎌내기 어렵기 때문이다.

학교 공부를 잘하는 것이 부자가 되는 것과 별개인 이유는 학교 공부는 '정답'을 찾는 일이기 때문이다. 그러나 인류 지식의 한계까지 탐구해 보면 인간이 아는 것은 없다는 사실을 알게 된다. 인간 지식은 의견이고, 교과서도 누군가의 해석이다. 고로 세상에 '정답'은 없다. 학교 공부를 잘하면 좋은 점은 자기통제력(discipline)을 기를 수 있는 점이지만, 학교 공부를 잘하면 나쁜 점은 남들이 정해놓은 길 안에서만 생각할 수 있는 점이다. 느리게 부자가 되려면 끈기가 필요하지만, 빠르게 부자가 되기 위해 필요한 요소는 창의성(creativity)이다. 새로운 것을 만들어내야 그게 필요했던 사람들의 선택을 받아 부자가 되기 때문이다. 부자 통계는 매번 달라지는데, 지금 한국 인구의 99.2%가 백만 달러 이하의 자산을 갖고 있고, 1,380억 원 이상은 230여 명, 1조 원 이상은 40여 명이다. 2023년 크레딧 스위스 조사에 따르면 스위스에는 110만 명의 백만장자가 살고 스위스 인구는 880만 명이다. 한국의 0.8%가 백만장자인 반면, 스위스는 12.5%가 백만장자다. 스위스엔 항구도 없고 광물도 없다. 오직 더 높은 질의 교육과 성숙한 문화, 그리고 자기 일을 최고로 잘하려는 마음가짐이 있다.

부자도 똑같은 필멸의 존재다. 똑같이 한정된 시간과 에너지를 확실하게 분배하면 부자가 되는데, 그러기 위해서 당신의 강점과 약점을 객관적으로 알고, 반드시 오는 역경을 이겨낼 수 있을 정도로 열정적인 업을 알며, 당신이 진짜 원하는 것과 없어도 되는 것을 아는 것은 필수 전제조건이다.

당신이 열정적인 업을 찾으려면 월요일 테스트를 해보면 된다. 싫어하는 일을 하면 월요일이 가장 싫고, 좋아하는 일을 하면 월요일이 가장 좋아하는 요일이 된다. 커리어에도 사업에도 주식에도 연애에도 배움에도 역경은 반드시 오는데, 그 일이나 그 사람이나 그 회사를 사랑하지 않으면 관두게 된다. 그런데 관두지 않아야 성공한다.

훌륭한 교육가는 배우는 사람에게 지식을 전달하지 않는다. 지식 전달은 이류 선생이 하는 일이다. 위대한 교육가는 제자가 된 그 사람 자신을 깨닫도록 안내하고, 더 나은 사람으로 거듭나도록 자극과 영감을 준다. 자신의 부족을 직시하고 인정하지 않으면 성장할 수 없다. 누군가의 부족을 말해줄 수 있는 사람도 많지 않다. 이것이 선생의 역할이다.

당신은 이 우주에서 단 하나뿐인 존재다. 우주에 수많은 별이 있지만 똑같은 별이 없듯, 당신 같은 별은 없다. 진정한 당신 자신을 발견하면 만족스러운(content) 삶과 부를 모두 얻는다. 런던 베이글 뮤지엄, 아티스트 베이커리, 카페 레이어드, 카페 하이웨이스트를 총괄 디렉팅한 료는 남들이 하는 대로 따라가지 않았다. 자신이 누구인지에 대해 질문하고, 매체에서 보고 남이 하는 것을 내 것으로 생각 없이 받아들이기보다는 자신이 객관적으로 잘하는 것을 발견해 그것을 계발했다. 옷으로 사업을 하면서도 생각했고, 카페를 열면서도 생각하여 남들은 알아보지 못하는 것을 발견해 그를 시현했다. 자신이 좋아하는 것에 집중해 그것을 더 깊게 파고드니 다른 사람은 쉽게 따라 할 수 없이 더 특별한 별이 되었다. 당신만의 것, 우리만의 것, 가장 독특한 것이 지속적 경쟁력(durable competitive advantage)이다. "베이글이 잘 되니까 다 같이 베이글 창업을 하고, 다 같이 좋은 걸 한 방향으로 뛰면 거기서 그냥 등수가 매겨지잖아요. 근데 그런 게 아니라, 자기가 태어난 대로 끝없이 자기가 어떤 사람인지, 뭘 좋아하는지, 그걸 알아가면서 자기대로만 했는데 그것이 사랑받게 되는 [결과를 얻게 돼요]"라고 료가 말했다. "무언가 보고 따라 한 게 아니라, 제가 무얼 할 수 있는지 끊임없이 테스트해서 나온 결과물들이거든요. 되게 감사하게 좋아해 주시니까, 진짜 이렇게 사는 게 훨씬 더 맞는 거라는 생각이 들면서 더 저답게 살 수 있는 용기를 여러분들이 주시는 거죠."

카페든 제품이든 짧은 영상이든, **시간의 축적**이 성공 비결이다. 많은 시간을 들인 제품이 사람의 마음을 움직이고 당신에게 성공을 준다.

상당히 많은 성공한 사람들이 세상을 게임으로 보는 것을 관찰한다. 인간 세상을 게임으로 보는 관점은 꽤 도움이 된다. 자신과 인생을 덜 중요하게 여기게 되고(실제로 인간은 이 우주 속에서 미물이니), 가볍고 즐거운 마음으로 인생의 모든 현상을 받아들이게 된다. 게임을 더 재밌고 더 잘해 보려고 호기심을 갖고 임하게 된다. 무엇보다도 내가 무슨 캐릭터를 플레이하고 있는지를 정확히 알아야만 이 게임에 이길 수 있다. 철권을 한다면 당신이 카자마 진인지 레이나인지 알아야 이길 수 있다. 여기서 '이긴다'는 표현은 남을 이겨 우위에 서는 게 아니라, 사회에 이로운 존재가 되어 '축복을 얻는 것'이라고 하자. 당신이 하는 일에 있어서는 다른 사람들과 경쟁해야 한다. 그러나 위대한 라이벌을 만나면 그를 존중하게 될 것이다. 덕분에 당신이 배우고 성장할 수 있으니까. **성장 그 자체의 여정이 즐거운 게임**이 당신의 게임이다. 과정을 사랑하지 않으면 결과는 의미 없다. 돈을 벌기 위해 일하면 돈을 잃었을 때 좌절하지만, 일 그 자체를 사랑하면 돈을 잃어도 다시 도전해 더 큰 부를 얻는다. 당신을 알고, 당신의 게임을 알며, 경쟁자를 알라. 경쟁자가 누구인지 모르는 사람은 생각이 없다. 그런 사람은 이길 가능성이 극히 낮으니 투자하기 위해 사전 조사를 할 때 알게 되면 투자하지 않는 게 귀한 자원을 잃지 않는 선택이다.

당신이 누구인지를 명확하게 알고, 확고한 신념으로 꿈을 현실화하기 위한 일을 실행하고 얻는 만족은 당신을 세상에서 가장 행복한 사람으로 만든다. 어느 날 제프 베조스는 거실에 앉아 있다가 1969년에 인류를 달에 발을 딛게 한 아폴로 11의 엔진 연소실(thrust chamber)이 대서양 어딘가에 빠져있을 텐데, 그게 어디에 있는지 궁금해 구글에 검색했다. 그는 쉽게 좌표를 알아낼 수 있었고 즉시 실행에 옮겼다. 심해의 모래 속에 빠져 있는 엔진을 찾는 일은 아주 도전적이었다. 그는 어머니와 온 가족을 배로 초대해 한 달간 탐사했다. 결국 2013년에 그 역사적이고 의미 있는 엔진을 찾았고, 그 엔진은 지금 스미소니언 박물관에 전시되어 있다. 제프는 고등학생 때나 지금이나 우주를 좋아하는 소년이다. 부자가 되면 멋지고 재밌는 일을 할 수 있다. 부자는 자신을 확실히 아는 것부터 시작한다.

당신의 캐릭터는 무엇인가?

Psychology for the wealthy 부의 심리학

You don't need a high IQ to do well in investing. What you need is emotional stability.

투자를 잘하는 데 높은 지능이 필요하지 않아요. 필요한 건 정서적 안정입니다. (주가가 50% 떨어져도 마음 편하게 잘 수 있도록 투자한 자산을 확실히 알아야 한다고 워런은 여러 번 말했다. 그는 이 일을 세 번 겪었다.)

— Warren Buffett

자기보존은 인간 본성이다. 이 장에서 설명하는 인지 편향은 자기 생존과 행복을 위해 우리 본능에 입력된 반사(reflex) 행동이다. 이 본능은 일반적으로 당신에게 도움이 되지만, 부자가 되기 위해서는 객관적으로 정확한 판단을 내려야 하고 그를 위해 자신의 인지 편향 또는 편견(bias)을 알아채고 조정(debiasing)할 줄 알아야 한다. 군중은 본능대로 행동하겠지만 지성인은 본능을 거스를 자기통제력이 있다. '지성'이란 새로운 상황에 대처할 때 본능에 의하지 않고 이성적이고 논리적으로 생각하는 법을 통해 그 상황을 해결하는 마음의 바탕이다.

1998년에 애플은 파산 직전이었다. 큰돈을 잃고 있는 회사에 돌아온 스티브 잡스는 반사적으로 돈을 아껴 돈을 벌려고 하지 않았다. 그는 본능에 반하는 결정을 했다. 위대한 제품을 만들기로. 그렇게 감성적이고 인간적인(stylish & approachable) 컴퓨터 iMac을 만들어 내놓았고, 반투명하고 오묘한 색깔이 취향별로 있는 데다 손잡이가 있는 이 신박한 제품은 애플을 살렸다.

투자할 때도 군중이 팔아서 가격이 최저로 떨어졌을 때, 아직 다른 사람들은 몰라봐서 조용할 때, 손님이 없는 새로 연 가게에 들어가는 것처럼 본능에 반하는 그때 사야 한다. 자산을 좋은 가격에 샀다면 가격이 요동칠 때 반사적으로 팔아서는 부를 키울 수 없다. 존 보글이 말하듯 "Stay the course," 방향을 정했으면 그 길에서 버텨야 한다. 장기 투자가 부자가 되는 선택이다. 본질을 이해하고 먼 시간을 내다보라.

인간은 생각하는 것 같지만 그 본질은 감정적 동물이다. 역사가 반복되는 이유는 인간 본성이 변하지 않기 때문이다. 반사적으로 행동하는 사람은 본능적으로 행동하고 그것은 생각하지 않고 행동한다. 인간 인구의 대다수가 가난하게 사는 이유가 반사적으로 행동하기 때문이다. 평범한 가정에서 자라 부자가 된 사람들은 이 진리를 이해했다. 인간의 심리를 탐구했고, 자신의 심리를 인지하고 통제할 수 있게 되었다. 부와 심리는 가장 중대한 연관관계가 있다. AI처럼 판단하면 목적하는 결과를 얻을 수 있다.

1995년에 찰리 멍거는 하버드에서 <인간의 판단 오류에 대한 심리 The Psychology of Human Misjudgement>에 대해 자신의 지혜를 들려주었다. 버크셔 헤서웨이가 세계에서 가장 큰 기업으로 성장하는데 그의 지성이 '설계자'의 역할을 했다고 워런 버핏이 찰리의 서거 다음 해 주주 편지에 썼다. 네모나게 각진 손에 항상 책을 끼고 살며, 작정하고 운동은 하지 않았던 그가 배운 지식과 직접 깨달은 통찰을 더해 알려준 부의 형성과 유지에 영향을 끼치는 심리는 아래와 같다. 그가 말한 20가지에 흔한 판단 오류 7가지를 추가했다.

1. Underestimation of incentives 인센티브에 대한 과소평가

세계에서 가장 높은 건물 중 한 곳의 꼭대기 층에 사는 사람이 엘리베이터에 들어가지 않는 커다란 미술품을 샀다. 그 미술품을 집까지 운반해달라고 하니 인부들은 불가능하다고 거절했다. 그래서 인부들에게 이 작품을 이고 계단으로 꼭대기 층까지 운반하면 얼마를 더 주겠다고 인센티브를 제안했더니, 인부들은 집까지 작품을 계단으로 기꺼이 올려다 주었다.

자동차 딜러에게 시급을 주면 별다른 교육을 받지 않은 딜러는 말끔하고 불편한 옷을 입고 매장에서 시간만 보내다 집에 갈 것이다. 그런데 그에게 판매 차량당 인센티브를 주면 그는 더 많이 팔 방법을 궁리할 것이고 더 의욕적으로 일해 결국 더 많은 차를 판매해 고용주와 고용자 모두가 함께 성장하는 결과가 이루어질 것이다.

첫 직장으로 내가 맥도날드를 선택한 이유는 성인이 되기 전에 읽은 많은 경제경영서에서 '빅맥 지수'라는 단어가 자주 나왔고 전 세계에서 교육 수준에 상관없이 작동하는 맥도날드의 오리지널 시스템을 존중하는 이야기를 익히 들어 그것을 배우고 싶었기 때문이다. 시급이라는 돈만을 벌려고 그 일을 했다면 다른 알바생처럼 느릿느릿 움직이며 시간만 보내고 왔을 것이다. 그러나 나는 배우러 갔기 때문에 한 번에 달걀을 네 개씩 깨는 법을 익혀 누구보다 빠르고 정확하게 모닝 메뉴를 만들었고, 런치 시간에 나보다 손이 빠르고 정확한 사람은 없었으며, 새로 오는 사람이 빨리 일을 배우도록 기존의 매뉴얼을 단순화해 <버거 만드는 순서>를 만들어 주방 벽에 붙였다. 6개월 일하며 미성년자로서 할 수 있는 모든 일 그 이상을 했다. 반면 키 큰 대학생 형은 전날 술을 진탕 먹었는지 출근 시간을 찍어두고 창고 바닥에서 늘어져 잤다. 일에 임하는 태도를 내 첫 직장에서 배워, 이는 평생 일에 임하는 나의 기본기가 되었다. 나의 인센티브는 '배움'이었다. 훗날 내 직원들에게도 배움과 성장을 제공했고 의욕적이고 재능 있는 사람들을 팀원으로 얻을 수 있었다.

2. Psychological denial 현실 부정

"Anxiety makes no difference to anything that has happened and is going to happen."

일어난 일과 일어날 일에 불안하다고 달라지는 것은 아무것도 없다.

나약한 사람은 받아들이기 너무 힘든 현실을 부정한다. 사랑하는 사람이 죽으면 그 사람이 살아있다고 믿는 심리다. 현실이 받아들이기 어렵더라도 그 현실을 직시하고 그대로 받아들이지 않으면 성장하지 않는다. 자신만의 세계에 빠진 바보는 미끄러운 타이어를 장착한 자동차와 같다. 아무리 세게 달려도 제자리에서 돌며 여기저기 부딪치고 다른 사람들에게 피해가 된다. 인간 모두는 일생의 시기 중 바보였던 때가 있었다. 바보이기를 그만두는 선택이 당신이 내릴 결단이다.

3. Incentive-caused bias 인센티브 편향

자기에게 이득이 되도록 말하는 심리.

부동산 중개업자는 몇억 원의 집 판매에 성공하면 그 가격의 몇 %를 인센티브로 받는다. 그 집에 대해 좋은 말만 하고 진실한 말은 하지 않을 것이다. 더군다나 집의 진가는 그 집에 살아봐야 알 수 있다. 살아보지 않은 사람이 하는 말은 믿을 수 없다. 인센티브에 치우친 말을 믿고 행동하면 바보다.

호주에서 3층짜리 집을 계약했는데 그곳은 거리 이름도 멋졌고 이웃집도 친절했고 보자마자 마음이 편해 계약했다. 부동산 중개업자가 금발 미녀이기도 했다. (이 모두 로맨틱, 다른 말로 비이성적 이유다.) 그런데 살아보니 근처에 밤마다 몰래 여는 클럽이 있었는데 거길 다녀가는 사람들이 지나가며 꼭 우리 집 차고 코너에 볼일을 봤다. 나의 드림하우스는 쉿홀(shithole)이 되었고 더러운 사람들에 지긋지긋하여 일 년 만에 이사 나왔다. 이를 통해 본능이나 감정에 지배되지 않고 이성과 지성에 따라 이지적으로 생각하여 판단하는 법을 배워 다음 선택부터는 성공하고 있다.

유학원도 학생에게 직접 수수료를 받지는 않지만, 학생이 학교와 계약하면 학교에서 등록금의 상당 부분을 인센티브로 받는다. 나름 발품을 팔아 믿을만해 보이는 유학원을 찾아가 도움을 받았지만 그들은 나의 미래를 위해 최적의 학교를 진심으로 추천하지 않았고 그들에게 돈이 되는 학교들을 이어주어 나는 1년 반의 시간을 불필요하게 썼고 1억 5천만 원을 더 썼다. 유학원이 연결해 준 홈스테이도 가난한 필리핀 이민자가 그들의 한량 아들과 함께 생활비용의 유일한 원천으로 하는 홈스테이였고 그곳에는 또 다른 한국인과 중국인이 지내고 있어 나의 영어에 도움도 되지 않았다. 식사비가 포함된 홈스테이비를 내고 나니 맥도날드를 갈 돈도 없었는데 밥도 제대로 주지 않아 배고프게 6주를 보냈다. 결국 나의 영어와 조사 능력으로 직접 살 집을 구하고 다닐 대학교를 직접 등록한 뒤부터 올바른 결정을 내려 내 인생이 평화로워졌다. 둘 다 그냥 하면 되는 쉬운 일이었다. 소위 "전문가"를 믿는 건 그 분야에 대해 자신의 지식과 지혜, 무엇보다도 알아볼 의지가 없어서다. 전문가에는 expert가 있고 professional이 있다. 전자는 그 분야에 정통한 지식을 지닌 사람이고, 후자는 그 일로 돈을 벌기 위해 직업으로 삼는 사람이다. 여기서 한국어의 한계가 사고의 한계로 이어지는데, 한국어로는 두 단어 모두 "전문가"라고 번역한다. 유학원과 증권맨은 professional이다. 그들과 당신 사이의 차이는 종이 한 장 정도의 정보 차이다. 프로보다 아마추어가 뛰어난 경우는 비일비재하다. 일이 되면 재미를 잃으니까 조용히 혼자 즐기는 무림의 고수가 꽤 많다. 군대 대대장님은 군에서 더 높은 직위로 오르셨지만 프라모델 작례를 만드시는 프로보다 뛰어난 아마추어다. 십대 소년이었던 나도 호주에 가서 professional photographer(전문 사진작가)라고 하는 사람들이 나보다 못한 사진을 찍길래 사업자 등록을 하고 프로로 전향했더니 빠르게 성공할 수 있었다.

스티브 잡스는 컨설턴트 일을 하는 사람들에게 "You should do something 일 좀 하라"고 했다. 컨설턴트는 결과를 소유하지 않기 때문이다. 절실하고 강한 의지가 있어 깊게 알아보는 사람이 더 좋은 결과를 만든다.

4. Bias from consistency and commitment tendency
일관성과 확증 편향

보고 싶은 것만 보고, 듣고 싶은 것만 듣는 심리.

확증 편향은 기존의 믿음에 부합하는 정보만 주목하고 나머지는 무시하는 경향이다. 모든 결론에 대해 자기 확신을 갖는 경향을 포함한다. 특히 힘들게 얻은 결과를 더 끈질기게 옹호하는 심리다. 현지인에게 영어 문법을 지적하는 한국인을 자주 본다. 입시 교육을 통해 본인도 영어를 못하는 사람이 됐으면서 자식에게 그 체제를 물려주는 이유가 이 판단 오류 때문이다. 찰리 멍거는 이를 인간의 난자에 비유했는데, 일단 정자가 들어가고 나면 다른 정자가 들어오지 못하게 문을 닫아버리기 때문이다. 인간의 심리도 그렇다. 그 때문에 기존에 사람들이 맞다고 믿는 물리학 이론도 더 옳은 이론이 나와도 쉽게 바뀌지 않고(brain-blocked), 시대에 맞지 않는 잘못된 교육 체계도 그래서 더디게 바뀐다. 문법번역식 교육법의 결과가 뻔히 잘못되었음에도, 그 교육 과정을 거쳐 영어를 못하는 어른이 되었음에도 아이들을 똑같은 교육 과정을 거치게 하는 심리다. 기존 체제에서 공부한 영어 선생들은 형용사를 "꾸며주는 말"이라고 가르치는데 그 이유는 그 사람들이 그렇게 이전 세대에게 배우며 생각하지 않고 그대로 받아들였기 때문이다. 꾸며주는 것은 decoration이고, 형용사는 명사의 특질(attributes)을 설명하는 말이다. 힘들게 공부했기 때문에 자신이 거친 교육 체계를 옹호하는 경향은 인지 부조화의 오류다. 어떤 자격을 갖추기 위해 거치는 의식이 힘들수록 사람은 그것이 잘못되었더라도 맞다고 믿고 감싼다. 이 심리는 사이비(cult) 종교에서도 이용한다.

반대로, 힘들게 얻은 지식과 지혜는 머리에 오래 남는다. 뼈저리게 아픈 경험으로 배운 지혜는 뼈에 박힌다. "실패로 배우는 것은 지식을 얻는 좋은 방법"이라고 제임스 다이슨이 말했다. 때때로 우린 배우고, 때때로 우린 이긴다. 이 배움의 경험이 지속적인 성공과 행복의 근원이 된다. 이 책은 얇게 쓸 수 있었지만 두껍게 썼다. 가난한 예술가로서 커피나무가 새싹부터 자라나는 것을 지켜보는 데서 자연의 법칙을 더 확실히 배웠기 때문이다. 침전과 고통의 시간이 없다면 성공도 없다. 85%의 영국 총리와 12명의 미국 대통령은 어릴 때 아버지를 여의었다. 잃어본 경험은 위대한 성취의 원동력이 된다.

일관성 편향에는 매몰 비용(sunk cost)이 있다. 돌이킬 수 없는 비용을 무시하는 판단 오류다. 자신의 이전 행동을 정당화(justification)하고, 손실이 있었음에도 계속 투자하려는 심리다. 비합리적인(잘못된) 결정을 고집스럽게 집착하는 심리도 확증(commitment) 편향이다. 1부에서 부자가 된 F가 가난해진 이유다. Commit은 한국어로 번역하기 어려운 단어인데, 어떤 행동을 할 때 '100% 한다'는 뜻이다. 라틴어의 com은 '함께'라는 의미이고, mit은 '보내다'는 의미인데, 중세 라틴어에서 이 단어는 '감옥에 보내다'는 뜻이었다. 확실하게 한다는 말이다.

크게 성공하는 투자가의 공통된 특징은 자신이 틀렸을 때 빠르게 인정하는 것이다. 자신의 완벽하지 않음을 인정하는 태도도 integrity라고 한다. 워런 버핏은 자신의 판단 오류를 지적해 주도록 자신보다 똑똑하고 생각을 솔직하게 말하는 찰리 멍거를 사업 파트너로 들였다. 현명한 판단이다. 독재자는 무너진다. 인간이 항상 옳을 수 없기 때문이다. 파트너가 없더라도 사람들에게 당신의 일에 대해 의견을 묻는 것(feedback)이 현명하다. 아주 명석했지만 어린 나이에 구글을 설립한 래리 페이지와 세르게이 브린은 자신보다 성숙한 사람을 찾아 나섰다. 그중에 에릭 슈밋과 워런 버핏이 있다. 대부분의 사람이 성숙해지기를 포기할 때, 지혜로운 성인이 되는 선택에는 큰 가치가 있다.

5. Bias from Pavlovian associations 고전적 조건화 편향

자동 반응 심리.

소비는 행동의 결과고, 행동주의 심리학은 따라서 경제 심리학의 기본이다. 소비는 부의 교환이다. 사는 사람이 있으면 반드시 파는 사람이 있다. 러시아 생리학자 이반 파블로브가 개에게 붉은 고기를 주면 침을 흘리는 모습을 1897년에 관찰하고 연구를 발표한 것에 기인해 그의 이름을 따 파블로비안 연상이라고 부르는 고전적 조건형성(classical conditioning)은 지난 상호관계를 믿을만한 자료로 여기고 잘못 해석하여 판단하는 것을 말한다. 이는 맥도날드의 빨간색과 노란색이 식욕을 돋게 하고, 나이키가 뛰어난 운동선수와 연관 지어 이것을 입으면 성공을 얻을 것이라는 착각을 하게 하며, 이미 오를 대로 오른 기업의 주식을 소문을 듣고 온 군중이 사게 해 앞서 저렴할 때 투자한 사람들이 높은 가격에 주식을 팔 수 있는 기회를 준다. 정보가 불충분한 사람은 가격과 가치가 일치할 것으로 판단하고 비싼 것이 좋은 것이라는 편견으로 결정을 내린다. 과연 2천만 원의 가격표를 지닌 금 안경이 백만 원의 스테인리스 스틸 안경보다 기능적으로 좋을까?

사람은 좋은 것과 연관을 짓고 싶어 한다. 페르시안 메신저 신드롬이란 나쁜 뉴스를 가져온 메신저를 페르시아인은 진짜 죽여서 생겼다. 어떤 사람은 듣기 싫은 소식은 절대 듣지 않는다. 그 때문에 나쁜 결정을 내리고 나쁜 결과를 받는다. 진실을 직시하고 판단하는 것이 따라서 부자의 생각하는 법이다. 레이 달리오는 그래서 회사에 진실을 직시할 수 있는 문화와 시스템을 만들었고 그 결과로 큰 성공을 이루었다.

고전적 조건화가 인간이 학습을 통해 반사적(reflex) 행동을 조건화했다면, 반사적이지 않은 행동을 조건화하는 것을 조작적 조건화(operant conditioning)라고 한다. 학대받은 강아지는 사람이 손만 올려도 기겁한다. 잘했다고 칭찬하고 보상을 주면 그 행동을 더 하고 싶어 하고, 꾸짖고 벌을 주면 그 행동을 하고 싶지 않게 만드는 조건화다. 동물은 어떤 행동이 스스로에게 유리하면 그 행동을 더 자주 한다는 게 이를 연구한 버러스 스키너의 관찰이다.

6. Bias from reciprocation tendency 상호성 편향

받는 대로 똑같이 돌려주고 싶은 심리.

인간은 애정을 받으면 애정을 돌려주고 싶어 하고, 적개심을 받으면 적개심을 돌려주고 싶어 한다. 사람은 다른 사람들이 기대하는 대로 행동하려 하는 경향이 있다. 잘되고 있을 때 특히 더 기대에 부응한다. 이는 로버트 치알디니의 《설득의 심리학》에도 소개되었는데, 상대방의 호의에 빚지기 싫어하는 심리를 포함한다. 나는 책 한 권을 마감할 때가 되면 그간 눈을 혹사하여 앞이 잘 보이지 않아 안경원을 기웃거린다. 하나에 몰입하면 밤이 새도 계속 몰입하는 성격 탓이다. 이 책을 거의 마감했을 때도 백화점의 최고급 안경원에 무엇이 있나 구경하러 들어갔는데, 그곳의 중년 신사 직원이 묵직한 음성으로 정중하게 다가와 부드럽게 도움을 주었다. 내가 원하는 안경을 찾기 위해 진심으로 신중하고 정중하게 언행을 조심하며 도와주니 지금 하나 사야겠다는 보답 심리가 발동해 그 자리에서 백만 원이 넘는 안경을 사고 새로 렌즈를 맞췄다. 이를 듣고 나를 호구(patsy)라고 생각할 수도 있겠지만, 난 신중한 구매자고 내가 꼭 필요한 것은 타협하지 않고 최고의 하나를 산다. 시각이 민감한 작가에게 안경이 가장 중요한 도구다. 지금이 9월인데 올해 5월부터 안경원을 기웃거렸었다. 결국 가장 마음에 드는 안경을 샀고, 그 신사 안경사의 시력에 대한 전문 지식 덕분에 이전 안경보다 정확한 도수의 렌즈를 맞춰 새로운 비전을 갖게 되었다. 이 결과는 이미 상호성 편향을 알고 체득했기 때문이기도 하다. 그러나 상호성의 심리가 있지 않은 사람들도 있는데, 이것은 자기가 필요한 것만 얻고 사라지는 비인간적인 패자를 파악하는 데 좋은 판단 기준이 된다. 받은 것을 감사할 줄 모르는 사람은 고상(noble)하지 못한 사람이고, 그런 사람은 마이너스의 에너지를 지닌 사람이니 피해야 한다.

생각이 행동을 바꿀 수 있지만, 행동이야말로 생각을 바꾼다.

7. Bias from over-influence by social proof 사회적 증거 편향

"Monkey see, monkey do."

앞사람이 맛있는 걸 먹고 있으면 나도 그걸 먹고 싶어지는 심리.

다른 사람들이 내린 결론을 양 천성을 지닌 인간은 그를 생각 없이 따르는 경향이 있다. 특히 상황이 불확실하거나 스트레스가 심하거나 무지할 때는 더 그렇다. 한 사람이 먼저 행동하면 나머지 사람들이 우르르 따라 하는 심리도 새들에게 쉽게 찾을 수 있는 것처럼 사람에게도 흔하다. 관광지가 된 해운대 미포에는 하얀 간판의 깔끔한 식당이 있는데 현지 주민은 한 번 가보고 맛이 없어 가지 않는다. 그런데 여행객은 그 주변에서 식사할 곳이 그곳밖에 없어 항상 긴 줄을 서서 기다리고, 손님이 가장 좋은 인테리어라고 제품이 좋아서가 아니라 많은 사람들이 식사해서 그곳에는 항상 외국인 손님이 붐빈다. 사회적 증거에 의한 판단 오류는 흔하게 발견할 수 있다. 제품이 좋아서 줄서는 게 아니라, 사람들이 줄서기 때문에 줄선다. 또래 친구들이 하는 행동을 똑같이 해야 하는 압박(peer pressure)도 이 심리다. 특별히 질이 뛰어나지 않은 옷 브랜드가 한국 십대들 사이에서 유행이 되어 다 똑같이 입는 현상을 볼 수 있다. 이 심리는 소비자로서는 자제하되 사업가로서는 사용할 수 있다. 학교에서 사진부장을 맡았을 때 내 사진들로 정성을 다해 전시를 준비하고 사진부의 전통에 따라 폴라로이드 사진을 정확히 필름 값만 받고 학교 축제에 오는 사람들에게 촬영해 주었는데, 소문을 듣고 온 수많은 사람들로 인해 우리 부는 대성공을 맛볼 수 있었다.

8. Bias from favouring elegance over practicality
실질적인 원인보다 깔끔한 해결책을 선호하는 편향

실제 진리보다 단순한 답을 원하는 심리.

깔끔한 수학적 공식이나 법칙을 사람들은 지적 수준에 상관없이 선호한다. 경제학자들은 세상이 효율성(market efficiency)에 의해 작동된다고 설명하지만 사실 시장은 비효율적이기 때문에 조지 소로스는 이를 이용해 부자가 되었다. 워런 버핏과 찰리 멍거는 시장에 대해서는 알 수 없다(agnostic)는 관점을 고수한다. 인간 세상에는 항상 예외가 있고 모든 사람과 상황에 적용되는 법칙(law)은 없다. 그럼에도 대중적인 책은 "법칙"이라는 단어를 쓴다. 인간은 쉽고 간단해 보이는 설명을 선호하기 때문이다. 한국의 번역서는 대중성을 우선시하는 경향이 있어 영어를 정확히 알고 원문을 읽지 않으면 우물에 갇히기 쉽다. 그래서 만든 《영어책》을 먼저 읽으면 영어로 출간된 책을 읽기 수월하고 정확해진다.

9. Bias from contrast-caused distortions of sensation, perception, and cognition 대비에 의한 인지 오류

불행한 환경에 있으면 작은 것에도 감사한 심리. 반대로, 풍족하고 평온한 환경에 있으면 우울한 심리.

대비되는 대상이 있을 때 인간은 절대 평가를 하지 못한다. 로버트 치알디니는 수업에서 학생들에게 한 손은 뜨거운 물에, 한 손은 차가운 물에 넣었다가 두 손을 모두 미지근한 물에 넣게 했다. 그러면 같은 온도에 손을 넣었지만, 두 손은 각각 다른 온도를 느낀다. 내 스위스인 친구는 스위스의 술집에서 지금의 호주인 아내를 만났을 때 그녀의 친구에게 먼저 접근해 관심을 보였다. 그녀는 그에게 관심이 없었지만, 그녀의 친구가 관심을 보이는 것을 보고 여러 감정을 느껴 그를 원하게 되었다. 결국 내 친구가 호주로 이민을 올 정도로 둘은 끈끈한 부부가 되었다. 친구는 처음부터 그녀에게 관심이 있었다고 한다. 이 방법은 나는 도저히 따라 하기 힘들지만, 유럽인에게는 흔한 방법이라고 한다. 시각적으로도 똑같은 색과 똑같은 크기라도 그것을 두르는 배경색과 모양이 주는 대비로 인해 전혀 다르게 인지된다.

마찬가지로 대치동 부모는 아이가 학원에 밤늦게까지 잡혀 있으며 영어 단어를 한국어 단어랑 대칭해서 외우고(잘못된 방법이다) 혼나고 울지 않으면 불안해한다. 학원은 불안한 부모를 대신해서 공부하라고 아이를 다그쳐주는 서비스다. 그렇게 자라는 아이는 스트레스가 심해 학원 화장실에서 임신을 하거나, 시험 결과가 부모의 기대만큼 안 나왔을 때 자살을 하거나, 대학교까지 공부하고 그 상태에 평생 머무른다. 지나친 억압은 아이를 망치고, 암기는 창의력을 없앤다. 부모가 지나치게 훈육한 아이들은 무능한 어른이 되었다. 그런데 배움 그 자체를 즐거움으로 인식하며 노는 듯 자란 아이는 처음엔 또래 아이들보다 더디게 성장하는 듯하나 자연의 법칙 황금비율이 적용돼 시간이 쌓일수록 폭발적으로 성장한다. 아인슈타인, 레오나르도 다 빈치, 워런 버핏, 스티브 잡스, 제임스 다이슨, 이솝 창립자 데니스 패피티스 등 큰 성취를 이룬 모든 사람이 이렇게 되었다. **모든 성장은 그 과정이 즐거워야 이루어진다.**

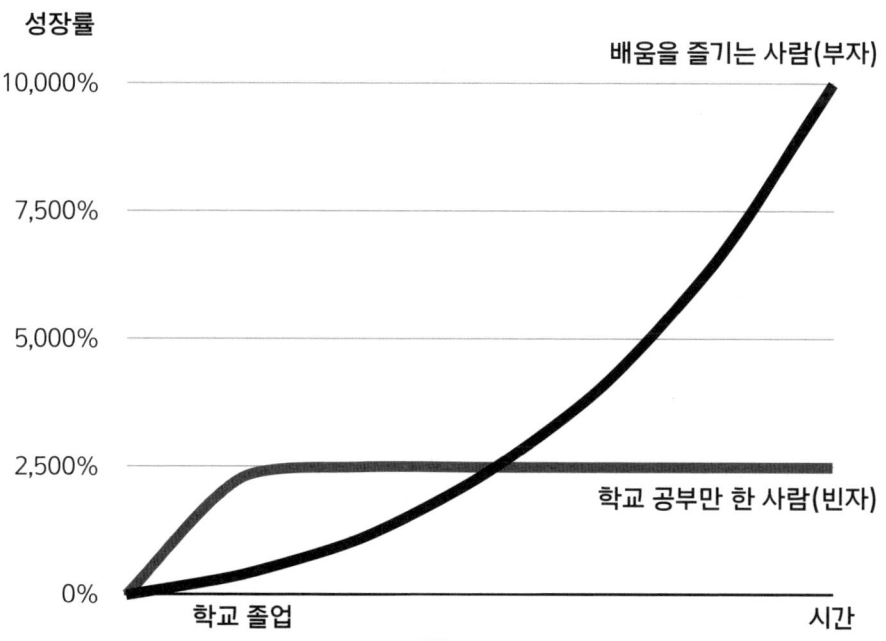

10. Bias from over-influence by authority 권위 편향

권위자는 잘못된 논리나 믿음(fallacy)이 없을 거라는 판단 오류.

박사 학위를 가진 사람은 더 똑똑한 사람이라는 것은 잘못된 판단이다. 인간은 인간이고, 모든 인간은 실수를 피할 수 없다(infallible). 비행기에 기장과 부기장이 있다. 기장은 부기장보다 경험이 많고 그래서 함께 조종하는 비행기 안에서 권위자다. 그런데 부기장이 상황을 객관적으로 판단하여 행동하지 않고 권위자인 기장을 맹목적으로 신뢰하면 비행기는 25%의 확률로 추락한다(찰리 멍거). 나는 거의 모든 분야의 의사 선생님과 약사 선생님들께 영어를 알려드리며 재밌는 사실을 발견한다. 비타민C에 대해서 어떤 선생님은 과다복용이 좋다고 하고 어떤 선생님은 비타민C를 따로 섭취하는 것은 불필요하다고 한다. 그리고 어느 의대 교수님께 여쭤보아도 인간이 어떻게 살아있는지를 아는 교수님은 없다. 하나의 분야를 다른 사람들보다 깊게 파고들고 오래 다루어 권위자가 될 수는 있지만, 인간은 인간이라는 실존적 한계에 머무른다. 모든 인간은 실수하고, 완벽하지 않으며, 확실하게 아는 것이 없다. 그러나 권위를 맹신하는 바보보다 한 분야의 권위자가 되는 게 더 보람차다. 자신의 한계와 무지를 인지하고 인정하는 권위자는 믿을만한 권위자일 수 있다.

11. Bias from deprival super reaction syndrome 상실 과민 증후군

떨어지는 자산은 팔고 오르는 자산은 사려는 심리.

이 심리로 인해 가격이 이미 오른 주식이나 부동산을 사는 빈자는 그 후에 따라오는 수요의 감소로 가격이 내려가 돈을 잃고, 부자는 그 반대로 행동해 돈을 번다. 얼마 전 군중이 "집을 살 마지막 기회"라고 떠들어 무지한 사람들은 이 기회를 놓칠까(FOMO: fear of missing out) 무리하게 빚을 내어 집을 샀는데, 결국 판단 오류의 대가를 받았다. 주변의 인식에 흔들리지 않는 지성인(independent thinker)은 스스로 생각하고 판단한다(think for yourself). 죽은 물고기만 강물을 따라간다. 강물을 거스르는 숭어가 되어야 부자가 된다. FOMO에 휩쓸리지 않으려면 자신을 알고 자기 확신을 가져 당신만의 일(circle of confidence)에 집중하라.

잃을지 두려울 때 인간은 과민하게 행동한다. 주식 가격이 구매 가격보다 내려가면 잃을지 두려워 초조해지고, 그러다 사람들이 팔기 시작하면 가격은 더 내려가며, 계속 떨어지면 인간은 공황(panic)이 와서 이미 잃었는데 더 잃을까 봐 있던 것을 판다. 이것이 주식 시장 붕괴다. 사실 시장 붕괴가 아니라 군중의 평정심 붕괴다. 그런데 기업들은 평소처럼 일을 하고 있다. 사람들이 필요한 것을 생산하는 기업은 불경기에도 계속 재화를 공급하고 배당금도 준다. 신뢰를 주는 기업은 꾸준히 우상향 성장하고, 신뢰를 주지 않는 기업은 주가가 요동친다. 주가의 변동은 그 기업이 일을 잘하거나 못해 변동하기보다는, 주식을 사고파는 사람들의 심리로 인해 변한다. 이 심리를 아는 사람은 공황이 온 양 떼의 심리에 동요하지 않고 주식 거래를 잠시 멈추거나 자기 일을 잘하고 있는 기업의 주식 가격이 비이성적으로 떨어졌을 때 주식을 저렴한 가격에 더 사들여 부자가 된다. 이것이 시장 비효율성이다. 부자는 이를 이용해 부자가 된다.

12. Bias from envy/jealous 질투 편향

세상을 움직이는 원동력은 욕심이 아니라 질투심이다. 내가 아는 두 명의 억만장자는 못생기고 교양도 없어 자격지심과 질투심을 부자가 된 지금까지도 안고 산다. 그런데 이것을 원동력으로 억만장자라는 현재 상태(status quo)를 이루었다. 페이스북과 인스타그램이 세계에서 가장 가치 있는 기업 7곳 중 하나가 된 근본적 욕망도 사람이 다른 사람과 연결되고 싶은 본능과 질투심이다. 다른 사람의 성취에 배아프지 않으려면 당신 자신을 알고 당신만의 가치에 확고한 믿음이 있어야 한다.

13. Bias from chemical dependency 약물의존 편향

한 번 고카페인의 에너지 드링크를 마시고 내가 노동으로 번 자본을 걸고 새벽까지 미국 주식 거래를 하며 도파민 분비를 즐겨보았다. 내 생명을 걸고 슈퍼바이크를 타는 데서 느끼는 스릴보다 더 좋았다. 그보다는 안전하고 환경 오염을 하지 않았으니까. 그러나 올바른 판단을 할 수 없었고 결국 작은 수익률로 큰 부는 쌓을 수 없었다. 에너지 드링크의 후유증으로 3일을 고생했다. 차라리 그 시간과 에너지를 타인을 위해 이로운 일을 하여 정직하게 버는 것이 더 큰 부를 쌓았다. 그리고 진짜 큰 부는 합리적 판단으로 신중하게 내린 결정에서 시간을 함께 투자해 온다. 화면을 보며 가격 등락을 지켜보고 있을 필요도 없었고, 마음은 편안했으며, 시간이 자유로워져 나는 그 시간에 자기 계발을 하며 더 지혜로운 투자자이자 작가가 될 수 있었다. 마음이 편안해야 부자다.

맑은 정신을 위해 술을 마시지 않기로 선택했고, 하루에 여러 잔 마시던 커피를 한 잔 이하로 줄였다. 오늘 정신이 예리해지거나 느슨해지는 것보다, 내일도 맑은 정신으로 생각하는 게 중요하기 때문이다. 시간이 쌓여야 부도 쌓인다. 매일 5시간을 맑은 정신으로 가장 가치 있는 일에 들일 수 있으면 자연히 부자가 된다. 그런데 전날 술을 마시거나 카페인을 지나치게 섭취하면 1시간도 맑기 어렵다. 덜덜 다리를 떨며 폴짝대는 토끼보다 차분한 거북이가 먼저 성공하는 이유다.

14. Bias from gambling compulsion 도박 충동 편향

도박 충동은 인간 심리에 내재한 본능이며 이는 위의 내용과 같다. 분석적 머리가 있어도 이 충동을 억제하지 못하면 얼마나 많은 돈을 벌었든 그 돈을 모두 날릴 수 있다. 실제로 그런 사람을 보았다. 인생은 한 방이 아니다. 성공적인 인생은 능선을 꾸준히 오르는 지속성이다. 뛰어가면 산에서 떨어질 수 있다.

15. Bias from liking distortion 편애로 인한 판단 오류

자신의 출신, 자기 민족, 자신과 취향이나 선택이 비슷한 사람에게 편견을 갖고 그로 인한 판단 오류.

당신이 좋아하는 것과 익숙한 것이 항상 옳은 선택이 아님을 기억해야 한다. 주변에 여자가 평생 일해 가족을 힘들게 부양한 가족을 보면 남편이 키 크고 잘생겼다. 젊을 때는 멀쩡한 직업이 있다가도 결국 무능한 진실이 드러나 가정을 책임지기를 포기하고 아내가 벌어오는 수입에 의존하며 산다. 사람은 문화와 환경의 산물이다. 남아선호사상에서 자란 남자는 별다른 일을 하지 않아도 사랑과 정성을 대가 없이 받아, 이게 무능으로 발현된다. 한국에서 자수성가를 이룬 남자는 대부분 외모가 뛰어나진 않다. 외모로 원하는 것을 얻을 수 없으니 능동적으로 일해서 얻어야 해서 유능한 사람이 되곤 한다. 동양인은 예쁜 여자를 좋은 아내라고 오판하는 경향이 있는데, 이 또한 잘못된 판단임이 드러나곤 한다. 찰리 멍거는 똑똑한 홍콩 남자가 성공을 이룬 다음 자신보다 훨씬 멍청한데 가슴이 큰 여자와 결혼하는 것을 기이하게 여겼다. 모계유전으로 인해 아이들은 여자의 성품을 주로 물려받는다. 지혜롭고 성숙하지 않은 여자를 선택하면 그 판단 오류의 대가를 평생 그리고 다음 세대 아이들에 걸쳐 치른다. 여성은 인간이고 사람을 성적 대상화하는 생각은 비정상적 생각이다.

16. Bias from disliking distortion 편증으로 인한 판단 오류

좋아하지 않는 사람에게 배우지 않으려는 심리도 이의 부분이다. 그러나 생태계의 관점에서 모든 개체는 존재 이유가 있다. 무식하고 무례한 사람에게도 유익한 점이 있고 당신이 사용할 수 있는 기능이 있다. 고로 편견을 갖지 않고 지구 전체의 관점에서 개별 인간을 대하면 당신은 평온한 마음으로 원하는 목표를 이룰 수 있다. "고양이가 하얀색이든 검은색이든 쥐만 잡으면 된다"고 찰리 멍거가 말했다.

17. Bias from the non-mathematical nature of the human brain in probability assessment 확률 분석에의 인간 뇌의 비이성적 경향

당신은 10%의 확률로 90%의 수익률을 얻을 수 있지만 90%의 확률로 50%를 잃을 수 있는 선택을 할 것인가, 90%의 확률로 10%의 수익률을 얻을 수 있지만 10%의 확률로 20%를 잃을 수 있는 선택을 할 것인가? 가능성은 통계적 근거로 판단해야 최대의 성공률을 얻을 수 있다. 인간은 확률 문제를 다룰 때, 과학적 접근보다는 경험(heuristics)이나 대비, 사회적 증거 편향 등으로 인해 오판하곤 한다. 불행한 결혼 생활을 한 부모를 보고 자란 사람은 결혼을 비관적으로 보고, 행복한 부모를 보고 자란 사람은 낙관적으로 본다. 그러나 결혼 중 외도(infidelity)를 하는 통계는 '했다'고 대답한 사람만도 절반이 넘는다. 일부일처제 결혼제도가 인간의 동물적 본성에 맞지 않음을 인정하는 사람들은 사실혼(de facto)이나 여러 사람과 동시에 사랑하는 폴리아모리(polyamory)를 선택하곤 한다. 여성은 매력적인 남자의 유전자를 얻고 싶은 본능이 있고, 남성은 자신의 유전자를 주고 싶은 본능이 있기 때문이다. 인간은 원칙을 정하고 그를 철저히 지키지 않으면 동물이다. 투자는 완벽히 실력주의(meritocracy)다. 판단 오류를 내리면 손실을 얻고, 바른 판단을 내리면 이익을 얻는다. 판단이 맞았더라도 미처 몰랐던 요소로 인해 예상하지 못한 결과를 얻기도 한다. 부는 지성의 결과다.

고전적 조건화에 의한 판단 오류의 연장으로서, 지금 한국의 부모들은 세상이 바뀐 지금에 대학교의 기능과 학위의 역할을 맹신한다. 극빈국이었던 한국을 겪은 세대는 대학교 학위가 보장하는 전문직군이 안정적인 생활을 주는 것을 보았기에 이렇게 판단하지만, 한국은 빠르게 성장해 다른 사회가 되었다. 좋은 대학교가 어느 정도의 기본기를 훈련해 주고 사람을 연결해 주기는 하지만, 부모가 된 사람의 인생을 희생하면서까지 입시를 위해 이사를 하고 학원을 보내고 입시 과외를 시킬 가치는 없다. 인생은 역경의 연속인데, 순한 아이들이 모인 학교에서 쉽게 자란 사람이 행복한 삶을 이뤄낼까, 역경을 이겨내는 법을 배운 사람이 평화를 얻을까? 어차피 인구가 줄어 몇 년 뒤부터는 입시 경쟁이 무의미할 것이다. 입시는 조작이다. 조작을 뜻하는 manipulation은 인위적이고 자연적이지 않다는 뜻이다. 교육열(fever)과 좋은 교육은 다르다. 전자는 근시안적 무지다. 후자는 자연의 법칙이다. 개인은 사회에서 저마다의 역할이 있고, 이를 찾아서 하는 것이 행복과 부로 가는 선택이다. 호주는 자연적으로 머리 좋은 사람이 상위 대학교에 가고 그렇지 않은 사람은 하위 대학교에 가거나 직업교육(vocational)을 거친다. 억지로 부모의 자존심(ego)을 세워주는 일을 하기보다는, 자연히 자기에게 맞는 일을 찾아간다. 그래서 어떤 직업을 가졌든 행복하게 잘 사는 결과는 같다. 자신에게 맞는 일을 하기 때문이다. 머리가 나쁘고 무능한 사람도 9수 끝에 시험을 통과할 수 있다. 그런 사람이 해서는 안 되는 일을 하니 사회가 효율성을 잃고 구성원이 불행하다. 이름난 대학교를 졸업한 사람들이 그 학위를 간판 삼아 사회에 도움이 되는 시민으로 성장하지 못하고 무능하고 비도덕적인 사회악이 된 많은 사례를 볼 때, 지금의 교육열은 그 대상이 잘못 선정되었다. 가능성을 판단할 때 책을 집착적으로 많이 읽는 사람이 잘되지 않은 경우는 찾기 어렵다. 유명한 사람 중에도 셀 수 없이 많지만, 주변에 시험 기간에 놀러 가거나 입시 학원에 다니지 않았는데 아주 잘 사는 사람으로 성장한 사례를 들 수 있다. 그들의 특징은 책을 많이 읽은 것이다. 책은 **생각하는 법을 훈련**하는 도구다. 지방에서 자라며 학원에 다니지 않은 이지영 선생님도 디지털 도구가 발달한 이 시대에 독서를 강조한다. 생각하지 않는 군중은 책의 힘을 이해하지 못하거나 옷 한 벌도 안 되는 책값과 책에 들이는 시간을 과소평가한다. 그래서 성실한 소비자가 된다. 시험 점수 같은 눈앞에 드러나는 빠른 성과를 좇는 것은 빈자의 특징적인 사고방식이다. 성공을 좇아 지나친 경쟁으로 들어간 대학교 이후의 삶까지는 내다보지 못하는 것도 지혜롭지 않다. 이렇게 자란 세대는 어른이 되어 쇠퇴(involution)를 겪는다. 무능한 회사가 당장 판매하는 퍼포먼스 마케팅을 한다. 위대한 회사는 미래의 소비자를 위해 당장의 수익 감소를 감내하고 투자한다(해피밀 장난감). 빠른 성과는 암기로 낼 수 있지만, 암기는 인생을 장기적으로 보아 스스로 생각할 줄 모르는 바보를 만드는 교육법이다. 누군가 만들어낸 해결책을 암기해 그대로 따라 하는 일밖에 못 한다. 사업에서 후발주자가 그 분야의 주도권을 쥘 확률은 낮다. 투자에서 후발주자는 이미 늦었다. 큰 성공은 먼저 알아보고 움직인 사람(first mover)의 것이다. 부자는 그 너머의 중요한 가치, 예를 들어 자녀가 독립심을 배워 인생을 스스로 행복하게 살아가는 힘을 얻도록 시간을 들인다.

성공은 지혜와 용기의 결과다. 2023년부터 24년까지 한국 게임 기업의 주가가 100% 이상 성장했는데 그 이유는 대표가 실패를 통해 지혜를 배웠기 때문이다. 그럼에도 계속 다시 일어설 열망이 있기 때문이다. 그는 흥행을 좇지 않고 **사용자가 몰입**할 수 있는 좋은 게임을 만드는 데 집중했다. 올바른 방향이다. 이곳은 게임 개발 시가총액 1위 기업이 되었다.

찰리 멍거가 가장 존경한 벤자민 프랭클린은 8살부터 10살까지 학교를 2년밖에 다니지 않았다. 집이 가난해 아버지가 그를 학교에서 데려와 양초와 비누를 만드는 가족 사업에 일하게 했다. 그는 방대한 독서로 독학해 작가, 발명가, 과학자, 음악가, 그리고 미국 대통령이 되었고 찰리 멍거가 가장 존경하는 영웅이 되었다. 찰리 멍거도 로스쿨에서 생각하는 법을 배웠지만 투자와 사업과 심리학 등을 독학해서 억만장자가 되었다. 벤자민처럼 많은 분야를 탐구한 세종대왕은 《총, 균, 쇠》에서 재러드 다이아몬드가 극찬한 한글을 창조했다. 크고 못 생기고 먼지 봉투 방식을 써서 제 기능도 못 했던 옛날 청소기를 대체할 작고 예쁘고 깨끗하게 자기 기능을 잘하는 사이클론을 발명한 제임스 다이슨은 미대를 다녔고 독학하기를 좋아한다. 반면 입시를 맹신한 아이들의 대다수가 불행한 어른이 되었고, 다른 삶의 방식을 못 본 채 '인생은 고통'이라고 판단한다. 이 판단 오류가 한국 인구가 줄어드는 근본 원인 중 하나다. 워런 버핏이 말했듯, "mimicking the herd will only get you the result of the herd 양 떼를 따라 하면 양 떼와 똑같은 결과를 얻는다." 스스로 배워 성장하는 법을 아는 것이 행복한 부자가 되는 길이다.

18. Bias from over-influence by extra vivid evidence 더 생생한 증거로 인한 판단 오류

공공장소에서 옆에 앉은 모르는 사람이 한 말이 더 생생하게 기억에 남아 판단에 영향을 끼치고는 한다. 투자 결정에도 호재가 10개 있고 악재가 10개 있다면, 더 생생한 증거가 판단에 영향을 끼친다. 마찬가지로, 가격은 바로 눈앞에 보이고 심장으로 느껴지는 숫자이지만 가격이 그것의 가치를 정확하게 반영하지는 않는다. 무지한 자는 가격과 가치를 동일하다고 오판한다. 주식 시장의 가격 변동은 군중의 기대 심리의 변화와 사회적 증거로 인해 더 발생하고, 기업의 기본기와 사업성은 느리게 적용된다. 군중이 주식을 사는 이유는 "누가 무슨 주식으로 벌었대"라는 생생한 증거 때문이다. 사람이나 기업이 제공하는 것을 원하는 사람이 없으면 그는 존재의 목적을 잃고 소멸하지만, 존재의 기능을 잘하고 있고 더 잘하기 위해 애쓰고 있으면 그 사람이나 기업은 계속 건강하게 존재한다.

19. Stress-induced mental changes, small and large, temporary and permanent 스트레스로 인한 정신적 변화, 크거나 작거나, 일시적이거나 영구적이거나

눈물 맺힌 눈으로는 세상과 자신을 또렷하게 볼 수 없다.

지하철을 타면 맞은 편이나 옆자리에서 스트레스에 찌들어 얼굴에 인상이 가득해 표정이 그 사람의 얼굴이 된 중장년 사람을 볼 수 있다. 그런 사람은 가임기가 한참 지난 것 같은데도 임산부 배려석에 앉곤 한다. 때때로 한 번도 들어보지 못한 회사들의 주식 가격 등락 과정을 보고 있는 걸 목격한다. 그들의 지푸라기 같은 희망도 꺼져가는 것을 보며 그들의 인상은 더 깊어진다. 주식을 복권으로 인식하고 정확히 모르는 회사의 지분을 사기 때문이다. 바른 판단은 바른 정신에서 온다. 자신을 돌볼 수 없는 사람은 부자가 되기 어려운데, 그 이유는 인간 현실은 자신이 품은 에너지의 결과이기 때문이다. 에너지가 큰 사람은 비관적이어도 바른 판단과 장기간의 실행으로 부자가 되지만, 에너지가 작은 사람이라면 그 사실을 인정하고 긍정의 에너지를 품으면 충분히 개인으로서 잘살 수 있는 부를 만들 수 있다. 한 사람이 일생을 사는 데 그리 큰 부가 필요하지 않다. 일정 수준 이상은 덤이다. 그 덤으로 당신이 더 행복해지지는 않고, 그것으로 다른 사람들의 삶에 영향을 주어 세상을 좀 더 낫게 만들 수 있다.

요즘은 나이가 들더라도, 순수했던 어린 소년처럼 웃으며 걷고자 의식한다. 걱정이 되더라도 호주 문화처럼 "No worries"하며 이미 일어날 일은 일어날 것이고 그 과정에서 내가 걱정할 필요는 없음을 상기한다.

20. Mental confusion from poorly structured information and inadequate explanation 조악하게 정리된 정보와 부족한 설명으로 인한 혼동

정부 법규 변경이나 새로 시행한 경제 정책을 찾기 위해 한국의 독과점 검색엔진에 검색하면 공식 정보를 찾기 쉽지 않고 미성숙한 사람이 만든 조잡한 블로그나 유튜브 영상으로 공식 정보를 알아내야 한다. 그중엔 업자가 쓴 정보가 많아 인센티브 편견에 치우치기 쉽다. 정보를 찾는 법을 배우지 못한 대중은 정보의 혼돈 속에서 무지에 머물러 있어야 한다. 한국어 검색엔진은 정보 검색의 기본을 못 한다. 본래의 기능을 잘하도록 집중하기보다는, 돈을 더 많이 벌도록 집중한다. 성숙한 사람이 추구하는 사회적 의무감보다는 개인적 이익을 우선 추구한다. 1인당 소득(per capita income)이 연 $100 미만으로 아프리카만큼 가난했고 사회정치적으로 매우 불안했던 60년대 한국에 태어난 기업인의 특징이다. 정확한 정보를 찾을 수 있고 그 내용을 분별할 수 있는 지성이 부를 형성한다. 그 정보는 정확한 영어로 검색하는 구글과 AI, 그리고 고급 책으로 얻을 수 있다. 그런데 한 해에 백만 권의 책들이 출간된다. 당신의 일생에 읽을 수 있는 책은 몇 권이나 될까? 무슨 책을 읽느냐가 인생을 결정한다. 20:80의 법칙처럼, 책에도 나쁜 책이 있고 좋은 책이 있으며 위대한 책이 있다. 대부분의 책은 인류의 지식에 보탬이 되지 않는다. 위대한 책을 알아보고 많지 않은 그 책들만 깊게 이해해도 목표하는 성공을 이룰 수 있다. "아주 얕게 아는 것보다 하나를 깊게 아는 것"이 가치 있다고 워런 버핏이 말했다. 진리를 알아보는 안목을 기르면 알아본 보상을 받는다.

21. Association bias 연상 오류

나이키 신발은 석유화학 플라스틱에 합성고무와 폴리에스터 실이지만 사람들은 나이키의 승리를 상징하는 V 로고를 보고 다른 감정을 느낀다. 이미 은퇴한 지 한참 되었지만 조던 로고를 보고 가슴이 끓어오르는 감정을 느낀다. 이는 나이키가 뛰어난 운동선수와 그들의 제품을 연상 짓도록 광고했기 때문이다. 나이키 때문에 운동선수가 뛰어난 기량을 발휘하는 게 아닌데, 인간 심리는 이를 연상 지어 생각한다. 손흥민이 저가 커피를 마셔서 성공한 게 아니고, 김연아가 어떤 은행의 지원을 받아 성공한 게 아닌데, 사람들은 연상해서 판단 오류를 내린다. 이것이 광고의 기본이다. '누가 광고하니까 이건 사야 해' 식이다.

연상은 인간 뇌가 기억과 판단을 위해 사용하는 생각법이다. 영어 단어를 알려줄 때 나는 서로 연결되는 단어들을 함께 알려주고 이를 잘 판단할 수 있는 상황이나 사물을 연결 지어 이야기를 들려준다. 그러면 학생들은 한 번 듣고도 확실하게 기억하고 그 단어들로 실수하지 않는다. 연상은 고

전적 조건화 그리고 조작적 조건화와 함께 분류할 수 있지만 너무나 흔한 판단 오류라서 한 번 더 정리한다. 예를 들어 일본에서는 이레즈미 문신을 불량배와 연결 지어 생각하는데, 한국에서 이를 역이용하여 약자와 겁쟁이가 문신을 해 존중을 유도하기도 한다. 강자는 겉으로 드러나는 모습으로 존중을 조작하지 않는다. 그러지 않아도 능력으로 충분히 존중을 받기 때문이다. 큰 부자를 만나면 의외의 왜소함에 놀라곤 한다.

22. Excessive self-regard bias 자신의 것을 과대평가

자기 아이가 예뻐 보이는 심리.

자신의 능력과 자신의 소유물 그리고 자신과 관계있는 사람을 더 높게 평가하는 경향이다. 이 인지 편향(cognitive bias)을 1999년에 발견한 저스틴 크루거와 데이비드 더닝을 존중(honour)하며 더닝-크루거(Dunning-Kruger) 효과라고도 한다. 정확한 판단을 해야 원하는 결과를 얻을 수 있으므로, 평가를 객관적으로 할 수 있는 논리적 추론(logical reasoning)을 연습해야 한다. 워런 버핏이 테크놀로지에 투자하지 않고도 큰 부자가 된 비결은 자신이 잘 모르는 것과 강점이 없는 분야를 스스로 알고 자신이 잘하는 분야(circle of confidence)에 머물러 있었기 때문이다. 기회는 어디에나 있다. 남이 벌었다는 방식으로 당신도 벌지 않아도 된다. 당신이 잘 알고 잘할 수 있는 분야에서 당신만의 성공을 성취하라. 영어의 human being 그리고 mere mortal이라는 말은 인간의 한계를 함축한다. 완벽할 수 없는 실존적 한계를 타고난 인간으로서 자신이 가장 잘하는 하나만 더 잘하도록 집중하면 충분히 행복한 부자가 된다. 기업이 여러 분야를 다 하려고 하는 것도 이 판단 오류다. 오만 걸 다 하려고 하는 기업은 저물고, 하나에 집중하는 기업은 오른다. 애플이 위기에서 불필요한 사업을 모두 정리하고 경쟁력이 있는 사업에만 집중해서 생존했고, 포르쉐는 911을 제하고 다른 모델은 모두 정리하여 경쟁력을 강화했었으며, 워런 버핏도 가장 안전한 투자(보험, 은행, 카드, 음료)에 집중하여 부를 키웠다.

23. Hasty generalisation 성급한 일반화의 오류

적은 예에서 일반적인 결론을 도출하는 오류다. 자연의 법칙(law)에는 예외가 없지만, 인간이 만드는 법칙(rule)에는 예외가 있다. 모든 인간은 죽는다—자연의 법칙. 이름난 대학교를 나오면 다 똑똑하고 학위만 있으면 다 잘 산다—성급한 일반화의 오류.

24. Availability heuristic 당장 머릿속에 떠오르는 정보로 판단

당장 떠오르는 정보로 판단하는 오류다. 아주 흔한 판단 오류로, 워런도 신발 기업에 투자했을 때 크게 성공적이어서 두 번째 기업에 투자했는데 이 또한 성공적이었고, 상황이 비슷해 보이는 세 번째 기업에 투자했을 때는 미처 알지 못했던 경쟁으로 인해 큰 손실을 봤다. 당신이 낳은 자식이라도 첫째와 둘째는 정직하고 유능해도 셋째는 악하고 무능할 수 있다. 모든 주체는 개별체임을 전제하고 판단해야 현명하다. 누가 무엇으로 벌었으면 그것으로 당신도 벌 수 있는 가능성은 작다. 정보를 얻고 원칙에 따라 판단하라.

25. Anchoring effect 닻 효과

처음 접한 정보에 의존해 판단하는 심리.

신차 가격이 1억 원이라는 말을 먼저 듣고 중고찻값이 5천만 원이면 저렴하게 들린다. 상인이 흔하게 쓰는 수법이다. 2024년 9월 19일 오디세이 마린 익스플로레이션이라는 바닷속 보물을 찾는 회사의 주식이 $5에 거래되다가 갑자기 하루 만에 $0.45로 떨어졌다가 $2 가까이 올랐다. 경영이나 손익에 문제가 있어서가 아니라, 멕시코와 NAFTA 중재 재판에서 보상금을 받게 되었다는 소식이 나온 다음 날이었다. 이에 투자자들은 횡재다 싶어 달려들어 회사 조사(due diligence)도 하지 않고 주식을 샀다. $1.70 이상에 주식을 산 사람들의 손익은 다음 날 −50%에 달했다. 트레이더들은 이전 가격만 보고 "오를 거예요"라고 막연한 희망(wishful thinking)을 가졌고, "설립된 지 30년이 된 회사니까 괜찮아요"라고 했다. 그렇지만 이 회사는 재무제표상 자산보다 부채가 두 배 이상 많고, 이익보다 손해가 큰 분기가 많다. 이익을 내지 않고 부채가 자본보다 많은 회사의 주식은 도박이다. "Gambling is stupid 도박은 멍청함"이라고 찰리 멍거가 말했다.

26. Framing effect 액자 효과

정보를 둘러싼 액자에 따라 다르게 판단하는 심리.

수술할 때 의사 선생님이 이 수술의 "생존율이 90%"라고 말하는 것과 "사망률이 10%"라고 말하는 것은 다르게 받아들여진다. 그러나 둘은 같은 정보다.

27. Ego bias 자기를 중요시하는 성향

'내가 이런 대우를' 받는 것을 용납하지 못하는 심리.

인간이 이를 수 있는 최상의 상태는 겸허(humility)다. 이 정반대가 ego (self-importance)다. 일상 영어에서 ego는 자신의 가치를 부풀려서 여기는 걸 말한다. 오만하고 이기적이라는 의미를 내포하기도 한다. '진상'이나 '꼰대'가 이런 의미일 때가 있다. '내가 난데'는 ego다. '내 자식이 이런 대우를 받다니'도 ego다. 비싸고 화려한 사무실을 쓰는 선택도 ego다. 비싸고 화려한 차를 쓰는 선택도 ego다. 사업과 투자 결정에 ego가 개입하면 손실이 커져 재기가 불가능할 수 있다. 자기를 지나치게 중요시하는 사람은 정신 질환을 겪거나 실패할 확률이 매우 높다. 비용이 적어야 현금 보유량이 늘고, 현금이 충분해야 더 크게 성장할 수 있고 게임에서 오래 생존할 수 있다. 당신의 생각이 옳고 당신이 더 우월한 존재라고 여긴다면 ego 문제가 있으니 이를 건강한 수준으로 조절하도록 애써야 한다. 당신이 옳음을 증명하기 위해 일하는 게 아니라, 돈을 벌어 자존할 힘을 얻고 만족스러운 삶을 살며 후회 없는 끝을 맺기 위해 일함을 기억하라. 건강한 ego는 자신감(self-confidence)을 주고 자신이 어떤 성격을 가진 사람이라는 것을 스스로 알도록(self-awareness) 돕는다. 강한 ego를 충족시키기 위해 스스로를 계발하는 사람 중에 큰 성공을 이룬 사람들이 있다. 마이클 블룸버그와 일론 머스크 등이다. 워런 버핏이 코카콜라 지분을 팔지 않는 것은 수익을 위해서라기 보다는 그 회사의 통제권을 갖고 있는 것이 만족스러워서다. 반면 단기 이익이 목적인 헤지펀드 운동가 투자자(activist investor)는 회사 경영에 영향을 끼치기 위해 지분을 사기도 한다. 워런도 씨즈캔디 대주주가 되어 제품 가격 인상 등의 상세한 경영에 영향을 끼쳐 수익을 높였다.

Ego는 쌍칼이다. 잘못 쓰면 추하고, 잘 쓰면 훌륭하다. Ego를 다루는 법을 훈련하지 않으면 스스로를 찌르게 된다. 이를 배우는 법 역시 잘하는 사람을 흉내 내는 것이다. 벤자민 프랭클린이 매일 지키려 노력한 13가지 덕목의 마지막이 이것이다—Humility: Imitate Jesus and Socrates. 겸허할 것. 예수와 소크라테스를 따라 하라. 나는 여기에 하나를 더해 지난 15년 매일 지키려고 애썼다. Divinity: Reach the highest human potential. 신성. 인간 잠재력이 다다를 수 있는 최고에 이르자. 여러 분야를 통달(mastery)하는 이유다. 미성숙한 아이처럼 자신이 중요해서 일하는 것이 아니라, 일 그 자체를 최상으로 만들기 위해 몰입하면 희열과 카타르시스를 느낄 수 있다. 스위스, 독일, 일본 사람들의 장인정신(craftsmanship)으로 배울 점이다. 존재할 이유가 있는 사람은 오래 산다. 버틸 이유가 있는 사람이 결국 성공한다.

위의 27가지 판단 오류는 소비자로서 당신이 결정을 바르게 내리는데 도움을 주어 쉽게 이용당하지 않게 하고, 투자자로서 군중 심리에 함께 요동치지 않게 하여 소음을 차단하고 본질에 집중할 판단 기준을 주며, 가치의 생산자로서 효과적이고 효율적으로 일할 수 있게 한다. 한국 투자자의 95%는 100만 원도 벌지 못하고, 99.2% 이상이 부를 이루지 못한다. 이를 액자 효과를 적용해 다르게 바라보면, 부자의 생각하는 법을 익히면 99.2%가 잃는 부를 끌어모으는 0.8%가 될 수 있다.

빈부격차는 생각 차이다.

미술과 디자인, 심리와 철학과 마케팅을 공부하며 인식(perception)이라는 단어에 깊은 인상을 받게 되었다. 무엇을 보는 사람의 마음을 인식이라고 한다. 사실(fact)이란 없는 이 세상에 거의 모든 것은 인식이다. 인식은 곧 의견(opinion)이다. 경제와 투자를 공부하며 가격이 곧 인식임을 깨달았다. 인식을 조작하는 게 브랜딩과 광고이고, 가격은 그를 보는 사람의 느낌, 다른 말로 인식이다. 투자에 가장 중요한 것은 가격이다. 좋은 자산이든 안 좋은 자산이든, 가격이 좋아야 좋은 투자다. 무슨 자산을 사느냐보다, 어느 가격에 사느냐가 더 중요하다. 자산의 가격은 마지막 거래 가격으로 결정되는데, 이 가격은 곧 그 자산에 대한 인식이다. 사려는 사람이 많으면 가격이 올라간다. 카리스마가 있는 사람은 추종자를 끌어모으고(cult following), 이는 자산에 대한 인식에 영향을 끼쳐 가격을 급격하게 올리거나 급격하게 내린다. 테슬라 주가의 급격한 변동은 '테슬람'이라고 불리는 테슬라 추종자들의 영향이 없지 않다. 비이성적으로 움직이기 때문이다. 이는 애플 추종자와 맥락이 같다. 인간의 천성은 2,000년 전이나 지금이나 변하지 않았다. 큰 부자는 인간의 심리를 이해한다.

Wealth for generations to come
대대로 부자인 가문의 특징

좋은 친구가 되기 위해서는 자기 일을 스스로 잘하는 사람이 되어야 한다. 자기 일을 못 하고 힘들어하면 친구도 힘들어지기 때문이다. 마찬가지로 좋은 어른이 되기 위해서는 자기 일을 스스로 잘할 수 있는 시민이 되어야 한다. 좋은 교육은 따라서 아이가 자기 일을 찾아 그 일을 잘하고 스스로 잘 살아갈 수 있는 시민이 되도록 키우는 일이다. 자기 일을 잘하면 보상을 받고 보람도 얻어 행복하다. 사회의 모든 사람이 자기 일을 잘하면 사회는 살기 좋은 사회가 된다. 그래서 교육의 최종 목표는 자기의존self-reliance이다.

Don't educate your children to be rich. Educate them to be happy. So they understand the value of things, rather than the price.

아이들이 돈이 많도록 가르치지 말고, 행복하도록 가르치라. 그래야 물건의 표면적 가격을 보기보다는 내재적 가치를 이해할 것이다.

— Victor Hugo

한국인은 돈을 벌기 위해 일하지만. 호주인은 행복하기 위해 일한다. 같은 일을 해도 머릿속의 목표와 기대가 다르면 과정과 결과도 다르다. 돈을 벌기 위해 일하면 스트레스를 받고, 그 스트레스를 돈을 써서 풀려고 한다. 쉬운 도파민이기 때문이다. 빈곤의 악순환은 이렇게 사고방식의 잘못으로 만들어진다. 행복하기 위해 일하면 가격이라는 표면이 아니라 그 안의 내재적 가치(intrinsic value)를 알게 된다. 내재적 가치를 **이해**하고 이것을 잘 **실행**하면 부자는 반드시 된다.

Try not to become a man of success, but rather try to become a man of value.

성공한 사람이 되려 하지 말고, 가치 있는 사람이 되려 애쓰라.

— Albert Einstein

행복한 부자가 되는 방향은 명예로운 직업을 갖는 게 아니라, 사람들이 원하고 필요한 것을 제공하는 일 중 내가 잘할 수 있는 일을 집중해 하는 방향이다. 자신의 가치를 높이는 길이 부자가 되는 길이다. 사람들에게 당신이 필요하면 당신의 가치가 올라간다. 가치란 사람들이 원하는 것이다.

What you need is the right orientation.

성공하기 위해 필요한 것은 올바른 방향이다.

— Warren Buffett

인생은 방향을 잘 선택하면 바뀐다. 내 선택 중에서는 문화적으로 성숙한 중립국으로 유학을 하기로 선택한 것과, 그곳에서 현실 상황과 타협하지 않고 최고급 현지인 쉐어하우스를 선택한 것, 그리고 그곳에서 내 관심 분야 최고의 대학교에 간 것이 평범한 한국 가정에서 자란 나의 운명을 바꾼 탁월한 선택이었다. 난 항상 배울 게 있는, 나보다 뛰어난 사람을 만났다. 스무 살에 학사 학위를 시작하며 내가 가고 싶은 로스쿨 졸업생과 사귄다던가, 쉐어하우스를 고르며 내가 가고 싶은 대학교 재학생과 졸업생이 사는 집을 고른다던가, 내가 전혀 모르는 분야를 잘 아는 사람이나 나보다 성숙한 인간을 만나 그 사람의 지식과 지혜와 생각하는 법을 흡수하며 성장했다. 선진국의 좋은 대학교에 가니 강의는 가치가 없었지만 대대로 부자인 가문의 자제들이 내 학교 친구가 되었다. 한국인은 귀해서인지 나를 특별하게 보았는데, 한국 문화가 세계 문화에서 소외되어 매우 특이하다는 것을 인지했다. 언어가 섞이지 않으니 사고방식과 생활양식(문화)이 섞이지 않았고, 한국은 고립된 것은 아닌가 하는 느낌을 받았다. 전쟁 전략에서 고립은 패전이다. 이 이야기를 꼭 들려주고 싶다.

태어나서 아무 일도 하지 않았는데 이미 당신의 계좌에 누군가의 몇 치 연봉이 들어있고, 5천만 원짜리 사치품을 부모님 허락 없이 마음대로 살 수 있으면 생각을 달리하게 된다. 이를 "부럽다"고 여기면 성장하기 어렵다. '어떻게' 그렇게 되는지 원인을 알려고 하는 자가 부자가 된다. 부자의 금전적 기준은 돈으로 돈을 벌어 그 돈으로 생활할 수 있느냐고 해도 괜찮을 것 같다. 나의 대학교 친구들은 다들 계좌에 넉넉한 숫자를 갖고 있었고, 그 돈이 만들어내는 금융 소득으로 음식과 물건을 사고 여행을 했다. 내가 사업을 시작할 때도 엔젤투자자를 찾는 일은 쉬웠다. 대학교 친구에게 사업 계획을 스토리텔링(pitching) 하면 그들이 그냥 은행에 두었으면 받았을 이자를 내가 주는 대가로 투자를 받을 수 있었다. 그만큼 신뢰와 명성을 쌓았기에 가능했다. 이것이 채권(bond)이기도 하다. 투자를 받는 건 돈을 빌리는 것이다. 빌린 돈은 더 신중하게 아껴 써야 한다. 내 비전을 믿고 투자해 준 엔젤투자자의 믿음에 보답하기 위해 난 더 열심히 일했고, 이 책임감으로 더 잘 될 수 있었다. 그리고 나아가야 할 목표를 명확히 알게 되었다. 노동과 시간의 교환으로 번 돈을 쓰는 단계는 빈자다. 돈이 번 돈을 쓸 수 있는 단계가 비로소 부자다.

한국에도 대대로 부자인 지인들이 있지만, 그들은 부모의 잘못된 교육으로 인해 대부분이 무능하다. 인생을 살며 젊음으로 그 무엇도 제대로 해본 적이 없는 사람들이다. 익숙한 것에만 머무르며 새로운 도전은 하지 않는다. 다른 사람들의 삶은 낮게 해주지 않고 자신은 잘난 척 호화로운 사치를 부리기도 한다. 인간은 존재 가치를 인정받아야 행복한데, 그러지 못하니 우울증이나 다른 나쁜 도파민에 빠진다. 중년이 되도록 부모의 둥지 안에서 부모의 돈으로 산다. 그 이유는 가난한 문화에서 자란 부모의 미성숙한 가정교육임을 알 수 있다. 한국의 60년대는 아프리카와 같은 수준의 가난한 나라였고, 그 시대의 사고방식이 성숙할 수 없다는 사실을 인정해야 성장할 수 있다. 선진 사회의 60년대는 황금기였다. 그보다 이전인 유럽의 1870년대부터 세계 1차 대전 이전인 1914년까지는 가장 아름다운 시대(The Belle Époque)였다. 이때 한반도는 혁명기였다. 세계의 대대로 부자인 가문은 절대로 주의하는 점이 있다.

Train your children to earn it. Not to spoil your children. Not to be spoilt. 받는 것을 받을 자격이 있는 사람으로 훈련할 것. 감사할 줄 모르고 받은 걸 당연히 여기는 사람으로 키우지 않을 것. 그런 사람이 되지 말 것.

가치를 받을 자격이 있는 사람으로 키우는 것이 부자의 교육법이다. 적어도 내 대학교 친구들은 자기 나라 재벌인데 자신이 타고난 특혜를 당연히 여기지 않았다. 자신의 가치를 증명하기 위해 할 일을 했다. 특권의식을 갖지 않도록 주의하는 언어를 매일 썼다. "Don't condescend." 반면 강남의 영어학원에는 아이들이 벌써 특권의식에 차 있다고 일부 원어민 영어 선생들이 소셜미디어를 통해 자신의 부당한 경험을 말하며 "한국에서 영어를 가르치지 말라(Don't teach English in Korea)"고 한다.

《돈의 심리학》의 저자 모건 하우절과 그의 아내는 이 책이 베스트셀러가 되며 번 돈을 아이들이 모르도록 눈에 띄지 않게 비축해 둔다. 화려한 집으로 이사 가지도 않았고, 대놓고 비싸 보이는 차로 바꾸지도 않았다. 왜냐하면 진정한 부자가 가장 두려워하는 것은 아이들이 자신이 받는 것을 당연히 여기게(spoilt) 되는 것이기 때문이다. 아이들은 자신의 부모가 부자라고 인식하면 자신이 일하지 않아도 될 거라고 착각하고 부모의 부를 자신의 것으로 당연히 여긴다. 아이이기 때문에 인식이 미성숙한 건 당연하다. 그래서 어른의 역할은 아이를 성숙한 판단력을 가진 정상적인 사람으로 이끌어주는 것이다. 모건은 호텔 대리주차로 일하며 아무리 큰 금액에 회사를 팔아 돈이 많아도 사치스러운 생활을 하면 다 잃게 된다는 것을 보았다. 반면 경비원이 적은 월급을 아껴 평생 꾸준히 투자해서 복리의 마법으로 100억 원 자산의 부자가 되었다. 어느 소방관도 자신의 동네 공장에서 계속 사람을 고용하는 것을 보고 그 회사에 투자하여 백만장자가 되었다. 그 회사는 Tampax라는 여성용품 회사였다.

복리의 마법은 자연의 황금비율이다. 황금비율의 적용을 받으려면 꼭대기에서 시작하면 다음 고점까지 올라가기가 너무나 어렵고, 낮은 곳에서부터 시작해 끊임없이 평생 배우고 성장하며 행동을 절제해야 한다. 세계적 석유 기업 의장으로 은퇴한 내 사진 클라이언트는 주유소 말단 직원부터 시작해 의장이 되었다. 그는 여전히 겸허하다. 절실함이 없다면 자기 일을 잘할 이유가 있어야 한다. 현명한 부자는 이 '이유'를 심어준다.

Behaviour and attitude stand above intelligence and how much you make. 얼마나 똑똑하고 얼마나 많이 버느냐보다, 돈을 어떻게 대하고 일을 대하는 자세가 부자가 되는 데 더 중요하다.

겸허(humility)의 의미는 당신이 아는 것을 알고, 모르는 것을 안다고 착각하지 않는 것이다. 오만(arrogance)의 의미는 당신이 모르는 것을 아는 것처럼 행동하는 것이다. 본인의 무지를 모르는 사람보다 무지한 사람은 없다. 아무 노력 없이 거저 받은 것을 당연히 여기는 사람은 무능한 어른이 되고 사회에 쓸모없는 사람이 되며 그 존재만으로도 타인에게 피해를 주는 사람이 된다. 소고기와 비행기, 불필요한 쇼핑은 기후 위기의 주요 원인이다. 9월 중순에 30도가 넘는 이유는 당신의 선택 때문이다. 극지방 얼음이 녹아 지구 자전 시간이 변할 정도로 심각한데, 그러고도 본인의 잘못이 무언지 모르니 이런 자식은 부모의 짐이 된다. 이들이 둥지 밖에서 스스로 생존해야 하도록 밀쳐내면 깨달을지도 모르겠지만, 어른이 되어 변화해야 하는 것은 유연한 아이일 때 자연히 심어진 태도보다 더 고통스러울 것이다. 사회를 위해 자기 역할을 하는 사람이 돼야 한다.

제임스 다이슨처럼 영문화의 지혜로운 사람은 절대 되지 않고자 애쓰는 것이 있는데 이를 "entitled person"이라고 한다. "타이틀이 붙여진"이라는 뜻인데, 챔피언 타이틀을 받았으니 마음대로 행동해도 된다는 사고방식을 뜻한다. 교수니까 학생을 개인비서로 쓰거나 추행해도 된다는, 돈을 벌었으니까 죄가 용서된다는 생각이다. 이 말은 좀 더 일반적으로 쓰여, 무능한데 바라는 것은 많은 사람을 이른다. 함께 일해야 생존하는 인간 사회에서 쓸모없는 사람이다. 자신의 주제를 모르고 오만한 사람과 함께 있으면 얼마나 불편한지 당신은 알 것이다.

우리의 앞 세대는 다른 어느 민족보다도 근면 성실하게 일해 지금의 먹고 살 수 있는 한국을 만드셨다. 그들은 최선을 다하셨다. 그러나 극심한 가난에서 비롯한 무지는 표면적 풍요를 이룬 지금 한국의 속을 썩이는 미성숙한 문화로 남아있다. 다음 세대인 우리가 해야 할 일은 부족하고 미성숙한 교육을 성숙하게 바꾸는 일이다. 왜냐하면 불행한 한국인이 스스로를 소멸하고 있기 때문이다.

대대로 부자인 가문의 특징은 교육이 고급인 점이다. 교육에도 질적 차이가 있다. 교육열의 '열'을 뜻하는 fever는 영어에서 비이성적이고 비논리적인 집단 행동(intense speculative mania)을 일컫는다. 광기(mania) 그리고 거품(bubble)이라고도 한다. 광기의 끝은 항상 참혹하다. 역사적으로 네덜란드에서 1636-1637년에 Tulip Fever/Mania가 그랬고, 1719-1720년에 South Sea Bubble이 있었으며, 최근에는 1990년대 후반과 2000년대 초반에 Dot-com Bubble이 있었고, 2000년대 중반에 Housing Bubble은 2008년 세계 경제 위기를 일으키는 주요 원인이 되었다. "Be fearful when others are greedy; be greedy when others are fearful(다른 사람들이 욕심에 눈이 멀 때 당신은 주의하고, 다른 사람들이 겁에 질렸을 때 당신은 과감히 투자하라)"는 워런 버핏의 말은 시대를 뛰어넘는 지혜다. 많은 한국인의 교육열은 대학교 입학에 향해 있는데 대학교에는 그만한 가치가 없다. 커다란 가치는 성인 이후에 자기 업을 찾아 어떻게 세상을 배우고 문제를 해결해 나가는지에 있다.

The ignorant tend towards extremes; the educated discern the fine differences and take the midway. Be calm. Don't get complacent when you succeed; don't be sad when you lose.

무지한 자가 극단으로 치우친다. 지성인은 섬세한 차이를 분별할 줄 알며 중도를 택한다. 잘 됐다고 들뜨지 말고, 안 됐다고 슬프지 말라.

이름난 대학교에 가면 인생의 모든 문제가 해결되는 것처럼 한국의 학교와 학원 선생님들이 말했다. 그러나 대학교에 가보면 그렇지 않다. 대학교라는 기관은 개인의 인생을 바꿀 힘이 없다. 대학교는 첫 직장에 취직하기 위해 당신의 업무 능력(work ethic)을 증명하고 그 분야 사람들의 문제 해결 방식(discipline)을 익혔다는 이력서 첫 줄이다. 이 사람이 매일 정시에 출근할 줄 알고, 시킨 일을 해냈다는 증명서다. 개인이 성공하는 데에 대학교가 결정적인 역할을 한다고 할 수 없다. 대학원에서 알려주는 공식(formula)들은 현실 세상에서 적용되지 않는다고 찰리 멍거가 말했다. 수학 공식을 무조건 외우라고 하는 건 사람을 생각하지 않게 만드는 일이고, 그렇게 입시 공부를 한 사람들은 인류를 이끄는 훌륭한 인물이 되지 못했다. 성취는 그 개인의 지성(intelligence)과 원동력(drive) 그리고 판단력(judgement)이 만든다.

Don't rely on schools to teach you everything. Be a learning machine instead. Keep updating your views. Keep unlearning the outdated tricks. Learn yourself. Learn how to learn.

당신의 모든 지식을 학교에 의존하지 말라. 스스로 배우는 사람이 돼라. 세상과 인생과 업을 보는 관점을 계속 업데이트하라. 철 지난 꼼수는 삭제하라. 스스로 배우라. 배우는 법을 배우라.

자식도 중요하지만, 더 중요한 것은 당신 자신의 인생이다. 이름난 대학교를 신봉하는 무지한 광기는 역사상 가장 실패한 악인 빌 황을 낳았다. 대학교 입학이 끝이 아니라, 대학교 졸업이 시작이다. 현명한 부모는 자식을 소유물로 여기지 않고, 개별 인격체로 인정하며, 자신의 인생은 스스로 살아남아야 한다고 알려주고, 사회 속에서 고유한 역할을 찾게 한다.

인류를 이끄는 사람들이 최고의 대학교에 실망하고 중퇴하는 데에는 분명한 이유가 있다. 빌 게이츠(마이크로소프트), 마크 주커버그(페이스북), 스티브 잡스(애플), 래리 엘리슨(오라클), 마이클 델(델), 이반 윌리엄스(트위터), 트레비스 칼라닉(우버), 얀 컴(왓츠앱), 다니엘 엑(스포티파이)과 나도 그랬다. 스티브 잡스는 "I didn't see value in it(대학교에 가치가 없었다)"고 말했다. 그들은 그렇게 세상을 만드는 뛰어난 사람이 되었지만, 대학교의 존재를 부정하진 않는다. 자신이 필요한 인재를 대학교가 훈련해 주기 때문이다. 프린스턴의 뛰어난 컴퓨터 공학자였던 제프 베조스는 대학교를 나온 뒤 회사에 다녀보고 세상이 어떻게 돌아가는지 이해하며 무슨 사업을 할지 고민한 뒤 아마존을 만들었다. 대학 교육은 인류의 정교한 시스템이지만, 이것에 온 가족이 목매어 희생하는 것은 지혜롭지 않다. 출산율이 세계 최저인 이유는 그렇게 입시를 해서 어른이 된 사람들이 부모가 될 나이가 되었는데 행복하지 않고 인생을 고통으로 인식하기 때문이다. 불행한 삶은 잘못된 교육의 결과다.

The value of college education is somewhat overweighted. Too many people spent four years, accumulated a ton of debt, and then often don't have useful skills they're going to apply afterwards. I have a lot of respect for people who work with their hands. We need electricians, plumbers, and carpenters. We should not have this idea that to be successful you need to have a four year college. That is simply not true.

대학 교육의 가치는 과대평가 됐다. 너무나 많은 사람들이 4년이란 시간을 쓰고 큰 부채를 떠안고는, 살아가며 쓸 유용한 기술 하나 없다. 난 손으로 일하는 사람들을 존중한다. 세상에는 전기 기사와 배관공과 목수가 필요하다. 성공하기 위해 4년제 대학을 나와야 한다는 생각은 하지 않아야 한다. 그건 정말 사실이 아니다.

— Elon Musk

Steve Jobs, Bill Gates and Mark Zuckerberg didn't finish college. Too much emphasis is placed on formal education – I told my children not to worry about their grades but to enjoy learning.

스티브 잡스, 빌 게이츠, 마크 주커버그는 대학교를 졸업하지 않았다. 정규 교육에 지나친 무게가 실렸다. 난 내 아이들에게 성적을 크게 걱정하지 말고 배움 그 자체를 즐기라고 말한다.

— Nassim Nicholas Taleb

학원 문화는 우리가 잘살고 싶어 하는 강한 열정의 증거다. 그러나 지혜와 지성이 부재한 열정은 불꽃으로 날아드는 불나방과 같다. 불나방은 지능이 낮아서 조명으로 달려들어 사체가 되는 게 아니라, 인공 조명이 불나방의 방향 감각에 이상을 유발하기 때문이라고 영국 임페리얼 칼리지 런던의 연구원이 분석했다. 불나방은 햇빛과 달빛을 등지고 비행하는데, 비행 중에는 중력이 아니라 빛으로 방향을 찾기 때문에 인공 조명을 등지고 미친 듯이 비행하다가 결국 참혹한 결말에 이른다. 입시는 인공 조명이다. 대학교가 빛이 아니라, 빛은 당신 안에 있다. 이름난 대학교가 사람을 똑똑하게 만드는 게 아니라, 스스로 알고자 하는 사람이 지성인이 된다.

부자나라 사람들이 부자인 이유는 그들의 지혜와 지성 그리고 '겉과 속이 같음(integrity)'을 중시하는 문화 덕분이다. 대만에서 미국으로 이주해 그 지혜와 지성을 익힌 젠슨 황도 서른 살에 화장실 청소와 그릇닦이를 했지만 세계에서 가장 가치 있는 회사 중 하나를 만든 창업자가 되었다. 그러나 그것은 그 혼자 뛰어나서가 아니라, 스스로 생각할 줄 알도록 교육받은 사람들이 유능한 인재로 성장해 함께 업적을 만들어주었기 때문이다. 한국에는 스스로 생각해 창의적으로 문제 해결책을 찾는 사람이 흔치 않다. 이는 한국인 자질의 문제가 아니라 언어의 한계와 교육의 문제다. 대부분이 백인인 친구들과 대화하다 보면 한국인으로서 내가 한참 무지하다는 느낌을 종종 받는다. 그래서 책을 매일 읽고 있고 나의 배움과 지식에 대한 갈증은 해가 지날수록 더 커진다. 알면 알수록 더 아는 것은 나의 무지다. 그 과정에서 내 깨달음을 동족에게 전해주고 함께 성장하고 싶은 마음은 좋은 피를 물려받은 내 존재 이유다.

부자가 되고 싶다면, 교육에 대한 열정의 방향을 바꾸라. 교육은 "대학교"라는 간판을 향해서는 안 된다. 평범한 교육은 업무 훈련이고, 훌륭한 교육은 진리 이해다. 대학교는 그 분야 사람들의 문제 접근 방식을 훈련(discipline)시켜준다. 부는 "자동차 브랜드"나 "브랜드 아파트"라는 간판 껍데기가 아니다. 부는 행복하게 잘 사는 삶이다. 성공하는 사람에게 필요한 것은 대학 교육이 아니라 **역경**과 **실패**와 그러고도 나아갈 **이유**다.

I had all the disadvantages necessary for success. When you're raised in south side of Chicago, you probably want to move to somewhere nicer. It doesn't kill you and makes you stronger. I've always been ambitious and very curious.

성공에 꼭 필요한 불리한 환경을 난 다 가졌다. 시카고 남부에서 자라면 좀 더 나은 동네로 이사 가고 싶을 것이다. 당신을 죽이진 않지만 당신을 강하게 만든다. 난 항상 꿈이 컸고 알고 싶은 게 많았다.

— Larry Ellison

부는 돌고 돈다. 씨티은행은 전 세계의 부자 가문 중 대대로 부를 보존한 가문의 비결을 정리했는데, 첫째로는 자금을 확실히 투자하는 것이다. 돈은 물이라 가만히 두면 썩는다. 해마다 화폐가치가 평균 3.5% 낮아지니 적어도 10%의 수익률로 매년 자산을 성장시켜야 한다. 10% 중 3%는 세금과 비용으로 낸다. 둘째로는 인간 세상이 어떻게 흘러갈지는 3차원 세상에 사는 인간은 알 수 없으니 분산 투자하는 것이다. (그러나 확실한 지식의 부재로 인한 분산은 더 나쁘게 한다—diworsefication.) 절대 잃을 수 없을 거라 생각한 자산으로 잃은 경험을 레이 달리오와 피터 린치가 했다. 돈은 순환하니, 돈이 나오는 곳의 가치는 내려가지만 돈이 모이는 곳의 가치는 올라간다. 셋째로 한 가문의 자본을 전담해 투자하는 자산운용사(family office)를 꾸리는 것이다. 이는 19세기 로스차일드 가문이 집사에게 자산 운용을 맡기며 시작되었고, '패밀리오피스'라는 용어는 라커펠러에 의해 쓰이기 시작했다. 그러나 가정부를 고용해 본 사람들은 공감하겠지만 직접 하는 게 나을 때가 많다. 뛰어난 선생도 당신의 집까지 와서 수업해 줄 경우는 그 사람이 처음 시작할 때뿐이다. 고로 지속적으로 동시대인들에게 필요한 가치를 제공하는 일을 잘하는 것이 부자가 되고 부자로 남는 진리다. 누릴 자격이 없는 돈은 잃게 된다.

You have to earn the right.

자격을 벌어야 한다.

— GM에서 바닥부터 시작해 CEO가 된 Mary Barra

대대로 부자이고, 인류에게 큰 영향을 끼치는 가문 중 하나는 포르쉐 가문이다. 당신이 아는 거의 모든 좋은 차는 이 가문 사람이 디자인했거나 그의 선구적 개발의 영향이다. 페르디난트 포르쉐는 1931년에 사업을 시작해 그의 사위 피에흐와 함께 그들의 자손들이 포르쉐 SE 지주회사를 소유하는데, 이 회사가 폭스바겐 그룹을 통제하고, 폭스바겐 그룹은 아우디, 벤틀리, 부가티, 람보르기니, 포르쉐, 듀카티 등의 브랜드를 소유한다. LVMH가 루이비통, 디올, 펜디, 지방시, 셀린느, 로에베, 마크 제이콥스, 겐조, 벨루티, 리모와, 겔랑, 불가리, 제니스, 태그호이어, 위블로, 세포라, 모엣샹동, 헤네시 등의 수많은 브랜드를 소유하는데 이 모든 럭셔리 브랜드를 한 사람, 베르나르 아르노가 소유하고 통제하는 것과 닮았다.

The poor consume extrinsic values; the rich own intrinsic values.

빈자는 껍데기를 좇고, 부자는 본질을 소유한다.

대대로 부자인 가문의 사람은 가치를 정확히 이해하고 그 가치에 자원을 분배하기 때문에 부자이며, 자기 자손이 스스로 삶을 잘 살아갈 힘(self-reliance)을 갖도록 돕는다. 이 진리를 이해하고 실행하면 당신도 부자의 삶을 즐길 수 있다.

The perfect amount [of money to give your children] is enough money so they would feel they could do anything, but not so much that they could do nothing.

자녀에게 줄 적절한 금액의 돈은 아이들이 무엇이든 할 수 있겠다는 느낌을 받기에 충분한 금액이고, 아무 일도 하지 않을 정도는 아니다.

— Warren Buffett

Ethics 윤리

선진국이 선진국인 이유는 (1) 개인이 스스로 판단해 똑똑하게 행동해야 하는 문화가 있고 (2) 지성인으로 거듭난 개인이 사회 발전(societal improvement)에 기여하기 위해 다른 사람들을 돕고자 하는 정신(sense of service)을 지녔기 때문이며 (3) 위대한 도서관에서 시민들이 문제집이 아닌 책을 읽기 때문이다. 문제집은 정답을 찾는 바보를 양산하고, 책은 생각할 줄 아는 현자를 만든다. 성공적인 회사는 뛰어난 구성원이 만들듯, 살기 좋은 사회는 현명한 구성원이 만든다. 크게 성공하는 기업은 크게 유능한 사람이 만든다. 천재와 파트너가 되면 그 안목과 선택만으로도 부자가 된다. 기업은 곧 사람의 연장이고, 사회 또한 사람의 연장이다. 사회를 구성하는 사람들의 질이 그 사회의 질을 결정한다.

그러나 한국은 아직 문화 교육적으로 나아져야 할 길이 멀다. 불과 두어 세대 전 극빈국이던 한국은 크게 달라지지 않았다. 구성원의 사고방식이 달라지지 않았기 때문이다. 인간의 천성은 개미 군집과 같다. 개인의 이익을 우선하는 개미는 사라지고 말 것이다. 군집의 생존을 위하고 미래 세대를 위하는 개미가 오래 번영한다. 인간은 개미처럼 나약하여 곧 죽는다. 갈수록 거칠어질 자연 환경에서 다른 인간 없이는 홀로 살아남을 수 없고, 유전자를 남겨야 궁극적으로 생존한다.

더 나은 것을 만드는 방법은 기존의 최고를 가져다 그것을 개선하거나, 새롭게 설계하는 것이다. 후자는 창의력이 삭제되도록 훈련받은 한국인이 할 수 없는 일이다. 우리가 지금 단계에서 할 수 있는 일은 전자다. 선진 사회의 문화를 배워 그에서 더 진화하려면 그들의 언어를 표면적이 아니라 의미까지 이해해야 한다. 문법은 표면이다. 사고방식이 의미다.

당신의 행동과 선택에는 반드시 여파(consequences)가 있다.

인도에는 엄청난 양의 플라스틱 쓰레기가 바다를 건너 쌓인다. 그 쓰레기의 다수가 아마존의 플라스틱 배송 비닐과 코카콜라 병이라고 한다. 이 플라스틱 쓰레기는 썩지 않고 처리가 불가해 태워서 에너지원으로 쓰는데, 플라스틱을 태울 때마다 하늘에서 재가 내려 동네에 수북이 쌓인다. 호흡기 질환자가 많고 조기 사망자도 많다. 한국에도 배달 음식 포장 용기와 쿠팡 배송 비닐 등이 쓰레기 더미로 지방 곳곳에 쌓여있다. 주민들이 반대해 태우지도 못하고 더는 수출도 안 되는 플라스틱 쓰레기는 산이 되어 좁은 한국 땅에 쓰레기 산이 235개나 있다고 KBS 다큐에서 현실을 보여주었다. 쓰레기 산을 가만히 두면 불이 나 끊임없이 물을 뿌리고 있고, 시골 동네엔 쓰레기 냄새가 진동한다고 한다.

당신의 행동은 이 좁은 땅에 사는 당신에게 반드시 영향을 끼친다. 편의를 위해 플라스틱 용기에 배달을 시키거나 커피 한 잔을 마시자고 플라스틱 컵에 마시고 버리면 당신의 인생은 쓰레기를 남긴다.

추하고 더러우며 비윤리적인 일을 하느니 아무 일도 하지 않겠다고 스스로에게 선언하고 그동안 가장 덜 더러운 일을 찾아 해왔다. 인류가 살기 좋은 행성이 없으면 우리도 없기 때문이다.

법을 공부하고 배운 것은, 모든 사람에게 상식(common sense)이 있지 않기 때문에 인간 법이 존재한다는 사실이다. 시대와 사회와 문화마다 다른 도덕에 대한 정의가 너무 모호하여 파고들어 보니, 결국 인간의 감정으로 귀결되었다. 타인의 감정을 해하는 행동이 비도덕적이다.

당신이 부자가 되는 과정에서 다른 사람을 끌어내리는 선택은 하지 않도록 애써야 한다. 그러나 모든 면에서 인간이 완벽하기는 자연적으로 불가능하다. 큰 업적을 이룬 리더(세종대왕, 스티브 잡스, 젠슨 황)는 기준이 높은 만큼 함께 일하는 사람에게도 많은 것을 요구했다. 워런 버핏은 적을 거의 만들지 않고 큰 부자가 되었지만, 그가 투자하여 부를 키운 코카콜라는 지구 환경 오염에 가장 큰 영향을 끼친 기업 중 하나다. 소는 지구 전체 탄소 배출의 5%나 된다. 소고기를 많이 먹는 건 우리뿐만 아니라 지구의 동식물의 생존에 치명적이다. 자라도 패스트 패션으로 엄청난 쓰레기를 만들어 환경을 치명적으로 나쁘게 만들었다. 당신이 산 불필요한 옷들 때문에 자라를 만든 사람은 거대한 배를 주문해 타며 많은 석유를 태워 기후를 더 뜨겁게 한다. 나는 옷을 한 벌 사서 헤질 때까지 입고 새로운 옷으로 넘어가는데, 품질이 뛰어나고 오래가며 자연의 재료를 사용해 지구 환경에 이로운 제품을 선택한다. (폴리는 석유화학제품이다.) 생산 방식을 바꿔야만 2100년까지 생존할 수 있다. 오래가는 물건을 만드는 생산자가 되는 것이 당신의 궁극적 생존과 번영을 위한 선택이다.

여름이 해마다 뜨거워지고, 채소와 과일 생산이 어려워지는 이유는 당신의 근시안적 선택 때문이다. 당신이 사업을 한다면, 당신의 행동이 미치는 영향을 고려해야만 한다. 왜냐하면 지구는 인간의 실수를 받아줄 만큼 받아주었고, 이제 변한 기후로 인해 고통받는 건 당신이기 때문이다.

지금 시대의 큰 부자가 될 사람은 당신 자신과 인류의 생존을 고려해야 한다. 머지않은 시기에 많은 사람의 생명을 앗아가는 큰 위기가 올 것이라고 일론 머스크를 비롯한 세계의 지성인이 예견하고 있다. 성숙한 사회 스위스에는 재난에 대비해 374,000개 이상의 벙커가 있다. 오십이 되었는데 페라리를 살 여유가 없는 건 30대부터 미래를 생각하고 행동하지 않았기 때문이듯, 미래를 대비하지 않는 사람은 생존하지 못하는 미래가 온다.

윤리는 선택사항이 아니다. 당신과 자손의 생명이 걸린 중대사항이다.

지구는 언제나 절반은 빛이 들고 절반은 어둠에 있다. 생명을 주는 양(+)의 에너지는 단연 빛이다. 빛에 머물고자 애쓰면 당신은 인류를 구원하는 위대한 부자가 될 수 있을 것이다. 모든 인간에게는 빛과 어둠이 공존하는데, 어떤 것을 선택하느냐가 당신을 정의한다. 선택이 자유 의지다.

Summary 요약

Great value is in producing what people want. There are countless opportunities in this world. Find your life's work and craft it to be the best at it. You become wealthy by providing what people want.

사람들이 원하는 것을 생산하는 일에 가장 큰 가치가 있다. 세상엔 다양한 분야와 기회가 있고, 당신의 분야와 역할을 찾아 그 일을 잘하면 행복하다. 사람들이 원하는 것을 잘 제공하면 부자가 된다.

자연에는 황금비율(the golden ratio)이라고 불리는 법칙이 있다. 새싹부터 성장하는 나무도 이 법칙으로 성장하고, 하나의 잎도 이 법칙으로 성장하며, 동물도 이 법칙으로 성장하고, 인간의 신체적 성장은 물론 부와 영향력의 성장도 황금비율로 성장한다. 인간이 만드는 가장 아름다운 디자인도 황금비율을 적용해 만들어지거나 창작자가 황금비율을 본능으로 습득하고 적용한다. 인류 전체의 진화도 황금비율로 성장한다. 300,000년 전 호모 사피엔스로 시작한 인류는 불과 도구를 다루며 5,000년 전 수메르인의 글의 발명으로 기록을 시작했고 이렇게 더디게 성장하던 인류는 지금에 이르러 아주 가파른 발전을 이루고 있다. 인류 진화는 더 빨라질 것이다. 성장 과정을 숫자로 보면 피보나치 수열과 같다. 인간 개인이 일생의 시간 내에 이 수열의 큰 숫자에 이르는 성장을 이루려면 이 하나의 습관을 지키면 된다: 배움. 아침에 일어나 저녁에 잠들기 전까지 조금 더 지혜롭고 더 정확한 지식을 아는 사람으로 거듭나는 습관을 매일 지키면 비범한 성취를 이룰 수 있다. 돈은 따라오는 것이다. 부자는 자기 일을 잘해 존중받고 지혜로운 사람이다. 지구의 모든 생명체는 저마다 존재의 이유가 있다. 모기의 생태계 속 역할은 (1) 다른 종에게 먹이가 되기 위해서 (2) 양분의 순환 그리고 (3) 수분을 위해서다. 모기를 없애는 건 벌이나 나비를 없애는 것처럼 위험한 일이다. 썩는 유기체를 먹고 이를 분해해 양분을 흙으로 돌려보내 식물이 자라는 것을 돕는 바퀴벌레도 중요한 역할을 한다. 징그럽게 생겼지만, 청소를 잘하면 근처에 올 이유가 없다. 지성인은 자연 다큐를 보고 그 안에서 인간 사회의 진리를 깨닫는 것을 좋아한다. 사람도 사회에서의 역할이 있다. 당신이 잘하도록 타고난 일을 찾아 그 일을 잘하면 자연히 행복하고 풍족하게 살게 된다. 이 상태가 부자다.

긍정은 항상 부정을 이긴다. 부정적이고 비관적인 생각과 감정은 가난을 불러온다. 부정적인 영향을 차단하고 긍정의 감정과 낙관의 생각을 품도록 애쓰면 부자가 될 것이다. 자연엔 항상 빛이 어둠을 이긴다. 빛이 되면 자연이 부로 축복한다. 옳은 행동을 하고 사람들과 동물들을 도우며 타인에게 필요한 존재가 되어라. 부자 나라의 사람들은 정확하게 이렇게 행동한다. 가난한 나라 사람들은 동물들을 막 대하고 사람들끼리 서로 도우려 하지 않고 이기적으로 행동한다.

1. Do your job well with a long-term vision 멀리 보고 당신의 일을 잘하라

주식 단타(daytrading)를 하는 사람이 부자가 되지 못하는 이유는 멀리 보지 못하기 때문이다. 자신의 아이를 다른 아이들과 비교하며 일찍 입시학원에 보내는 사람의 아이가 위대한 인물로 성장하지 못하는 이유는 부모가 된 사람이 멀리 보지 못하기 때문이다. 멀리 보고 행동하는 게 진정한 지성이다. 짧게 보는 사람은 100만 원을 벌려고 혈안이지만, 멀리 보는 사람에게 수익으로서의 100만 원은 푼돈이다(소비로서의 100만 원은 큰돈이다). 90대가 되어 존중받는 어른이 되는 자신을 보지 못하고, 30대에 빨리 성공하려고 성급하게 행동하는 사람은 결국 끝이 좋지 않다. (한국 평균 수명은 2024년 여자 90세 남자 86세다.) 멀리 보는 건 기쁨이다. 당장 눈앞의 일이 힘들어 보여도, 이 모든 것의 끝을 알기 때문에 기쁘다. 이렇게 지금 해야 할 일을 하면 이 나날이 쌓여 내가 원하는 목적지에 도달한 당신이 되어 있을 것을 알기 때문에 기쁘다. 이 생의 시간이 끝났을 때 당신의 영이 육신을 만족하며 떠날 것을 알기 때문에 기쁘다. 당신이 남긴 족적이 인간 세상을 이롭게 했음에 만족하고 떠날 수 있다. 살아있는 과정에서 기쁘고 벅찬 것, 그것이 부의 의미가 아니던가?

If you solider through, you can get through almost anything. You can cry, but you can't quit.

힘들어도 될 때까지 견뎌내면, 무엇이든 이겨낼 수 있다. 울어도 된다. 그러나 관두면 안 된다.

— Charlie Munger

다만 업을 잘 정해야 한다. 당신이 잘할 수 있고, 사람들이 필요로 하는 일을 해야 잘 살 수 있다. 당신이 가난하다면 그 일을 잘하지 않고 있거나 업을 잘못 찾은 것일 수 있다. 중학생 때 왕따였던 동창은 TV에 나오는 아나운서(presenter)가 되는 게 꿈이었다. 그는 그 꿈을 좇아 아르바이트하고 친구들 집에 얹혀살며 20대 전부를 보냈다. 서른이 되어 지방의 공영방송국 기상 캐스터가 되었다. 꿈을 이루기는 했지만, 그는 여전히 가난하고 불행하다. 겉으로 보기에 그럴싸해 보이지만 알맹이(intrinsic value)가 없다. 그가 행복한 부자가 되려면 껍데기를 좇을 게 아니라 알맹이를 채워야 한다. 알맹이란 사람들에게 필요한 존재가 되는 것이다. 가치 있는 사람이 되는 것이다. 되고 싶은 일로 최고가 될 수 없다면, 잘할 수 있는 일로 최고가 되면 부자가 된다.

당신의 업을 찾도록 도와주는 질문들 :

1. What do you care most about? 당신이 진심인 일이 무엇인가?
2. Can you be the best at it? 이 업에서 당신이 최고가 될 수 있는가?
3. Do you enjoy the work and can you soldier through?
   그 일 자체를 좋아하고 아무리 힘든 상황이 와도 견뎌낼 수 있는가?

열린 마음으로 편견 없이 다양한 인종과 계층과 문화의 사람들을 만나고 그들의 행보를 15년 이상 관찰하며 배운 진리는 이것이다. 잘사는 사람과 못사는 사람을 가르는 하나는 **얼마나 멀리까지 내다보느냐**다. 무지한 사람들은 근시안적이고 당장의 이익과 욕망을 충족시키기 위해 행동한다. 고로 가난하게 살고 불만족스러운 최후를 맞는다. 지성인은 가까운 문제도 바라보되 멀리까지 내다보고 결정하고 행동한다. 얼마나 멀리까지 내다보느냐가 부의 크기와 지속성을 결정한다. 당장 눈에 보이는 것을 좇기 위해 멀리 내다보지 못하는 선택을 하면 파산은 물론 금융위기까지 초래해 세상에 피해를 끼칠 수 있다. 쉽게 돈을 벌기 위한 방법을 좇으면 자유시장경제(free market economy)에 해가 되는 비도덕적 방식을 손대게 되고, 몇몇 억만장자들처럼 자유를 빼앗기고 쌓아온 모든 것을 잃을 수 있다. 비도덕적인 방법을 하지 않고, 감당할 수 없는 리스크를 짊어지지 않기를 선택하는 분별력이 그래서 부를 이루는 가장 기초다. 이 법칙은 투자에도 적용된다. 얼마를 벌었든 모두 잃을 수 있음을 항상 기억하라.

사람들이 필요로 하는 것을 최고로 잘 제공하는 데 집중하면 충분히 잘 살 수 있다. 사업이 존재하는 이유는 사람들이 필요한 것을 제공하기 위해서다. 이를 잘 제공하는 사업이 당연히 부를 얻는다.

시간이 부를 만듦을 이해하라. 지속력은 부자의 힘이다. 부자는 지혜롭게 선택한 친구와 오래 인연을 이어가기 위해 그럴 수 있도록 행동한다. 워런 버핏의 회사는 수십 년 동안 똑같은 직원 숫자를 유지했고 한 명도 바꾸지 않았다. 파트너도 마찬가지다. 수만 명의 사람들이 수십 년 동안 그를 믿고 그에게 투자했고, 워런은 그에 책임을 지고(accountability) 장기적으로 일정 수익률을 보답하도록 일했다. 절대 잃지 않는다는 단 하나의 투자 원칙을 지키기 위해 지나친 위험부담이나 레버리지를 이용하지 않고 시간과 복리 그리고 내재적 가치(intrinsic value)라는 자연의 법칙을 사용했다. 그는 수익률보다 관계를 중시한다.

그런 그도 처음부터 지혜롭진 않았다. 워런은 11살에 처음으로 $38에 시티즈 서비스(Cities Service) 주식을 3개 샀다. 그리고 주식 가격이 내려갔다가 다시 올라 $40가 되었을 때 그는 그 주식을 팔았다. 그런데 그 후로도 주식 가격은 계속 올라갔다. 이 경험에서 배웠다. 언제 주식을 사서 언제 되팔 것인지 추측하는 일은 옳은 행동이 아님을. 잘못된 선택이 빈자를 빈자로 만들고, 옳은 선택이 부자를 만든다. 그 $114를 S&P500 인덱스 펀드에 넣어두고 배당금을 계속 재투자했으면 한 사람의 일생이라는 시간 동안 그 돈은 $400,000(약 5억 4천만 원)가 되었을 것이라고 워런이 말했다. 그의 말을 듣고 성장주에 투자해 30년 동안 복리를 방해하지 않고(중도에 팔지 않고) 그대로 두었더니 백만장자가 되었다는 사람들은 종종 볼 수 있다. 중도에 나오거나 멈추지 않는 게 부자가 되는 핵심이다(Perseverance). 영어를 배우는 사람 중에서도 멈추지 않고 1년 이상 제시간에 나타나(show up) 그 주에 할 일을 한 사람은 영어를 마스터했고, 중간에 쉬는 사람들은 인생을 바꾸지 못했다. 일시적으로 주식 가격이 떨어지더라도 그 회사의 기본기가 탄탄하면 결국 가격은 올라온다. 투자는 신념과 인내심의 게임이다. 멀리 내다보고 행동할 수 있는 혹은 행동을 절제할 수 있는 생각법이 당신을 부자로 만든다. 군중과 미디어의 말을 듣지 않고 스스로 판단해 행동할 수 있어야 부자가 된다. 가격은 사람들의 기대치일 뿐이고, 그 회사가 지금 사람들에게 주는 이익이 큰 회사가 성장하고 당신의 부도 함께 성장한다. 정직한(integrity) 시장의 주가는 수익(earnings)과 함께 오른다. 부정하고 부패한 시장의 주가는 비합리적인 이유로 변동하여 예측하기 어렵다.

당신이 본질까지 이해할 수 없는 곳에 자본을 두면 그것은 도박이다. 도박은 장기적으로는 질 수밖에 없는 게임이다. 지인은 어려서부터 수학 영재여서 서울대학교에 갈 수 있었고 일확천금을 노리며 다양한 도박을 시도했는데 그중에는 주식도 있다. 그는 자신의 능력을 과대평가하여 은퇴할 나이가 되었지만 집 한 채 없다. '나'를 객관적으로 인지할 수 없는 사람은 지능이 높아도 지성인은 아니다. 당신의 한계를 모르는 것이 오만이고, 아는 것이 지성이다. 고로 '나를 아는' 교육이 부재한 교육은 부족한 교육이다. 사람들에게 실질적인 가치를 제공하지 않고 자기 돈만 벌려는 사고방식은 끝이 아름답지 않다. 1999년에 닷컴 붐이 일었을 때 다른 사업가들과 달리 제프 베조스는 부를 만드는 것보다는 사용자들에게 사랑받는 기업을 만드는 데 집중했다. 아마존이 1조 원의 가치가 되었을 때도 그는 시애틀의 작은 아파트에 살며 검소한 차(혼다)를 탔는데, 아마존이 진짜 큰 기업이 된 후에야 빌 게이츠의 저택 근처의 호수가에 멋진 집으로 이사가고 맨하탄에 근사한 아파트를 세 채를 더 샀다. 인터넷이라는 시대의 흐름을 탔던 수많은 기업들은 사라졌다. 앞으로 커질 산업에 편승하려는 생각보다, 당신이 잘할 수 있고 앞으로도 사람들이 필요로 할 일을 선택하는 게 진정 성공할 수 있는 생각법이다. 인간 본질에 집중하면 잘 된다.

가난한 사고방식으로는 가격을 일회성으로 본다. 빈자는 껍데기와 액면가를 보고 그 이후는 보지 못한다. 그러나 부자의 생각하는 법으로는 곱셈으로 보고 이후를 내다본다. 빈자는 광고를 안 보는 편의를 위한 유튜브 구독료 19,000원을 대수롭지 않게 생각한다. 그러나 3년이면 이 숫자는 684,000원이 된다. 멀리 보지 못하는 무지한 대중 덕분에 부자는 더 부자가 된다(라고 워런 버핏도 주주총회에서 여러 번 말했다). 이는 광고를 견디는 대신 17,000원 대인 인덱스 ETF 1주를 매달 하나씩 살 수 있는 자본이다. (그런데 주식을 사는 게 부자의 선택이 아니라, 얼마에 사느냐가 중요하다. 얼마가 할인된 가격인 줄 알려면 본래와 미래 가치를 평가할 수 있어야 한다.) 새 스마트폰이 100만 원이라고 가정하면, 이를 2년 약정에 나누어 내면 저렴해 보인다. 이것이 소비의 함정이고 멀리 내다보지 못하는 대중을 가난하게 한다. 빈자는 새로 나온 폰을 빨리 받아보려고 프리미엄을 붙여 비싸게 사고, 부자는 시간을 들여 조금 기다렸다가 가격이 떨어지면 산다. 전자제품과 자동차는 첫 제품의 완성도가 낮다. 큰 부자가 될 사람은 새 차보다 감가되고 품질이 확인된 중고차를 선택한다. 미니 쿠퍼에 진심인 나는 60년대 오리지널 미니부터 최신 미니까지 15년 간 살펴본 뒤 앞으로 나올 미니가 아주 못 생겨질 것을 알고 가장 좋은 해에 나온 미니 중에서 가장 사랑받은 완벽한 미니를 좋은 가격에 샀다. 투자가는 bargain seeker(할인하는 자산을 찾는 사람)다. 호주에서 인연을 맺은 큰 부자들은 의외로 어느 기업과 협약해 대대적인 할인 행사를 할 때 만났다. 부자가 비싼 차를 타고 비싼 옷을 입는다는 건 잘못된 생각이다. 그런 건 없었던 사람들이 더 원한다. 부자는 인정을 구걸할 필요가 없다. 안전하게 자산을 보호하며 평온하게 살고 싶은 게 부자의 마음이다.

The key to getting wealthy is holding onto your capital. Don't be the idiot who earns $10,000 a month and spends it all on things have little value. It's human's moral duty to be rational. When you do make stupid mistakes, like all humans do, don't accept the outcome and learn to unwind it. Mistakes are teachers.

부자의 핵심은 돈을 계속 갖고 있는 것이다. 월에 천만 원을 벌어서 가치 없는 것에 다 써버리는 바보가 되지 말라. 지성을 계발하는 일은 인간으로서의 도덕적 의무다. 모든 인간이 멍청한 실수를 한다. 그 결과에 체념하지 말고 어떻게 하면 돌이킬 수 있는지 배우라. 실수는 선생이다.

빛과 어둠의 경계에서 어둠을 선택하기는 쉽다. 그러나 어둠의 선택이 당신을 어둠으로 만들 것이다. 빛에 머물라. 빛을 선택하는 자는 스스로를 끌어올리고 인류의 빛이 될 수 있다.

2. Find your game 당신에게 맞는 게임을 찾으라

부를 이루는 길은 아주 많다. 기회는 항상 널려 있다. 그러나 남이 많이 버는 것처럼 보이는 일을 따라할 필요는 없다. 당신에게 맞는 일을 찾아 그 일을 더 잘하면 부를 쌓을 수 있고, 더불어 삶에 만족과 다른 사람들로부터의 인정까지 받을 수 있다. 쉽지 않아도 오래 할 수 있는 일이 당신에게 맞는 일이다. 어떤 핫한 것이 연 수익률 100%였다해도, 같은 기간 같은 수익률을 냈는데 알려지지 않은 자산은 항상 있다. 남이 해서 잘됐다는 것을 따라 하지 말고, 당신에게 맞는 보석을 찾아 시간을 들여 세공하라.

빌 게이츠는 자신이 알고 잘하는 컴퓨터를 파서 부자가 되었고, 그와 1991년부터 친구가 된 워런 버핏은 컴퓨터는 전혀 이해하지 못하고 껌이나 탄산음료를 이해해서 어릴 때 자판기 사업부터 시작해 코카콜라 주주가 되어 부자가 되었고, 찰리 멍거는 중국에 관대해 중국 자동차회사에 투자해 버크셔에 큰 보탬이 되었으며, 피터 린치는 자신이 이해하는 지역 사업, 예를 들어 던킨도너츠에 투자해 부를 배로 불렸다. 각자 자신에게 맞는 부의 길이 있다. 자신이 잘 아는 것에 머무르고 이해할 수 없는 것에 욕심내지 않는 것이 인간의 한계를 인정하고 자신의 힘 내에서 부자가 될 수 있는 현명한 선택이다. 그러나 익숙한 것에만 안주하는 선택은 아는 것만 하는 선택과는 다르다. 워런 버핏은 끊임없이 새로운 산업을 이해하려 탐구해 보험 사업으로도 부를 불렸고 결국 애플의 큰 주주가 되었다. 본질까지 사업을 이해하는 기업 두 곳만 찾아도 개인이 필요한 부는 충분히 만들 수 있다. 당신이 잘하고 사람들이 원하는 일 하나만 찾으면 행복과 부의 원천이 되는 업이 될 수 있다.

부자는 결혼과 닮았다. '좋은 사람'이라는 객관적인 기준이 있는 것이 아니라, '나에게 맞는' 사람이 나에게 좋은 사람이다. '몇 억 원'이 부자의 기준이 아니라, 당신의 분수에 맞는 수준의 부로 걱정 없이 행복하게 살며 사회에 이로운 역할을 하여 존중받는 사람이 부자다. 어느 변호사는 결혼정보회사는 "패자부활전"이라고 했다. 관계에 대해 이해의 시간을 들이지 않은 사람들이 생각을 안 한 대가를 비용으로 지불하고 그 문제를 해결하고자 간다. 돈으로 다 해결될 거라 생각한다면 그건 좁은 인식의 결과다. 사랑의 관계는 당신에게 맞는 사람에게 주는 관심(care)으로 이룬다. 중년에 나를 만난 친구는 부모님과 함께 한 시간보다도 나를 만난 시기가 가장 행복하다고 한다. 부자가 되었다고 배우자를 바꾸는 건 미련한 짓이라고 워런 버핏과 찰리 멍거가 말했다. 마찬가지로 부자는 오래오래 그 부를 계속 유지하는 데에 진정한 부자의 의미가 있다. 돈이 행복을 주는 것이 아니라, 만족스러운 삶이 부자다운 행복을 주기 때문이다. 돈은 도구다. 비싸고 화려한 숟가락을 가졌다고 그 도구로 인해 평생 행복하지 않다. 난 20대 초반에 이른 성공으로 산 진짜 금 커틀러리 세트를 쓰는데 결국 낡고 가치를 잃는다. 반면 건강하고 맛있는 식사를 마음 편하게 할 수 있는 자격을 품으면 행복하다. 부를 유지하기 위해서는 겸손(humility)하고 인문학적(humanities) 교양과 상식을 갖추며 다른 사람들에게 이로운 일을 하면 된다. 건달이 마이마흐를 탄다고 부자라고 여기지 않는다. 그것은 사회악일 뿐이다. 영특한 머리와 부자가 될 유능함은 노블레스 오블리주, 그렇지 못한 사람들의 삶을 끌어올릴 의무이기도 하다.

진정한 부자는 이웃의 삶의 질을 높인다.

3. Patience 참을성

큰 부자가 될 자는 자신을 먼저 다스릴 줄 알아야 한다. 정확히는, 당신의 감정을 제어하고 이성과 합리를 쓸 수 있어야 부자가 된다.

투자 초기에 미숙했던 내가 한 실수들은 좋은 자산을 나쁜 가격에 샀거나, 좋은 가격에 샀다가 너무 빨리 판 것이다. 맥도날드 지분을 저점에 샀다가 너무 빨리 팔았고, 테슬라 지분도 저점에 샀다가 9일만 기다렸으면 내 자산을 44% 성장시켰을 것을, 그전에 이해와 참을성이 부족해 팔아버려 그 이익을 얻지 못했다. (빈자의 사고방식으로는 좋은 것을 쥐고도 그 가치를 못 알아보고 놓아버린다.) 그러나 생활에서 사고 싶은 것을 미루는 일은 이미 오랜 연습으로 체화되었고, 투자와 사업에서도 경험이 쌓이며 더 나아졌다. 신중히 결정해 오래 품는 장기 투자가가 되기로 결정하고 난 뒤로 부자가 되었다. 중요한 것은 실수에서 배워 더 나은 사람이 되는 것이다. 결국 두 기업을 더 잘 이해해 지속적으로 더 큰 수익을 얻었다.

배움이란 유연함이다. 유연한 생물이 오래 생존하듯, 유연한 머리가 생각을 바꿔 부자가 된다. 생각이 유연한 사람이 부자다. 생각이 딱딱하고 바뀔 수 없는 사람은 빈자다.

99년을 살고 8명의 자식을 둔 찰리 멍거는 참을성(delay gratification)을 강조해왔는데, 쾌감을 빨리 얻길 원하는 것은 인간 본성이라 스스로 훈련해야 한다고 결론내렸다. 돈을 만지기 전에 먼저 감정을 스스로 통제할 줄 알아야 한다. 감정은 투자가의 적이라고 존 보글이 말한다. 충동적인 감정(reflexivity)으로는 끊임없는 가격 변동(volatility)을 견딜 수 없고, 감정적인 사람은 돈을 자존심을 세우는 데 소비한다. 조지 소로스는 군중의 바로 이점을 역이용해 큰 부자가 되었다. 인류 최고의 투자가 워런 버핏도 투자 초기엔 매입한 증권을 너무 빨리 매도해 그 후로의 무궁무진한 수입을 벌지 못했다고 고백한다. 그러나 그는 배워서 더 현명해졌다. 인간은 누구나 실수하고, 성공하는 사람은 실수로부터 빨리 배워 변화하는 사람이다. 나도 어려서부터 투자를 시작했는데 예술가의 천성을 타고나 감성과 직관대로 행동해 부자가 늦게 됐다. 실수에서 배워 더 나은 사람이 된다. 그래서 성장하려면 우선순위를 세우고 그 원칙을 지켜야 한다.

Investing is forgoing consumption now in order to have the ability to consume more at a later date.

투자는 나중에 더 많이 누릴 수 있기 위해 지금 소비를 미루는 것이다.

— Warren Buffett

2007년 9월에 내 첫 직장 맥도날드에서 200만 원을 벌어 그 돈으로 예쁜 스쿠터를 신차로 샀는데, 그러지 않고 맥도날드 주식을 샀으면 (당시 한 주 $60 x 환율 929원 = 55,740원) 36주를 살 수 있었다. 2024년 9월 현재 맥도날드 한 주는 $300이고, 36주는 $10,800다. 현재 환율로 수수료와 세금을 제하면 1,400만 원이다. 그렇지만 미성년에 이동의 자유를 즐겼고, 자기의존의 가치를 배웠기에 후회는 없다.

1952년에 22살이었던 워런 버핏은 데일 카네기의 말하기 수업을 수강했는데, 그 수업비 $100는 당시 큰 금액이어서(평균 인플레이션 3.5%로 계산하면 오늘날 $1,200) 투자를 했었으면(기회비용) 지금 $291m(3,842억 원)이었을 것이다. 그렇지만 뇌의 계발에 투자하는 교육비는 가장 큰 수익을 준다고 워런이 말했다. 그의 언어 능력으로 사람들에게 자신의 투자 철학을 설명해 투자회사를 시작할 수 있었고 뛰어난 소통 능력으로 그 회사를 성장시킬 수 있었다. 사업가에게 가장 가치 있는 능력은 언어 능력이다.

The worse a situation becomes, the less it takes to turn it around, and the bigger the upside.

상황이 더 나빠질수록, 더 빠르게 회복하고, 더 큰 이익을 얻는다.

— George Soros

스스로를 바꿀 수 있는 사람이 부자가 될 수 있다. 교육과 배움은 변화의 동의어다. 사람을 바꾸는 일이 교육이고, 나를 바꾸는 일이 배움이다. 책은 하나의 메시지를 전달하고, 그것은 하나의 사고방식이며, 이 사고방식을 스스로에게 스며들게 할 수 있는 사람이 책을 읽고 성공한다. 빌 게이츠도 그렇게 책을 읽는다고 한 인터뷰에서 말했다.

역설적이게도 쓸려고 투자하는 사람은 부자가 되지 못한다. 고정비가 클수록 작은 부자 내지 빈자가 된다. 투자 수익을 재투자해야 복리의 마법을 즐길 수 있다. 큰 부자들이 겉이 수수한 데에는 이유가 있다. 젊을 때 3억으로 슈퍼카를 사면 감가상각과 비용으로 거지가 된다. 사치품을 미래소득(할부, 리스, 대출)으로 사는 사람은 그냥 거지다. 3억을 일정 수익률로 투자하면 복리의 마법과 함께 백만장자가 되는 데 얼마 걸리지 않는다. 복리란 자본이 클수록 수익금이 크다는 뜻이다. 10만 원의 1%는 천 원이지만, 1조 원의 1%는 100억 원이다. 유동자산 14억이 됐을 때 3억 차를 사도 늦지 않다. 3억을 운용할 지식을 이 책으로 갖추면 일을 관둬도 살 수 있다. 자유를 얻고 하고 싶은 일을 하며 살 수 있다. 그러나 업이 없으면 행복하기 어렵다. 이를 견뎌내는 참을성이 없으면 돈을 걱정하는 빈자로 산다. 사람들은 남의 일을 해주는 데 30년을 참으면서 자기 사업을 건설하는데 3년을 못 견딘다.

순수예술을 하며 나는 참을성을 배웠다. 레오나르도가 했던 오일페인팅과 금박 작업은 극도의 참을성이 필요한 일이다. 아주 긴 시간을 들여야 하기 때문이다. 그러나 이 수행은 할 가치가 있는 일이었다. '빨리빨리'의 한국식 사고방식을 거스를 수 있는 내 안의 힘이 생겼기 때문이다. 빨리 지어 설익은 밥으로는 부자가 될 수 없다. 당신의 업을 최고로 만드는 데 시간을 들이라. 인간이 하는 일은 거기서 거기고, 진짜 뛰어나서 따라잡기 힘든 일은 그 사람이 누구보다도 긴 시간을 들인 일이다. 아이폰, 다이슨, 엔비디아가 그런 예다. 알아보는 사람이 열광하는《영어책》이 그렇다고 말하고 싶다.《영어책》을 알아본 부자들 덕분에《부자의 111가지 생각하는 법》이 탄생할 수 있었다. 최고를 추구하면 최고를 얻는다.

모든 물건/자산을 사는 법

1. Quality products/assets 좋은 제품/자산을
2. When it's a bargain 가장 저렴할 때
3. To keep for a long time 오래 소유하려고

4. Relevant Skills 지금 시대에 갖춰야 할 기술들

인터넷이 열리며 인류의 성장 속도가 열렸고, AI라는 도구가 개인의 손에 쥐어지며 우린 무슨 일이든 정확한 검색으로 배워 부자가 될 수 있다. 이 도구들은 시간을 벌어준다. 인간이 만든 도구들은 인간을 대체하지 않는다. 인간의 능력을 증폭시켜주어 인간이 더 많은 일을 더 짧은 시간에 해내도록 도와줄 뿐이다. 자전거에 인간이 타지 않으면 자전거는 어디도 가지 못한다. 그리하여 인간의 몫은 정확한 영어로 검색하는 **언어 능력**, 가치를 알아보는 **판단력**, 그리고 **실행력**이다. 가장 소중한 자원인 시간을 벌기 위해 가치 없는 곳에 쓰지 않기를 단호하게 선택하는 결단력은 부자의 능력이다. 학교가 별로면 자퇴하는 것이 능력이고, 결혼이 당신의 시간을 갉아먹고 시너지를 내지 못한다면 이혼하는 결단력이 능력이다. 큰 성취를 이룬 사람들은 공통으로 결단력 있게 아닌 것을 끊어내었다. 선생보다 좋은 선생은 책이다. 이제 AI라는 가상의 선생이 추가되었다. 좋은 질문을 할 줄 알고 대답을 분별할 줄 알면 성공은 당신을 수식하는 단어가 된다. 정보의 불균형이 부의 격차를 만들었던 때가 과거라면, 지금은 정확한 영어로 정보를 검색해 이를 이해하고 실행하는 의지가 부자를 만든다.

What makes a big difference is storytelling, because the masses buy into stories. A compelling story creates a hype. An element of magic is the golden crest.

극적인 차이는 이야기 능력이 만든다. 사람은 이야기에 현혹되기 때문이다. 가슴을 움직이는 이야기가 열광을 만든다. 마법의 요소가 기적을 만든다.

벤자민 그레이엄은 주가가 세 가지 요소로 변한다고 했다. 실제 성장(이익과 배당금 증가), 인플레이션 성장(물가 상승), 그리고 투기적 성장(투자하는 대중의 입맛 변화). 판매 증가와 투기적(speculative) 주가 상승에 영향을 끼치는 요소 중 하나는 대표자의 스토리텔링 능력이다. 자기 능력을 계발하는 데 투자하는 것이 가장 큰 이익을 얻게 한다고, 그중에서도 언어 능력이 가장 중요하다고 워런 버핏이 말했다. 테슬라는 "친환경 전기차를 섹시하게!"라는 이야기로 대중을 설득했다. 이 이야기는 사람의 마음을 움직여서 제품을 사게 하고, 원래 투자가가 아닌 사람들이 주식을 사게 하여 주가를 높인다. 책이 베스트셀러가 되는 현상도 책을 원래 읽지 않는 사람들이 특정 책을 살 때 더 큰 폭으로 일어난다. 군중이 향하는 방향이 주가 변동의 방향이 된다.

Business is as much of art as science.

사업과 투자는 과학(이성/분석)**인만큼 예술**(감성/직관)**이다.**

애플이 세계에서 가장 가치 있는 회사가 된 원인 중 하나는 스티브 잡스의 카리스마 있는 **이야기** 능력이다. 이것이 **문화**(cult)를 만들었다. 애플의 기업 가치는 4,873조 원(2024년 11월)이다. 애플만큼 스마트폰을 많은 사람들에 쥐여주고 제조까지 직접 하는 삼성은 374조 원(같은 시기―불과 몇 달 전엔 555조 원)이다. 한국 기업의 CEO가 미디어에 회자하도록 기억에 남는 무대 위 스토리텔링은 본 적이 없을 것이다. 관심(attention)은 그 자체로 가치가 있다. 전 세계 게임 산업의 가치는 $189B(252조 원)인데 이는 영화와 음악 산업을 합친 것보다 크다(Bloomberg). 그 이유는 게임이 더 깊은 관심을 끌기 때문이다. 그래서 유망주는 하드웨어가 아니라 소프트웨어 사업이다. 자신의 실제 부를 부풀려 말하는 뉴욕의 사기꾼은 미디어가 자신을 비판하는지 칭찬하는지는 신경 쓰지 않았다. 미디어 노출 자체와 관심도만 신경 써 정권까지 쥐었다. 그의 말 한마디에 주식 시장이 흔들린다. 군중에게는 판단력과 확신이 없다. 기대와 불안이라는 감정에 휘둘릴 뿐이다. 분별할 수 있는 지성을 갖춘 사람이 다수의 무지 덕에 부자가 된다. 그는 관심 그 자체가 가치 있다는 큰 진리를 알았다.

Attention = Time = Value

관심이 시간이고 가치다.

한국 문화의 산물인 나는 어릴 때 외모와 패션에 관심이 많았다. 사람을 대면하지 않는 인터넷 쇼핑몰로 옷을 사다가 종종 이용하던 작은 쇼핑몰에 문의 글을 보냈다. 그랬더니 운영자는 정말 따뜻한 글로 답을 써주어 나는 감동했다. 작은 틈새(niche)시장에 집중한 그 쇼핑몰은 결국 성공했고, 그 운영자는 TV에 나와 자신의 성공을 자랑했다. 사람을 감동하게 하는 사업은 성공한다는 것을 그때 배웠다. 감동(move)이란 감정을 움직인다는 뜻이다. 앞서 이야기한 O도 고객상담을 본인과 친동생이 진심으로 하여 작은 성공을 이룬 뒤, 세계로 수출하여 큰 성공을 이뤘다.

사람의 마음을 움직이는 위대한 힘을 가진 것이 이야기다. 인간은 이야기를 들려주면 그 상황을 정확히 이해한다. 돈이 없으면 돈이 있는 사람의 머리와 마음을 움직여 투자받아 그 자금을 내 돈처럼 신중히 써 성장하면 된다. 제품을 만들었으면 그 제품을 사람들에게 알리는 일에 스토리텔링 능력을 사용하면 성공한다. 사람들을 설득할 수 있는 사람은 부자가 된다. 그 설득 능력은 논술이 아니라 스토리텔링이다. 논리로는 사람의 마음을 움직일 수 없다. 스토리텔링은 요지를 효과적으로 전달하며 동시에 마음을 움직이는 일이다. 마음을 열면 몸이 열린다.

트럭 운전으로 살던 제임스 카메론은 세상에 이야기를 들려주었고, 그 이야기로 자신이 하고 싶은 일들을 하고 사는 부자가 되었다. 가난의 끝자락에서 홀어머니로 살며 어머니까지 여읜 조앤 롤링은 아이들에게 이야기를 들려주었고, 그 이야기로 큰 부자가 되었다.

부는 사람에서 온다. 사람을 움직이는 능력은 고로 초능력이다. 거대하고 영원한 부는 문화를 만들어서 얻는다.

5. See the nature of money 돈을 이해하라

돈은 허상이다. 가치가 진짜다. 큰 가치는 감정이다. 재화를 경제학 사전에서는 '사람들의 욕망을 만족시키는 물질'이라고 설명한다. 사람들의 욕망을 만족시켜주고 받는 것이 돈이라는 교환 수단(medium of exchange)이다. 고로 부자가 되기 위해 돈이라는 도구를 좇는 건 영어를 배우기 위해 문법을 공부하는 것과 같다. 혹은 여자를 꼬시기 위해 빨간 페라리를 사는 것과 같다. 여자가 필요한 것은 따뜻하고 의지할 수 있는 사람의 관심이지, 당신이 무슨 차를 타는 지는 그리 중요하지 않다. 페라리라서 끌려오는 사람은 질이 좋지 않은 여자다. 돈을 좇으면 불행이 오는 이유다. 엔조 페라리 본인도 페라리 상용차를 타는 걸 싫어했다. 그는 미니 쿠퍼와 피아트 그리고 푸조를 탔다. 레이싱 자금을 위해 상용차 사업을 했을 뿐이다. 엔조는 욕망을 창조했다. 때문에 광고에 0원을 쓰고도 ('성공의 상징'을 갈망하는 빈자들이 원하는) 잘 알려진 브랜드를 만들었다. 그리고 페라리는 이탈리아에서 가장 큰 회사다.

Money is a means to get what you want. The value of money changes. When you have a value, money comes to you. Price rises if more people want to buy what is scarce.

돈은 원하는 것을 교환하는 수단이다. 돈의 가치는 달라진다. 당신이 가치를 갖고 있으면, 돈이 당신에게 온다. 희소하거나 수량이 한정적인 것을 많은 사람이 원하면 가격이 올라간다.

Money, at its core, is a social construct. It derives its value from the collective belief and trust of people in a society.

돈은 근본적으로 사회적으로 구축된 개념이다. (사람들과의 상호 작용으로 만들어진 생각이다.) 돈은 사회 내 사람들의 집단적 믿음과 신뢰로부터 가치를 얻는다.

Deconstruct this social construct and reconstruct it for your advantage. That is how you build your fortune.

이 사회적 구성물을 분해하여 당신에게 이롭도록 재구성하라. 이것이 당신이 부자가 되는 법이다.

'나'라는 사람의 가치는 다른 사람들의 내 능력과 평판에 대한 인정과 기대치(expectations)에 따라 높아지거나 낮아진다. '나'는 똑같은 사람이지만, 이 기대치가 높아지는 인상을 주면 그것만으로도 가치가 올라간다. 기업이 사람들이 원하는 것을 잘 제공해주고 있는데, 미디어에서 어떤 사건을 보도하면 그 기업의 주가가 변한다. 믿을 수 없는 대통령 후보의 말 한마디에도 군중은 불안하여 즉시 자본을 옮기고 따라서 주가 지표가 변동한다. 증권 가치에 따라 주주의 자산 가치가 달라진다. 기업의 실제적 사업 성과와는 관련 없이 투자자들의 걱정이나 기대와 같은 감정에 따라 평가액이 변동한다(value perception). 따라서 판단력을 기르고 지식과 지혜를 쌓는 일이 잘 살고 싶은 사람이 할 일이다. 수동적인 사람 또는 투자자로서는 확실히 아는 곳에 자본을 배분하고, 능동적인 사람 또는 사업가로서는 사람들의 기대치를 높이고 감정을 움직이면 부자가 된다. 정리하여, 당신의 일을 잘하면 당신의 가치가 올라가고, 언어 능력으로 감정을 움직이면 더 큰 부자가 된다.

Fashion circulates. What was fashionable 20 years ago becomes in demand now. The same is true for industries. Money circulates. Price rises when expectations of its future value are high. Money moves from low expectations to high expectations. The art of attraction is the art of wealth creation.

패션은 돌고 돈다. 20년 전 유행이었던 것이 지금 사람들이 원하는 것이 된다. 똑같은 법칙이 산업에도 적용된다. 돈은 돌고 돈다. 미래 가치가 높은 것의 가격이 올라간다. 돈은 기대가 낮은 것에서 기대가 높은 것으로 옮겨간다. 인간의 마음을 사로잡는 기술이 부를 끌어당기는 기술이다.

선글라스는 전통시장의 만 원짜리와 사치 브랜드 이름이 붙은 백만 원 짜리와 기능적으로 같다. 이것에 대한 당신의 기대치가 그만큼의 금액을 주고 교환하게 한다. 이 거품을 만들어 낸 사람은 그 금액을 받고 부자가 된다. 뿌리면 증발하는 향수는 허상과 허영심의 극치다. 향기를 노동 수입의 10%가 넘는 금액으로 사는 사람들은 가난한 사고방식을 지닌 사람들이다. 롤렉스도 같은 방식으로 빈자들의 마음을 조종한다. 사람들을 위해 이로운 일을 하여 충분한 인정과 존중을 받으면 물건에 빗대어 존중을 구걸할 필요가 없다. 내가 만난 세계의 큰 부자들은 손목시계를 쓰지 않고 폰으로 시간을 보거나 합리적이고 기능성이 뛰어난 혹은 의미 있는 시계를 찼다. 롤렉스를 걸친 사람들은 대부분 미성숙한 빈자거나 재산을 물려받는 소비자거나 어렸을 때 아주 가난했던 졸부였다. 우리 동네 맥도날드 가맹점주는 문콕투성이에 투박한 색깔의 국산 픽업트럭을 탄다. 그러나 그의 행동과 목소리에는 내면적 만족감(contentment)에서 오는 여유와 편안함이 느껴진다. 우리 앞집 이웃은 부동산 개발업을 해 온 부자인데 같은 국산 픽업트럭을 탄다. 예술가였던 나의 후원자 중 한 사람은 무기상인데, 예리한 눈빛을 빼면 옷차림은 길거리에서 묻히는 평범한 티셔츠에 청바지다. 마크 틸버리는 7개의 사업을 운영하며 일주일에 1억 3천만 원 이상을 버는 데 세금을 아껴주는 승합차를 탄다. 동네 친구는 부잣집 자제로 부모님 일을 도와 하는데 롤렉스 5개의 가격과 비슷한 사치품 시계를 찬다. 그 이유가 해외 고급 식당에 가면 대우가 달라서라고 한다. 대학교에서 나를 좋아하던 게이 남자는 중국에서 왔는데 에르메스를 굉장히 선망했다. 그 이유가 "제일 비싸서"라고 했다.

부자가 되려면 이를 역설계(reverse-engineer)하여 성공의 상징을 만들어 내거나, 성공의 상징이라는 허상을 좇지 않고 사람들이 필요한 것을 잘 제공해주고 정당하고 당당하게 부를 끌어당기라. '무언가를 필요로 하는 사람들'을 '시장'이라고 경제학에서 말하고, 그런 사람들의 숫자가 많은 것을 큰 시장이라고 하며, 큰 시장의 일부분(market share)만 차지해도 부자가 되지만 그 시장을 독점하면 거대한 부자가 된다(빌 게이츠, 마크 주커버그, 베르나르 아르노, 엔비디아).

그러나 살 날이 한정된 인간으로서 당신이 쓸 수 있는 돈의 양에는 한계가 있다. 일정 수준 이상의 부가 쌓이면 '이 돈을 언제 다 쓰고 죽지'하는 고민을 하게 된다. 지혜로운 사람은 그 부를 소비하지 않고 계속 좋아하는 일을 더 진득하게 하며 부로는 세상을 더 나은 곳으로 만드는 데 분배한다(워런 버핏, 마이클 블룸버그, 조지 소로스, 미래의 당신). 미련한 사람은 억만장자가 되어도 그 돈을 세금으로 내기 싫어 사치품 소비에 혈안이다. 영특한 내 11살 제자는 아직 돈을 벌어본 경험도 없지만 돈만 많아진다고 삶이 달라지지 않는다는 사실을 안다. 돈이라는 도구적 수치가 당신을 부자로 정의하는 것이 아니라, 당신이 다른 사람들(사회)을 위해 한 공헌이 당신을 부자로 승격한다. 인간으로서 당신은 일정 금액 이상으로 삶을 사는 데 필요가 없을 것이다. 그 이상의 부는 모두 다른 사람들에게 주고 이 생을 떠날 것이다. 그래서 스티브 잡스같이 현명한 사람들은 "무덤에서 가장 큰 부자"가 되는 일에 관심이 없다. 스티브가 세상을 떠난 뒤로 빌 게이츠는 세계 1위 부자 타이틀을 추구하던 욕심을 내려놓고 재산을 정리하고 있다. 워런 버핏은 투자라는 게임이 재밌어서 그 일을 재밌게 해왔을 뿐이지 99% 이상의 재산을 환원할 것이라고 분명하게(committed) 여러 번 말했다. 그는 버크셔를 성장시키며 큰 부를 만들면서도 자신에게 연봉 $50,000(약 6천 만 원)만 주며 이것으로 아이들을 키우고 생활했다. 19세기의 세계 1위 부자 라커펠러 가문의 부도 이제 거의 모두 다른 곳으로 옮겨졌다. 자본이라는 에너지로 세상과 인류의 미래를 다르게 만들 특별한 생각이 있는 것이 아니라면, 지나친 부는 불필요하다. 그래서 당신을 아는 것이 부자가 되는 가장 첫 단계다. 뭘 원하는가?

The ultimate sophistication is knowing your midway.
가장 성숙한 사람은 자신의 중도를 정확히 안다.

재화의 가격은 수요와 공급의 양에 따라 변한다—공급이 한정적인데 원하는 사람이 많으면 가격이 올라간다. 주식의 가격은 기대와 불안에 따라 변한다—군중의 감정에 요동친다. 기대가 높으면 결과가 좋아도 주가가 내려가고, 기대가 낮으면 결과가 나빠도 주가가 올라간다. 한국 부동산의 가격은 대중의 편향된 기대로 인해 지나치게 비합리적이고 거품(hype)이 심하다(이는 정부 규제가 아니라 대중 교육으로 바로잡을 수 있다). 진정한 지성인은 전문용어를 쓰지 않고 기본 단어의 깊은 뜻을 알고 말하듯, 이 경제학의 간단한 기초를 깊이 이해하면 이것만으로도 부자는 충분히 된다. 여기서 부자의 정의를 기억해야 한다. 부자는 마음이 편안하고 삶에 만족하는(content) 사람이다. 경제적 자립은 이 책이 담은 법칙을 **이해**하고 **실행**하면 꽤 빠르게 얻을 수 있다.

그런데 "이루었다"고 끝이 아니라, 인간은 잠시만 오만하면 어느 정도의 부를 쌓았든 잃을 수 있다. 많은 백만장자와 억만장자들이 그랬고, 나도 그랬다. 인간은 죽는 순간까지 **겸허**하고, 배우며, 생각해야 한다. 부자는 남을 조롱하거나 깎아내리지 않는다. 부자는 실패와 힘듦을 경험해 봤고 그것을 극복했으며 자신의 무지와 한계를 알기 때문이다.

It is not our abilities that show what we truly are. It is our choices.
능력이 당신을 보여주는 것이 아니라, 선택이 당신을 증명한다.

— Professor Albus Dumbledore, the 4th Headmaster of Hogwarts

더 많이 벌고 더 적게 쓰는 게 부자가 되는 확실한 길이다. 더 많이 벌려면 당신의 기본 가치(fundamental)를 높이는 데 시간을 들이라. 사람들이 원하는 것을 **생산**하는 데에 가장 큰 가치가 있다. 노동이 아닌 판단과 결정으로 부자가 되려면 가치 있는 기업의 지분을 소유하는 길이 있다. 가치 있는 자산을 알아보는 안목과 판단력이 필요하고, 군중이 관심 두지 않을 때 혼자 맞다고 생각하는 방향을 결정할 용기가 있어야 하며(courage to go against the herd), 단기에 가격(사람들의 인식과 기대치)이 요동치더라도 견딜 수 있는 감정 통제력(patience)과 결국 성장할 것이라는 확신(conviction)이 있어야 한다.

감정 통제가 가장 어려운 능력이다. 자기 보존의 본능에 반하기 때문이다. 진정 강한 사람은 자신의 감정을 통제할 수 있다. 감정 통제력은 당신을 죽일 것 같은 고통을 살아 남아야 하는 강한 이유로 버틸 때 길러진다. 아이가 어른이 되는 것이다. 성숙이다.

부는 변화로 만들 수 있다. 변화를 통해 부가 옮겨진다. 본래 타고난 능력을 거스르고 스스로를 바꿀 수 있는 사람이 부자가 된다. 변화와 개발 그리고 일을 잘하면 보상을 받을 수 있다는 American dream 문화를 지닌 미국의 최상위 부자 1%가 전체 미국 주식의 50%를 소유하고, 중산층은 자산의 대부분이 부동산에 묶여 있으며, 하위 50%는 전체 주식의 1%만 소유한다(Federal Reserve Bank of St. Louis, as of mid-2024).

사람들의 삶을 더 나은 방향으로 변화하는 사람이 부자가 된다. 그렇게 만드는 사람은 먼저 자신을 바꿀 수 있는 사람이다.

Create a Value

The greatest wealth is made by creating a valuable asset. A business in demand generates cash by providing what the people want. A great product or content which makes people happy does that also. Creating such an asset is the sure way to the greatest wealth a man can have. Wealth is in the ownership of such assets.

가장 큰 부는 가치 있는 자산을 만들어 내어 얻을 수 있다. 사람들이 원하는 것을 제공하는 기업이 지속적으로 현금을 만든다. 사람들을 행복하게 하는 훌륭한 제품이나 콘텐트도 그렇다. 자산을 창조하는 일이 사람이 가질 수 있는 가장 큰 부를 얻을 수 있는 확실한 길이다. 자산의 소유권에 부가 있다.

The Essence 진수

Wealth is contentment. You are content with yourself and your life. You have no worries spiritually and physically. For you to have this mental status, you need to have a reservoir of wealth. Wealth is water. You need plenty of water to stay content. To be wealthy, there are two things for you to understand:

부는 마음의 평온이다. 자신과 인생에 만족하는 사람이 부자다. 정신적으로도 물질적으로도 걱정이 없다. 이 상태에 이르기 위해 넉넉한 부를 품어야 한다. 부는 물이다. 충분한 물이 있어야 안정적으로 살 수 있다. 부자가 되기 위해 이 두 가지를 이해해야 한다:

Price 가격

Demand is cyclical. Price is cyclical. Success is cyclical. What is in demand today will not be so tomorrow, vice versa. The world swings like the pendulum. See this cycle and you see opportunities to get wealthy. You analyse the value of an asset, so you can judge its price accordingly.

수요는 주기적이다. 가격도 주기적이다. 성공은 주기적이다. 지금 핫한 것이 미래에도 핫하지는 않고, 그 반대도 그렇다. 세상은 진자처럼 움직인다. 이 주기를 이해하면 부자가 될 기회를 알아본다. 자산의 가치를 분석할 수 있으면, 적절한 가격을 판단할 수 있다.

Risk 모험

Driving is a risk. Getting on a train is riskier than an airplane. Riding a bike is a risk. Swimming in the ocean is a risk. Making love is a risk. Putting yourself out there is a risk. Publishing your thoughts is a risk. But if you don't take any risk, you get nothing in return. Risk is essential to get anything worth having. Risk is your friend. Learn to ride the tide. Master the art of managing risks, understanding the cycles, and executing your judgements. You can find risks in anything at any situation. But it's the optimistic who gets something done. Those who dare to take the risk are the ones who earn dignity and wealth. Great education is one that gives you the confidence to take risks, rather than timidity.

운전은 모험이다. 비행기를 타는 것보다 기차를 타는 게 더 큰 모험이다. 이륜차를 타는 건 모험이다. 바다 수영은 모험이다. 사랑을 나누는 건 모험이다. 당신을 세상에 공개하는 건 모험이다. 당신의 생각을 출간하는 건 모험이다. 그런데 아무 모험도 하지 않으면, 아무것도 얻지 못한다. 가치 있는 모든 것은 모험을 통해 얻는다. 모험과 친구 하라. 파도를 타는 법을 배우라. 리스크를 관리하는 기술을 익히고, 주기를 이해하여, 이 판단을 정확히 실행하는 법을 마스터하라. 모든 상황의 모든 것에는 위험 요소가 있다. 될 것이라는 확신이 결국 목적한 결과를 시현한다. 모험을 감행할 용기가 기품과 부를 얻게 한다. 저급한 교육은 틀릴지 두려워 겁이 많게 한다. 훌륭한 교육은 모험을 떠날 자신감을 준다.

부를 이루는 일은 예술과 과학의 융합이다. 인간을 이해하고, 군중의 감정을 이해하며, 당신의 감정을 스스로 다스릴 수 있는 능력이 '예술'이다. 합리적 사고로 원인과 결과를 알고, 어떤 현상을 일어나게 하는 기세(force)를 알아보며, 이성적으로 행동하는 능력이 '과학'이다.

에필로그 : 부자를 시현하다

부에 대한 책을 쓴다는 건 웃기는 일이다. 사람마다 상황과 목적과 기준이 다르기 때문이다. 난 대학교에서 경제도 공부했지만, 경제에 관한 책은 안 쓰고 싶었다. 그러나 세상에 더 나은 것을 만드는 일은 지성인의 의무다. 그래서 이 책은 어렸던 내가 읽었으면 자유와 행복을 빨리 얻었을 책으로 만들었다. 나는 스스로 큰 부자가 되고 싶었다. 자본은 물이고 물은 숲을 만들 힘이 있으니까. 그렇되 진리를 일반적 언어로 순화하여 다양한 목적과 상황에 적용될 수 있도록 썼다. 곧 어른이 되는 소년이 찾아간 학교 도서관과 서점에 이 책이 있었더라면 그 후로 그의 인생은 달랐을 것이다. 학교 선생은 내 인생을 창조할 영감을 주거나 나의 길을 찾도록 안내해 주는 역할보다는 아이들과 시간을 보내주는 보모에 불과했기 때문이다. 학원이 존재하는 이유는 학교가 제 기능을 못 하기 때문이다. 안정적인 직장을 위해서 교사가 되기 보다는, 그 일이 맞는 사람이 되어야 사회가 효율적일 수 있다. 학교가 자기 일을 잘하면 아이들은 오후와 저녁 내내 놀며 **창의성**과 **탐구력**을 계발할 수 있다. 부자에게 이 둘은 필수다. 돈을 공부하는 회계사가 대부분 부자가 아닌 이유는 창의성과 탐구력이 부족하기 때문이다. 창의성과 탐구력을 갖추고 회계를 알면 워런 버핏과 하워드 막스처럼 부자가 된다. 더 나은 제품을 만드는 일이 창의성이듯, 기업을 만드는 일도 창의성이다. 문화를 만드는 일이 가장 큰 창의성이다. 호주의 아이들은 오후 내내 놀며 자라고, 어른이 된 호주인은 한국인보다 상식적이고 지혜로우며, 따라서 행복하다. 호주인은 암기하지 않고 **생각**한다. 호주인들이 일상에서 하는 대화 주제를 한국에서 가장 공부를 잘한 사람들과 이야기하면 "어렵다"고 한다. 대체 우리는 뭘 공부한 걸까? 대부분의 사람들은 대학교 공부를 끝내면 학업은 끝이라고 생각한다. 그러나 부자가 된 사람들은 모두 스스로 배우는 법을 터득한 사람들이다. 큰 가치는 독학에 있다. 부자란 자존할 수 있는 사람이다.

난 순수하고 순진하고 감정적인 소년이었다. 그런데 필요에 의해 전장에 나를 던지고 살아남기 위해 머리를 쓰다 보니 생각에 눈을 떴다. 몸을 만들 수 있는 것처럼, 지성도 만들 수 있다. 환경에 적응하기 위해 자신을 바꾸는 게 진정한 강인함이다. 사람은 바뀔 수 있다. 스스로를 못 바꾸는 사람이 대다수라고 성급한 일반화를 해선 안 된다. 그래서 성공이 귀하다.

I've always been a truth seeker ever since.

성장하려면 진실을 **직시**해야 한다. **이해**와 **행동**이 성장의 열쇠다.

사람에게 저마다의 존재의 목적이 있다면, 가장 만족스러운 인생을 사는 사람은 자신의 목적을 찾은 사람이다. 생각을 시작한 이후로 나는 언제나 진리를 탐구하는 사람이었다. 책을 읽고 혼자 생각하는 데 내 젊음의 시간을 전념했다. 주립도서관과 대학교 도서관에서 대부분의 시간을 보내고 사색을 위해 멜번의 칼튼 가든 옆에 살았다. 서울에 와서도 호주와 닮은 공원을 걸으며 생각에 잠긴다. 이 책을 이루는 창의적 생각들도 자연 속 산책에서 나왔다. 진짜 보물은 공책과 책과 연필이다. 그 가치를 시간이 흐를수록 확실히 보고 있다. 자신의 가치를 높이지 않고 돈을 좇은 사람들은 다들 저물었다. 반면 이 책을 쓰던 중 서거한 찰리 멍거의 99년 인생을 되돌아보며 내가 나에게 맞는 방향으로 가고 있음에 확신의 미소가 지어진다. 너무나 다양한 분야를 깊게 탐구한 내가 시간을 낭비한 것은 아닌 건지 신념을 잃을 뻔도 했지만, 다양한 생각법(multidisciplinary)을 훈련한 덕분에 인류 전체를 이해하기 수월해졌고 이 길을 간 극소수의 사람들을 알게 되었다. 위대한 진리를 알고 하나의 목표를 향해 고슴도치처럼 정진하면 약삭빠르고 똑똑한 여우를 이기고 결국 목적을 이룬다.

Know one great insight. Objectively know yourself. Partner with the best. Soon you will attain your Purpose.

위대한 진리 하나를 확실하게 알라. 자신을 객관적으로 알라. 최고와 함께 하라. 그러면 머잖아 당신의 존재의 이유를 충족할 것이다.

주변인들이 하는 대로 행동하면 그들의 평균적인 결과밖에 이루지 못한다. 남다른 길로 용기 있게 나아가야만 높은 성취를 이룬다. 일류 대학교를 나온 똑똑한 사람들이 월스트리트에 모여 큰 자본을 운용해도 시장 지표 성장률에도 못 미치지만, 군중과 다르게(contrarian) 생각하는 워런 버핏과 피터 린치는 큰 성공을 이뤘다. 성공의 법칙 중 하나는 차별화(differentiation)다. 그러기 위해서 창의성이 필요하다. 생각하는 능력을 앗아가는 암기로 내 창의성이 사라질까 두려웠던 나는 기어이 수능을 치지 않았다. 사진부장으로서 학교 축제에서 대성공을 이루었을 때 나를 질투하던 녀석이 거짓 소문을 퍼뜨려 위기에 빠트렸는데, 그 위기를 기회로 전환했다. 난 잘못이 없었다. 혼자 크게 성공했을 뿐이었다. 무능한 학교를 자퇴하고 영어를 배워 문화가 성숙한 선진국으로 날아갔다. 세계도시에서 사진으로 회사를 차려 세계적으로 인정받았다.

An insecure racing driver is a fast racing driver.
불안한 레이싱 드라이버는 빠른 레이싱 드라이버다.

— Enzo Ferrari

신대륙에서 내 열정은 폭발했다. 그곳에 모인 세계인은 나를 "creative"하다고 표현했다. 이 창의성은 나를 믿어준 가족 덕분이다. 공부를 강요하지 않으신 부모님과 내게 레고를 마음껏 사주신 고모 덕분이다. 고모는 가난했던 양반집에서 장녀로 태어나 명석한 머리로 정말 열심히 일하셔서 스스로 성공을 이루셨다. 다들 나이 들고 알뜰폰을 쓰며 전화 통화조차 아낄 때, 고모는 멋지게 사신다. 고모께서 일하시던 광화문에서 식사하려고 만나면, 어른이 된 조카가 밥을 살 법도 한데 밥은 고모가 사야하지 않겠냐고 고모께서 사주신다. 이것이 바로 격조(dignity)라고 생각했다. 스스로 일군 부는 격조를 지켜준다. 어려웠던 시절 사주신 수많은 레고는 내가 어른이 되어 아무리 부자가 되어도 스스로에게 사주기 어려운 가격이다. 그런데 고모는 만날 때마다 사주셨고, 나의 창의력은 배경숙 고모 덕분이다. 고모께 부의 의미를 배운다. 젊어서는 돈이 없어도 되지만, 나이들어 돈이 없어서는 안 된다. 레오나르도 다 빈치는 자신이 삶을 사는 법을 배우는 줄 알았는데, 알고보니 잘 죽는 법을 배우고 있다고 했다.

부모님 댁에 갔다가 맥북을 챙겨 어머니께 카페에 간다고 하면, 어머니는 "공부하러 가니?"라고 말씀하신다. 그러면 나는 "사람들이 공부하는 책을 쓰러 가요"라고 한다. 이전 세대가 생산한 정보를 소비하던 소년은 더 진화한 지식을 생산하는 어른이 되었다. 동네 중고시장에 영어 사전이 올라왔길래 사러 가니 은퇴하신 영어 선생님이셨다. 그분은 내가 영어를 가르치는 일을 한다고 하니 당신의 댁으로 올라오라고 하시고는 갖고 계신 영어 교육 관련 전공서를 다 나에게 물려주셨다. 내가 가진 가장 큰 백팩에 가득 책을 짊어지고 버스를 타고 오는데 책임감에 어깨가 무거웠다. 정성스레 선생님의 성함이 도장 찍혀 있는 책들을 읽어보며 그런 생각이 들었다. 다음 세대로서 더 나은 세상을 만들기 위해 내가 할 수 있는 일을 하리라. 한국인은 아무리 영어를 공부해도 영어로 말도 못하고 영화도 자막 없이 못 본다. 현지인보다 영어 지식은 많지만 영어로 소통도 못한다. 교육 방식이 잘못됐기 때문이다. 해마다 수만 명의 사람들이 수십 년을 바쳐 공부해도 마스터 하지 못한 분야의 본질을 훨씬 짧은 시간에 이해하고 그를 효율적이고 효과적으로 습득할 수 있는 교수법을 개발해 새로운 지평을 여는 일은 부자가 되는 일과 닮았다. 세계 최고의 대학교에서 가장 뛰어난 석학들이 머리를 모아 통신 기기를 만들어도, 대학을 나오지 않은 사람의 비전이 만들어 낸 아이폰처럼 인류의 삶을 바꾸진 않았다. 대학교 기숙사에서 웹사이트를 개발하다 학교를 자퇴하고 계속 진화시켜 지금은 20년밖에 안 됐는데 세계에서 가장 가치 있는 회사 7개 중 하나인 메타를 만든 사람은 분명 한국 유교적 기준으로 판단해서는 이해할 수 없는 현상이다. 사람은 저마다 존재의 목적을 타고 난다. 당신의 목적을 찾아 도전하고, 실수하고 실패하더라도 즉시 배워 고치며 계속 나아가면 결국 비범한 성취를 이룬다. 인간의 한계를 인정하면 인생은 꽤 살만하다.

판단 기준 또는 인식을 바꾸면 세상과 인생이 달리 보이고, 다른 선택을 내려 인생이 달라진다. 다리가 부러져 깁스(cast)를 하고 있으면 한국적 인식으로는 안타까워하는데, 호주적 인식으로는 유머로 희화해 부정적으로 받아들일 수 있었을 상황을 밝은 긍정적인 에너지로 승화한다. 인생은 정답이 있는 것이 아니라, 에너지의 음양이 있는 것임을 당신도 깨달을 수 있으면 좋겠다. 양(+)의 에너지에 머물면 인생이 양이 된다. 고로 생각을 바꾸면 인생이 바뀐다.

그때의 순수한 소년은 책임감이 강했고, 세상을 아름다운 곳으로 보았다. 그랬던 내가 사진으로도 드러나는 것 같아 이번 책에는 어린 바리스타였던 나를 싣는다. 그때 선요가(Zen Buddhism)를 했었는데 스님이 나에게 한 면에는 연꽃 사진과 다른 면에는 '초지일관'이라고 쓰인 카드를 주셨다. 나는 정말로 처음의 뜻을 끝까지 일관하고 있다. 부를 꿈꾸었고, 그 꿈이 현실이 될 때까지 시도해서, 그 꿈을 이루고 있다. 최고의 순간은 계속 갱신될 것이다. 살아있는 시간 동안 자연의 성장 법칙 황금비율에 따라 끝없이 성장할 것이다. 상상할 수 있으면, 그 상상을 현실화할 수 있다.

소년일 때 도서관에서 워런 버핏을 발견했다. 20년이 지난 지금, 내가 존경하는 인물들의 모든 자료를 찾아보았듯 그에게도 배웠다. 그의 시작에는 노동으로 자본을 벌었고, 이후로 그 자본을 운용하며 80년의 시간이 쌓여 지금의 그가 되었다. 그런데 그는 예나 지금이나 그 돈을 쓰지 않는다. 억만장자들이 다들 그렇듯 저택을 여러 채 사거나 큰 배를 주문하지 않는다. 단 하나, $6.7m 중고 비행기를 소유한다. 그가 숫자를 키운 이유는 목소리를 얻고 싶어서였다고 한다. 그는 삼촌의 제안으로 책을 쓰는 작가가 되는 것도 고민했고, 천성이 선생님이다. 가르치는 행위에서 보람과 기쁨을 느낀다. 자신의 지혜와 지성을 결과로 증명했으니 오마하의 오라클의 말을 사람들이 귀담아듣는다. 같은 방향의 길을 가며 깨닫는 것이 있다.

투자는 나무를 보살피는 것과 같다. 떡잎이 남다른 어린나무를 들여다 며칠에 한 번씩 물을 주며 잘 크는지 보살핀다. 서로 다른 종의 나무를 집에 들인다. 어떤 나무는 빨리 자라고, 어떤 나무는 천천히 자란다. 크게 될 나무는 첫 몇 년의 성장이 지하에서만 이루어진다. 위로 크지 않고 뿌리를 무성하게 뻗는다. 계속 물과 관심을 주면 서너 해째부터 눈에 띄게 위로 옆으로 성장하기 시작한다. 꽃이 피고, 꽃이 진 자리에 열매가 맺힌다. 그 열매를 먹고, 씨앗은 심는다. 또 새싹이 솟아오르고, 하나였던 나무는 열 그루가 되고, 열 그루는 백 그루가 된다. 투자는 숲을 만드는 일과 같다. 때가 되면 수확한다. 해가 거듭될수록 더 큰 부자가 되고, 그 성장 속도는 자연의 법칙 황금비율과 같다. 오래 생존할수록 피어나는 잎의 숫자는 천문학적으로 된다. 그러나 처음엔 단 한 쌍의 잎이 핀다.

이 책을 쓰며 한국인의 부 통계를 알아보고, 이를 세계의 관점에서 대조해 보고 꽤 놀랐다. 겉으로는 한국이 잘 사는 나라인 줄 보였지만, 숫자는 달리 말했다. 한국은 겉만 화려하고 속은 빈 나라임을 알게 되었다. 같은 현상도 관점과 프레임에 따라 달리 보이듯, 한국 매체는 이를 애써 좋아보이게 포장해 보도한다. 진실을 인정해야 비로소 성장할 수 있다. 한국의 문화적 미숙함은 성숙한 문화의 친구들을 사귀며 깨달았다. 그러니 여전히 대중의 관심이 돈이고, 세계에서 가장 불행한 나라가 아닌가. 성숙한 사람은 외재적 가치(extrinsic value)보다 내재적 가치(intrinsic value)를 추구한다. 무지한 사람은 피부 건강을 위해 피부 표면에 바르는 화장품과 피부과를 생각하지만, 지성인은 피부 건강이 몸 전체의 면역으로 인한 것임을 알고 깨끗한 음식을 먹고 내장을 건강하게 하고 마음을 다스린다. 내 피부가 가장 좋았을 때는 군대에서 기본 비누만 썼을 때다. 겉의 빛남은 속으로부터 발현된다. 자신에게 맞는 업, 가족의 지금 이 순간의 행복, 자연에서의 좋은 시간, 건강하고 맛있는 음식, 모르는 사람에게 친절함, 책과 지혜 같은 것 말이다. 그러나 대중은 성공의 상징이라는 허상(브랜드 아파트, 자동차 브랜드, 옷 브랜드, 사치스러운 잡화, 이름있는 대학교, 겉으로 보기 좋은 직업)을 추구하고, 아이의 대학 입시를 위해 가족의 행복을 희생한다. 대학은 성공의 끝이 아니라 첫 시작인데 말이다. 부자가 될 사람은 (1) 자신을 알기 위해 경험하고, (2) 자신의 강점을 찾아 그 강점을 더 개발하는 데 시간을 분배하며, (3) 효과적인 생각하는 법을 배워 역경을 이겨내고 결국 큰 성취를 이룬다. 이 과정에서 대학교 이름은 필요가 없다. 뛰어난 사람이 되면 된다. 생각하는 사람이 뛰어나다.

OREX 멤버들(내 제자들) 중에는 의사 선생님이 많이 계신다. 선생님들께서 하시는 말씀이, 의사가 되었어도 불행한 사람이 많다는 사실이다. 사람들의 생명을 구하시는 응급의학과 교수님은 사람의 생명을 다루는 중대한 일을 사명감과 보람으로 하고 계시는데 환자들이 여차하면 트집 잡아 옳은 일을 하는 응급의학 의사들이 잘못되는 일이 흔하다고 하신다. 그 결과로 의사 선생님들이 사퇴하고 문을 닫는 응급실이 많아졌다. 무지하고 무례한 사람들 때문에 갑자기 아프면 어찌할 수 없는 현실을 갖게 되었다. (You deserve what you get.) 감사할 줄 모르는 태도와 본인의 문제를 남 탓하는 것은 가난한 사고방식이다. 트집 잡는 사람은 본인의 일도 제대로 못 해서 불행하기 때문에 부정적 에너지를 표출한다. 피해자 의식은 가난한 사고방식이다. 혹여나 그렇더라도 그렇게 생각하면 안 된다고 찰리 멍거가 말했다. 여유는 풍요에서 온다. 풍요는 지혜로 얻는다.

Blessed are those who expect nothing, for they shall not be disappointed and enjoy everything.

아무것도 기대하지 않는 사람은 축복받은 사람이다. 무엇에도 실망하지도 않을 것이고 모든 것을 기쁘게 받아들일 테니까.

지금 살아있는 우리는 생존자다. 맨날 전쟁하는 땅도 아니고, 하도 굶어서 생리도 안 하는 북한도 아니고, 여권 가치가 높아 세계 어디든 자유롭게 갈 수 있고, 꿈이 있으면 얼마든 일해서 이룰 수 있고, 특유의 신뢰성(reliability)으로 인정받는 한국인으로 태어난 우리는 이미 행운이다. 한국에는 부자가 될 수 있는 모든 기반이 갖춰져 있다. 돈이 없어도 유학을 가고 싶으면 갈 수 있고(내 제자는 가난한 집안에 태어났지만 나에게 영어를 배워 국비 장학금을 받아 영국으로 유학간다), 자유시장경제에서 누구든 의지가 있으면 책을 읽고 원리를 배워 사업을 할 수 있고, 소비주의가 잘 훈련되어 사람들이 원하는 것만 만들어 시장에 보여주면 얼마든 사주는 대중이 있다. 인터넷이 저렴하고 데이터가 무제한이라 임대료를 내는 대신 인터넷으로 사업해 수익을 벌 수 있다. 선진국에 비해 물가가 훨씬 저렴하여 사업의 생명인 현금을 넉넉히 보유해 얼마든 다시 일어설 수 있는 쿠션을 갖기 쉽다. 그렇게 아껴모은 자본을 쉽게 해외에 투자할 기반이 있다. 사치스러운 소비를 하지 않고 한 달 30만 원 살기를 연습하면 부자로 살 수 있는 최고의 방어(hedge)가 된다. 대중의 안목은 미숙해 저품질의 제품으로도 내수 시장에서 충분히 부자가 될 수 있다. 그리고 이제는 한국에서 커지면 세계에서 커질 수 있다. 이 자유와 행운의 축복을 잘 쓰지 못하는 건 자신의 무능과 무지다. 그러나 '부자'는 돈의 양과는 큰 관련이 없음을 앞서 말했다. 부자는 마음의 평화(contentment)다. 지성을 갖추고 내재적 가치를 추구하면 당신은 진정으로 잘 살고 행복할 수 있다. 부의 핵심 원인은 생각하는 법이다.

지성과 부는 어느 정도는 비례한다. 안다는 착각은 언제나 주의해야 한다. IQ가 130인데 자신을 120이라고 여기는 사람과 IQ가 180인데 자신이 200이라고 여기는 사람 중 후자는 당신을 죽게 할 것이니 피해야 한다고 워런이 말했다. 인간 심리의 가장 흔한 실수는 자기 능력을 과대평가하는 것이다. 자신이 아는 것과 모르는 것을 아는 것이 지성이다. 알 수 있는 것과 알 수 없는 것의 명확한 경계를 아는 것이 지성이다. 지성인이란 많이 아는 사람이 아니라, 배우는 법을 아는 사람이다. 인간은 틀리고 실수할 수밖에 없다. 시야가 좁은 사람에게 일을 잘하냐고 물어보면 잘한다고 대답하고, 시야가 넓은 사람에게는 그런 질문을 하지 않는다. 묻지 않아도 듬직하다. 배워도 배워도 배울 게 끝이 없는 게 인간의 삶이다. 이 배움과 성장에서 기쁨을 느끼는 사람이 부자다.

17살에 산 실전투자 책을 다시 꺼내보았다. 이를 읽는 나를 보고 "수능 공부나 하지 그런 걸 본다"고 그때의 여자친구가 비웃었다. 그 책을 읽던 때에 바로 성공하진 않았지만, 그때부터 계속 많은 도전을 하고 실패하며 그에서 배워 왔다. 그런데 돌이켜보면, 필요한 실패였다. 실패는 실력을 높이고 원동력을 끌어올린다. 세계 최고의 대학교 중 한 곳에서 졸업한 대학 친구가 첫 직장인 J.P. Morgan에서 1년을 버틴 후 나와 자기가 하고 싶은 일을 하고 사는 것을 보며 사회적 기대치에 부응하는 '성공'이 잘못된 목표임도 깨달았다. 그것은 내가 태어나 자란 한국 문화에서 주입된 불행한 허상이었다. 그리고 다시 보는 실전투자 책에서 안도한다. 이 책을 쓴 저자보다 더 큰 진리를 아는 내가 되었음을 깨달았기 때문이다. 큰 진리를 알고 그것에 시간을 들이면 부자가 된다. 그때 수능에 매진하던 모범생 친구는 아무런 사회 경험도 없이 교사가 되고는 사라졌다. 삶은 훨씬 커다랗고 다채로울 수 있다. 다양한 국적과 문화의 상류층 친구들을 사귀어보면, 우리의 인식이 얼마나 협소한지 교육이 얼마나 미성숙한지 느낀다. 대중은 본질을 미처 보지 못한다. 표면적인 모습에서 환상을 갖고 이를 소비한다. 나도 외모만으로 한국 문화에서 좋은 대우를 받고 컸지만, 나의 내재적 가치로 인정받고 싶었다. 세계에서 만난 친구들은 내가 아무리 독특하고 어려도 나를 나 자체로 인정하고 존중해주었다. 스위스인 박사인 내 절친은 내가 호주 고등학생 때 만났는데 그때 그는 30대였다. 덕분에 난 내가 될 수 있었고, 주변 사람들이 인식하는 허구의 내가 아니라 본래의 나를 알 수 있었으며, 그 확고한 토대로 다채로운 성취를 이루는 삶을 살고 있다. 나는 외모로 판단받는 "얼짱"이 아니라 '아우레오 배'가 될 수 있었다. 진짜 성장은 당신을 알고 그를 직시한 후부터다.

호주 학교의 영어 시간에 문학 작품을 함께 공부하고 그에 대해 글을 써 내는 게 시험이었는데, 반 학생들은 이해가 잘 안되는지 수많은 질문을 했다. 이렇게 재밌게 영어를 배울 수 있음에 감사한 나는 뒷자리에서 미소 짓고 앉아 재밌게 수업을 들었고 질문은 하지 않았다. 시험 결과가 나왔고 항상 셔츠에 타이를 메고 오시는 신사 선생님은 나를 신기한 눈빛으로 바라봤다. 다른 아이들은 전부 간신히 통과하는 점수를 받았는데 나만 만점이라고 하셨다. (이 학교는 서울대학교보다 상위 랭킹의 대학교에 대부분 진학하는 아이들이 오는 학교다.) 이 경험은 한국에서 해보지 못한 새로운 경험이었다. 나는 한국에서 암기를 싫어했고 그래서 공부를 잘한다는 생각은 해본 적이 없었다. 호주에 간 첫 학기에서 영어 수석을 시작으로 내가 좋아하는 과목은 다 수석했다. 백인 어른들은 나에게 "bright"하다고 했다. 머리가 좋다는 뜻임을 나중에 알았다. 변호사로 일하다가 워런 버핏의 파트너가 되어 투자자의 일을 시작해 억만장자가 된 찰리 멍거에게 많은 변호사가 물었다고 한다. 이 힘든 변호사 일을 그만두고 어떻게 하면 억만장자가 될 수 있느냐고. 그럴 때마다 찰리는 모차르트 이야기를 들려주었다. 누가 모차르트에게 어떻게 심포니를 작곡할 수 있느냐고 물어서, 모차르트는 그의 나이가 어떻게 되느냐고 물었다. 그는 22살이라고 대답했고, 모차르트는 심포니를 작곡하기엔 너무 어린 나이라고 했다. 그러나 그는 10대 때 이미 이를 작곡했다. 그러면서 자신은 심포니를 작곡하기 위해 주변에 물어보러 다니지 않았다고 했다. 아이폰을 만든 스티브 잡스도 시장 조사를 하지 않았다. 사람들에게 무엇을 원하는지 물어보지 않았다. 사람들이 무엇을 원하는지는 그들도 모른다. 제공하는 당신이 직접 깊이 생각해서 사람들의 눈앞에 보여줘야 한다. 그제야 사람들은 '아, 이게 필요했었지!'라고 한다.

가난한 사람은 정해져 있다. 생각하지 않고 행동하지 않는 사람이다. 부를 물려받은 부자가 하는 일마다 돈을 잃는 이유는 생각할 이유가 없기 때문이다. 얼마 전 워런 버핏의 지혜로운 수업 아래에 영어로 이런 댓글이 있는 걸 보았다. '저 사람은 하나도 정확히 대답하지 않으면서 말하는 재능이 있다.' 자신의 (이해) 실패 원인을 외부에서 찾으면 성장할 수 없다. 자신이 모르는 것을 남이 틀렸다고 하는 자는 저능하다. 책과 인터넷을 찾아보면 되는 것을 댓글로 질문하는 사람도 게으르다. 자연은 그런 사람을 부로 축복하지 않는다. 사무실 위층에 공간을 마련해 두고 8명 씩 학생들이 매주 오게 해 가르치는 일을 기쁨으로 여기는 워런은 회계 용어나 고급 단어 대신 모든 사람이 이해할 수 있는 가장 기본이 되는 단어와 비유로 설명하는데, 이것을 이해하지 못한다면 그 사람의 낮은 이해력과 이해하려는 의지 결여가 문제다. 워런의 말들을 20년 동안 현지 영어를 배우면서까지 이해하려 애써온 나는 지금 그의 말들이 이해되어 기쁘다. 좋은 사업가는 좋은 투자가가 될 수 있고 서로는 시너지의 효과가 있다. 투자의 본질을 이해하면 주식과 부동산과 사업이 똑같은 법칙으로 이뤄짐을 안다. 워런과 조지 소로스, 제프 베조스 등이 이룬 큰 성공은 인류에 대한 앎(understanding of humanities)에 기반한다. 이를 배워가는 기쁨 자체가 워런과 찰리를 큰 부자로 만들었다. 배움과 도전과 성취는 뇌를 건강하게 자극한다. 이 뇌 자극이 나의 행복이다. 이것이 내재적 가치다.

부는 개념이고, 따라서 생각으로 얻을 수 있다. 생각의 고통을 견딜 수 있는 자가 부자가 된다. 지성인은 지성인을 단번에 알아본다. 부자는 지성인이다. 뇌를 운동해 계발하면 부자가 된다. 나는 부자의 생각하는 법을 갖기 위해 탈피를 수없이 견뎌낸 덕에 부자가 되었고, 시간과 함께 훨씬 더 큰 부자가 될 것을 나는 알고 있다. 이웃을 위해 더 나은 가치를 제공하고자 매일 책임을 지고 일하고 있기 때문이다. 앞으로 무슨 일을 할 진 모르겠지만, 지금 수업과 집필과 투자라는 내가 가장 좋아하는 지적 능력을 쓰는 일을 하며 단순한 삶을 사는 것만으로도 나는 행복하다.

이 책의 참고 문헌과 자료는 꽤 되지만 이 책의 성격을 고려할 때 모두 싣는 것은 불필요해 보인다. 인간은 서로 돕고 살아야 생존할 수 있는 종족이다. 역사 속 수많은 인물이 남겨준 전례들(precedents)과 증언들 덕분에 직접 해보지 않아도 결과를 알고 지혜를 얻을 수 있었다. 당신께서도 업을 찾아 그것을 더 깊게 더 널리 잘하여 행복한 부자가 되시길 바란다.

강자가 오래가는 게 아니라, 오래가는 사람이 강자다.

1997년에 애플이 이렇게 큰 기업이 될 거라 생각한 사람은 없었고, 문 닫기 30일 전의 위기를 겪은 것은 애플도 엔비디아도 마찬가지다. 리더가 버티고, 그를 도움을 준 사람들 덕에 인류가 진보했다. 이 글을 쓰는 2024년 8월 30일 워런 버핏의 생일에 그의 회사가 기술 분야가 아닌데 1조 달러 가치에 이르렀다. 그 비결은 투자 원칙(principles)을 철저하게(discipline) 80년에 걸쳐 일관성(consistency) 있게 지속(persevere)했기 때문이다. 협력해야 생존할 수 있는 인간 존재의 조건에 맞게 장기적 관계를 중시하는 행동 덕분이다. 가난한 사람들은 관계를 건강하게 오래 이어갈 줄 모른다. 관계를 오래 이어갈 수 있는 능력이 워런 버핏이 이룬 성공의 큰 비결이다. 명예보다 명성을 쌓고, 돈을 위하기보다 사람을 위하라. 겉만 보고 겉을 좇으면 가난하다. 가난은 불행과 불안이다. 깊이 보고 널리 보라. 부는 여유와 자유다. 빌 게이츠가 마이크로소프트 주식을 지금까지 갖고 있었다면 세계 최초의 조만장자(trillionaire)가 되었을 것이다. 그러나 그는 자선사업을 선택했고, 인류의 문제를 해결하는 데 부를 쓰고 있다. 진정한 부는 시간과 능력과 부로 **무엇을 하느냐**다.

1년 내내 식량을 재배할 수 있는 실내 농사를 지어 기후 위기 속 한국인의 생존을 대비하고, 5년 만에 크게 자라는 나무로 숲을 만들고 목재 사업을 하며 탄소를 빠르게 흡수하여 기후를 돌이키고, 안전하고 아름다운 큰 벙커를 지어 기후 재난을 대비하고, 지속 가능한 에너지로 나는 전기 비행기를 조종하고 싶은 것은 내 꿈이다. 세계인은 이미 이를 하고 있다. 우리가 머리와 시간과 에너지를 모아야 해낼 수 있는 일들이다. 사실 내가 부자가 되고 싶은 이유는 친구를 만들고 싶어서다. 배울 수 있는 훌륭한 사람들과의 지속적인 관계가 진정한 행복임을 알았다.

인간은 자신의 언어에 생각이 갇혀 있다. 이해하고 싶고 표현하고 싶은 개념이 있어도 아는 만큼의 언어와 표현 방식(medium)에 국한된다. 그래서 언어를 깊게 배우고, 언어로 이루어진 책을 읽어 이해하고, 언어로 설명할 수 없는 예술로 표현하고, 과학적 사고로 이루어진 과학을 배우고 다루면 인간 잠재력의 최대치를 가용할 수 있다. 행복과 돈은 얼마든 만들 수 있다. 자신의 존재 목적을 깨닫고, 그 목적을 이루기 위해 타협하지 않고 정진하는 인간은 성자(saint)다. 내 존재의 목적은 세상에 빛을 주는 것이고, 앎을 전하는 목적을 시현하기 위해 이 책을 진심을 다해 낸다. 이 책을 다 쓴 뒤 수없이 다시 읽으며 더 낫게 만들었다. 디자인과 교정을 직접 했다. 그리고 내 책을 읽으며 울었다. 자유를 얻기 위해 고군분투한 지난날들이 떠올라서다. 이 책은 죽기 직전까지 나를 내몬 많은 모험의 결과다. 그를 통해 얻은 이해가 당신의 삶을 높이기를.

Take control of your thoughts, and you will have control over your life.

생각을 지배하면 인생을 지배한다.

AUREO BAE

감사의 글

낳아서 키워주신 아버지 어머니 감사합니다. 어른이 되어보니 자유롭고 풍요로운 인생을 포기하고 자식을 낳아 가족을 위해 끝까지 책임을 다하는 일은 진정으로 고귀한 일입니다. 제게 주신 시간을 헛되이 쓰지 않도록 매일 감사하며 살겠습니다. 아버지께서 11달을 고민해 지어주신 '시간의 중심'이라는 뜻의 시현, 그렇게 되려고 애씁니다.

이 보람 있는 삶을 이루는 데엔 부자가 되는 원리가 그러하듯 아주 많은 감사한 사람들이 있습니다. 가장 먼저, 친구로서《영어책》커버를 섬세하게 디지털 작업을 해준 최보람 기자/큐레이터/디자이너님이 이번 책도 일곱 달에 걸쳐 정성을 다해 작업해 주어 감동스럽고 고맙습니다. 직간접적으로 책의 개발을 도와주신 OREX 멤버들, 특히 김경희 교수님, 위정희 교수님, 홍석빈, 김효진 박사님, 심민아, 박민주, 한진우, 김효희, 이혜란 선생님, 최연주 약사님, 강순정, 여진 선생님, 박재이, 윤혜량, 허성조, 도효성, 이문준, 이혜진, 김현슬 님께 감사의 인사를 올립니다. 그리고 저를 응원하는 팬들께 감사의 마음을 담아 전합니다. 두꺼운《영어책》과《영어필사책》을 여러 권씩 사서 주변에 선물하고 당신도 여러 권 소장하는 당신께 항상 감사하고 있습니다.《죽어도 살자》를 쓴 우울했던 사람도 삶의 목적과 방향을 찾아 잘 살 수 있다는 희망을 이 책이 당신에게 드리길 바랍니다.

지구에도 한국에도, 인간으로서 선한 마음으로 그저 도움을 주는 사람들이 많습니다. 그분들을 기억하며 친절과 인류애를 계속 품습니다. 한국인이 세계 속에서 행복하게 살아남는 데 이 책이 도움이 되길 바랍니다.

Thank you Francesco, Michelle, Margaret and Martin for our friendship. Without you, I could not have endured the toughest times.

참고 문헌 Selective Bibliography

나폴레온 힐, 《나폴레온 힐 성공의 법칙》, 2007, 중앙경제평론사

보리스 그로이스, 《새로움에 대하여》, 2017, 현실문화

애덤 스미스, 《도덕감정론》, 2016, 한길사

장 노엘 카페레, 뱅상 바스티엥, 《럭셔리 비즈니스 전략》, 2009, 미래의창

제임스 알투처, 《워렌 버핏 실전 투자》, 2006, 리더스북

존 보글, 《스테이 더 코스》, 2023, 이콘

Amabile, Teresa M. et al, 《HBR at 100》, 2022, Harvard Business Review Press

Bazerman, Max H, et al, 《Judgement in Managerial Decision Making》, 8th Edition, 2012, Wiley

Brandt, Richard L., 《One Click》, 2011, Portfolio Penguin

Collins, Jim, 《Good to Great》, 2001, Harper Business

Dalio, Ray, 《Principles》, 2017, Simon & Schuster

Dyson, James and Coren, Giles, 《Against the Odds》, 1997, Orion Business Books

Dyson, James, 《Invention: A Life》, 2021, Simon & Schuster

Garcia, Hector and Miralles, Francesc, 《Ikigai》, 2017, Penguin Books

Graham, Benjamin, 《The Intelligent Investor》, Revised Edition, 2003, Harper

Greene, Robert, 《The 48 Laws of Power》, 1998, Penguin Books

Greene, Robert, 《The Laws of Human Nature》, 2018, Profile Books

Hill, Napoleon, 《Think and Grow Rich》, 2008, Tarcher Perigee

Housel, Morgan, 《The Psychology of Money》, 2020, Harriman House

Isaacson, Walter, 《Leonardo da Vinci》, 2017, Simon & Schuster

Lynch, Peter, 《One Up on Wall Street》, 1989, Simon & Schuster

Marks, Howard, 《The Most Important Thing Illuminated》, 2013, Columbia Business School Publishing

Miles, Robert P, 《Warren Buffett Wealth》, 2004, John Wiley & Sons

Miller, Donald, 《How to Grow Your Small Business》, 2023, Harper Collins Leadership

Moon, Youngme, 《Different》, 2010, Crown Business

Munger, Charles T. et al, 《Poor Charlie's Almanack》, 2023, Stripe Press

Piketty, Thomas, 《Capital in the Twenty-First Century》, 2014, The belknap Press of Harvard University Press

Rubin, Rick, 《The Creative Act: A Way of Being》, 2023, Penguin Press

Smil, Vaclav, 《Energy》, 2017, One World

Smith, Adam, 《The Wealth of Nations》, 1982, Penguin Classic

Winfrey, Oprah, 《What I Know For Sure》, 2014, Flatiron Books

부자의 111가지
생각하는 법

초판 1쇄 발행 2024. 12. 17.

지은이 아우레오 배
펴낸이 김병호
펴낸곳 주식회사 바른북스

등록 2019년 4월 3일 제2019-000040호
주소 서울시 성동구 연무장5길 9-16, 301호 (성수2가, 블루스톤타워)
대표전화 070-7857-9719 | **경영지원** 02-3409-9719 | **팩스** 070-7610-9820

•바른북스는 여러분의 다양한 아이디어와 원고 투고를 설레는 마음으로 기다리고 있습니다.

이메일 barunbooks21@naver.com | **원고투고** barunbooks21@naver.com
홈페이지 www.barunbooks.com | **공식 블로그** blog.naver.com/barunbooks7
공식 포스트 post.naver.com/barunbooks7 | **페이스북** facebook.com/barunbooks7

ⓒ 아우레오 배, 2024
ISBN 979-11-7263-870-2 03320

•파본이나 잘못된 책은 구입하신 곳에서 교환해드립니다.
•이 책은 저작권법에 따라 보호를 받는 저작물이므로 무단전재 및 복제를 금지하며,
이 책 내용의 전부 및 일부를 이용하려면 반드시 저작권자와 도서출판 바른북스의 서면동의를 받아야 합니다.